Bei Ankunft Mord

Bei Ankunft Mord

23 Krimis mit vielen Reisetips

Herausgegeben von Andrea C. Busch & Almuth Heuner
Illustriert von Bengt Fosshag

Gerstenberg Verlag

Gefährliche Städte

Unheimliche Inseln

Mörderische Landstriche

Gefährliche Städte

Eine lange Nacht in New York
Lawrence Block

Um dreiundzwanzig Uhr dreißig versuchte der Fernsehansager sie zu überreden, das Gerät eingeschaltet zu lassen, um den Spätfilm zu sehen, einen Hitchcock-Klassiker mit Cary Grant. Das Angebot war verlockend, doch sie stellte den Fernseher ab.

Es war gerade noch genug Kaffee für eine Tasse da, und den goß sie sich ein. Dann stellte sie sich mit der Tasse ans Fenster: eine große, schlanke, attraktive Frau in Kostüm und Seidenbluse, der Kleidung, die sie schon tagsüber im Büro getragen hatte. Eine Frau, die gleichzeitig tüchtig und elegant aussehen konnte und die nun schwarzen Kaffee aus einer teuren Porzellantasse trank und nach Südwesten blickte.

Ihr Apartment war im einundzwanzigsten Stock eines Hauses an der Ecke Lexington Street und Sechsundsiebzigste Straße, und der Ausblick war spektakulär. Ein Wolkenkratzer in der Innenstadt versperrte ihr zwar den Blick auf das Gebäude, in dem die Tavistock Corporation ihre Räume hatte, aber sie stellte sich vor, durch den Wolkenkratzer hindurchsehen zu können.

Sie wußte, daß die Putzkolonne gerade dabei war, ihre Schicht zu beenden, die Eimer und Schrubber in die Schränke zurückzustellen und sich umzuziehen, damit sie pünktlich um Mitternacht das Gebäude verlassen konnte. Sie würde in einigen Räumen von Tavistock im siebzehnten Stock das Licht brennen lassen, so wie es auch im Rest des Gebäudes gehandhabt wurde. Alle Flure blieben beleuchtet, und ein paar Leute würden die ganze Nacht durcharbeiten und ...

Sie mochte Hitchcock-Filme sehr, besonders die frühen, und Cary Grant war ihr absoluter Schwarm. Andererseits mochte sie auch teure Kleidung, gutes Porzellan, den Blick aus ihrem Fenster und ihr elegant ausgestattetes Apartment. Also spülte sie ihre Tasse aus, zog sich einen Mantel an und nahm den Fahrstuhl zum Erdgeschoß, wo der rotgesichtige Pförtner eine große Show abzog, als er ihr ein Taxi besorgte.

Es würde noch andere Nächte geben und andere Filme.

Der Taxifahrer setzte sie vor einem Bürogebäude in der Nähe der Fünfunddreißigsten Straße West ab. Sie schob sich durch die Drehtür, und ihre Schritte auf dem Marmorboden erschienen ihr unglaublich laut. Der Sicherheitsmann, der an einem kleinen Tisch neben den Fahrstühlen saß, blickte von seiner Zeitschrift auf, als sie auf ihn zuging.

»Hallo, Eddie«, sagte sie und lächelte ihm kurz zu.

»Hey, wie geht's denn so«, sagte er. Während sie sich hinunterbeugte, um sich ins Besucherbuch einzutragen, galt seine Aufmerksamkeit schon wieder der Zeitschrift. In die entsprechenden Rubriken kritzelte sie *Elaine Halder, Tavistock, 1704* und, nach einem Blick auf ihre Armbanduhr, *0.15 Uhr*.

Sie betrat den Fahrstuhl, und die Türen schlossen sich geräuschlos. Sie hatte beim Schreiben die anderen Eintragungen kurz überflogen und festgestellt, daß sich niemand anders für Tavistock oder eines der übrigen Büros im siebzehnten Stock eingetragen hatte. Nun, es würde ja nicht lange dauern.

Als sich die Fahrstuhltür öffnete, trat sie in den Flur und blieb stehen, um den Schlüssel aus ihrer Handtasche zu nehmen. Sie starrte ihn einen Augenblick lang an, als sei er ein Artefakt einer unbekannten Hochkultur. Dann ging sie den frisch gebohnerten Flur entlang und hörte nichts anderes als das laute Klacken ihrer Absätze.

1704. Eine Eichentür mit Milchglasfenster, an der nur die Raumnummer und der Name der Firma vermerkt waren. Sie betrachtete den Schlüssel noch einmal nachdenklich und führte ihn dann vorsichtig in das Schloß ein.

Er ließ sich ganz leicht herumdrehen. Sie drückte die Tür auf und trat ein, während die Tür hinter ihr ins Schloß fiel.

Und schnappte nach Luft.

Da stand ein Mann – nur ein paar Meter von ihr entfernt.

»Hallo«, sagte er.

Er stand neben einem Schreibtisch mit Rosenholzplatte, die mittlere Schublade stand offen. Ein Glitzern war in seinen Augen, und ein zögerndes Lächeln umspielte seine Lippen. Er trug einen graukarierten Anzug und ein weißes Hemd mit einer schmalen, ordentlich geknoteten Krawatte. Er war wohl zwei bis drei Jahre älter als sie und um doppelt so viele Zentimeter größer.

Sie preßte ihre Hand auf die Brust, als ob sie ihr rasendes Herzklopfen beruhigen wollte. Aber eigentlich klopfte ihr Herz ganz normal. Sie brachte ein kleines Lächeln zustande. »Sie haben mich erschreckt«, sagte sie. »Ich wußte nicht, daß jemand hier ist.«

»Dann sind wir quitt.«

»Wie bitte?«

»Ich hatte auch keine Gesellschaft erwartet.«

Sie bemerkte seine schönen weißen, geraden Zähne. Zähne fielen ihr immer auf. Und er hatte ein offenes, freundliches Gesicht; wieso mußte sie plötzlich an Cary Grant denken? Wahrscheinlich wegen des Films, den sie sich doch nicht angesehen hatte, und weil dies der typische Anfang eines Hollywood-Streifens war: Zwei Fremde treffen sich unerwartet in diesem grabesstillen Büro und ...

Und er trug Handschuhe.

Ihr Gesichtsausdruck mußte sie verraten haben, denn er runzelte irritiert die Stirn. Dann hob er seine Hände und streckte die Finger aus. »Ach so, die Handschuhe«, sagte er. »Und wenn ich Ihnen nun sage, daß ich an einem Ekzem leide, das durch die Nachtluft hervorgerufen wird?«

»So was hört man immer öfter.«

»Ich wußte, daß Sie das verstehen würden.«

»Sie sind also ein nächtlicher Herumtreiber.«

»Der Ausdruck weckt die fürchterlichsten Assoziationen«, protestierte er. »Man denkt sofort an Typen, die sich hinter Büschen verstecken. Und hier sind keine Büsche, abgesehen von dem einen oder anderen Gummibaum, und ich würde mich auch nicht hinter Büschen verstecken, wenn es hier welche gäbe.«

»Also ein Dieb.«

»Ein Dieb, ja. Um genauer zu sein, ein Einbrecher. Ich hätte die Handschuhe ja ausgezogen, als ich den Schlüssel im Schloß hörte, doch ich war so damit beschäftigt, den Schritten zu lauschen und zu hoffen, sie führten zu einem anderen Büro, daß ich die Handschuhe ganz vergessen habe. Nicht daß es einen großen Unterschied gemacht hätte. Spätestens nach einer Minute hätten Sie sowieso gemerkt, daß Sie mich noch nie gesehen haben, und dann hätten Sie sich gefragt, was ich hier mache.«

»Was *machen* Sie denn hier?«

»Mein kleiner Bruder braucht eine Operation.«

»Das dachte ich mir gerade auch. Eine Operation wegen seines Ekzems.«

Er nickte. »Ohne die Operation kann er nie wieder Trompete spielen. Darf ich Ihnen eine Beobachtung mitteilen?«

»Ich wüßte nicht, was dagegen spräche.«

»Sie haben Angst vor mir.«

»Ach, und ich war fest davon überzeugt, das erfolgreich zu verbergen.«

»Sie verbergen es auch gut, aber ich bin ein ausnehmend sensibler und noch dazu sehr aufmerksamer Mensch. Sie haben Angst, daß ich gewalttätig werde, denn wer zu einem Einbruch fähig ist, ist auch fähig zu Gewalttaten.«

»Sind Sie dazu fähig?«

»Nicht einmal in meiner Phantasie. Ich bin ein typischer Pazifist. Schon als ich klein war, habe ich am liebsten *Ferdinand der Stier* gelesen.«

»Ach ja, ich erinnere mich. Das war der Stier, der nicht kämpfen wollte. Er wollte nur an Blumen schnuppern.«

»Und kann man ihm das verübeln?« Er lächelte wieder, und das einzige Wort, das ihr dazu einfiel, war *entwaffnend*.

Eher wie Alan Alda als Cary Grant, entschied sie. Doch das war ganz in Ordnung. Alan Alda war auch nicht zu verachten.

»Sie haben Angst vor mir«, sagte sie plötzlich.

»Wie kommen Sie denn darauf? Haben Sie ein leichtes Zittern meiner Oberlippe bemerkt?«

»Nein, aber es fiel mir eben auf. Warum eigentlich? Was könnte ich Ihnen schon tun?«

»Nä, Sie könnten die, äh, Polizei rufen.«

»Das würde ich nicht tun.«

»Und ich würde Ihnen nichts tun.«

»Ich weiß, daß Sie mir nichts tun werden.«

»Na also«, sagte er und seufzte theatralisch. »Sind Sie nicht froh, daß wir das geklärt haben?«

Das war sie tatsächlich. Es war beruhigend zu wissen, daß keiner den anderen fürchten mußte. Und wie um den jetzigen Stand ihrer Beziehung zu bestätigen, zog sie den Mantel aus und hängte ihn an den Garderobenständer, an dem bereits ein karierter Mantel hing. Seiner, nahm sie an. Wie schnell er sich hier zu Hause fühlte!

Sie drehte sich um und sah, daß er sich tatsächlich zu Hause fühlte und ungeniert die Schubladen des Schreibtisches durchsuchte. Unverfroren, dachte sie und merkte, daß sie lächelte.

Sie fragte ihn, was er da tat.

»Herumstöbern«, sagte er, dann richtete er sich mit einem Ruck auf. »Das ist doch nicht etwa Ihr Schreibtisch?«

»Nein.«

»Gott sei Dank.«

»Was genau suchen Sie eigentlich?«

Er dachte einen Moment nach, dann schüttelte er den Kopf.

»Mir fällt nichts ein – eigentlich wollte ich Ihnen eine gute Story präsentieren, aber mir fällt einfach keine ein. Also, ich suche etwas, das ich stehlen kann.«

»Etwas Bestimmtes?«

»Nein, ich bin nicht wählerisch. Ich hatte nicht vor, die elektrischen Schreibmaschinen mitgehen zu lassen. Aber Sie würden überrascht sein, wenn Sie wüßten, wieviele Leute in ihren Schreibtischen Bargeld aufbewahren.«

»Also, Sie nehmen einfach, was Sie finden?«

Er ließ den Kopf hängen. »Ich weiß«, sagte er. »Es ist moralisch falsch. Das brauchen Sie mir nicht zu sagen.«

»Und es gibt wirklich Leute, die Geld in einem Schreibtisch lassen, der nicht einmal abgeschlossen ist?«

»Manchmal. Und manchmal schließen sie den Schreibtisch auch ab, aber das macht es kaum schwerer, die Schubladen zu öffnen.«

»Sie können Schlösser knacken?«

»Ein Talent, das nicht jeder hat«, gab er zu. »Aber das ist alles, was ich kann.«

»Wie sind Sie hier reingekommen? Ich nehme mal an, Sie haben das Türschloß geknackt?«

»Keine große Herausforderung.«

»Aber wie sind Sie an Eddie vorbeigekommen?«

»Eddie? Ach, Sie meinen sicher den Typen unten in der Lobby. Wissen Sie, er ist nicht ganz so unüberwindbar, wie es die Berliner Mauer gewesen ist. Ich bin gegen acht Uhr gekommen. Wenn man nicht allzu spät kommt, fällt man auch nicht so sehr auf. Ich habe mich unten eingetragen und mir hier oben ein leeres Büro gesucht, das schon gereinigt war. Dort habe ich mich auf die Couch gelegt und ein Nickerchen gemacht.«

»Sie wollen mich wohl hochnehmen?«

»Habe ich Sie je angelogen? Die Putzkolonne verläßt das Gebäude um Mitternacht. Ungefähr um die Zeit habe ich Mr. Higginbothams Büro verlassen – das ist das Büro, in dem ich ein Nickerchen gemacht habe, er ist Rechtsanwalt und hat eine besonders gemütliche alte Ledercouch. Und dann mache ich meine Runden.«

Sie sah ihn an. »Sie waren früher schon einmal in diesem Gebäude?«

»Ach, ab und an besuche ich diese Büros hier.«

»So, wie Sie das sagen, hört es sich an, als ob Sie mal eben zum Automaten gingen.«

»Es gibt tatsächlich Ähnlichkeiten. Obwohl ich es noch nie in diesem Licht betrachtet habe.«

»Und dann machen Sie Ihre Runden, brechen in die Büros ein ...«

»Nein, ich breche nicht ein, mache nichts kaputt. Sagen wir mal, ich gewähre mir Einlaß.«

»Und stehlen Geld aus den Schreibtischen ...«

»Schmuck auch, wenn er mir in die Hände fällt. Alles, was wertvoll und leicht zu transportieren ist. Manchmal entdecke ich auch einen Safe. Das erspart mir längeres Herumsuchen, denn dann weiß ich gleich, wo die guten Sachen zu finden sind.«

»Sie können Safes öffnen?«

»Nicht jeden«, sagte er bescheiden. »Und auch nicht jedes Mal.« In Bogart-Manier setzte er hinzu: »Aber wer's kann, der kann's.«

»Und was machen Sie dann? Warten Sie bis zum Morgen, bevor Sie gehen?«

»Wozu? Ich bin gut gekleidet, sehe respektabel aus. Und außerdem sind die Sicherheitskräfte hier, um dafür zu sorgen, daß niemand unerlaubt das Gebäude betritt, und nicht, um zu verhindern, daß jemand es verläßt. Es wäre bestimmt etwas anderes, wenn ich versuchen würde, einen Photokopierer durch die Lobby zu schieben, aber ich stehle ja nichts, was nicht in meine Taschen oder meinen Aktenkoffer paßt. Und wenn ich an den Wachen vorbeigehe, habe ich natürlich keine Handschuhe an. Das wäre unpassend.«

»Ja, wahrscheinlich. Also, wie soll ich Sie dann nennen?«

»›Einen verdammten Einbrecher‹, vermutlich. So nennen mich alle. Aber Sie –« Er zeigte mit seinem behandschuhten Finger auf sie. »Sie dürfen mich Bernie nennen.«

»Bernie, der Einbrecher.«

»Und wie soll ich Sie nennen?«

»Sagen Sie ruhig Elaine.«

»Elaine«, sagte er. »Elaine, Elaine – doch nicht etwa Elaine Halder?«

»Woher wissen Sie ...«

»Elaine Halder«, sagte er. »Jetzt verstehe ich auch, was Sie mitten in der Nacht ins Büro treibt. Jetzt sehen Sie erschrocken aus. Ich kann mir nicht vorstellen, warum. ›Sie kennen meine Methoden, Watson.‹ Was ist los?«

»Nichts.«

»Nun haben Sie doch um Gottes Willen keine Angst! Daß ich Ihren Name kenne, gibt mir doch keine mystische Kraft über Ihr Schicksal. Ich habe einfach ein gutes Gedächtnis, und Ihr Name ist hängengeblieben.«

Er deutete mit dem Daumen auf eine geschlossene Tür auf der anderen Seite des Großraumbüros. »Ich war schon im Büro Ihres Chefs und habe Ihren Brief auf seinem Schreibtisch gesehen. Nun muß ich leider zugeben, ihn gelesen zu haben. Ich bin eben neugierig. Ich fürchte, das ist ein schwerer Charakterfehler.«

»So wie Diebstahl.«

»So in der Art. Dann fassen wir mal zusammen. Elaine Halder verläßt das Büro, nachdem sie ihr Kündigungsschreiben auf den Schreibtisch ihres Chefs gelegt hat. Doch dann kehrt Elaine Halder in den frühen Morgenstunden zurück. Mir wird klar, was sich abgespielt hat, meine Liebe.«

»Ach?«

»Natürlich. Sie haben es sich noch mal überlegt und wollen nun den Brief holen, bevor er ihn liest. Keine schlechte Idee, wenn ich bedenke, was für Sachen Sie ihm geschrieben haben. Lassen Sie mich die Tür aufschließen. Ich bin nämlich ein ordentlicher Mensch und habe sie abgeschlossen, nachdem ich dort alles erledigt hatte.«

»Und, haben Sie etwas gefunden, das es wert war, gestohlen zu werden?«

»Fünfundachtzig Dollar und ein Paar goldener Manschettenknöpfe.« Er beugte sich zum Schloß hinunter und stocherte mit einem Stück Draht darin herum. »Nicht viel, aber jede kleine Gabe hilft. Ich bin sicher, daß Sie einen Schlüssel für die Tür haben – sonst hätten Sie Ihr Schreiben ja nicht auf seinem Schreibtisch lassen können. Aber wann habe ich schon mal die Gelegenheit, mein Können vor anderen zur Schau zu stellen? Nicht daß dieses Schloß eine große Herausforderung darstellt, nicht für Bernie, den Einbrecher, aber – ah, da haben wir es schon.«

»Beeindruckend.«

»Ach, ich habe so selten Publikum.«

Er trat zur Seite und hielt ihr die Tür auf. Während sie das Büro betrat, beschlich sie plötzlich das Gefühl, sie würde gleich über eine Leiche stolpern. George Tavistock selbst, über seinen Schreibtisch geworfen, mit einem antiken Brieföffner im Rücken.

Aber natürlich war da nichts dergleichen. Es war aufgeräumt – weder lag eine Leiche herum, noch gab es irgendwelche Anzeichen dafür, daß in dieses Büro erst kürzlich eingebrochen worden war.

Ein einzelnes Blatt Papier lag auf der Schreibunterlage. Sie nahm es in die Hand. Sie überflog die wenigen Sätze, als ob sie den Brief zum ersten Mal sähe; dann fiel ihr Blick auf die kunstvoll geschwungene Unterschrift, Welten entfernt von ihrem Gekritzel unten im Besucherbuch.

Sie las den Brief noch einmal, dann legte sie ihn wieder zurück.

»Noch ein Meinungsumschwung?«

Sie schüttelte den Kopf. »Ich habe meine Meinung nie geändert. Ich bin aus einem ganz anderen Grund hier.«

»Sie sind doch wohl nicht hierher geeilt, um in den Genuß meiner Gesellschaft zu kommen?«

»Hätte ich gewußt, daß Sie hier sind, wäre das vielleicht der Grund gewesen. Nein, ich bin hier, weil – « Sie hielt inne und holte tief Luft. »Man könnte es so ausdrücken: Ich wollte meinen Schreibtisch ausräumen.«

»Aber haben Sie das nicht schon getan? Das ist doch Ihr Schreibtisch da drüben, oder? Jedenfalls steht Ihr Namensschild darauf. Frech von mir, doch ich habe schon einen kurzen Blick in den Schreibtisch geworfen. Und die Schubladen waren so leer, wie er geliefert wird.«

»Sie haben meinen Schreibtisch durchsucht?«

Er hob entschuldigend die Hände. »Es war nicht persönlich gemeint«, sagte er. »Zu der Zeit kannte ich Sie ja noch nicht.«

»Da haben Sie recht.«

»Und einen leeren Schreibtisch zu durchsuchen bedeutet auch keinen Einbruch in die Privatsphäre. Es war nichts weiter darin als ein paar Büroklammern und Gummibänder und der eine oder andere Kugelschreiber. Also, wenn Sie gekommen sind, um das zu holen ...«

»Es war eher im übertragenen Sinn gemeint«, erklärte sie. »In diesem Büro sind Dinge, die mir gehören. Projekte, an denen ich gearbeitet habe und von denen ich Unterlagen brauche, um mich wieder bewerben zu können.«

»Und wird Mr. Tavistock nicht dafür sorgen, daß Ihnen diese Unterlagen zukommen?«

Sie lachte bitter. »Sie kennen den Mann nicht.«

»Das ist auch gut so. Ich könnte niemanden bestehlen, den ich kenne.«

»Er würde glauben, daß ich Firmengeheimnisse an Wettbewerber verraten wollte. Sowie er meine Kündigung liest, bin ich Persona non grata in diesem Unternehmen. Wahrscheinlich werde ich gar nicht mehr in das Gebäude gelassen. Das ist mir alles erst klargeworden, als ich zu Hause war, und zuerst wußte ich nicht, was ich machen sollte, und dann ...«

»Dann entschieden Sie sich für einen kleinen Einbruch.«

»So kann man es nicht nennen.«

»Ach?«

»Ich habe einen Schlüssel.«

»Und ich habe ein schlaues Stückchen Draht, und beides ermöglicht uns, dort zu sein, wo wir nicht sein sollten.«

»Aber ich arbeite hier!«

»Arbeiteten.«

»Meine Kündigung ist bis jetzt noch nicht angenommen worden. Ich bin hier immer noch angestellt.«

»Theoretisch. Und doch sind Sie wie ein Dieb in der Nacht hereingeschlichen. Zwar haben Sie sich wahrscheinlich unten eingetragen und die Tür mit dem passenden Schlüssel aufgeschlossen und Sie tragen keine Handschuhe und keine Schuhe mit Kreppsohlen, doch soviel Unterschied besteht zwischen uns auch wieder nicht, oder?«

Sie reckte das Kinn vor. »Ich habe ein Recht auf die Früchte meiner Arbeit«, sagte sie.

»Und das habe ich auch. Und möge Gott denen helfen, deren Eigentumsrechte uns im Weg sind.«

Sie ging um ihn herum zu dem Aktenschrank rechts neben Tavistocks Schreibtisch. Er war abgeschlossen.

Sie drehte sich um, doch Bernie war schon an ihrer Seite.

»Erlauben Sie«, sagte er. Blitzschnell hatte er den Schließmechanismus überlistet und zog die oberste Schublade auf.

»Vielen Dank«, sagte sie.

»Keine Ursache«, antwortete er. »Professionelle Höflichkeit. Dafür brauchen Sie mir nicht zu danken.«

Die nächste halbe Stunde war sie damit beschäftigt, Unterlagen aus dem Aktenschrank und Tavistocks Schreibtisch herauszusuchen, auch ein paar Sachen aus unverschlossenen Aktenschränken im Großraumbüro. Sie kopierte alles und legte die Originale wieder an ihren Platz zurück. Während sie das tat, war ihr Einbrecherfreund damit beschäftigt, die verbleibenden Schreibtische zu durchsuchen. Er zeigte dabei keine besondere Eile, und sie hatte den Verdacht, daß er nicht früher als sie fertig werden wollte.

Ab und zu sah sie zu ihm hinüber und beobachtete ihn bei der Arbeit. Einmal ertappte sie ihn dabei, daß er sie beobachtete, und als sich ihre Blicke trafen, zwinkerte er ihr zu und lächelte. Sie fühlte, wie ihr das Blut in den Kopf stieg.

Er war attraktiv, ganz eindeutig. Und sympathisch, keine Frage, und in keiner Weise bedrohlich. Auch kam er ihr nicht wie ein Verbrecher vor. Er sprach wie ein gebildeter Mensch, hatte einen guten Geschmack bei Kleidung, seine Manieren waren tadellos …

Was hatte sie nur plötzlich für Gedanken?

Als sie fertig war, hatte sie einen daumenbreiten Stoß Papier. Sie ließ ihn in einer Aktenmappe verschwinden, schlüpfte in ihren Mantel und klemmte die Mappe unter den Arm.

»Sie sind wirklich ordentlich«, sagte er. »Alles wieder zurück an seinem Platz. Das gefällt mir.«

»Sie doch auch, oder? Sie machen sich sogar die Mühe, hinter sich wieder abzuschließen.«

»Ach, das ist doch keine Mühe. Und außerdem gibt es einen guten Grund dafür. Wenn man keine Unordnung hinterläßt, können manchmal Wochen vergehen, bis der Diebstahl entdeckt wird. Und je später die Entdeckung, desto kleiner wird die Chance, herauszufinden, wer ihn begangen hat.«

»Und ich dachte, Sie seien einfach von Natur aus ordentlich.«

»Tatsächlich bin ich auch das, für die Arbeit ist das sehr hilfreich. Genau wie bei Ihnen. Die werden nie bemerken, daß Sie heute nacht hier waren. Sie nehmen ja nur Kopien mit.«

»Das stimmt.«

»Da wir gerade davon sprechen: Möchten Sie die Kopien in meinen Aktenkoffer tun? Dann würde man nicht sehen, daß Sie das Haus mit Dokumenten in der Hand verlassen. Ich bin mir zwar sicher, daß der Typ unten in der Lobby selbst ein Erdbeben erst dann wahrnehmen würde, wenn es mehr als sieben Komma vier auf der Richterskala erreicht, aber diese auf den ersten Blick kleinlich wirkenden Sicherheitsmaßnahmen ermöglichen es mir auch weiterhin, meinen erwählten Beruf auszuüben, statt als Staatsgast Nummernschilder herzustellen oder Postsäcke zu nähen. Sind Sie soweit, Elaine? Oder möchten Sie noch einen letzten Blick auf alles werfen, den alten Zeiten zuliebe?«

»Ich bin soweit. Und die alten Zeiten lohnen den Blick kaum.«

Er hielt ihr die Tür auf, löschte das Deckenlicht und machte die Tür hinter ihnen zu. Während sie mit ihrem Schlüssel abschloß, zog er die Handschuhe aus und steckte sie in seine Aktentasche zu ihren

Unterlagen. Dann gingen sie Seite an Seite den Flur zum Fahrstuhl entlang. Ihre Schritte hallten. Seine, durch die Kreppsohlen gedämpft, waren so gut wie geräuschlos.

Schweigend warteten sie auf den Fahrstuhl. Sie hatten sich als Diebe in der Nacht getroffen, dachte sie, und nun würden sie aneinander vorbeiziehen wie Schiffe in der Nacht.

Der Fahrstuhl kam und brachte sie zur Lobby. Der Sicherheitsmann sah auf, weder Neugier noch Wiedererkennen in seinem Blick. »Hallo, Eddie«, sagte sie. »Alles in Ordnung?«

»Hey, wie geht's denn so«, sagte er.

Unter ihrem Eintrag im Besucherbuch waren nur drei weitere Einträge, drei Personen, die nach ihr gekommen waren. Sie trug sich aus, und nach einem Blick auf die Uhr setzte sie die Zeit dazu: *1.56 Uhr*. Sie war also gut anderthalb Stunden oben gewesen.

Draußen blies ein kalter Wind. Sie drehte sich zu ihrem Begleiter um und blickte auf die Aktentasche; plötzlich erinnerte sie sich an ihren ersten Schulkameraden, der ihr die Tasche getragen hatte. Sie hatte sie natürlich selbst tragen können, so wie sie auch ihre Unterlagen selbst an Adlerauge-Eddie hätte vorbeitragen können.

Trotzdem war es nicht gerade unangenehm, die Tasche getragen zu bekommen.

»Ich sollte meine Unterlagen jetzt nehmen und ...«

»In welche Richtung müssen Sie?«

»Sechsundsiebzigste Straße.«

»Ost oder West?«

»Ost. Aber ...«

»Gut, dann teilen wir uns ein Taxi«, sagte er. »Schont die Portokasse.« Schon stand er am Straßenrand, eine Hand erhoben, und ein Taxi erschien, als ob es auf sie gewartet hätte. Er hielt ihr die Tür auf.

Sie stieg ein. »Sechsundsiebzigste«, sagte er zum Fahrer. »Und was noch?«

»Lexington«, sagte sie.

»Lexington«, wiederholte er.

Während der Taxifahrt überschlugen sich ihre Gedanken. Ihre Gefühle gingen mit ihr durch, und sie bekam sich nicht in den Griff. Sie fühlte sich wie ein Schulmädchen, wie eine Frau in Gefahr, wie

Grace Kelly in einem Hitchcock-Film. Als das Taxi ihre Straßenecke erreicht hatte, zeigte sie auf das Gebäude, in dem sie wohnte, und er lehnte sich nach vorne, um den Fahrer anhalten zu lassen.

»Möchten Sie noch auf einen Kaffee mit hochkommen?«

Dieser Satz war ihr während der ganzen Fahrt wie ein Mantra durch den Kopf gegangen. Und doch konnte sie kaum glauben, daß sie ihn tatsächlich aussprach.

»Ja«, sagte er. »Gern.«

Sie war steif vor Anspannung, als sie sich dem Pförtner näherten, doch der Mann war die Diskretion in Person. Er grüßte sie nicht einmal mit Namen, hielt ihnen nur die Tür auf und wünschte ihnen eine gute Nacht. Oben wollte sie Bernie eigentlich darum bitten, ihr die Tür ohne Schlüssel zu öffnen, entschied dann aber doch, sich nicht demonstrieren zu lassen, wie ausgeliefert sie ihm war. Sie schloß die verschiedenen Schlösser auf.

»Ich mache uns Kaffee«, sagte sie. »Oder möchten Sie lieber gleich einen Drink?«

»Das hört sich gut an.«

»Scotch oder Cognac?«

»Cognac.«

Während sie einschenkte, wanderte er durch ihr Wohnzimmer und sah sich die Bilder an den Wänden und die Bücher in den Regalen an. Gäste machten so etwas immer, aber dieser besondere Gast war ein Krimineller, und deshalb stellte sie sich vor, daß er in Gedanken eine Liste ihrer Besitztümer anlegte. Zum Beispiel die Graphik von Chagall, die er gerade betrachtete – sie hatte bei einer Auktion fünfhundert Dollar dafür bezahlt, heute war sie bestimmt das Dreifache wert. Sicher war es für ihn einträglicher, in ihr Apartment einzubrechen als in verlassene Büroräume.

Und sicher war ihm das auch klar.

Sie gab ihm den Cognac. »Auf die kriminellen Unternehmungen«, sagte er, und sie stieß mit ihm an.

»Ich muß Ihnen noch Ihre Unterlagen geben, bevor ich es vergesse.«

»Ja, stimmt.«

Er öffnete den Aktenkoffer und gab sie ihr. Sie legte sie auf den

Couchtisch von LaVerne und ging mit ihrem Glas zum Fenster hinüber. Der dicke Teppich schluckte jedes Geräusch ihrer Schritte.

Es gibt nichts, wovor du Angst haben mußt, beruhigte sie sich. Und du hast keine Angst und ...

»Eine beeindruckende Aussicht«, sagte er ganz nah hinter ihr.

»Ja.«

»Sie könnten Ihr Büro von hier aus sehen, wenn das Hochhaus nicht im Wege stehen würde.«

»Daran habe ich vorhin auch gedacht.«

»Wunderschön«, sagte er mit weicher Stimme, dann umschlangen seine Arme sie von hinten, und seine Lippen streiften ihren Nacken.

»Elaine, die schöne, Elaine, die liebreizende«, zitierte er. »Elaine, die Liliendame von Astolat.« Seine Lippen berührten ihr Ohr. »Das hörst du vermutlich öfter.«

Sie lächelte. »So oft nun auch wieder nicht,« sagte sie. »Seltener, als du denkst.«

Es wurde gerade hell, als er ging. Sie blieb noch ein paar Minuten allein liegen, dann stand sie auf, um hinter ihm abzuschließen.

Und lachte laut auf, als sie feststellte, daß er schon selbst hinter sich abgeschlossen hatte.

Sie hatte nicht geschlafen, hatte sich aber selten so wach gefühlt. Sie brühte frischen Kaffee, goß sich eine Tasse ein und blätterte am Küchentisch die Unterlagen durch, die sie aus dem Büro mitgenommen hatte. Ihr wurde klar, daß sie ohne Bernies Hilfe nicht einmal an die Hälfte der Dokumente herangekommen wäre. Den Aktenschrank in Tavistocks Büro hätte sie nie öffnen können.

»Elaine, die schöne, Elaine, die liebreizende. Elaine, die Liliendame von Astolat.« Sie lächelte.

Um kurz nach neun, als sie sicher sein konnte, daß Jennings Collard an seinem Schreibtisch sitzen würde, rief sie ihn unter seiner Geheimnummer an.

»Hier ist Andrea«, sagte sie. »Ich habe mehr bekommen, als wir uns in unseren kühnsten Träumen vorstellen konnten. Ich habe Kopien von Tavistocks gesamten Marketingplänen für Herbst und Winter, mit mindestens einem Dutzend Marktuntersuchungen, und andere Unterlagen, die du noch analysieren mußt. Und ich habe alle Originale zurückgelegt. Kein Mensch bei Tavistock wird je darauf kommen, was passiert ist.«

»Unglaublich.«

»Ich dachte mir, daß du zufrieden sein wirst. Der Schlüssel zum Büro war schon eine große Hilfe, auch, daß ich den Namen des Sicherheitsmannes wußte. Ach, und es gibt noch ein paar wichtige Neuigkeiten. Ich weiß zwar nicht, ob George Tavistock schon in seinem Büro ist, aber falls ja, liest er gerade ein Kündigungsschreiben. Die Liliendame von Astolat hat den Kram hingeschmissen.«

»Wovon sprichst du eigentlich, Andrea?«

»Elaine Halder. Sie hat ihre Sachen ausgeräumt und ihm einen Brief auf den Schreibtisch gelegt, in dem sie sich verabschiedet. Ich dachte, du solltest der erste sein, der davon erfährt.«

»Damit hast du natürlich recht.«

»Ich würde ja sofort vorbeikommen, aber ich bin müde. Schickst du einen Boten rüber?«

»Mach ich sofort. Und du leg dich erst mal schlafen.«

»Genau das habe ich vor.«

»Das hast du hervorragend gemacht, Andrea. Da ist für dich noch eine Sonderzuwendung drin.«

»Damit habe ich gerechnet«, sagte sie.

Sie legte auf, stellte sich wieder ans Fenster und blickte über die Stadt, während sie die Vorgänge der Nacht noch einmal Revue passieren ließ. Es war perfekt, stellte sie fest, und wenn überhaupt irgend etwas gefehlt hatte, dann war es der Film mit Cary Grant.

Aber der würde bald wieder gesendet werden. Der lief öfter. Offenbar mochten die Leute solche Filme.

JAZZKELLER UND DAS UNBEQUEMSTE KINO

New York City, die größte Stadt der USA, liegt an der Ostküste auf 74° westlicher Länge und 41° nördlicher Breite und erfreut sich kühl-gemäßigter Temperaturen, die im Winter allerdings bis –26 °C absinken können. Die Stadt wurde 1626 als Nieuw Amsterdam von den Holländern gegründet. Gute Informationen gibt das Visitor Information Center, *New York Convention and Visitors Bureau, 810 7th Avenue (zwischen 52nd und 53rd Street), Telefon 001-212-4841222.*

EIN JAZZKELLER IN NEW YORK * Das *Small's* ist ein besonders empfehlenswerter Jazzkeller. Das Publikum ist gemischt, weiße Studenten und schwarze Streber, blonde Models und schwarze Spieler. Die Band ist auch gemischt. Als ich das letzte Mal da war, waren Tenor und Baß weiß, der Pianist und der Schlagzeuger schwarz. Der Kellner brachte uns zu einem Tisch dicht an der Bühne und gerade, als wir uns hinsetzten, begann die Band mit »Satin Doll«; gibt es einen schöneren Begrüßungs-

song? Die Adresse ist 183 West 10th Street (Nähe 7th Avenue), Telefon 212-9297565.

KEIN MAINSTREAM-KINO * Wer nicht nur Mainstream-Filme sehen möchte, dem sei das das *Village Cinema* ans Herz gelegt. Es soll zwar die unbequemsten Sitze in Manhattan haben, aber auch das beste Filmprogramm. Neben alten Hitchcock-Streifen bietet es viele alte und neue Klassiker. Bleibt zu hoffen, daß es nicht irgendwann Pleite macht! Es liegt in der 22 East 12th Street (Nähe University Place), Telefon 212-9243363. Und wer zufällig im Gebäude der *Vereinten Nationen* weilt, sollte – falls es gerade geht – einen Blick in die Wandelhalle der Abgeordneten werfen. Hier findet Cary Grant in »North by Northwest« (»Der unsichtbare Dritte«) die erste Leiche ...

FRÜHSTÜCK MIT AUSSICHT * Das »All American Breakfast« läßt sich mit Blick auf den Broadway vorzüglich genießen, und zwar im *Art Café*, 1657 Broadway (Höhe 52nd Street),

Telefon 212-2469797. Bagels mehr hoch als breit mit allem belegt, was das Herz begehrt, auch mit »liverwurst«, gibt es im *Ess-a-Bagle*, 831 3rd Street (zwischen 50th und 51st Street), Telefon 212-9801010.

EIN HOTEL DER GANZ BESONDEREN ART * Das *Chelsea-Hotel* auf der West 23rd Street (Nr. 222) ist ein mythengeschwängerter Ort: Hier trank sich Dylan Thomas zu Tode, hier starben Sid Vicious von den »Sex Pistols« und seine Freundin an einer Überdosis Heroin. Die Lobby hängt voller Bilder von später oft berühmt gewordenen Künstlern der Moderne, die aus Geldmangel mit Naturalien bezahlt haben. Die für New Yorker Verhältnisse außerordentlich preiswerte Übernachtung sei nur jenen empfohlen, die sich nicht gleich erschrecken, wenn ihnen gelegentlich eine Kakerlake entgegenläuft oder wenn die Gardine beim Zuziehen samt Stange herunterfällt. Allemal sehenswert sind die vielen Spuren von Einbruchswerkzeugen an den Zimmertüren. Vor allem der Blick in die Lobby lohnt.

MORDSKUNDIGE BUCHHANDLUNG * Zur Ergänzung der eigenen Krimisammlung verhilft das freundliche und sachkundige Personal der Buchhandlung *Black Orchid* an der Upper East Side, 303 East 81st Street (zwischen 1st und 2nd Avenue), Telefon 212-7345980. Der Laden ist zwar klein, aber bis unter die Decke mit Büchern vollgestopft. Vergessen Sie nicht, auch im Kellergeschoß zu stöbern!

Berlin: 6 Uhr morgens

Hartmut Mechtel

Die Stadt schläft nie. Unaufhörlich brandet Verkehr durch die Prenzlauer Allee, und die Elf-Tankstelle gleich neben dem Hotel ist beliebt wie eine angesagte Nachtbar – für den kleinen Einkauf mit und ohne Fahrzeug. Heiß und stickig ist es im Zimmer, weil der Frühherbst hochsommerliche Temperaturen an die Tage vergeudet. Schließe ich das Fenster, kann ich kaum atmen, öffne ich es, dröhnt der Verkehr herein; nach einiger Zeit kann ich Busse von Lastkraftwagen unterscheiden. Ich sehne mich zurück in mein beschauliches Bonn. Die schwarzen Gedanken allerdings hätte ich dort auch.

Warum hat Vera das getan? Ausgerechnet mit Jentzen? Was hat der, was ich nicht auch habe? Warum ließen sich die Frauen reihenweise von ihm flachlegen? Seine Spezialität waren die frustrierten Gattinnen seiner Kollegen. Weshalb ihm noch niemand den Schwanz abgeschnitten hat, ist mir ein Rätsel. Aber ich werde es ja auch nicht tun. Nur in Gedanken werde ich so vulgär, wie ich es in Taten nie sein könnte – nicht einmal in ausgesprochenen Worten. Ein Mann hat seine Fassung zu wahren, unter allen Umständen. Vor allem, wenn er Beamter ist.

Wie werde ich Jentzen begegnen? Werde ich ihn spüren lassen, daß ich es weiß? Oder noch schlimmer: Wird er es mich spüren lassen, daß er mit Vera ... Nein, ich will es nicht einmal denken. Er wird sich ebenfalls zusammennehmen. Schließlich ist auch er Beamter.

Das verpflichtet zwar nicht zu gutem Charakter, aber doch wenigstens zu gutem Benehmen.

Es hat keinen Sinn. Ich habe vielleicht zwei oder drei Stunden geschlafen. Mehr werden es nicht. Nicht in Berlin. Ich schalte das Radio an, suche einen Klassiksender. Vivaldi vertreibt die dunklen Gedanken. »It's showtime, folks!« Ich dusche, putze mir die Zähne, rasiere mich. Mit dem Anblick im Spiegel bin ich zufrieden. Die Augenringe sind kaum zu erkennen. Ich bin ein flotter Mann in den allerbesten Jahren. Möchte wissen, ob Jentzen so gut aussieht nach einer durchwachten, durchgrübelten Nacht. Aber wahrscheinlich kennt er so etwas gar nicht. Er macht sich an irgendeiner Gattin müde, gelegentlich wohl sogar an seiner eigenen, und dann schläft er den tiefen Schlaf der Ungerechten.

Bin ich altmodisch, daß ich die Treue so ernst nehme? Wenn ja, soll Jentzen mir das jedenfalls nicht anmerken. Kein Zittern meiner Stimme, kein verlegenes Lächeln, schon gar keine derben Worte, geschweige denn Taten. Ich werde ihm begegnen wie immer, so freundlich, wie es der Sache angemessen ist. Schließlich hat er mich angefordert. Berlin steht täglich vor dem Verkehrsinfarkt. Das kann ich bestätigen. Wenn schon die Nacht so unruhig ist, wie soll das erst am Tage werden? Mein Rat als Experte ist gefragt. Den kann er haben.

Ich ziehe mich an, fädle die goldenen Manschettenknöpfe durch die Knopflöcher, binde vor dem Spiegel die Krawatte, stecke die goldene Krawattennadel verwegen schräg und ziehe mir das schwarze Jackett über. Man erwartet von unsereinem, daß er stets korrekt und seriös gekleidet ist, auch unter einer rot-grünen Regierung. Nur ein paar grüne Abgeordnete erscheinen in Jeans. Das sind sie ihrer Klientel schuldig. Ich bin kein Abgeordneter. Ich repräsentiere die Unvergänglichkeit solider Macht.

Es ist noch nicht einmal sechs Uhr, als ich das Hotel verlasse. Frühstück gibt es noch nicht. Selbst die Rezeption ist nicht besetzt. Ein paar Berliner scheinen also doch gelegentlich zu schlafen. In der Tankstelle hingegen herrscht reger Betrieb. Das wundert mich nicht; er hat ja dazu beigetragen, mich wachzuhalten. Ich trinke Kaffee und esse dazu ein belegtes Baguettebrötchen. Es ist Viertel nach sechs, und ich weiß nichts mit mir anzufangen. Verabredet

sind wir erst um neun. Langsam laufe ich hinüber zum Alexander-
platz. Im Presse-Shop kaufe ich mir die *Frankfurter Allgemeine* und
verberge meinen klugen Kopf dahinter. Die Trauer würgt mich.
Vera und dieser schmierige Strohwitwentröster! Wenn ich doch nur
die Kraft hätte, archaisch zu reagieren! Eine Pistole besorgen und
die Sache erledigen wie ein Mann! Statt dessen werde ich gewinnend
lächeln, sachlich die Verkehrssituation analysieren und meine Rat-
schläge erteilen, wie es von mir erwartet wird. Ich bin ein zivilisati-
onsgezähmter Waschlappen. Wenn ich ehrlich bin – und an diesem
Morgen leiste ich es mir –, kann ich Vera verstehen. Was habe ich
ihr zu bieten nach fünfzehn Jahren Ehe? Ein Häuschen am Stadtrand. Das Geld reicht zum Leben. Große Sprünge müssen wir uns
verkneifen. Kinder haben wir nicht. Vera ist eine Vollblutfrau.
Wohin soll sie mit ihrer Leidenschaft, wenn ich den ganzen Tag
außer Haus bin? Neuerdings nun auch noch die dauernden Dienst-
reisen nach Berlin. Drei Tage, vier Tage, eine ganze Woche. Aber
warum ausgerechnet Jentzen? Warum die billigste der möglichen
Affären? Die abgeschmackteste, ekelhafteste?

Ich werfe die *FAZ* ungelesen in den nächsten Papierkorb und fahre
mit der S-Bahn zur Friedrichstraße. Der Bahnhof ist vor kurzem
umgebaut worden. Jetzt ist er in all seiner Weitläufigkeit eine triste
Einkaufspassage mit langen, breiten Gängen. Die füllen sich
schnell, der Berufsverkehr hat begonnen. Ich gehe hinaus auf die
Georgenstraße, betrachte den Bahnhof von außen. Tausende und
abertausende Scheiben an den Seiten und als Dach. Ob die wohl
jemals geputzt werden? Nötig hätten sie es schon jetzt, kurz nach
der Fertigstellung. Die Berliner Luft ist nicht so gut wie ihr Ruf.
Immerhin ist Berlin die größte Stadt in Deutschland, außerdem die
größte Baustelle in Europa, und schließlich, wenn ich Jentzen glauben darf, die Stadt mit den größten Staus der Welt.

Ich laufe an unbelebten Baustellen vorbei in Richtung Brandenburger Tor. Den Reichstag sehe ich fast die ganze Zeit, aber kann
nicht auf direktem Wege hinlaufen. Alle Straßen sind gesperrt, zu
meiner Überraschung sogar Unter den Linden. Direkt vor dem
Brandenburger Tor versperrt eine Tribüne die Durchfahrt. Und
davor, wegen der Umleitung und einer blödsinnig geschalteten
Ampel, ein kilometerlanger Stau. Ich schüttle den Kopf. Die Dilet-

tanten haben die einzige reichstagsnahe Passage von Ost nach West durch eine Tribüne versperrt! Was die in der Hauptstadt brauchen, sind keine Verkehrsexperten, sondern gesunder Menschenverstand.

Als Fußgänger kann ich zwischen schmalen Bauzaungängen das Tor passieren. Ich sehe auf die Uhr. Kurz vor sieben. Werde wohl bis neun im Tiergarten spazierengehen. Büsche und Bäume neben dem Reichstag stehen dicht wie in einem Urwald. Da fehlt, offenbar schon seit Jahrzehnten, die gärtnerische Hand.

Auf einem der Rohbauten in der Friedrich-Ebert-Straße scheint die Arbeit schon begonnen zu haben, denn ich sehe einen Mann auf dem Dach. Er steht direkt unter einem Kran. Wie ein Maurer sieht er allerdings nicht aus. Er trägt einen schwarzen Anzug. Vermutlich der Bauleiter. Irgend etwas stimmt nicht mit ihm, er schwankt leicht hin und her, als bewegte er sich im Wind. Ich trete etwas näher heran. Die Füße verschwinden aus meinem Blickfeld. Dafür erkenne ich jetzt den oberen Teil besser. Es vergeht einige Zeit, bis ich zu begreifen wage, daß der Mann am Kran hängt.

Ein Schreck durchzuckt mich. Das ist eine Leiche! Sieht denn das keiner außer mir? Aber niemand ist in meiner Nähe. Um diese frühe Stunde geht man hier noch nicht spazieren. Noch sind keine Touristen da, keine Abgeordneten, nicht einmal Bauarbeiter. Ich sehe noch einmal nach oben. Kein Irrtum. Da hängt ein Mensch am Kranhaken. Ein gutgekleideter, seriöser Mann, vielleicht ein Mitarbeiter der Regierung, wurde erhängt. Direkt vor dem Reichstag. Sein Blick ist auf die Kuppel gerichtet, aber er sieht nichts mehr, oder zuckt er etwa noch? Nein, er schwankt nur leise im Morgenwind. Es ist ein Mensch, keine Puppe. Ein toter Mensch.

Ich ziehe mein Handy aus der Brusttasche und wähle die 110.

»Vor dem Reichstag hängt eine Leiche«, melde ich.

»Ganz ruhig. Der Reihe nach«, sagt der Polizist. »Von welchem Telefon rufen Sie an?«

»Von meinem Handy.«

»Die Nummer?«

Ich sage sie ihm.

»Stimmt«, bestätigt der Polizist.

»Hören Sie, hier hängt eine Leiche.«

»Ganz ruhig. Ihr Name?«

»Wolfgang Stürmer.«

»Wo halten Sie sich gerade auf?«

»Friedrich-Ebert-Straße, direkt neben dem Reichstag.«

»Und wo sehen Sie einen Toten?«

»Über mir. Er hängt am Kran.«

»Sind Sie nüchtern?«

»Stocknüchtern.«

»Gut. Die Funkstreife ist gleich da. Warten Sie auf deren Eintreffen, um ihnen Ihre Entdeckung zu zeigen. Werden Sie bitte nicht ungeduldig. Wenn es etwas länger dauert, stecken sie im Stau.«

»Die haben doch Sirenen!«

»Das hilft wenig, wenn alles dicht ist.«

Ich drücke auf den roten Knopf und stecke das Handy ein. Warum soll ich hier warten? Was habe ich mit der Leiche zu schaffen? Aber als Beamter tue ich natürlich, was die Polizei von mir erwartet. Das sind ja schließlich auch Beamte.

Es dauert dann doch nur eine Viertelstunde, bis ein Streifenwagen neben mir hält. Seltsamerweise hat in der Zwischenzeit außer mir noch niemand die Leiche gesehen, obwohl natürlich inzwischen Dutzende von Menschen an mir vorbeigegangen sind, Sicherheitspersonal aus dem Reichstag, Jogger, Leute, die ich nicht einordnen konnte. Alle blickten nach vorn oder unten. Niemand hatte soviel Muße wie ich.

»Herr Stürmer?« fragt der Beifahrer.

»Der Tote ist da oben«, antworte ich.

Der Polizist folgt mit dem Blick meinem Finger.

»Oh«, sagt er. Und: »Das muß ich mir näher ansehen.«

Den Fahrer weist er an, unten zu bleiben und den Gebäudeeingang zu sichern. Dann verschwindet er im Rohbau. Im Eingang zieht er seine Pistole wie ein Filmpolizist. Fünf Minuten später ist er wieder unten, die Pistole im Holster. Er spricht endlos mit seinem Funkgerät im Wagen. Als er wieder aussteigt, frage ich ihn, ob ich nun endlich gehen kann.

»Im Gegenteil«, sagt er. »Sie warten, bis die Kripo hier ist. Sie müssen auf jeden Fall eine Aussage machen.«

Ich schicke mich in Geduld. Die Polizei tut nur ihre Pflicht. Im

Tiergarten kann ich auch ein andermal spazieren gehen. Jetzt bedaure ich, daß ich die Zeitung weggeworfen habe. Da kehren die schwarzen Gedanken wieder. Ich wünsche mir, der Tote wäre Jentzen. Aber so gut meint es das Leben gemeinhin nicht mit mir. Im Gegenteil. Jentzen würde in seinem Büro thronen und mich mokant anlächeln, weil ich mich verspätete. Ach, würde er sagen, ein Toter hat Sie aufgehalten? Originelle Ausrede, mein Lieber. Da kann ich ja nicht wirklich böse sein, wenn Sie sich solche Mühe geben mit Ihren Erfindungen. Außerdem verstehe ich Sie ja. Es fällt vielen Bonnern schwer, sich auf das Tempo der neuen Hauptstadt einzustellen. Vergeben und vergessen. Sie schaffen es bestimmt auch noch, Stürmer, da sollten wir die Hoffnung nicht aufgeben. Können wir jetzt mit der Arbeit beginnen?

Endlich trifft die Kripo ein. Auch die Streifenpolizisten sind erleichtert. Die Bauarbeiter stänkerten herum, sie hatten ihre Termine und wollten endlich mit der Arbeit beginnen. Eine Leiche? Unsinn. Nicht bei uns. Von ihrem Standort aus sahen sie natürlich nichts, und sie ließen sich auch nur schwer zum Zurücktreten bewegen. Irgendwann bemerkten sie die Leiche dann doch und gaben, sich angenehm gruselnd, Ruhe.

Das Warten zieht sich in die Länge. Die Kripo hat nicht sofort Zeit für mich. Der Lebende kann ausharren, der Tote geht vor. Sie kommen nicht an den Toten heran, die Leiche hängt höher, als es von der Straße aus wirkt. Also müssen erst sämtliche Spuren gesichert werden, ehe ein Kranfahrer geholt wird, der den Toten auf das Dach absenkt. Eine Menschentraube bildet sich um uns, eine sonderbare Mischung unterschiedlichster sozialer Schichten. Ältliche Touristen mit süddeutschem Akzent, junge, hochgewachsene Bauarbeiter, dazwischen Männer in dunklen Anzügen mit wichtigen Gesichtern, das unvermeidliche Handy am Ohr, und noch wichtiger aussehende Polizisten mit und ohne Uniform. Zwei russische Musiker kommen vorbei, einer schlägt ein paar Takte auf seiner Gitarre an, *Unsterbliche Opfer, ihr sanket dahin*, aber dann kommt es ihm unpassend vor, und er verzieht sich in Richtung des Eingangs zum Reichstag. Sein Kollege folgt ihm, die Trompete unterm Arm.

Der Tote wird auf einer Bahre an uns vorbei zu einem Krankenwagen getragen. Die Plane über seinem Gesicht verrutscht, und mein Herzschlag setzt aus. Es ist Jentzen! Es ist tatsächlich Jentzen! Das Schicksal meint es doch gut mit mir. Ich erschrecke darüber, daß ich mich, wenn auch nur für einen Augenblick, über den Tod eines Menschen freuen konnte. Die Schelte kommt vom Verstand. Mein Gefühl läßt sich nicht belehren. Es sagt mir: Gut so! Er hat es verdient.

Einer der Zivilisten im Gefolge der Leichenträger kommt auf mich zu und sagt: »Hauptkommissar Everding. Sind Sie der Zeuge?«

»Der Zeuge?« sage ich. »Nein. Ich habe nichts beobachtet. Nur die Leiche als erster gesehen.«

»Ein ganz Genauer«, sagt er. Es klingt ironisch, aber nicht böse. Ich fühle mich in seiner Gegenwart heimisch, denn er spricht mit leichtem rheinländischen Dialekt.

»Das bringt mein Beruf mit sich«, sage ich. »Ihrer doch auch.«

»Wir sind ja alle Beamte«, bestätigt er. »Das sind wir doch?«

»Das sind wir«, sage ich.

»Fein. Nehmen wir erst einmal Ihre Personalien auf. Wir können uns in den Transporter setzen, da sind wir ungestört.« Er wendet sich den Leuten zu, die noch immer um uns herumstehen, und ruft: »Hier gibt es nichts mehr zu sehen. Es ist vorbei! Stellen Sie sich beim Reichstag an, wenn Sie etwas Interessantes sehen wollen!«

Natürlich hört niemand auf ihn. Wir setzen uns in den Wagen, er läßt sich meinen Ausweis geben, notiert Namen, Anschrift und Beruf. Dann darf ich ihm erzählen, wie ich die Leiche entdeckt habe. Er hört es an, notierte ein paar Worte. Anschließend fragt er, weshalb ich so früh unterwegs war.

»Ich konnte nicht schlafen.«

»Warum nicht? Probleme?«

»Verkehrslärm«, sage ich.

»Ja, es ist etwas lauter als daheim«, gibt er zu. »Weshalb hat Ihre Schlaflosigkeit Sie gerade hierher geführt?«

»Ich wollte im Tiergarten spazierengehen.«

»Da wären Sie besser vom Tor aus geradeaus gegangen. Haben Sie sich verlaufen? Sie sind doch nicht zum ersten Mal hier, oder?«

»Nein.«

»Was nein?«

»Beides nein. Ich war schon öfter hier, und ich habe mich nicht verlaufen.«

»Warum sind Sie also nach rechts abgebogen?«

»Wofür ist das wichtig?«

»Für das Protokoll.«

»Ach so. Aber ich kann keinen Grund angeben. Ich bin einfach hier entlang gekommen.«

»Wenn Sie es sagen ... Noch eine Frage fürs Protokoll: Kannten Sie den Toten?«

»Ich habe ihn ja nicht von nahem gesehen ...«

»Aber Herr Stürmer!« sagt Everding. »Er wurde direkt an Ihnen vorbeigetragen, und ich habe Ihren Blick bemerkt. Sie sind Verkehrsexperte, der Tote hat, als er noch lebte, im Verkehrsministerium gearbeitet. Es wäre sehr unwahrscheinlich, wenn Sie Ihren Kollegen nicht kennen würden.«

»Ja, ich glaube ihn erkannt zu haben«, gebe ich zu.

»Und?«

»Gerald Jentzen. Der Mann, mit dem ich um neun verabredet war.«

»So. Um neun. War Jentzen Ihr Vorgesetzter?«

»Er leitete eine andere Abteilung, aber ich bin in Berlin, um für ihn zu arbeiten. Also insofern ja.«

»Und was war er für ein Vorgesetzter?«

»Ein kompetenter.«

»Ah ja. War er sehr hinter den Frauen her?«

»Woher wissen ... Wie kommen Sie darauf?«

»Also ja. Sind Sie eigentlich verheiratet?«

»Mir gefällt die Richtung nicht, die Sie dem Gespräch geben.«

»Und mir gefällt nicht, was ich da oben gesehen habe. Gerald Jentzen wurde nicht einfach nur stranguliert, was schon schlimm genug ist. Sein Genick ist nicht gebrochen, er wurde langsam in die Höhe gezogen. Da kann der Todeskampf bis zu zwanzig Minuten dauern. Es ist ein elender, sehr qualvoller Tod. Und damit nicht genug, wurde ihm, als er bereits hing, der Hosenschlitz geöffnet und der Penis abgeschnitten. Das Ding lag auf dem Dach im Dreck und war kaum zu erkennen, so kleingeblutet war es. Das sieht ganz nach dem grausamen Racheakt eines gehörnten Ehemannes aus.«

»Oder nach der Rache einer betrogenen Ehefrau.«

»Können Sie eigentlich Kran fahren?«

»Ich arbeite in Büros, nicht auf dem Bau.«

»Ich habe nicht gefragt, ob Sie Kran fahren, sondern ob Sie es können.«

»Das ist ja nicht besonders schwer. Wenn der Schlüssel steckt, kann das jeder, sogar eine Frau.«

»Was haben Sie denn immer mit den Frauen? Wie sollte eine Frau ihn denn dazu gebracht haben, daß er auf den Bau steigt und sich an den Haken hängen läßt?«

»Indem sie ihn mit einer Pistole bedroht.«

»Die Verwendung einer Pistole läßt nicht zwangsläufig auf eine Frau schließen. Die müßte dann ja ganz schön aufgerüstet gewesen sein. Pistole, Messer, Strick ...«

»Das müßte der Mann, der Jentzen aufgehängt hat, ja auch gewesen sein.«

»Völlig richtig, Herr Stürmer«, sagt Everding. »Besitzen Sie eine Pistole?«

»Natürlich nicht. Mir scheint, Sie verwechseln etwas. Ich habe den Toten entdeckt, nicht den Lebenden umgebracht.«

»Jetzt sind Sie mir zu schnell, Herr Stürmer. Noch habe ich Sie ja gar nicht beschuldigt. Ich stelle lediglich ein paar Fragen. Wo waren Sie heute zwischen fünf und sieben Uhr?«

»In meinem Hotelzimmer und unterwegs.«

»Gibt es dafür Zeugen?«

»Im Zimmer war ich allein. Dann habe ich in der Tankstelle gefrühstückt. Da waren außer mir noch zehn oder fünfzehn Leute, aber ich weiß natürlich nicht, wer das war und ob die sich an mich erinnern. Und danach bin ich hierher gefahren, in Gesellschaft von ein paar hundert Fremden.«

»Klingt nicht gerade nach einem bombensicheren Alibi.«

»Ich wußte ja nicht, daß ich eines brauche.«

»Das wußte ich vor zehn Minuten auch noch nicht. Sie haben zwei entscheidende Fehler gemacht. Der erste war, daß Sie uns alarmierten. Hätten Sie gewartet, bis die Bauarbeiter den Toten finden, dann wäre unser Weg vor Ihre Haustür mühseliger gewesen. Und der zweite Fehler, der entscheidende, war Ihr Blick. Sie haben den Toten so triumphierend angesehen, daß Sie auch gleich ein Geständnis hätten hinausposaunen können. Sie hatten die Gelegenheit, Jentzen zu töten. Für die Tatzeit – etwa sechs Uhr – haben Sie kein Alibi. Und Sie hatten ein Motiv. Jentzen hatte ein Verhältnis mit Ihrer Frau. Noch ist das nur eine Vermutung, aber wir werden sie beweisen. Herr Wolfgang Stürmer, Sie sind unter dem dringenden Verdacht des Mordes zum Nachteil von Gerald Jentzen vorläufig festgenommen. Sie haben das Recht auf Vertretung durch einen Anwalt. Alles, was Sie im Untersuchungsverfahren aussagen, kann gegen Sie verwendet werden.«

»Aber ich bin es nicht gewesen«, stammle ich. »Selbst wenn es

35

stimmen sollte, daß er ein Verhältnis mit meiner Frau hatte: Deshalb bringt man doch heutzutage niemanden mehr um!«

»Man sollte überhaupt niemanden umbringen«, sagt Everding. »Trotzdem kommt es immer wieder vor. Ich lebe davon, daß Menschen irrational handeln. Und meine Berufserfahrung sagt mir, daß Eifersucht allemal ein starkes Motiv ist. Auch heute noch.«

»Wenn Sie sich auf mich festlegen, entkommt der wirkliche Täter.«

»Ich verstehe durchaus, daß Sie es abstreiten. Das machen die meisten, und es ist Ihr gutes Recht. Aber ich werde all meine Berufserfahrung einsetzen, Ihnen die Tat zu beweisen. Bei mir kommt kein Mörder ungestraft davon. Vertrauen Sie mir!«

Und er läßt die Handschellen um meine Gelenke schnappen.

GRÜNE ECKEN
UND DAS THEATER O. N.

Berlin wurde 1237 erstmals urkundlich erwähnt. Durch die Sektorenteilung nach dem Zweiten Weltkrieg und die Mauer von 1961 bis 1989 wurden West- und Ostteile unterschiedlich geprägt. Die neue alte Hauptstadt Deutschlands liegt bei 52,5° Nord und 13° Ost; ihr Klima ist kontinental beeinflußt mit warmen Sommern und frostigen Wintern. Informationen erhalten Sie beim Berlin Tourismus Marketing, *Am Karlsbad 11, 10785 Berlin, Telefon 030-250025.*

NICHT ZU EMPFEHLEN * Von einem Besuch des Reichstages rate ich ab; man weiß nie, wer gerade am Kran hängt, welche Baustelle einem den Weg versperrt und welcher Stau die Luft verpestet. Vor der Tür kann man zwei Stunden in einer Schlange warten; die Aussicht aus der Kuppel allerdings ist sehenswert, sofern man sich für Neubauten interessiert. Das durch die allgegenwärtigen Baustellen und neuerdings auch durch diverse Demonstrationen verursachte Verkehrschaos ist mittlerweile so groß, daß vor einem Besuch der Stadt per Auto guten Gewissens nur ausdrücklich gewarnt werden kann.

EMPFEHLENSWERT * Zu empfehlen ist hingegen eine Tour mit dem Fahrrad, sofern man einen Stadtplan besitzt. Berlin ist grüner, als es auf den ersten Blick wirkt. Man kann kilometerweit durch Parks und Grünanlagen fahren, durch den Tiergarten, entlang den Ufern von *Spree, Havel, Panke* und *Landwehrkanal.* Seit ich vom Auto auf das Fahrrad umgestiegen bin, gefällt mir meine Stadt viel besser.

PRENZLAUER BERG * Am häufigsten halte ich mich dort auf, wo ich wohne: am *Prenzlauer Berg.* Der Stadtbezirk ist angesagt – als Wohngegend für Studenten, Künstler und Yuppies und vor allem als Amüsiermeile für Berlin-Touristen. Die zahlreichen Gaststätten besonders im Viertel um den *Kollwitzplatz* und den *Wasserturm* sind bei jedem Wetter gut besucht; wenn man keinen Platz findet, geht man einfach eine Kneipe weiter.

THEATER OHNE NAMEN * Aber in die Kneipe gehen kann jeder. Wesentlich preiswerter als ein Essen beim Nobel-Italiener ist ein Besuch im *Theater o. N.* in der Kollwitzstraße 53, gerade 100 Meter vom Kollwitzplatz entfernt – preiswerter und zumeist auch lohnender. Das Theater o. N. wurde 1980 unter dem Namen *Zinnober* als erstes und lange Zeit einziges Off-Theater der DDR gegründet und errang legendären Ruhm. Heute ist es eines von über 100 Off-Theatern der Hauptstadt; der Ruhm ist verblaßt, nicht jedoch die Qualität der Inszenierungen. Das Theater ist nicht vordergründig modernistisch; Literatur und Tradition spielen eine so wichtige Rolle wie die Improvisation. Gespielt wird für Kinder – meist Puppentheater – und für Erwachsene – meist Schauspiel. Das Theater ist klein, gerade fünfzig Plätze; wenn mehr Besucher kommen, als Plätze da sind, findet sich meist eine Lösung. Nach der Vorstellung kann man in der kleinen Bar des Theaters sitzen, sich an den kulantesten Preisen der Gegend erfreuen und miteinander oder mit den Künstlern reden. Manchmal sogar mit mir – gelegentlich schenke ich dort Bier und Wein aus. Schauen Sie doch mal vorbei!

Eine verhängnisvolle
Liebe in Paris

Virginie Brac

30. August – Entbindungsstation Saint Vincent de Paul,
Boulevard de l'Hôpital, 6 Uhr

Jetzt ist es soweit! Ich habe die Ehre und das Vergnügen, diesem Tagebuch die Geburt meines vierten kleinen, in allen Punkten perfekten Lieblings bekanntzugeben. Ich habe die ersten Wehen am frühen Abend verspürt, als ich gerade mit dem Aufräumen des Zimmers der Jungen fertig war. Um ein Haar wäre ich im Taxi niedergekommen. Es ist derartig nervtötend, Zeit zu verlieren. Die Schwester hat mir gesagt, wenn ich früher gekommen wäre, hätte man mir noch eine PDA setzen können. Als ob ich für die Entbindung eine Periduralanästhesie nötig hätte! Ich hätte sie fast ausgelacht.

Die Sonne geht auf über den Krankenhausgebäuden. Es ist herrliches Wetter, die weißen Kittel überqueren gemächlich den Hof. Es ist doch wirklich fein, wie in Frankreich gearbeitet wird! Bald wird es verboten sein, Kinder im August zur Welt zu bringen, damit die Krankenschwestern in der Ferienzeit nicht behelligt werden. Glücklicherweise gibt es noch Männer und Frauen, die bereit sind, die wahren Werte zu verteidigen. Was sagst du dazu, meine kleine Schnecke? Du willst trinken? Schon? Warte noch fünf Minuten. Beherrschung ist eine Tugend, die es zu erlernen gilt. Die Zukunft Frankreichs zu repräsentieren ist kein Pappenstiel …

2. September, 7 Uhr

Mein Gott, langweile ich mich in diesem Zimmer! Der einzige Vorteil einer Entbindungsklinik ist, daß man seine Kleine nachts im Säuglingszimmer lassen kann. Wenigstens höre ich sie dann nicht. Ansonsten brüllt sie zu den richtigen Zeiten und trinkt wie eine Wahnsinnige, was auf einen willensstarken Charakter hindeutet. Um so besser. Ich hätte es nicht gern, wenn meine Tochter eine Tranfunzel wäre. Régis fand sie sehr hübsch. Er hat gestern abend nur auf einen Sprung hereingeschaut. Ich hoffe, er findet heute morgen Zeit, vorbeizukommen, bevor er ins Büro geht. Ich weiß, daß er zum Abendessen bei den Kézans eingeladen ist. Sie sind aus dem Urlaub zurück, und Marie-Aude hat mir angeboten, sich seiner anzunehmen, bis ich zurück bin im trauten Heim. Ich muß daran denken, zum Schuljahresbeginn ein paar Abendessen mit Freunden zu organisieren, um zu Hause eine gesellige Atmosphäre aufrechtzuerhalten. Ich muß Régis beweisen, daß man vier Kinder haben kann, ohne deshalb gesellschaftlich zu versauern.

3. September – 118 Boulevard Raspail, 19 Uhr

Gut, ich habe verstanden. Régis verdaut dieses vierte Kind nicht. Er hat zuviel Familiensinn, um mir dies offen ins Gesicht zu sagen, aber er läßt es mich in sämtlichen Kleinigkeiten spüren. Zum Beispiel hat er nur zweimal im Krankenhaus vorbeigeschaut und mir brav gebracht, um was ich ihn gebeten habe, aber wie eilig er es gehabt hat, wieder zu gehen!

Die Zärtlichkeit, mit der er unseren kleinen Wurm in seine Arme genommen hat, hat mich zunächst in die Irre geführt. Er hat sie angeschaut, sie gewiegt und geküßt. Es sah fast so aus, als sei er den Tränen nahe. Doch von seinem zweiten Besuch an ließ sein kühles Verhalten keinen Zweifel mehr zu. Ich bin schnurstracks nach Hause zurückgekehrt, obwohl dem Arzt zufolge meine Gebärmutter noch nicht wieder an ihrem richtigen Platz ist. Nun, was soll's? Da wird sie schon noch hinfinden. Wo soll sie sonst hin? Kommt gar nicht in Frage, weiter auf dieser Entbindungsstation herumzuliegen. Morgen kommen die Großen nach Hause, in zwei Tagen beginnt wieder die Schule, und ich muß mich ernsthaft um meine Ehe kümmern.

10. September, Mitternacht

Jetzt ist es passiert. Ich habe den Baby-Blues – Wochenbett-Depression würde der Arzt sagen. Zum Glück ist noch niemand an Lächerlichkeit gestorben. Großer Schock für mich nach der Messe in der Stanislas-Kirche heute früh. Meine Reaktion war wahrscheinlich übertrieben und von bedauernswerter Engherzigkeit. Aber wenn es auch lobenswert sein mag, sich um die Armen und gesellschaftlichen Außenseiter zu kümmern, kann ich nicht umhin zu denken, man kümmerte sich besser um Gott. Auf dem Vorplatz der Kirche, Boulevard Montparnasse, hatten der Pfarrer und sein Arbeitskreis zwischen den Kinos mit ihren vulgären Plakaten und den Caféterrassen ein kleines Ringelpiez organisiert, um »mit den Leuten aus dem Viertel zusammenzukommen«. Toll! Einen Becher Orangensaft mit einem halb schwulen Kellner aus dem *La Coupole* und der Verkäuferin aus dem Sex-Shop in der Rue de la Gaité zu trinken, hat meine Laune beträchtlich gesteigert. Zum Glück sind die Kinder zusammen mit anderen Müttern, die, wie ich auch, den Katechismusunterricht erteilen, drinnengeblieben. Ich hätte ihnen tausendmal lieber Gesellschaft geleistet, aber Régis schien völlig hingerissen von dieser Zusammenkunft. Er behauptet, die Kirche müsse lebendig sein und diese Leute seien echt. Aber was ist an uns, an ihm und an mir, falsch? Ich habe vielleicht eine Menge Fehler, aber ich täusche nichts vor. Ich bin in meiner Art absolut aufrichtig.

20. September, 9.30 Uhr

Es stürmt und regnet auf dem Boulevard Raspail. Amaury, unser Ältester, ist vom Collège Stanislas suspendiert worden. Ich habe es sehr bedauert, daß Régis mich nicht zum Schulpräfekten begleitet hat, als ich versucht habe, für meinen Sohn ein gutes Wort einzulegen. Da er die Patres kennt, hätten seine Ausführungen mehr Gewicht gehabt als die meinen. Aber er hat sich entschieden geweigert: Probleme in der Schule sind anscheinend meine Domäne. Danach mußte ich darum kämpfen, für die Kinder einen Platz in einer Einrichtung hier im Viertel zu bekommen (ich habe auch Blandine aus dem Stanislas genommen, damit Amaury sich nicht zurückgesetzt fühlt). Blandine hat mich angefleht, sie im Lycée Montaigne anzumelden, einem staatlichen Etablissement, wo bei

Schulschluß die Dealer auf die Kinder warten. Das Schlimmste ist, daß Régis dieser Idee wirklich wohlwollend gegenüberzustehen schien! Was hat er denn nur im Moment? Ich habe alle ins Notre Dame de Sion gesteckt, direkt gegenüber von uns.

1. Oktober, 22 Uhr
Ich bin keine Frau, die übertriebenen Wirbel um sich macht. Ich verbringe nicht länger als zehn Minuten am Tag im Badezimmer und gönne mir niemals eine Pause, um etwas zu lesen oder Mittagsschlaf zu halten, obwohl mich Omphale mehrere Male nachts weckt, um zu trinken. Zwischen der Schule, der Musikschule, den Pfadfindern, dem Katechismusunterricht und dem Tennistraining nehmen die Kinder den größten Teil meiner Zeit in Anspruch. Gegen siebzehn Uhr kommen dann allerdings die kleinen Schüler, denen ich Zeichenunterricht gebe. Die bleiben, bis mein Au-pair-Mädchen geht, nachdem sie mit meinen Kindern gegessen hat. Zeit, sich zu waschen und die Zähne zu putzen, und hopp, alle Mann ins Bett! Punkt acht wird das Licht gelöscht.

Ich habe meine Tätigkeit als Zeichenlehrerin beibehalten,

weil dies für das seelische Gleichgewicht in unserer Ehe wichtig ist. Ich hätte darunter gelitten, eine simple Hausfrau zu sein. Régis hätte das auch nicht behagt. Er bezeichnet Hausfrauen immer als »Küchengewächse«, und ich bin ganz seiner Ansicht. Die Kinder dürfen nicht als Vorwand dienen, sich von der Welt abzukapseln. Am Abend, während ich darauf warte, daß Régis aus dem Büro nach Hause kommt, mache ich meine Abrechnungen und bereite meine Stunden vor. Régis macht sich über mich lustig, aber im Grunde ist er stolz darauf, daß ich in der Lage bin, alle möglichen Dinge gleichzeitig zu tun.

Gestern abend, als wir spät zusammen in der Küche aßen, hat er die Hand über seinen Teller hinweg ausgestreckt und meine Wange gestreichelt. Ich hatte Tränen in den Augen. Ich muß sagen, daß ich aufgrund dieser Geburt momentan lächerlich sensibel bin. Hoffentlich dauert das nicht an.

31. Oktober, 10 Uhr
Omphale muß jetzt entwöhnt werden. Mit zwei Monaten ist es Zeit, daß sie nachts durchschläft. Ich muß auch an Régis denken, den das Gewickel wahnsinnig macht. Er beschwert sich nicht, aber er schläft häufig im Wohnzimmer, um nicht geweckt zu werden. Los, raus mit dir, Omphale! Geh zu deiner großen Schwester und laß deine Eltern ihr eigenes Leben leben.

9. November, 22.30 Uhr
Ich versteh' das nicht. Als wir geheiratet haben, waren Régis und ich uns in allem einig. Vierzehn Jahre später scheint es, als herrsche über nichts mehr Einigkeit. Jetzt ist er völlig aus dem Häuschen geraten wegen eines Abonnements, das ich für die Comédie Française erworben habe. Anstatt mir zu danken, behauptet er, die Comédie Française sei kein Theater. Das sei Kost fürs Altersheim. Er hat mir einen Haufen Namen von Stücken und Regisseuren an den Kopf geworfen, von denen ich noch nie etwas gehört habe. Woher hat er das alles? Wieso attackiert er mich? Seit diesem absurden Vorfall fühle ich mich ganz verunsichert. Man möchte fast meinen, er hält mich plötzlich wie eine Fremde.

15. November, 6 Uhr

Ein Alptraum. Am gestrigen Samstag abend hatten wir Marie-Aude und Brieuc de Kézan zusammen mit den Gassins und den Aymards aus Ancona zu Besuch. Régis hat gegen achtzehn Uhr das Haus verlassen, nachdem er sich im Fernsehen ein Rugbyspiel angesehen hat, was er gern macht, um sich zu entspannen.

Zwischen halb neun und neun kamen unsere Gäste. Marie-Aude wie gewöhnlich in Marineblau. Man hat fast den Eindruck, sie setzt ihren Ehrgeiz daran, ihrer Schwiegermutter zu ähneln. Ich hatte mich für mein kleines Rotes entschieden, in dem ich immer so frisch aussehe. Und dann warteten wir auf Régis. Um zehn Uhr, als die Hammelkeule völlig zu verkohlen drohte, setzten wir uns zu Tisch. Marie-Aude und Cécile redeten ohne Unterlaß, um für Stimmung zu sorgen, während die Männer Scherze machten und mir rieten, mich nicht zu beunruhigen.

Lange nachdem sie weg waren, gegen drei Uhr früh, kam Régis nach Hause. Ich hatte derartig geweint, daß ich es für vernünftiger hielt, mich schlafend zu stellen. Was nützt es, einen treulosen Ehemann mit verschwollenen Augen und Vorwürfen zu empfangen?

Seit ich wach bin, bete ich unter Aufbietung all meines Glaubens. Wie sind wir so weit gekommen? Was habe ich getan?

16. November, 16 Uhr

Beim Verlassen der Kirche blieb Régis noch eine Weile stehen und unterhielt sich mit diesem Kellner aus dem *La Coupole*, den wir im September kennengelernt hatten. Als ich ungeduldig wurde, forderte mich Régis auf, ohne ihn nach Hause zu gehen. Ich lehnte ab und blickte ihm fest ins Gesicht. Warum sollten seine »guten Taten« Vorrang haben? Ich war kurz davor, unsere Probleme stehenden Fußes Pater Frain zu erzählen. Régis muß dies gespürt haben, denn er schlug einen äußerst sanften Ton an, um mir zu sagen, daß er gleich käme. Zu Hause angekommen, schnappte ich mir Omphale und ging das erste Mal in meinem Leben einen Mittagsschlaf halten, ohne mich um das Essen zu kümmern. Die Stille, die jetzt in der Wohnung herrscht, läßt mich vermuten, daß Régis die Kinder ins Restaurant geführt hat. Falls er sie nicht in die Seine geworfen hat. Ach nein. Ich vergesse, daß er sie ja liebt.

17. November, mittags

Da haben wir's. Régis hat mir mitgeteilt, daß er gelegentlich »jemanden trifft«. Allein bei diesem Ausdruck, der unmittelbar aus einem vulgären und stupiden amerikanischen Film stammt, sträuben sich mir die Haare. Mir wäre die Formulierung lieber gewesen, daß er gelegentlich »jemanden bumst«. Das ist doch nichts, was einen gleich in Ohnmacht fallen läßt. Jedenfalls nicht bei uns in Frankreich. Aber von welchem Frankreich rede ich? Welchem System überkommener Werte hänge ich an? Régis ist ins Lager des abgeschmackten, korrupten und von angelsächsischer Scheinheiligkeit befallenen Frankreichs übergewechselt. Wenn ich ihn frage, ob ihm diese Liaison das Recht verleiht, seine Frau vor seinen Freunden zu demütigen, wie neulich abend zum Beispiel, antwortet er mit Ja. Er ertrage diese Freunde nicht mehr, und da ich zu schwer von Begriff sei, um dies und anderes zu erfassen, habe er ein Zeichen setzen wollen. Was genau erfasse ich nicht? Oh, nichts. Belanglosigkeiten. Daß er unser Leben haßt, die Einrichtung unserer Wohnung, meine Art, mich zu kleiden, mein geschäftiges Herumgelaufe von morgens bis abends. Auch Omphale. Und all das brachte er mit einer spitzen, aufgeregten Stimme vor, die ich für ziemlich lächerlich hielt.

Dutzendmal hatte ich Lust auszurufen: Schau dich doch an. Du bist im 16. Arrondissement geboren, und das große Abenteuer deines Lebens bestand darin, auf die Rive Gauche zu ziehen! Ich gebe zu, daß ich mich hier wie im Exil fühle, den Umzug nicht als Zeichen seines heftigen Verlangens nach Freiheit begriffen habe, aber heiratet man denn, um frei zu sein? Warum hat er geheiratet? Warum hat er mit mir eine Familie gegründet? Warum hat er, der mich vorgeblich liebte, mich auserwählt? Ich habe ihn nicht mit der Pistole gezwungen, mich zu ehelichen. Ich habe mich nicht verändert. Was habe ich also getan?

23. November, 21 Uhr

Das habe ich nicht verdient. Ich tue seit jeher meine Pflicht. Kein Tag ist müßig vergangen seit meiner Eheschließung. Kein Tag, den ich nicht meiner Familie geopfert hätte, meinem Mann, unseren gemeinsamen Idealen. Heute begreife ich, daß das dumm war. Daß ich meine Zeit besser in Kosmetiksalons oder beim Bridgespiel verbracht hätte. Aber das ist absurd! Ich bin nicht dieser Typ Frau! Ich wollte etwas Ordentliches aus meinem Leben machen.

Als ich auf meine Idee zurückkam, Pater Frain wegen unserer Eheprobleme zu konsultieren, brach Régis in lautes Lachen aus. Er spreche seit einem Monat mit Pater Frain! Anscheinend ginge ich wie ein Radrennfahrer durchs Leben, den Kopf über das Lenkrad gebeugt, ohne etwas von der Umgebung um mich herum zu sehen. Ich würde nichts spüren, nichts verstehen.

27. November

Jede gute Tat trägt in sich sogleich ihre Strafe. Bei Omphales Geburt habe ich Régis ihren Vornamen aussuchen lassen. Ich war entschlossen, alles zu akzeptieren, und Omphale erschien mir letztlich keine allzu schlechte Wahl. Was war ich doch dumm! Omphale de Rédé, das schien akzeptabel. Weniger akzeptabel ist ein Vater, der für seine Tochter den Namen einer Heldin des Marquis de Sade wählt. Weil diese unentwegt Analverkehr hat. Das ist es, was ich heute erfahren habe. Selbstverständlich habe ich niemals den Marquis de Sade gelesen. Und genau das wirft man mir vor.

1. Dezember

Nie habe ich Weihnachten mit soviel Bitterkeit entgegengesehen. Ich habe das Gefühl, ein stinkender Pesthauch fegt noch die banalste meiner Gesten beiseite.

Ich habe meine Einkäufe gemacht wie jedes Jahr, aber diesmal ohne das geringste Zögern: Blandine wird in ihren Stiefeln eine illustrierte Ausgabe der Werke des göttlichen Marquis vorfinden. Sie liest sehr gern, so gern, daß sie schnell erfahren wird, was in der Vorstellung ihres Vaters die jungen Mädchen erwartet. Die Bilder komplettieren dann ihre Schulung. Für Amaury schwanke ich noch zwischen einer Packung Zigaretten und einer Schachtel Präservative. Ich denke, ich werde ihm beides schenken, damit er sich später damit brüsten kann, eine Mutter mit offener Einstellung gehabt zu haben. Bastien wird in seinen Stiefeln irgendeinen Ramsch vorfinden, der irgendwo in Asien von Kindersklaven hergestellt worden ist. Ich lese aufmerksam die militante Presse, um sicher zu sein, nicht danebenzuliegen. Für Omphale sind Zäpfchen angesagt. Darüber hinaus verteile ich zusätzlich Bonbons, die zu hundert Prozent aus Chemie bestehen und damit unverzüglich zur Fettleibigkeit führen. Es scheint, daß das ganz besonders modern ist. Scheiß doch auf die bürgerlichen Werte.

Ein Problem bereitet mir das Geschenk für Régis. Was soll ich ihm schenken, um ihm dafür zu danken, daß er mir die Augen geöffnet hat? Auch an Pater Frain gilt es zu denken, der mir am Mittwoch auf dem Weg zum Katechismusunterricht über den Weg gelaufen ist. Wir haben uns über die Kirchendekoration für die Weihnachtsmesse unterhalten, den besten Ablaufplan, welche Kirchenlieder gesungen werden sollen. Es ist unglaublich, was er mir alles an Aufgaben aufbürden wollte. Um ein Haar hätte ich ihm geradeheraus gesagt, er solle sich einen anderen Dienstbolzen suchen; ich habe mich dann aber damit begnügt, ihn daran zu erinnern, daß ich gerade erst ein Baby bekommen habe. Die Katholiken mögen es doch, wenn man ihnen Gören zur Welt bringt, oder?

Außerdem merkte ich an, daß sein lieber Régis bestimmt bereit sei, den Chor zu dirigieren. Aber dieser Kretin von einem Priester hüstelte nur und erklärte, daß Régis im Moment sicher zu beschäftigt sei. In seinen Augen ist der Platz eines Familienvaters an Weihnachten also nicht zwangsläufig bei seinen Kindern. Wie blöd ich bin! Man muß an die Rechte der Maitressen verheirateter Männer denken. Schließlich gehören sie zum Menschengeschlecht, auch wenn sie läufige Hündinnen sind.

5. Dezember, 5.30 Uhr
Noch immer kein Geschenk für Régis. Das wird allmählich beunruhigend. Abgesehen davon geht mein Leben seinen rasenden Gang und erweckt in mir gelegentlich den Eindruck, in einem Charlie-Chaplin-Film mitzuspielen. Mir fehlt nur das Bärtchen. Ich esse mit den Kindern, gehe mit ihnen schlafen. Wenn Régis nach Hause kommt, schiebt er in die Mikrowelle, was ich für ihn auf der Basis von Lebensmitteln vorbereitet habe, die das Verfallsdatum überschritten haben. Im übrigen halte ich mich nicht mit Details auf. Die Kinder und ich essen nur noch verdorbene Nahrung. Manchmal schmeckt es etwas seltsam, aber ich ziehe daraus eine Befriedigung,

die diese kleine negative Begleiterscheinung deutlich überwiegt.

Heute abend habe ich Erbsen zubereitet, die ich zwei- oder dreimal aufgetaut und wieder eingefroren habe. Das ist ein Versuch. Erst mal habe ich nur Régis dafür vorgesehen.

6. Dezember, 21 Uhr

Wann habe ich das letzte Mal richtig gelacht? Ich glaube, kurz vor meiner Heirat. Nun, gestern, als Régis sich vom Schlafzimmer zur Toilette schleppte und eimerweise Erbrochenes auf dem Teppich hinterließ, habe ich derartig gewiehert, daß ich mich im Wandschrank verstecken mußte. Die Tränen rannen mir über die Wangen, ich hörte, wie er nach mir rief, und ich lachte und lachte! Das waren sicher die Nerven. Nach einer Weile habe ich mich gefaßt und den Notarzt gerufen. Man brachte ihn ins Hôpital Cochin am Boulevard Arago. Morgen gehe ich ihn im Krankenhaus besuchen. Ich habe einen derartigen Spaß gehabt, daß ich fast nicht mehr böse auf ihn bin.

7. Dezember, Mitternacht

Wo war ich all die Jahre? Wieso habe ich den Kloakengeruch nicht riechen können?

Erst der Krankenhausparkplatz, ein riesiges Labyrinth, das sich vom Boulevard Port-Royal bis zum Boulevard Arago erstreckt. Dann die Flure in der Klinik, auf denen mir Krankenschwestern und Ärzte begegnet sind. Mir, einer schlanken, leicht verstörten Frau, bekleidet mit einem dunkelblauen Rock und einer geknöpften Strickweste, aus der der weiße Kragen einer Bluse hervorschaute. Ein Samthaarreif in derselben dunkelroten Farbe wie die Weste hielt meine blonden Haare zurück, wie jeden Tag. Die ganze Familienmutter steckt in dem Haarreif. Keine Zeit, zum Friseur zu gehen, aber korrekt bleiben. Korrekt bis zum Umfallen.

Ich ging also mit meiner Umhängetasche und meinen flachen Absätzen durch die Gänge des Krankenhauses. Im Zimmer von Régis war ein Mann, jemand, den ich vorher schon mehrere Male gesehen hatte und bei dessen Anblick ich mir verblüfft die Frage stellte, was er hier machte. Ob er nicht ein wenig übertrieb. Wir waren schließlich nicht in einer Weise miteinander vertraut, die erlaubte, die Hand meines Mannes zu halten. Der Kellner aus dem *La Coupole*. Bernard. Ich muß ihn Bernard nennen, denn der Kellner aus dem *La Coupole* ist in mein Leben getreten wie in das von Régis. Auch er hat Rechte, Gefühle, denen ich, wie es aus irgendeinem obskuren Grunde scheint, Rechnung tragen muß. Régis behauptet es, besteht darauf. Ganz gelb in seinem Bett, mit ungepflegten Bartstoppeln auf seinen eingefallenen Wangen, sagte Régis: »Adeline, darf ich dir Bernard vorstellen? Wir lieben uns seit sechs Monaten.« Eine Wagenladung Jauche ergoß sich über mich, und an der Oberfläche blubberte es nur noch.

11. Dezember, 3 Uhr

Ich will es nicht verstehen. Kommt nicht in Frage. Das Leben im Inneren der Kloake ist feucht und ekelerregend, ein wenig zäh durch die Dicke der Substanz, aber nicht unangenehm. Régis ist nach Hause zurückgekehrt, und wir tun so, als wäre nichts.

Da mich die Episode doch leicht aus dem Gleichgewicht gebracht hat, habe ich mich erst heute um den Kauf eines Weihnachtsbaumes gekümmert. Eine hübsche Tanne, die ich mit verschiedenfarbigen und unterschiedlich geformten Präservativen geschmückt habe. Ich habe mir einen Spaß daraus gemacht, sie aufzublasen, mal mehr, mal weniger, je nachdem, ob ich kleine Kugeln brauchte oder große. Danach habe ich den Fuß des Baumes mit Omphales Windeln dekoriert. Es sah hübsch aus, so wie Schnee, wie leicht verschmutzter gelblich-weißer Schnee.

15. Dezember, 5.15 Uhr

Falls die Kinder den Weihnachtsbaum weniger schön gefunden haben als sonst, haben sie nichts gesagt. Kein Wort, weder im positiven noch im negativen Sinne. Willkommen in der Kloake, meine Schätzchen. Régis hat natürlich rumgebrüllt. Er hat mich aufgefordert, diese Abscheulichkeiten zu entfernen, dann eilte er los, um sein Bad zu nehmen, wie jeden Abend, seit er das Krankenhaus verlassen hat. Danach geht er aus dem Haus, energiegeladen und von einer inneren Heiterkeit beseelt, die sich in jeder seiner Gesten widerspiegelt. Er ist verliebt.

Die Kinder und ich sind Bettler, die auf dem öffentlichen Müllabladeplatz kampieren und sich den Hals verrenken, um zu sehen, wie der Prinz vorüberzieht. Heute jedoch hat sich der Prinz aufgeregt. Während er so herumschrie, habe ich mir gesagt, daß das so wohl nicht weitergehen kann.

17. Dezember

Es ist zwecklos, sich Illusionen zu machen. Gott existiert nicht, und nichts hält mich zurück. Aufgepaßt, ich will nicht, daß die Kinder leiden. Wir fünf müssen ganz friedlich von dannen gehen. So, wie wir gelebt haben.

19. Dezember, 23.15 Uhr

Bernard ist heute zu uns gekommen. Régis wollte ihn den Kindern vorstellen. Das ist offenbar modern. Régis hört ständig Radio in seiner Badewanne, er hat nicht mitbekommen, daß es geklingelt hat. Ich habe also die Vorstellung übernommen, bevor ich Bernard dann fragte, ob er gleich zu Régis ins Bad gehen oder es vorher noch mit einem meiner Kinder treiben wolle. Seinem geschockten Blick einer verschreckten Jungfrau entnahm ich, daß ich etwas Verkehrtes gesagt hatte.

Über folgendes sollte man sich Gedanken machen: Wenn es keine Grenzen mehr gibt, gibt es dennoch Grenzen. Man kann nicht im voraus wissen, welche, weil man kein Prinz ist, und nur die Prinzen legen die Grenzen fest. Das ist schwierig, aber nicht schlimm, weil wir nicht wirklich existieren.

Als er den Tannenbaum sah, ging Bernard, ohne auf Régis zu warten. Bevor er ging, hat er mir geraten, einen Psychiater zu konsultieren. Einen anderen Priester gewissermaßen. Danke, ich habe schon gegeben.

20. Dezember, 15.30 Uhr

Jetzt habe ich endlich ein Geschenk für Régis gefunden. Ich werde die letzten Augenblicke der Kinder auf Kassette aufnehmen, vom letzten Bad bis zum letzten Atemzug. Ich muß streng kalkulieren, damit alles auf eine einzige Kassette paßt, aber ich müßte es eigentlich hinbekommen. Er wird hören, wie ich sie um den Weihnachtsbaum herum versammle. Sie werden sicher ihren Spaß haben, wenn ich die blauen Müllsäcke an sie verteile, denn sie lieben es, sich Plastiktüten über den Kopf zu stülpen, und ich verbiete ihnen das immer. Sie werden mich mit Fragen zu diesem neuen Spiel bombardieren. Ich werde ihnen zeigen, wie man an der kleinen Schnur, die um ihren Hals liegt, zieht, damit keine Luft mehr durchgeht. Unsere Stimmen werden durch den Plastikbeutel um den Kopf ganz dumpf sein. Wir werden sehr schnell ersticken.

Régis wird als einziger wissen, wer am Ende das Rennen gewonnen hat. Falls ihm der Blick der Bettler, ihre verzweifelte Bewunderung, ihre leidenschaftliche Liebe eines Tages fehlt, kann er die Aufnahme ins Kassettendeck im Auto schieben und sie sich im Stau anhören. Oder in seiner Badewanne. Das wird bestimmt nett.

22. Dezember, 22 Uhr
Diplomatischer Zwischenfall bei Darty, Avenue du Maine. Um die Geschichte von vorn zu erzählen, muß ich darauf hinweisen, daß das batteriebetriebene Radio, das Régis im Badezimmer installiert hat, wirklich schäbig ist. Ich habe beschlossen, ihm ein ordentliches Radio mit Kassettenrecorder zu schenken, etwas, das Mozart genausogut wiedergibt wie die Stimmen seiner Kinder. Ich irrte also mit meinem Einkaufswagen zwischen den bei Darty angebotenen Stereoanlagen hindurch, als sich Bernards Silhouette vor mir abzeichnete. Ich hätte ihn gern übersehen, aber er mich nicht. Er stürzte, in einen engen, schwarzen Ledermantel gezwängt, der sehr unbequem aussah, auf mich zu, in der Hand einen Karton mit einem Mixer. Der letzte Schrei. »Ich will gar nichts von Ihnen, wissen Sie«, sagte er mit stockender Stimme. »Ich feiere Weihnachten immer mit meiner Mutter.«

Wir standen einander gegenüber, Bernard und ich, mit unserer wenig eleganten Kleidung und den Kartons mit unseren Geschenken. Plötzlich begriff ich, daß auch Bernard im Dienste des Prinzen stand. Sein Schmerz schlug wie eine Welle zu mir herüber, und gemeinsam bildeten wir ein aufgewühltes Meer, ein uneinheitliches Chaos aus Verzweiflung und Leid, mit dem Klappern der Kassen von Darty am Montparnasse als einzigem Hymnus. Ich murmelte einen blödsinnigen Satz wie: »Ich wußte nicht, daß Régis Weihnachten mit uns verbringen wollte ...« Wie hätte ich das auch wis sen sollen? Ich genieße nicht das Vertrauen des Prinzen. Das habe ich nie getan. Unvermittelt machte ich mit meinem Einkaufswagen kehrt und überließ Bernard seiner Einsamkeit. Ich habe an der meinen schon genug. Ich kann nicht noch die anderer teilen.

24. Dezember, 5 Uhr

Es gab Zeiten, in denen ich gern Weihnachten feierte. Ich erinnere mich, daß ich es geliebt habe. Selbst heute noch, trotz der Kloake, bleibt der Zauber mächtig. Ich fühle mich fröhlich, verjüngt. Ich habe die Präservative vom Tannenbaum genommen und zusammen mit den Kindern wieder die Kugeln da daran gehängt. Sie haben sich an mich gedrückt und mich geküßt, erleichtert, mich lachen zu sehen, erleichtert, mich immer bei sich zu wissen. Ich habe überall Sträuße aus roten Blumen hingestellt und einen Mistelzweig an die Eingangstür gehängt. Die Kinder klammern sich an mein Lachen wie an einen Regenbogen. Ich höre sie lauthals die Lieder singen, die man ihnen im Katechismusunterricht beibringt. Morgen ist der große Tag. Um keinen unerfreulichen Anblick zu bieten, bin ich zum Friseur gegangen. Ich will, daß wir schön sind wie Sonnenblumen. Wir werden uns so wohl fühlen, ohne Régis.

25. Dezember, 23 Uhr

Weihnachten! Weihnachten! In all seiner Herrlichkeit. All das nur, weil Régis' neuer Radiorecorder, den ich ihm geschenkt habe, in seine Badewanne gefallen ist. Kann man sich einen blöderen Unfall vorstellen? Gerade als wäre jemand hereingekommen, als er in seinem heißen, parfümierten Wasser mit geschlossenen Augen und in absoluter Ekstase Beethovens *Neunte* hörte. Sein Anzug, sein weißes Hemd und seine Krawatte hingen dank meiner Regie auf einem Bügel für ihn bereit. Sein neues Aftershave, ein Geschenk von Blandine und Amaury, prangte auf der Ablage des Waschbeckens.

Und dann fiel der Recorder vom Wandbord. Solche Sachen passieren. Hätte ich es gewußt, hätte ich einen mit Batterien gekauft.

SPAZIERGANG DURCH DAS
6IÈME ARRONDISSEMENT

Lutetia, eine Siedlung der keltischen Parisii, wurde 52 v. Chr. von den Römern erobert. Heute ist Paris politischer und kultureller Mittelpunkt Frankreichs. Die Stadt an der Seine, bei 2° östlicher Länge und 49° nördlicher Breite, hat gemäßigt atlantisches Klima ohne große Gegensätze. Nähere Hinweise erfahren Sie beim Office de Tourisme, 127, av. des Champs-Élysées, 75008 Paris, Telefon 033-47 23 61 72.

EIN ENTSCHIEDEN HEDONISTISCHER SPAZIERGANG * Für die Einwohner des 6. Arrondissements gibt es nur das *6ième* und den Rest der Welt. Machen wir uns also auf einen entschieden hedonistischen Spaziergang durch das Arrondissement: Das Restaurant *La Coupole*, 102 Boulevard du Montparnasse, befindet sich genau an der Grenze zwischen dem 6. und dem 14. Arrondissement, gehört aber eindeutig zum 6. Dort begegnet man zu jeder Tageszeit Leuten von Presse und Film und natürlich vom Theater. Von dort gehen wir durch das *Quartier Vavin* – in dieser

großbürgerlichen Wohngegend gibt es besonders noble Schulen – zum *Jardin du Luxembourg*, wo wir in der geschichtsträchtigen Umgebung herumschlendern, auf einem der eisernen Stühle Siesta halten oder den Tennis- und Schachspielern zuschauen können. An Sonntagvormittagen können wir uns auch zu den Kindern gesellen, die begeistert dem Guignol zuschauen, dem französischen Kasperle, oder auf dem großen Teich Segelschiffe schwimmen lassen, die man an Ort und Stelle mietet. Wenn wir Glück haben, spielt auch ein hervorragendes Orchester zum Promenadenkonzert auf. Das *Palais du Luxembourg* wurde im 17. Jahrhundert nach dem Vorbild des Palazzo Pitti in Florenz für Maria von Medici erbaut, die Mutter Ludwigs XIII. Von hier aus spann sie ihre Intrigen gegen den Minister ihres Sohnes, den Kardinal Richelieu. Heute hat hier der Senat der Republik seinen gut bewachten Sitz. Vom Palais du Luxembourg aus bummeln wir weiter hinunter nach *Saint-Germain-des-Prés*. Vorher machen

53

wir vielleicht noch den kurzen Abstecher zum *Odéon*, einem klassizistischen Bau von 1779, in dem schon vor der Revolution die Comédie Française beheimatet war und der heute das Théâtre de l'Europe beherbergt. Hier gastieren die besten Ensembles des ganzen Kontinents. Der Besuch einer der stets hervorragenden Vorstellungen lohnt allein schon wegen des prächtigen Zuschauerraums. Die *Place de l'Odéon* ist von einem wunderbaren Ensemble von Häusern aus dem 18. Jahrhundert umgeben. Das Café Voltaire im Haus Nr.1 war vor der Revolution der Treffpunkt der Enzyklopädisten und später ein Literatencafé, in dem unter anderen Mallarmé und Verlaine verkehrten. Wir unterbrechen unseren Spaziergang bei der *Pâtisserie Mulot*, 76 Rue de Seine, um ein Stück duftendes Gebäck zu kaufen, das wir auf unserem Rundgang genießen werden. Wer die Pâtisserie Mulot nicht kennt, ist kein echter Pariser. Nicht weit davon biegt die kleine *Rue de Buci* von der *Rue de Seine* ab, von hier an bis zur nächsten Ecke, dem *Carrefour de Buci*, erstreckt sich ein lebhafter Straßenmarkt, wo sich die Bewohner des Viertels jederzeit bestens verproviantieren können. Sie pflegen sich in einem der umliegenden Cafés von den Anstrengungen des Einkaufs zu erholen. Wir gehen zurück auf die Rue de Seine und biegen an der nächsten Ecke links in die *Rue Jacob* ab. Wie schon auf der Rue de Seine begleiten uns auch hier Kunstgalerien und edle Boutiquen. Von der Rue Jacob aus erreichen wir das *Seine-Ufer* über die *Rue Bonaparte* – ein Abstecher, der sich immer lohnt. In der anderen Richtung führt uns die Rue Bonaparte geradewegs zur *Place Saint-Germain-des-Prés*. Gegenüber der alten *Abteikirche* kehren wir in dem Traditionscafé *Les Deux Magots* ein und genießen ein Glas Bordeaux auf der Terrasse. Auf dem Nachhauseweg überqueren wir vielleicht die *Place Saint-Sulpice* mit dem riesigen Brunnen, in dem zur Freude aller Anwesenden von Zeit zu Zeit ein Hund ein Bad nimmt.

Rache auf Kanadisch

Elizabeth Syme

Mr. Oliver Saint-George kam an einem wunderschönen Tag in Ottawa an. Er schätzte einen geregelten Tagesablauf und war morgens um halb acht in seiner Heimatstadt Port Perry in Ontario zu der vierstündigen Fahrt aufgebrochen. Er beglückwünschte sich dazu, seinen Plan eingehalten zu haben.

Die Hauptstadt von Kanada genoß den Sonnenschein am späten Vormittag. Über den Rasen des Parliament Hill strömten Touristen, die sich den Wachwechsel angesehen hatten. Weiter östlich betrat Mr. Saint-George das Hotel *Château Laurier*, in dem er eine Woche lang bleiben wollte. Das Programm der nächsten sieben Tage hatte er sorgfältig in seinem Kalender notiert.

Der Portier öffnete ihm die Tür. »Guten Morgen, Sir. Den Empfang finden Sie links.«

Mr. Saint-George sah sich in der Lobby um. Das *Château Laurier* besaß Charme und Eleganz. Das im Stil eines französischen Schlosses erbaute Hotel war nach einem kanadischen Premierminister benannt und setzte Maßstäbe. Wie angenehm, daß Shirl ihn nicht mehr herumkommandieren konnte. Er fühlte sich frei und beschwingt. Shirl, dreißig Jahre lang seine Ehefrau, war jetzt ziemlich tot.

»Guten Tag, wie geht es Ihnen, Sir?« begrüßte ihn die freundliche Empfangsdame.

»Kaum noch Lebenszeichen.«

Die Angestellte hob die Augenbrauen und betrachtete ihn erstaunt.

Mr. Saint-George hatte aus dem gerichtsmedizinischen Bericht zitiert, der nach Shirls Unfall und Einlieferung ins Krankenhaus erstellt worden war. Er entschuldigte sich mit einer verlegenen Geste.

Die Angestellte deutete auf einen Ständer voller Faltblätter über das Hotel mit dem Titel »Hier lassen Sie den Alltag hinter sich«. Auf ihrem Namensschild stand *Angel*, und Mr. Saint-George fragte sich, ob sie vom Himmel herabgestiegen war, um ihm diese aufmunternden Worte zu zeigen.

»Zimmer 534. Möchten Sie zwei Schlüssel?«

»Einer genügt, danke.« Shirl hatte immer um einen zweiten gebeten, den sie in ihrer Handtasche behielt. Das war einmal, Shirl! Es war ihr letzter Zapfenstreich gewesen, als sie gestolpert und die Treppe hinuntergestürzt war. Er ballte die Fäuste bei seinem erneut aufflammenden Zorn. Shirl, die ihn herumkommandiert hatte und ihr Erbe nicht mit ihm teilen wollte, hatte genau das bekommen, was sie verdiente.

»James zeigt Ihnen das Zimmer. Einen schönen Aufenthalt!«

»Waren Sie schon einmal in der Bundeshauptstadt?« erkundigte sich James im Fahrstuhl.

»Es ist schon eine ganze Weile her.«

Von seinem Zimmer aus hatte er einen hervorragenden Blick auf die Parlamentsgebäude, und um die Ecke erspähte Mr. Saint-George das Kriegsdenkmal auf dem Confederation Square. Seine Laune verbesserte sich schlagartig. Das Herz von Ottawa.

»Wunderbar«, meinte er und gab James ein Zwei-Dollar-Stück.

»Danke, Sir.« James hielt inne. »Auf unserer Terrasse können Sie die schöne Aussicht genießen und sich vor dem Lunch vielleicht noch einen Aperitif gönnen.«

Mr. Saint-George verspürte einen Anflug von Gereiztheit. Der Vorschlag erinnerte ihn an Shirls versteckte Befehle. James hatte jedoch wirklich freundlich geklungen.

»Einen schönen Tag noch, Sir.« Er zog sich lautlos zurück.

Mr. Saint-George konsultierte seine Notizen. »Nachmittags: Lunch - Ausruhen - kurzer Spaziergang. Abends: Dinner - Spa-

ziergang über den Parliament Hill, Denkmäler besichtigen, bio-
graphische Informationen im Stadtführer nachlesen.«

Von der Terrasse aus könnte er die genaue Entfernung zwischen
Hotel und Parlamentsgebäuden abschätzen. James' Vorschlag war
ausgezeichnet. Er würde hinuntergehen. War er richtig angezogen?
Man wußte ja nie, wen man traf. Mr. Saint-George betrachtete sich
im Spiegel: gepflegt, vielleicht etwas zu klein, dunkles, angesilber-
tes Haar, flotter Schnauzbart ohne Grau. Alter? Er seufzte. Nein,
man sollte die Jahre nicht zählen.

Auf der Terrasse führte ihn der Kellner an einen Zweiertisch. Er
bestellte einen Gin Tonic, nippte daran und fühlte sich angenehm
entspannt. Plötzlich prasselte ein Regen von Kleingeld unter seinen
Tisch. »O je, es tut mir so leid«, rief eine Frauenstimme hinter ihm.

Er wandte sich um. Die Frau war nicht gerade eine Schönheit, ihr
Gesicht herb und knabenhaft. Sie hatte graugrüne Augen. Ihre Nase
war beinahe klassisch gerade. Zu der jetzigen Haarfarbe hatte Mutter Natur nichts beigetragen: Es war rötlich-blond. Anscheinend
hatte sie es selbst geschnitten. Sie war klein, an den richtigen Stellen rundlich, hielt den Kopf zur Seite geneigt und betrachtete ihn wie
ein Kolibri, der mit schwirrenden Flügeln in der Luft stehenblieb.
Ihr ärmelloses Kleid war aus durchscheinendem Stoff und endete
kurz über den wohlgeformten Knien. Sie hatte das gewisse Etwas.

Er spürte, wie sein Adrenalinspiegel stieg.

»Erlauben Sie, daß ich Ihr Kleingeld einsammle.« Er wollte sich
schon hinabbeugen. Da erschien James wie aus dem Nichts. »Lassen Sie mich das machen, Sir.«

Mr. Saint-George lehnte sich zurück und war froh, daß er nicht
unter dem Tisch herumkriechen mußte. Manchmal tanzten
schwarze Pünktchen vor seinen Augen, wenn er sich bückte.

James reichte der Frau das Kleingeld.

»Danke.« Sie lächelte strahlend. James nickte und verschwand.

Mit Mühe verstaute sie das Geld in der Handtasche.

»Wollen Sie sich nicht setzen?« Er deutete auf den Stuhl gegenüber.

»Danke.« Der Kolibri ließ sich nieder. »Ich war auf dem Markt einkaufen. Es macht Spaß, ist aber anstrengend.«

In Mr. Saint-Georges summte ein Warnsignal: Sie hatte weder

Taschen noch Päckchen bei sich. Dennoch hörte er sich zu seiner Überraschung sagen: »Darf ich Sie zu einem Drink einladen?«

»Wie nett von Ihnen.« Sofort erschien ein Kellner. »Mineralwasser, bitte.« Sie lächelte ihm über den Tisch hinweg zu. »Sind Sie ein Tourist?«

»Eine Woche lang.«

»Und wohnen im *Château*?«

»Ja.«

»Ist Ihre Familie auch hier?«

»Nein, ich bin allein.«

»Allein sein ist manchmal sehr traurig.«

Mr. Saint-George ertappte sich dabei, wie er ihr von Shirls Ableben erzählte. Ihre Hand kroch über den Tisch und wurde wieder zurückgezogen. Sie war klein, wie die eines Kindes. Er zwang sich, sie nicht zu berühren. Leichtsinnigerweise hatte seine Stimme glücklich geklungen, als er von Shirls Schicksal sprach. Und vielleicht hatte der Kolibri das bemerkt, denn das Lächeln in ihren Augen wurde spitzbübisch.

»Fahren Sie Rad?«

»Entschuldigung, wie war das?«

»Fahren Sie Rad?« Ihre Augen strahlten.

»Das habe ich schon seit Jahren nicht mehr getan.« Mit fünfundfünfzig durfte er doch nicht mehr auf ein Fahrrad steigen. Schnell verbesserte er sich. Er war doch erst dreiundfünfzig.

»Ich fahre sehr gern Rad.« Sie blickte sehnsüchtig drein. »Und Sie?«

»Machen Sie hier Urlaub?« fragte er vorsichtig.

»In gewisser Weise.«

Konnte er noch Fahrrad fahren? Unter dem Tisch beugte er die Knie und streckte die Zehen in den neuen italienischen Schuhen.

Jetzt sah er, daß seine Tischnachbarin älter war, als er zuerst gedacht hatte. Vielleicht knapp über vierzig.

»Ich heiße Serena Swan.«

Mr. Saint-George betrachtete die Perlenkette um ihren schlanken weißen Hals. Sie ähnelte tatsächlich einem Schwan.

»Oliver Saint-George«, sagte er.

»Oliver, was für ein hübscher Name.«

›Wer hat dir bloß diesen gräßlichen Namen gegeben!‹ hörte Mr. Saint-George Shirls Stimme sagen. Jedesmal war er bei diesem Satz zusammengezuckt. Er lächelte Serena Swan an. »Wie nett, daß Ihnen mein Name gefällt.«

Sie sah ihn mit schiefgelegtem Kopf an, und um ihre Lippen spielte ein Lächeln. »Ich wette, daß Sie immer noch ordentlich Fahrrad fahren können.«

»Ich war als Jugendlicher Mitglied in einem Fahrradclub.«

Das Lächeln wurde selig. »Wußten Sie, daß man im *Château* Fahrräder mieten kann?«

»Ach ja?«

Sie beugte sich vor. »Trauen Sie sich doch einfach mal.«

Niemand hatte ihm je vorgeschlagen, sich einfach mal zu trauen. Er konnte hören, wie Shirl über diesen Gedanken heiser lachte.

»Ich könnte es versuchen. Fahrrad zu fahren, meine ich«, sagte er.

»Wunderbar.« Serena leerte ihr Glas. »Warum ziehen Sie sich nicht um? Ich kenne mich im *Château* aus und kann Fahrräder organisieren.« Sie sprang auf. »Treffen wir uns doch in einer halben Stunde genau hier.«

Mr. Saint-George wußte, daß er einen Befehl erhalten hatte. Aber Serena hatte ihn nett formuliert, nicht so wie Shirl.

»Wohnen Sie auch hier?« fragte er.

Das schien sie nicht gehört zu haben. Wie ein Kolibri verharrte sie einen Moment in der Luft und flog dann davon. Mr. Saint-George bemerkte plötzlich, daß er einen Bärenhunger hatte. Zum Glück erschien James. »Ich möchte ein Sandwich, wenn möglich, mit Roastbeef, und Kaffee. Bitte bringen Sie es auf mein Zimmer.«

»Sehr wohl, Sir.«

Ausgezeichneter Service. James erschien immer im richtigen Moment.

»Ich wußte, daß es Ihnen Spaß machen würde«, rief Serena ihm zu, als sie den Uferpfad am Ottawa entlangradelten.

Mr. Saint-George fühlte sich zu seiner Freude sehr wohl auf dem Fahrrad. Er trat fester in die Pedale.

»He, warten Sie auf mich«, rief Serena.

Er trat noch fester in die Pedale. Schließlich hielt er an.

Sie bremste neben ihm. »Haben Sie je an der Tour de France teilgenommen?«

»Nein, aber ich habe einmal ernsthaft dafür trainiert.« Irgendwo hörte er Shirl brüllen: *Lügner!*

Serena lachte zwitschernd auf. Mit ihrer weißen Baseballkappe, verwegen schräg aufgesetzt, wirkte sie seltsam anziehend und ganz wie ein junger Schwan. Sie musterte ihn aufmerksam. »Sie sind voller Überraschungen, Oliver. Sie bringen mich zum Lachen.« Niemand hatte ihm je gesagt, daß er ihn zum Lachen bringen konnte. Das gefiel ihm.

»Was sind das für Gebäude?« Er deutete auf eine Reihe von militärisch aussehenden Türmen.

»Kanadisches Amt für Statistik.« Serena sah ihn nachdenklich an. »Alles über Sie, alles, was Sie im Leben getan haben, ist dort dokumentiert.«

»Ich hoffe nicht.« Mr. Saint-Georges Herz schlug schneller. »Das hoffe ich wirklich nicht.« Er fuhr schneller. An einer Kreuzung ließen sie einen Krankenwagen in die Einfahrt eines Krankenhauses einbiegen. »Krankenhäuser.« Serena spuckte das Wort förmlich aus. »Ich *hasse* Krankenhäuser.« Sie trat in die Pedale, als würde sie von einem wütenden Löwen verfolgt. Sie kehrten ins *Château* zurück und gaben die Fahrräder ab.

»Darf ich Sie zum Tee bei *Zoe's* einladen, Oliver?«

Mr. Saint-George sah sie überrascht an. *Zoe's* war eins der beiden exklusiven Restaurants des *Château*. Konnte sie es sich denn leisten, ihn dorthin zum Tee einzuladen?

»Ich bestelle einen Fenstertisch.« Sie stürzte davon, und er beobachtete, wie sie eindringlich mit dem Oberkellner sprach.

Wenige Minuten später saßen sie an einem Ecktisch in Fensternähe. Serena strahlte ihn an. »Ich möchte, daß Sie die Welt an sich vorbeiziehen lassen.«

Sie hatte ihre Kappe abgenommen und einen lila Chiffonschal um den Hals gelegt. Sie erinnerte Mr. Saint-George an einen kleinen, exotischen Vogel. Er kam sich vor wie auf einer Party, die ihm überaus gut gefiel. Plötzlich entdeckte er James, der mit dem Oberkellner sprach, und sie blickten zu Serena und ihm herüber. Der Ausdruck ihrer Gesichter behagte ihm nicht.

Am Abend gingen Serena und er an Bord der *Sea Prince II*. Er konnte sich nicht entsinnen, einer Bootstour auf dem Ottawa zugestimmt zu haben. Serena trug weiße Hosen und eine Marineoffiziersmütze. Während des Dinners an Bord ahmte ein Unterhaltungskünstler bekannte Sänger nach. Von Deck aus konnten sie die beleuchtete Silhouette Ottawas sehen. Er fand den Abend sehr gelungen.

Auch wenn er Serena nicht täglich ins *Château* einlud, tauchte sie doch einfach auf.

Sie plant was. Alter schützt vor Torheit nicht! hörte er Shirl zischen.

Das Wetter blieb phantastisch. Auf dem Bytown Market gingen sie an Ständen mit Bergen von Obst und Gemüse entlang. Mr. Saint-George kaufte auf Serenas Empfehlung hin ein Paar Sandalen. Sie fuhren in die Spielbank von Hull auf der anderen Seite des Ottawa und verloren zwanzig Dollar an die einarmigen Banditen.

Manchmal ruhte ihre Hand leicht auf seinem Arm. Bei anderer Gelegenheit nahm sie seine Hand, vorsichtig, fast wie ein Kind, was seinen Beschützerinstinkt weckte. Einmal winkte James ihnen auf der Straße zu, und Serena warf ihm einen Kuß zu. Am meisten überraschte ihn Serenas Interesse an seinem Leben mit Shirl. Sie war unendlich neugierig. Zuerst gefiel es ihm, wenn sie auf dieses Thema zu sprechen kamen, vor allem, weil Shirl diese Gespräche ganz und gar nicht gefallen hätten. Später wurde er vorsichtig, damit Serena nicht auf irgend etwas stieß, das sie besser nicht erfahren sollte. Er ermunterte sie nicht mehr zu Nachfragen.

Eines Nachmittags im Park rückte sie dicht an ihn heran. »Oliver, Sie haben Shirl die Treppe runtergestoßen, stimmt's?« flüsterte sie verschwörerisch und lachte über ihren Witz wie verrückt in sich hinein. Entsetzt ergriff Mr. Saint-George ihren Arm und schüttelte sie heftig. »Sagen Sie so etwas nicht noch mal. Niemals! Haben Sie das verstanden?«

Serena riß sich los. Ihr Gesicht war kalkweiß geworden. Sie sagte lange Zeit nichts.

Am nächsten Tag kam sie nicht ins Hotel. Er saß in der Lobby und beobachtete den Eingang. Wo konnte Serena abgeblieben sein?

Shirls bösartige Stimme drängte sich auf. *Warum sagst du ihr nicht die Wahrheit: daß du mir einen Schlaftrunk gegen meine Erkältung gegeben und mich die Treppe hinuntergestoßen hast?* Ihr Ton ließ ihn frösteln.

In verschiedenen Straßencafés hielt er nach Serena Ausschau, fand sie aber nicht. So kehrte er ins *Château* zurück, um mit James zu sprechen. Doch der hatte keinen Dienst.

Er schlief schlecht.

»Guten Morgen, Sir«, begrüßte ihn der Kellner im Frühstücksraum. »Die Dame an Ihrem Tisch besteht darauf, daß Sie sie erwarten.« Mr. Saint-George eilte freudig auf seinen Tisch zu.

Serena winkte. »Guten Morgen, Oliver.« Sie trug ein hochgeschlossenes, weißes Kleid, und ihre Haare hatten einen zarten Stich ins Aquamarin. »Gefällt Ihnen mein Haar?«

»Sie sehen aus wie ein Paradiesvogel.«

Sie lächelte erfreut. »Es ist eine Kunsthaarperücke. Ich trage sie an langweiligen Tagen, um mich und alle anderen aufzumuntern.«

»Ich fühle mich auch schon aufgemuntert.«

Sie berührte sanft seine Hand. »Ich habe gehört, daß Sie mich gestern vermißt haben. Armer Oliver, ich hatte geschäftlich zu tun.«

Mr. Saint-George spürte seine Kehle eng werden. »Möchten Sie mit mir frühstücken?«

»Vielen Dank, Oliver.« Sie lächelte ihn geheimnisvoll an. »Heute habe ich eine Überraschung für Sie. Aber zuerst müssen Sie frühstücken. Dann fahren wir zum Gatineau-Park.«

Der Park lag am anderen Ufer des Ottawa in Québec. Im Reiseführer hieß es, in ihm sei die Natur »atemberaubend schön«.

Serena sprang auf, sobald er fertig gefrühstückt hatte.

Sie fuhren zum Park. Cottages und schimmernde Seen zogen an ihnen vorbei.

»Sagen Sie mir, wo ich langfahren muß«, meinte Mr. Saint-George, der am Steuer saß.

»Folgen Sie einfach dieser Straße. Wir fahren zum Restaurant *Les Fougères*. Vor uns liegt ein aufregender Tag, Oliver.«

Les Fougères lag auf einem Hügel in der Nähe der Schnellstraße. Auf dem Parkplatz standen bereits viele Wagen, und etwa dreißig Menschen saßen an den Tischen auf der Terrasse.

Serenas Gesicht war vor Vorfreude gerötet. »Mögen Sie Krimispiele, Oliver?«

Mr. Saint-George fühlte sich verunsichert. »Sollen wir etwa daran teilnehmen?« Der Ausflug kam ihm nicht mehr wie eine gute Idee vor.

Serena lachte schallend. »Glauben Sie etwa, daß wir jemanden umbringen müssen?« Sie lächelte rätselhaft. Mr. Saint-George wurde noch unruhiger. Lunch wurde aufgetragen. Eine Schauspielertruppe gab sich als Gäste aus und improvisierte eine Situation mit genug Konfliktstoff für einen Mord. Speisen und Getränke waren auserlesen, bald wurde überall gelacht, und die Gäste führten angeregte Unterhaltungen von Tisch zu Tisch. Der Blick über den Garten hinweg in den Ahornwald war wunderbar, und Mr. Saint-George fing an, das Spiel zu genießen. Es überraschte ihn, daß James auch teilnahm, und vor allem, daß Angel, die Empfangsdame, ihn begleitete. Serena winkte ihnen zu und rief einen Gruß. Mr. Saint-George wollte gerade fragen, woher sie James so gut kannte, doch in dem Moment kam ein Schauspieler auf die Terrasse gestürzt und verkündete, daß im Wald jemand ermordet worden war. Mr. Saint-Georges Herz schlug schneller. Ein angeblicher Polizist erschien und versicherte, daß tatsächlich ein Verbrechen stattgefunden habe und die Gäste nun den Fall lösen müßten.

Serena fand das toll. »Wo liegt die Leiche?« fragte sie.

»Im Ahornwald.«

Mit Serena an der Spitze machten sich fast alle auf in den Wald. Mr. Saint-George wollte nicht mit; er blieb lieber auf der Terrasse, genoß die herrliche Umgebung und seinen Wein. Außer ihm blieb nur Angel zurück, die sich den Knöchel verstaucht hatte. Er schenkte sich nach und seufzte zufrieden. Plötzlich zischte Shirls Stimme: *Warum zeigst du ihnen nicht, wie man einen Mord begeht? Das kannst du doch so gut, Oliver, oder?*

Schweiß trat ihm auf die Stirn. Er mußte sofort an einen ruhigen Ort, an dem Shirl ihn nicht erreichte. »Entschuldigen Sie mich bitte, ich muß ein paar Schritte laufen.«

Angel lächelte mitfühlend.

Er entdeckte einen kleinen Garten mit Stauden und Kräutern, der von einer hohen Hecke umgeben war. Hier war es kühl und ruhig. Er ging langsam umher und berührte hier und da eine Blüte. Nach einer Weile setzte er sich auf eine Bank. Alles war still. Doch plötzlich hörte er eine Stimme. Shirls Stimme. Sie verfolgte ihn sogar bis an diesen friedlichen Ort. Würde er sie denn nie los? Es war noch schlimmer als sonst. *Wie kannst du nur so dumm sein! Merkst du denn nicht, daß deine tolle Serena ein Polizeispitzel ist? Und ihr Freund James ist ihr Partner. Sie horchen dich aus! Glaub's mir ruhig. Hast wohl gedacht, du kämst einfach so davon, als du mich runtergestoßen hast. Sie werden den Bullen verraten, daß du mich umge-*

bracht hast. Dein Paradiesvögelchen Serena ist eine Petze! Du bist ein Versager, Oliver, warst du ja schon immer.

Inmitten der friedlichen Umgebung, der Blumen und Kräuter schien sein Kopf zu platzen. Die Gedanken überschlugen sich: Das war nicht wahr. Er konnte es nicht glauben. Ein Spitzel? Serena? Nein, unmöglich! Natürlich hatte er ihr mehr erzählt, als er wollte. Andererseits war Shirl nie dumm gewesen. Sie war herrisch und tyrannisch gewesen, doch sie hatte immer gewußt, woran sie war.

Er stand auf und trat durch eine Lücke in der Hecke. Was sollte er jetzt tun? Serena wußte eine Menge über ihn. Immer wieder kam sie auf Shirl zu sprechen, stellte dauernd Fragen über ihren Unfall, sogar über die polizeiliche Untersuchung. Sie wußte über alles Bescheid und hatte es durch ganz harmlose Fragen herausgefunden. Aber waren sie wirklich so harmlos gewesen?

»Oliver!« Serena lief auf ihn zu und schwenkte aufgeregt die Arme. »Oliver, helfen Sie mir bei der Lösung dieses Falls.« Ihr Gesicht glühte vor Begeisterung. Er breitete die Arme aus, und sie umschlang aufgeregt seine Taille. Er zog sie sanft an den Schultern in den Garten und ein Stück hinter die Hecke. Shirls Stimme piesackte ihn unerbittlich weiter. *Was für ein Blödmann du bist, Oliver, ein totaler Versager.*

Zorn durchfuhr ihn, und er fing an, Serena heftig zu schütteln.

»Oliver, hören Sie auf, hören Sie auf!«

Was würden andere Männer mit einer Frau wie Shirl machen? Jetzt lagen seine Hände um Serenas Hals. Eigentlich hatte er ihn streicheln wollen. Doch nun drückte er ihre Luftröhre zusammen. Erst sanft, dann fest, mit aller Kraft. Sie zappelte heftig und dann immer weniger, bis ihre Arme und ihr Körper erschlafften. Als er sie losließ, fiel sie zu Boden, leblos, wie ein kleiner weißer Schwan.

Er zitterte wie verrückt. Ruhig Blut, ermahnte er sich. Die anderen waren noch alle im Wald, untersuchten den angeblichen Mord und versuchten, den Mörder zu finden. Er taumelte zur Terrasse zurück. Dort saß immer noch Angel, mit geschlossenen Augen. Am Boden zerstört, setzte er sich zu ihr. Angel öffnete die Augen. »Anscheinend hat noch niemand den Mörder entdeckt.« Sie blickte zum Wald hinüber. »Aber sie amüsieren sich noch prächtig. Serena findet so etwas ganz toll. James auch.«

Mr. Saint-George gelang es, sein Glas aufzufüllen. »Serena scheint James ja gut zu kennen.« Seine Lippen waren steif, wie aus Pappe, und ließen sich kaum bewegen.

»Ja, sie ist seine Mutter.«

Mr. Saint-George war starr vor Staunen.

»Serena leidet an einer Geisteskrankheit und ist ambulante Patientin im Royal Ottawa Hospital. Früher hat sie mal im *Château* gearbeitet, aber nun schon seit Monaten nicht mehr. Jammerschade.«

Mr. Saint-Georges Magen krampfte sich zusammen, vor seinen Augen erschienen schwarze Pünktchen.

»Gestern mußte sie wieder zum Arzt. James hat sie begleitet.«

Mr. Saint-George hörte Shirls heiseres Lachen. *Jetzt hab' ich dich, du alter Bock.* Er stürzte einen großen Schluck Wein hinunter. Würde Shirl ihn denn je in Ruhe lassen? Er war extra nach Ottawa gefahren, um ihrer Stimme zu entkommen, aber sie verfolgte ihn ohne Erbarmen. Bald würde man den schönen toten Schwan im Kräutergarten finden.

»Serena gefällt es im *Château*. Manchmal ist sie auch eine Klette. James behält sie im Auge.« Angel lächelte Mr. Saint-George zu. »Nicht alle sind so nett wie Sie.«

Mr. Saint-George schwieg. O Shirl, ist das deine Rache? Die Worte hallten in seinem Kopf wider.

Plötzlich fing jemand an zu schreien. Aufregung breitete sich aus, Menschen liefen durcheinander. Mr. Saint-George saß stumm und reglos da. Jetzt war ihm die schreckliche Realität klar. Er hatte aus Angst und Verzweiflung gehandelt. Der Kolibri würde nie mehr umherschwirren. Und das Krimispiel hatte nun endlich einen Mord – einen echten. In seiner Urlaubsplanung war so etwas nicht vorgesehen gewesen. Er war nach Ottawa gekommen, um Shirl aus dem Weg zu gehen. Jetzt saß er einsam auf der Terrasse. Die anderen starrten ihn an, mit bleichen Gesichtern, und sprachen leise. Sie dachten, er säße dort allein, aber Shirl war direkt neben ihm.

Sie hatte ihre Rache gehabt.

MR. SAINT-GEORGES OTTAWA

Ottawa ist seit 1867 die Hauptstadt von Kanada und liegt in der Provinz Ontario auf 45° nördlicher Breite und 76° westlicher Länge. Aus einem Camp für Arbeiter, die den Rideau-Kanal bauten, entstand 1827 zunächst die Stadt Bytown, die 1854 in Ottawa umbenannt wurde. Im Sommer ist es mild bis warm, im Winter erreichen die Temperaturen bis zu – 27 °C. Informationen gibt es beim Capital Infocentre, *50 Wellington Street, Ottawa, Ontario; Telefon 800- 4651867 oder 613-2395000.*

KANADAS HAUPTSTADT * *Ottawa* ist eine Stadt voller Gegensätze und kultureller Unterschiede – ein Ort, an dem sich die beiden Gründerkulturen von Kanada treffen und die Natur sich harmonisch mit städtischer Großartigkeit und kosmopolitischem Flair verbindet.

DAS CHÂTEAU LAURIER HOTEL * Mr. Saint-George wohnte eine ganze Woche lang in diesem Luxushotel der Canadian-Pacific-Eisenbahnge-

sellschaft. Es wurde 1912 im Stil eines vornehmen französischen Schlosses erbaut und nach dem Premierminister Sir Wilfrid Laurier (1841 bis 1919) benannt. Vom Château aus ist alles schnell zu erreichen: Die *National Gallery* und das *National Arts Centre*, der *Byward Market* und das *Rideau Centre* mit einzigartigen Einkaufsmöglichkeiten sind nur ein paar Minuten entfernt. Die beiden Restaurants *Wilfrid's* und *Zoe's* im Château berücksichtigen jede Geschmacksrichtung.

PARLIAMENT HILL * Spazieren Sie über den Hügel, besichtigen Sie die Räume, in denen das Schicksal des Landes bestimmt wird, oder nehmen Sie Platz auf der Besuchergalerie des kanadischen Unterhauses. Versäumen Sie nicht den *Wachwechsel* und bestaunen Sie die neugotische Architektur.

BYWARD MARKET * Der Markt liegt östlich des Parliament Hill. Seit der Gründung von Ottawa bieten dort

Bauern Ahornsirup, Blumen und Gemüse an. Der Markt ist auch heute eine Drehscheibe der Stadt und schließt ein Gewirr von Boutiquen, Cafés und Nachtclubs ein.

DAS CAFÉ GRABBAJABBA * In diesem Café in der Clarence Street können Sie wie Mr. Saint-George und Serena Swan Ihren *Granita* trinken (geeister Espresso, gemixt mit Milch und Kakao – délicieux!).

MAJOR'S HILL PARK * Der Lieblingspark von Serena Swan befindet sich hinter dem Château Laurier. Der älteste Park von Ottawa wurde 1874 eingerichtet und bietet hervorragende Aussicht auf den Ottawa River, die Parlamentsgebäude und den *Rideau-Kanal*. Im Sommer finden auf dem Gelände Kunsthandwerk-Märkte, Konzerte und andere Veranstaltungen statt.

DER RIDEAU-KANAL * Er wurde von 1826 bis 1832 erbaut, zieht sich über acht Kilometer am *Colonel By Drive* entlang und verbindet das Zentrum von Ottawa mit der Schleuse in Höhe der Carleton University. Im Winter kann man auf dem Kanal Schlittschuh laufen; es ist die längste Eisbahn der Welt.

OTTAWA RIVERBOAT CRUISES * Bei der unterhaltsamen Flußrundfahrt lassen Sie die eindrucksvollen Sehenswürdigkeiten an sich vorbeiziehen oder machen Sie eine Abendrundfahrt und nehmen an Bord an einem Barbecue teil.

Am anderen Ufer des Ottawa:

DAS CASINO DE HULL * Vier Kilometer vom Parlament Hill entfernt, jenseits des Ottawa in der Provinz Québec, kann man in einer Spielbank dem Glücksspiel frönen. Speisen Sie im *Le Baccara* oder nehmen Sie einen Drink in der Bar *La Marina* und genießen Sie den Blick durch die Panoramafenster.

DER GATINEAU-PARK * Wenige Autominuten von Ottawa entfernt liegt der 350 Quadratkilometer große *Gatineau-Landschaftspark* in den *Gatineau Hills*. Über Hunderte von Kilometern ziehen sich ausgezeichnete Wanderwege durch den Park; einige davon sind uralte Indianerpfade. Von Aussichtspunkten hat man einen schönen Blick in das Tal des Ottawa.

DAS RESTAURANT LES FOUGÈRES * Es gehört zur Crême de la crême und liegt vierzehn Autominuten von *Hull* oder Ottawa entfernt in den großartigen Gatineau Hills. Rund ums Jahr bietet *Les Fougères* einen wunderschönen Ausblick auf die Gärten und den angrenzenden Ahornwald, dazu eine überragende Küche und eine sorgfältig ausgesuchte Weinkarte. Der Speisesaal mit seinem riesigen Granitkamin ist von ländlicher Eleganz. Das Restaurant erreicht man über die Autoroute 5 und den Gatineau-Park.

LETZTE WORTE * Bon voyage! Gute Reise! Have a good trip!

Endstation Neuruppin

Gabriele Wolff

Tritte gegen die Tür der Toilette. *Männer sind wie Klos, entweder besetzt oder beschissen*, hatte jemand in das Holz geritzt und dann mit Kuli liebevoll die Vertiefungen ausgemalt. Solche Sprüche standen da schon seit ewigen Zeiten, und deshalb hatte sie sich an diesem Ort auch sicher gefühlt. Aber jetzt war Klaus hier. Sie hörte seine Tritte und seinen keuchenden Atem. Klaus sagte nichts, es war ja auch schon alles gesagt. Aus und vorbei. Da gab es nichts mehr zu diskutieren.

Petra glaubte fest daran, daß sie hinter dieser Tür sicher war. Solides altes Holz. Andererseits hatte sie auch geglaubt, Klaus würde ihre Entscheidung hinnehmen. Er war doch zivilisiert und beziehungserfahren, ein gut dotierter Angestellter in einem Architekturbüro. War immer sanft und beharrlich gewesen, niemals jähzornig, aufbrausend, aggressiv. Hatte sich in ihr Leben geschlichen als verständnisvoller Freund, dem sie ihr Herz ausschütten konnte. Nach der ersten Nacht, die für sie beide etwas Tröstliches hatte – mehr nicht –, fingen dann diese Bettelblicke an, dieses flehende Bitten des ewigen Verlierers. Tägliche Anrufe, neue scheue Verabredungen wie zwischen Fremden. Irgendwann hatte sie die Abwehr aufgegeben, war Petra & Klaus geworden, zuletzt Klaus & Petra. Für sie war es damit auch das Ende gewesen.

Noch hielt diese verdammte Tür seinen Tritten stand. Sie hielt stand. Aber der rostige Riegel würde es nicht mehr lange mitmachen, die Schrauben lockerten sich bereits. Petra kletterte auf den Klodeckel und öffnete das Fenster. Es war zwar vergittert, der Abstand zwischen den Stäben aber so großzügig bemessen, daß eine zierliche Frau wie sie sich problemlos hindurchzwängen konnte. Es wurde schon hell draußen. Noch nie hatte sie die Schlucht eines Berliner Hinterhofes mit seinen Mülltonnen, streunenden Katzen und dem sich nach Licht sehnenden Bäumchen in der Mitte so schön gefunden wie in diesem Moment, als sie heil und sicher unten angekommen war. Ein zerbrochener Blumentopf vor ihren Füßen, die leuchtend rote Geranie hatte aber noch nicht aufgegeben. Gut.

Das Krachen der Tür, als sie gegen die Wand schlug, registrierte Petra nur als Hintergrundgeräusch. Erst als sie die schwere Tür zu dem gefliesten Hausflur aufdrückte, riskierte sie einen Blick zurück.

Kalkweißes Mondgesicht zwischen zwei Metallstäben, schwarzfunkelnde Augen, ein weit aufgerissener Mund, der tonlos »PEE-TRAAAA« zu schreien schien. Auf den schwarzweißen Fliesen hallte ihr Schritt, donnernd fiel die schwere Hoftür ins Schloß. Wenn die Haustür abgeschlossen war, saß sie in der Falle. Petra rannte los, erreichte die Tür, rüttelte an der Klinke, warf sich gegen die Tür, die Tür bewegte sich keinen Millimeter. Keine Panik, nur keine Panik. Sie kontrollierte ihren Atem, wenn sie schon ihren Herzschlag nicht unter Kontrolle bekommen konnte. Die Tür ging nach innen auf, warum hatte sie daran nicht gleich gedacht?

Und dann stand sie draußen in dem dämmernden Morgen, es stank nach Urin, der an der hochherrschaftlichen Fassade des Hauses herunterlief und eine Lache auf dem Boden bildete. Graffitizeichen an den Gebäuden. Totenkopffenster in Jugendstilbauten gegenüber, gleich daneben eine Wohnkaserne aus den Sechzigern. Dreifach angekettete Fahrräder neben einem Straßenbaum, der von Hundekot gedüngt wurde. Sie sah alles wie zum ersten Mal, klarsichtig vor Angst. Nirgendwo ein Mensch, es war Sonntag morgen im August 1999. Sie mußte weg von dieser Straße mit ihren breiten Bürgersteigen. Klaus würde sie sofort entdecken. Ein langsam fahrendes Taxi mit eingeschaltetem Taxizeichen.

Petra rannte auf die Fahrbahn und streckte den Arm aus. Das Taxi blinkte rechts und bremste. Noch bevor es halten konnte, hatte sie die Beifahrertür aufgerissen und schwang sich auf den Sitz. Der Fahrer sah sie müde an. Was machte er? Warum fuhr er nicht los? Im rechten Seitenspiegel sah sie, wie die Tür der Kneipe geöffnet wurde. Ein Mann stand plötzlich da. Er suchte nach ihr.

»Bahnhof Zoo«, sagte sie schnell. Der Fahrer, zerknittertes kariertes Kurzarmhemd, leichte helle Hose, graue Socken in braunen Sandalen, drückte einen Knopf am Taxameter und fuhr los. Er war mittelalt, nicht gesprächig und hörte deutsche Schlager. *Was kostet die Welt, ich schenke sie dir*, dudelte es aus dem Radio. Die Welt von Klaus & Petra würde niemand geschenkt nehmen. Einem geschenkten Gaul schaut man nicht ins Maul. Hinter ihnen tauchte ein grüner Golf auf. Dieses Giftgrün mit der Roststelle auf der Motorhaube kannte sie. Sein Geiz war ihr immer schon auf die Nerven gegangen. Verdiente blendend und fuhr eine solche Rostlaube ... Er schämte sich nicht einmal vor den Kollegen, die ihn auf Betriebsfeiern mit seinem Vermögen aufzogen, das er wohl in einen Landsitz in der Toskana investiere. Dabei hatte er sein Geld einfach nur in einem soliden Aktienfonds angelegt, den man nicht essen, nicht riechen und nicht schmecken konnte, über dessen Stand er sich aber regelmäßig informierte.

»Jebenstraße«, sagte sie und zückte ihr Portemonnaie. In dieser Stadt gab es keine Taxifahrten unter dreißig Mark, alle Orte, an denen man sein wollte, waren mindestens dreißig Mark entfernt. Sie würde an der Rückseite des Bahnhofs aussteigen; dort gab es kaum Parkplätze, und während Klaus einen suchte, würde sie einen der vielen Ausgänge nehmen und einfach verschwinden.

Sie drückte dem müden Fahrer das Geld in die Hand und stieg aus.

Mit quietschenden Reifen bog der Golf um die Ecke.

Sie betrat den Bahnhof, in dem sich nur wenige Menschen aufhielten. Auch hier war sie nicht sicher. Vier Uhr zweiundzwanzig, viel zu früh, um sich in der Deckung einer breitbeinig kofferverteidigenden menschlichen Masse, die nur aus Ellenbogen und Schnauze bestand, klein und unsichtbar machen zu können. Klaus trug Joggingschuhe, und sie kannte die Zähigkeit, mit der er seine Ziele verfolgte. Sie sah sich immer wieder um. Sollte sie den Aufgang zu den S-Bahn-Gleisen gleich rechts benutzen oder doch lieber links den Bahnsteig für die Fernbahn nehmen, dort wieder hinunterlaufen und sich dann erst für den richtigen Ausgang entscheiden?

Petra hatte zu lang gezögert. Sie sah Klaus von weitem, wie er auf sie zulief, gar nicht einmal besonders verbissen oder bedrohlich, in seinem kraftsparenden Joggingtrab, den er unendlich lange durchhalten konnte. Petra rannte geradeaus, auf den Bahnhofsvorplatz mit den Busbahnsteigen. Ganz hinten stand ein roter Doppeldecker, die Tür einladend offen, daneben eine kleine dralle Uniformierte, die gerade eine Zigarettenkippe wegwarf und noch einmal den leeren Bahnhofsvorplatz musterte. Mit letzter Kraft erreichte Petra den Bus, stieg ein, hinter ihr die Grau-Uniformierte, die Tür schloß sich. Keuchend stolperte sie die Stufen zum oberen Deck hoch und ließ sich auf den nächstbesten Platz fallen. Gerettet.

Die Luft war stickig. Der Motor sprang an und mit ihm das Rauschen der Klimaanlage. Es war ein schönes Bild: dieser leere Bahnhofsvorplatz in dem graurosa Licht der Dämmerung, der gleichmäßig trabende Mann in Leinenjacke und Jeans, der gerade jetzt stehenblieb und ratlos um sich blickte, und das Schönste war, daß dieses Bild immer kleiner wurde, während Petra ihre heiße Stirn an der Fensterscheibe kühlte. Sie stellte die Rückenlehne zurück und streckte die zitternden Beine aus. Schöne glatte Beine, tiefgebräunt nach diesem langen Sommer. So zurückhaltend Klaus sonst auch war, er war wild gewesen nach ihren Beinen. Die leere Häßlichkeit des Ernst-Reuter-Platzes war ihr gerade recht, ein grüner Golf wäre ihr sofort aufgefallen, aber da war keiner. Petra schloß die Augen. Todmüde war sie, erschöpft, und dieser Bus war ein sicherer Ort: Der Fahrer wußte, wohin die Reise ging, ihr war alles egal. Alles war besser als ihre eigene Wohnung, ihr eigenes Viertel.

Neue Telefonnummer, neues Türschloß, neue Arbeitsstelle – nichts hatte genutzt. Klaus hatte sie aufgespürt, immer dieses Warum in den Augen, immer dieses erstickende »Ich-kann-ohne-dich-nicht-leben«. »Dann bring es hinter dich«, hatte sie einmal gebrüllt und es wirklich so gemeint, in diesem Moment. Natürlich hatte sie dann Schuldgefühle, und natürlich war er sowieso zu feige dazu. Es war alles ein einziges großes Chaos.

Petra mußte eingenickt sein, denn die Grau-Uniformierte rüttelte leicht an ihrer Schulter. Endstation, sagte Petra und hielt ihr einen Geldschein hin. Sie hatte keine Ahnung, wo sie war, irgendwo im

Norden Berlins wahrscheinlich, jedenfalls immer noch kein grüner Golf in der Nähe. Also das Paradies auf Erden.

Dann ein Schlag gegen den Kopf, der sie jäh in die Wirklichkeit zurückstieß. Scharfe Lenkbewegung nach rechts, Autobahnabfahrt wahrscheinlich. Und dann wurde es unwirklich: weißer Bodennebel, durch den sich schemenhaft einzelne Bäume abzeichneten und die Umrisse urzeitlicher Wesen. Darüber eine hellrote Scheibe, umgeben von gleißendem Grau, wenn es denn so eine Farbe geben würde. *Neuruppin 5 km* stand auf einem Schild.

Petra richtete sich auf und rieb die schmerzende Schläfe. Urzeit-

wesen, Quatsch, Kühe waren das, die da friedlich längs der A 24 grasten. Luchlandschaft, fiel ihr ein, da ist es oft nebelig, alles ganz normal. Felder, die ersten Häuser tauchten auf. Links eine Stahlkonstruktion, mehrere Meter hoch, darauf das Wrack eines Trabbis, als Dach ein Storchennest. Davon hatte Petra in der Zeitung gelesen. Der Storch schlug mit den Flügeln, als ob er abheben wollte, ließ es dann aber sein. Der Bus fuhr immer weiter in den Ort hinein, vorbei an Einheitshäusern mit dem schmutzigbraunen Rauhputz der klassischen DDR-Tristesse, vorbei an penetrant auftrumpfenden Einkaufszentren, an Tankstellen und all den anderen Zeugnissen des Aufschwungs, passierte ehrwürdige, weinumlaubte Backsteinbauten und Villen, fuhr an einem Bahnhof vor, der da lag wie in einem Dornröschenschlaf, und hielt dann schließlich am Rheinsberger Tor. Endstation.

Petra stieg aus. Als einzige. Es war sechs Uhr, der Himmel war plötzlich mit einem intensiven Blau überzogen. Alles schien hell, klar und übersichtlich. Eine schnurgerade Allee, an deren kilometerweit entferntem Ende eine mächtige gelbe Villa mit Blechkuppel auf dem Ziegeldach zu sehen war. Es war still, leer und friedlich. Eine andere Zeit, nur eine Busfahrt von der Realität entfernt. Pastellfarbene Häuser mit abgesetzten Fensterumrahmungen säumten die Straße, auf der kein einziges Auto fuhr. Petra sah ihr Spiegelbild in einem Schaufenster: ärmellose Lederweste, schwarzer Mini. Irgendwie paßte sie nicht hierher in diese schachbrettförmig angelegten Straßen mit ihren kugelrund beschnittenen Alleebäumchen. Ein goldener Löwe über einer Apotheke, Fontane, ja, idyllische Provinz. Petra knickte um auf dem groben Kopfsteinpflaster. Sie paßte wirklich nicht hierher in diese fremdartige Harmonie, auf diese weiten Plätze, in diese Vogelstimmenstille. Sie sah den glatten See und bemerkte den ersten Menschen, einen Angler, der nicht die geringste Notiz von ihr oder seiner Umgebung nahm. Eine Umgebung wie die stehengebliebene Kulisse eines längst abgedrehten Films. Aber dann entdeckte sie ein Internet-Café und Videotheken, sah Altpapiercontainer, daneben Hausmülltüten und leere Bierdosen im Rinnstein. Auch hier wurde also gelebt. Sie schlenderte weiter, ohne Eile, ziellos, ohne irgend etwas zu suchen. Merkwürdige arabische

Ornamente an einem offenstehenden Tor, ein Minarett, ein kleiner stiller Park dahinter. Es schien, als hätte er auf sie gewartet und würde ihr nun den Blick auf unentdeckte Geheimnisse öffnen.

Petra vertiefte sich in die im Park aufgestellten Schautafeln: Tempelgarten, der junge Alte Fritz, Muße und Besinnung, 1735 Tempelbau, von Knobelsdorff, Familie Gentz ... Steinnymphen, Satyrgestalten. Sie spazierte ganz allein durch diese künstliche Landschaft. *Ich bin der Welt abhanden gekommen*, diese Liedzeile fiel ihr plötzlich ein. Der säulengeschmückte Tempel, der sie magisch anzog, stand auf einer kleinen Anhöhe. Als sie dann dasaß, mit dem Rücken gegen den warmen Stein des Rundbaus gelehnt, war sie vollkommen ruhig. Seit langer Zeit zum ersten Mal wieder gelassen, friedlich, leer. Kein nervöses Zucken im linken Augenlid, kein hysterisches Kichern, das sie manchmal grundlos überkam, keine Angst mehr. Sie schloß die Augen.

Petra zuckte nicht einmal zusammen, als sie Klaus' Stimme hörte.

»Petra, ich wollte – so geht das nicht weiter mit uns. Wir müssen das beenden. Ich kann einfach nicht mehr.«

Sie fragte nicht einmal, wie er sie gefunden hatte. Sie öffnete nur die Augen und sah ihn lange an – wie hatte sie dieses zerquälte Gesicht mit diesen allenfalls hübschen, viel zu weichen Gesichtszügen bloß einmal schön finden können? Ein egozentrischer Spießer, der Niederlagen nicht verwinden konnte. Unbedeutend wie seine Träume von ihr. Diese Klischeesätze – aus seinem Mund kamen nur Phrasen. Alles schon mal dagewesen. Merkte er nicht, wie lächerlich anmaßend er war, hier, in dieser zeitlosen Umgebung?

»Dann beende es«, sagte sie gleichgültig. Und schloß wieder die Augen. Er würde schon kapieren, daß alles seine Zeit hatte. Ihre gemeinsame Zeit war jedenfalls vorbei. Und ihre Zeit der Angst auch.

Als sie seine Hände um ihren Hals spürte, begriff sie ihren Irrtum.

WACHGEKÜSST – FONTANE, SCHINKEL
UND DAS KLEINE JUWEL

Neuruppin, nordwestlich von Berlin in der Mark Brandenburg gelegen, wurde Anfang des 13. Jahrhunderts gegründet und um 1800 vollkommen im Frühklassizismus neugestaltet. Bei der Lage auf 53° nördlicher Breite und 13° östlicher Länge ist das Klima ähnlich wie in Berlin. Das Informationsbüro *liegt im »Bürgerbahnhof«, Karl-Marx-Straße 1, 16816 Neuruppin, Telefon 03391-45460.*

AUF IN DIE PROVINZ * Am gründlichsten entfaltet sich der Charme von Neuruppin, wenn Sie sich vorher in Berlin aufgehalten haben. Ich rate daher zum Besuch eines Massenereignisses: zum Beispiel Love-Parade, Schlußverkauf, Reichstagsbesichtigung oder gegenseitige Touristenglotze in den Hacke'schen Höfen. Wenn Sie das alles hinter sich haben, werden Sie das *Ruppiner Land* in Ihr Herz schließen.

ANREISE * Die Anfahrt mit öffentlichen Verkehrsmitteln ab Berlin erfolgt zur Zeit mit dem Schienenersatzverkehrbus, der vor dem Bahnhof Zoo verkehrt. Der berühmte *Prignitz-Expreß* läßt noch auf sich warten, soll aber ganz bestimmt jeweils im nächsten Jahr kommen, wie seit 1995 seitens der Bahn AG versichert wird. Neuruppin hat zwei Autobahnausfahrten auf der A 24. Mit dem *Bus* sind Sie nach 1 Stunde 25 Minuten, mit dem *Auto* nach einer guten Stunde da. Wenn Sie an der Endhaltestelle *Rheinsberger Tor* aussteigen, liegt die trotz einiger Umbenennungsinitiativen immer noch nach Karl Marx benannte Hauptstraße, eine schnurgerade Sichtachse bis zur restaurierten Villa der Sparkasse am anderen Ende, in aller durch optimistisch stimmende Bauarbeiten belebten Pracht vor Ihnen.

NEURUPPIN IM DORNRÖSCHENSCHLAF * Wenn Sie kommen, bietet sich vielleicht auch schon die *Pfarrkirche*, gegenüber dem in frischem Glanz erstrahlenden Amtsgericht, in gerüstlosem Gewande dar. Man soll die Hoffnung nie aufgeben, daß die Stadtverwaltung eines Tages ordnungsgemäße Förderanträge mit tragfähigen Betreiberkonzepten vorlegen kann. Aber wer miterlebt hat, zu welch lebendiger Schönheit sich das noch 1994 im *Dornröschenschlaf* befindliche Neuruppin entwickelt hat, muß einfach optimistisch sein.

FONTANE, SCHINKEL UND EINE KÄSEPLATTE * Wenn Sie sich bei der Verkehrsinformation am Bahnhof Rheinsberger Tor einen Stadtführer besorgt haben, glauben Sie unbesehen alles, was dort steht: Alle Sehenswürdigkeiten, vom *Fontanegeburtshaus* bis zu seinem alten Gymnasium und zum Denkmal, befinden sich wirklich dort. Auch das hübsch restaurierte *Predigerwitwenhaus*, in dem *Schinkel* seine Kinderjahre verbrachte, wie auch das *Schinkeldenkmal* – all das gibt es tatsächlich. Und wenn Sie durch die *Altstadt* schlendern, dann kehren Sie im *Uphus* ein, Neuruppins ältestem Fachwerkhaus von 1692. Nicht nur, weil ich um die Ecke wohne, verweile ich dort des öfteren: Mich zieht die dort angebotene exquisite *Käseplatte* an, deren Duft den gastlichen Raum angenehm durchströmt.

EIN KLEINES JUWEL * Aber das Schönste ist das Kleine Juwel des *Tempelgartens*. Der Zauber dieses Ortes wirkt voll und ganz, und zwar zu jeder Jahreszeit. Ein schneebedeckter *Bacchus* vor schwarzem Geäst, umflattert von gleichfarbenen Krähen, hat etwas so zeitlos Morbides, daß nur ein Wien-Aufenthalt dagegen ankommen kann.

MUSEEN UND EIN BILDERBOGEN * Bei Regenwetter geht man in das puppenstubenhaft niedliche, gleichwohl sehr informative *Heimatmuseum* und natürlich in die *Bilderbogengalerie* schräg gegenüber, in der wechselnde Ausstellungen der weltberühmten *Neuruppiner Bilderbogen* gezeigt werden. Das *Handwerksmuseum* darf natürlich auch nicht im Regenprogramm fehlen.

DIE RUPPINER SCHWEIZ * Sind Sie sportlich, fahren Sie Rad. Warum die *Ruppiner Schweiz* so heißt, weiß ich nicht – hier gibt es nicht einmal Hügel! Paddeln Sie auf dem See oder dem *Alten Rhin*; wollen Sie schwimmen, im Wald spazierengehen oder nach *Rheinsberg* auf *Tucholskys* Spuren wandeln: Machen Sie es! Mein Lieblingssee der näheren Umgebung ist der *Kalksee*, nett im Wald gelegen; mein Lieblingssee der weiteren Umgebung ist der *Stechlinsee*.

FEIERN UND FESTE * Im Sommer gibt's mehr Kultur als im Winter: Von der *Rheinsberger Kammeroper* bis zum *Theatersommer* in Netzeband, den *Kirchenkonzerten* in der Neuruppiner Klosterkirche bis hin zum *Dixieland-Jazzfest* am Seeufer.

NOCH EINS ZUM ESSEN * Lassen Sie all Ihre Gedanken an eine Diät zu Hause. Hier ißt man reichlich und gut, wobei vor allem *Wildgerichte* zu empfehlen sind.

GEHEIMTIP * Wenn Sie irgendwo ein Plakat oder einen Handzettel sehen, auf dem ein *Discoabend* mit *DJ Freese* angekündigt wird, dann gehen Sie hin, wenn Sie zwischen 30 und 50 sind. Glauben Sie einer Tanzwütigen in der Diaspora.

Ein kurzes Leben in Oxford

Ann Granger

Oxford wird wegen seiner Türme und Zinnen *die Stadt der träumenden Türme* genannt. Oxford ist eine verführerische Stadt, besonders wenn man jung ist und an einem der uralten Colleges der Universität studieren will. Eine ganz neue Welt an Erfahrungen öffnet sich. Man ist von Jugend, Träumen und Idealen umgeben. Nichts kommt jemals wieder dieser wunderbaren Zeit gleich.

Wie viele andere kam ich mit neunzehn hierher, brachte eine Kiste Bücher und einen ungeheuren Wissensdurst mit und blieb. Eine ganze Reihe von uns sind in der Stadt geblieben; wir bilden uns ein, hier immer jung zu bleiben. Aber leider bin ich nicht mehr jung. Ich bin ein pensionierter Bibliothekar und war früher in der Bodleian Library für die Inkunabeln zuständig.

Die Bodleiana erreicht man von der Broad Street aus, von den Einheimischen einfach »die Broad« genannt. Geht man an den klassischen Steinbüsten vorbei, die auf Sockeln stehen und das Sheldonian Theatre in einem Halbkreis umrahmen, stößt man auf einen riesigen Torbogen am oberen Ende einer Treppe. Dahinter wird man von der ehrwürdigen Bibliothek und ihrer Architektur aus dem späten fünfzehnten Jahrhundert umgeben. Es hat schon seinen besonderen Reiz, an einem solchen Ort den größten Teil seines Lebens zu verbringen.

Im Laufe der Jahre habe ich unzählige junge Menschen in der Bibliothek gesehen. Manche kamen später zurück, um weiter zu forschen. Sie sahen älter aus, dicker oder kahler, aber im Grunde kaum verändert. Oxford prägt einen, so wie der Silberschmied sein Werkstück mit einem Stempel versieht – das ist unauslöschlich. Außerdem habe ich ein gutes Gedächtnis für Gesichter.

An einem besonders schönen Sonntag morgen begegnete ich einem dieser Gesichter aus der Vergangenheit. Das war aber nicht in der Bibliothek, denn die ist sonntags geschlossen.

Ich war die Broad entlangspaziert, an der Bibliothek vorbei, und in die Catte Street eingebogen. Links konnte ich die Bridge of Sighs, die Seufzerbrücke, sehen, und ein paar Schritte später hatte ich das Kopfsteinpflaster des Radcliffe Camera Square erreicht.

Die Camera selbst ist ein barocker Rundbau in der Mitte des Platzes. In ihr ist ein Teil der Bibliothek untergebracht. An der Südseite des Platzes erhebt sich die mittelalterliche Universitätskirche St. Mary the Virgin. Sie war mein erster Anlaufpunkt, denn in einem Seitengewölbe mit Blick auf den Platz versteckt sich das *Convocation Café*. Ich hatte Lust auf eine Tasse Kaffee und ein Stück Schokoladentorte. Anschließend ging ich in die Kirche. Mir gefallen die merkwürdigen Gedenktafeln dort. Vom Kirchturm aus soll man einen wunderbaren Blick auf Oxford haben, aber die Höhe sagt mir nicht zu, und deshalb war ich noch nie dort oben gewesen.

Von der Kirche aus ging ich in Richtung Magdalen College, das links am Ende der High Street liegt. Dort überlegte ich, wohin ich als nächstes gehen sollte. Vor mir schwang sich die Magdalen Bridge über den Cherwell, einen der beiden Flüsse von Oxford. Der andere ist die Themse, die hier Isis genannt wird. Ich überquerte die Straße, weil ich eigentlich zum Botanischen Garten wollte. Aus einer plötzlichen Laune heraus bog ich in die Rose Lane ein. Die Rose Lane ist eine kurze Sackgasse. Auf der linken Seite erhebt sich die Mauer des Botanischen Gartens, und am Ende ist sie durch ein Metalltor versperrt. Geht man durch das Seitentörchen für Fußgänger, glaubt man nicht, sich noch inmitten einer geschäftigen Stadt zu befinden. Hier liegen die Sportplätze, Wiesen und Alleen, die Christchurch Meadow heißen und zum Christchurch College gehören. Der ferne Straßenlärm ist gedämpft und bald vergessen. Vom hinteren Teil des Botanischen Gartens aus gelangt man auf einen wunderschönen schattigen Pfad am Ufer des Cherwell.

Diesen Weg schlug ich ein. Es war kaum jemand unterwegs. Auf dem Wasser tanzten kleine Wellen, Licht und Schatten malten immer wieder neue Muster darauf. Ringsum wurde dem Auge nur Ruhe, Frieden und Erholung geboten. Ab und zu kam eine Punte vorbei, ein langes, schmales Boot mit flachem Boden, das wie eine venezianische Gondel mit einer lange Stange vorwärtsbewegt wird.

Ich war bis zum Gelände des Frauencolleges St. Hilda's auf der anderen Seite des Ufers gekommen. An dieser Stelle gibt es eine Fähre, ein niedriger Kahn, der an kräftigen Drähten mit einer Winde von einem Ufer zum anderen gezogen wird. Es war so gedacht, daß man selbst mit dieser Fähre übersetzen kann; jetzt ist sie aber in Privatbesitz und wird überhaupt nicht mehr benutzt. Der Kahn schaukelte an seiner bemoosten Vertäuung am gegenüberliegenden Ufer sanft auf und ab.

Zu meiner Überraschung hörte ich plötzlich, wie sich mit der Strömung eine schöne Tenorstimme näherte. Und tatsächlich erschien auch bald eine Punte. Sie wurde von einem jungen Mann vorwärtsgestakt. Im Bug saß eine junge Frau, und er sang ihr eine alte Ballade vor. Er hatte nicht nur eine gute Stimme, sondern konnte auch geschickt mit der Stakstange umgehen; er konnte gleichzeitig singen, gestikulieren, das Boot vorwärts bewegen und das Gleichgewicht halten! Die junge Frau schien das jedoch nicht zu würdigen; vor Verlegenheit errötet, flehte sie ihn an, damit aufzuhören.

Ich war gespannt, wie sie das Hindernis des über den Fluß gespannten Fährseils überwinden würden. Der junge Mann brach das Lied ab, kauerte sich tief ins Boot, ließ die Stange im Wasser schleifen, und mit viel Gelächter quetschten sie sich unter den Drähten hindurch. Dann nahm der junge Mann seinen Platz im Heck wieder ein, und mit einem kräftigen Schub ging die Fahrt weiter, außer Sichtweite um die Biegung herum.

Ich war von der kleinen Komödie derart gefesselt, daß ich alles andere um mich herum vergessen hatte. Jetzt blickte ich auf und stellte fest, daß ich nicht allein war. In der Nähe stand unter den Bäumen ein Mann, Ende dreißig, glattrasiert und sportlich gekleidet. Auch er hatte das Paar in der Punte beobachtet. Ich glaube, keiner von uns beiden hatte den anderen bemerkt. Jetzt sahen wir uns an.

Er wandte sich schnell ab, als ob er gehen wollte. In diesem

Moment erinnerte ich mich an ihn. »Wilson, nicht wahr?« rief ich.

Widerstrebend drehte er sich um und kam ein paar Schritte auf mich zu. »Ja«, sagte er mißtrauisch und zog die Augenbrauen zusammen. Doch dann glättete sich seine Stirn. »Aber das ist doch Mr. Carter aus der Bodleiana«, rief er.

»Jetzt nicht mehr«, antwortete ich. »Pensioniert und ein Mann des Müßiggangs! Und was ist mit Ihnen? Was hat Sie nach Oxford zurückgeführt? Oder wohnen Sie hier?«

Unwahrscheinlich. Ich hatte ihn nie in der Stadt gesehen. Das Zentrum von Oxford wimmelt von Menschen, und früher oder später stolpert man dort über alle, die in der Stadt leben. Während ich nachfragte, erinnerte ich mich wieder. Er war ein hervorragender Student gewesen. Aber es hatte irgendeinen Skandal gegeben, und er hatte die Universität ohne Abschlußprüfung verlassen. Jammerschade. Er war gutaussehend gewesen, aber jetzt war seine Haut am Hals schon nicht mehr so straff, und er trug ein paar Pfunde zuviel mit sich herum. Vermutlich konnte er nicht vom Bier lassen.

»Ich bin zu Besuch«, erwiderte er.

Unbehagliches Schweigen stellte sich ein. Ich konnte ihn nicht nach dem Anlaß fragen, wenn er ihn nicht von selbst mitteilte. Ich dachte, daß er jetzt, wo wir uns begrüßt hatten, vielleicht weitergehen würde. Aber er blieb und starrte über den Cherwell auf die vertäute Fähre.

»Sehen Sie das alte Boot?« fragte er plötzlich. »Darin hatten Frank und ich die Leiche versteckt.«

»Leiche?« wiederholte ich vorsichtig. Ich war überrascht, aber auch verwirrt. Ich würde mich bestimmt daran erinnern, wenn irgend jemand je eine Leiche in der alten Fähre entdeckt hätte.

Er schüttelte den Kopf. »Es war keine echte, nur eine Attrappe. Wir wollten uns mit jemandem einen Spaß machen. Frank war mit mir am Magdalen College. Er kannte ein Mädchen vom St. Hilda's College.« Er nickte zu der Reihe von Bäumen am anderen Ufer und dem College-Gelände hinüber.

»Sie wollten das Mädchen erschrecken?« vermutete ich.

»Genau. Das war nicht nett, aber ich glaube nicht, daß wir damals besonders nett waren. Es war Trimesterende, und wir hatten alle

gefeiert. Frank hatte sich mit dem Mädchen und einer ihrer Freundinnen für Mitternacht verabredet, hier unten an der alten Fähre.
Die Mädchen konnten um diese Zeit das College-Gelände nicht
unbemerkt verlassen, aber das Ufer gehörte noch zum Gelände. Wir
hatten geplant, Magdalen College die ganze Nacht fernzubleiben
und uns erst morgens zurückzuschleichen. Wir wollten unter der
Brücke eine Punte stehlen, uns hierher treiben lassen und die
Mädchen treffen, und wir hatten zwei Flaschen Sekt dabei. Ich habe
vergessen, was die anderen mitbringen wollten.«

»Und die Leiche?«

Er grinste und sah einen Moment lang so aus wie der Jüngling, an den ich mich erinnerte. »Wir hatten sie aus ein paar Kissen gemacht und ihr alte Sachen angezogen. Der Kopf bestand aus einem weißen Luftballon, auf den wir Gesichtszüge gemalt hatten. Schon bei Tageslicht sah das ziemlich gräßlich aus. Aber als wir nachts mit diesem Passagier den Fluß hinunterstakten, wirkte sie geradezu grauenerregend. Wir kamen früh zum Treffpunkt, zogen die Punte drüben ans Ufer, setzten unseren toten Freund in die alte Fähre und versteckten uns hinter den Bäumen.«

Er hielt inne. Ich hatte es kaum bemerkt, aber wir waren, während er erzählte, wieder zurückgegangen und hatten das Gelände am Anfang des Uferpfades erreicht.

»Wohin jetzt?« fragte Wilson.

Ich schlug vor, quer über die Wiese Richtung Merton College und Innenstadt zu gehen. Wir gingen weiter, und Wilson fuhr fort.

»Von Anfang an ging alles schief. Als erstes kam das Mädchen zu spät und allein. Später fanden wir heraus, daß ihre Freundin im Dunkeln Angst hatte. Recht hatte sie. Wenn wir alle so vernünftig gewesen wären und Angst gehabt hätten, wäre gar nichts passiert.

Dann sahen wir das Licht einer Taschenlampe. Das Mädchen kämpfte sich durch das Gebüsch zum Ufer und rief nach Frank. Sie klang nervös, das arme Ding. Wir zwei Tunichtgute warteten ab. Ich sollte erwähnen, daß wir die eine Flasche Sekt schon geleert hatten.

Sie ging zur alten Fähre und beleuchtete mit der Lampe den Weg vor sich. Plötzlich schrie sie entsetzt auf.

›Sie hat ihn gesehen!‹ flüsterte Frank und kicherte.

Aber da bekam ich Mitleid mit ihr und schämte mich. Ich stand auf und rief: ›Hier sind wir!‹ Wir gingen ihr entgegen. Ich rief ihr zu, daß sie keine Angst zu haben bräuchte. Wir hätten uns nur einen Spaß machen wollen.

›Einen Spaß?‹ kreischte sie. ›Ihr habt ihn aus Spaß umgebracht?‹ Dann drehte sie sich um, rannte wie verrückt los und stürmte schreiend durchs Gestrüpp über das College-Gelände davon. Ich schrie ihr hinterher, daß es nur eine Attrappe war. Aber sie war schon zu weit weg, um uns zu verstehen.

›Los!‹ drängte Frank. ›Wir müssen sie einholen. Wenn sie zurückkommt und allen erzählt, daß wir jemanden umgebracht und die Leiche in die Fähre gelegt haben, ist gleich das halbe College hier unten, ganz zu schweigen von der Polizei.‹

Also rannten wir hinterher, aber als sich die Gebäude von St. Hilda's dunkel vor dem nachtblauen Himmel abzeichneten, packte ich Frank am Arm und hielt ihn zurück. Sie war schon fast im College. Und wenn wir dabei erwischt würden, wie wir nachts eine schreiende Studentin über das Gelände scheuchten, würde man uns Gott weiß was für Absichten unterstellen. ›Es reicht schon, wenn wir des Mordes verdächtigt werden‹, sagte ich. ›Da brauchen wir nicht auch noch eine versuchte Vergewaltigung.‹

Also gingen wir zurück zu unserer Punte. Ich hörte, wie das Wasser dagegenplätscherte. Unter unseren Füßen brachen Zweige. In der Ferne schlug die Uhr von Magdalen eins. Meine Schuhspitze stieß gegen etwas großes Weiches. Ich wußte nicht, was das war, Gebüsch am Flußufer lag noch eine Leiche, aber die war echt.«

»Wir ermahnten uns gegenseitig, nicht in Panik auszubrechen, und versuchten herauszufinden, was passiert war. Vor uns lag die Leiche eines alten Landstreichers; ein dreckiger Regenmantel war mit einer Kordel um die Taille gebunden. Seine Haare und sein Bart waren lang, grau und verfilzt. Sein Gesicht war zu einer schrecklichen Fratze erstarrt, aber es gab kein Zeichen von Gewaltanwendung. Er schien sich einfach dort hingelegt zu haben und gestorben zu sein. Wie er dahingekommen war, wissen die Götter. Das war die Leiche, die das arme Mädchen gesehen hatte. Kein Wunder, daß sie entsetzt davongerannt war, als ich gesagt hatte, es wäre nur ein Spaß.

Frank meinte, daß er nicht hier warten wollte, bis der Pförtner von St. Hilda's uns bei der echten Leiche finden würde. Er schlug vor, daß wir unsere Attrappe mit Steinen beschwert im Fluß versenken, zur Magdalen Bridge zurückstaken, den gestohlenen Kahn festmachen und uns in unser College in Sicherheit bringen sollten. Es wäre besser, vom Pförtner von Magdalen dabei erwischt zu werden, wie man sich zurückschlich, als hier mit einer Leiche.

Ich hielt ihn für verrückt. Unsere Attrappe mußten wir behalten, damit wir unsere Geschichte beweisen konnten. Wir mußten sie dort lassen, wo sie war, in der alten Fähre.

Frank war anderer Meinung. Betrunken wie wir waren, stritten wir uns eine Weile. Die Zeit wurde knapp. Bald würde das Mädchen mit den anderen zurück sein. Da hatte Frank die Idee. Es war ganz einfach. Wir würden den Landstreicher in unseren Kahn laden. Die Attrappe würden wir dorthin legen, wo die echte Leiche gewesen war. Dann würden wir mit unserer grausigen Fracht flußabwärts staken und sie über Bord kippen.

›Verstehst du?‹ fragte Frank. ›Wenn das Mädchen mit den anderen zurückkommt, finden sie nur die Attrappe. Sie wird zugeben müssen, daß sie sich im Dunkeln geirrt hat. Na los, sie wird's doch selbst glauben, wenn sie die Attrappe sieht. Leiche weg. Wir sind weg. Ende gut, alles gut.‹

Ich bedaure, das sagen zu müssen, aber genau das haben wir getan. Wir holten unsere Attrappe ans Ufer. Dabei platzte leider der Ballon, so daß die Figur nun kopflos war. Wir hoben den alten Mann auf. Ich hatte noch nie zuvor eine Leiche gesehen, geschweige denn berührt. Ich hatte schreckliche Angst. Er war sehr schwer und stank. Ich spürte, daß mir übel wurde; ich mußte mich zusammenreißen. Wir legten ihn in den Kahn, trieben flußabwärts und kippten ihn über Bord, nachdem wir die leere Sektflasche in seine Manteltasche gesteckt hatten. Das war auch Franks Idee. ›Die glauben dann, daß er betrunken war und ins Wasser gefallen ist.‹

Ich wies darauf hin, daß obdachlose Landstreicher normalerweise keinen Sekt trinken. Frank meinte, wir müßten nicht erklären, wie er daran gekommen sei. ›Vielleicht hat er sie geklaut?‹ schlug er vor.

Wir kehrten an die Anlegestelle unter der Magdalen Bridge zurück und vertäuten den Kahn. Dann schlichen wir zurück ins College. Im Eingang mußte ich mich heftig übergeben, was den Pförtner ziemlich wütend machte. Wir wußten, daß wir am nächsten Morgen viel Ärger mit der College-Leitung bekommen würden, aber das war unsere geringste Sorge. Frank war natürlich der Ansicht, daß wir überhaupt keine Sorgen mehr hätten. Er war wie immer optimistisch.«

Wilson verstummte.

»Und?« fragte ich ungeduldig. »Was geschah dann?«

»Oh«, sagte er. »Das Mädchen kam mit dem Nachtpförtner von St. Hilda's ans Ufer zurück, und sie entdeckten die Attrappe. Sie ließ sich davon überzeugen, daß sie sich geirrt hatte. Die echte Leiche, der Landstreicher, wurde zwei Tage später aus dem Fluß gezogen. Sie war weit flußabwärts getrieben, bis zur Mündung des Cherwells in die Isis. Deshalb wurde die Leiche eigentlich in der Isis gefunden, und niemand brachte sie mit dem Vorfall in Verbindung. Es hieß, daß er betrunken in den Fluß gefallen war. Schließlich war es nur ein alter Landstreicher.

Frank und ich bekamen richtig Ärger, weil wir nachts nicht im College gewesen waren, dem Mädchen von St. Hilda's einen Streich gespielt, unerlaubt das Gelände von St. Hilda's betreten hatten, betrunken ins College gekommen waren – alles, was man sich nur vorstellen kann. Wir hatten Angst, daß wir suspendiert würden.«

Das hätte bedeutet, daß sie zur Strafe eine Zeitlang nicht die Universität hätten besuchen dürfen.

»Aber so weit kam es dann doch nicht. Ich vermute, wir hatten Glück. Frank jedenfalls. Er schien diese Episode völlig verdrängen zu können. Ich aber konnte den Geruch des alten Mannes nicht vergessen, sein Gewicht, seine verfilzten Haare, seinen offenen Mund und die starren Augen. Ich dachte daran, wie schlecht der alte Knabe vom Leben behandelt worden war. Und wie hatten wir ihn im Tode behandelt? Noch schlechter. Wir hatten alle uralten Gesetze des Respekts gegenüber Toten gebrochen; hinzu kam, daß wir unseren Fund nicht der Polizei gemeldet hatten. Ich wurde krank. Ich hatte einen Zusammenbruch. Ich verließ das College und kehrte nie wieder zurück.«

So geht es den begabtesten Köpfen manchmal. Der Verstand balanciert schwankend auf des Messers Schneide. Durch Schock oder Streß wird er leicht aus dem Gleichgewicht gebracht. Ich sagte Wilson, daß es mir sehr leid täte, und meinte es ehrlich.

Er zuckte die Schultern. »Der junge Kerl in dem Kahn gerade, der seinem Mädchen vorgesungen hat, der wird schönere Erinnerungen an seine Zeit hier haben als ich. Jedenfalls hoffe ich das.«

An dieser Stelle trennten wir uns. Als er davonging, dachte ich daran, daß Oxford wirklich die Stadt der träumenden Türme ist. Aber nicht alle Träume sind schön.

WOHNEN IM COLLEGE

Oxford, entstanden um 720, ist seit dem 12. Jahrhundert Sitz einer der ältesten Universitäten Europas. Die nordwestlich von London gelegene Stadt – 1° westlicher Länge, etwa 52° nördlicher Breite – hat ein mildes, feuchtes Klima. Für weitere Informationen wenden Sie sich an das Tourist Centre, *The Old School, Gloucester Green, Oxford, OX1 2DA, Telefon 0044-1865-726871.*

WOHNEN IM COLLEGE * In Oxford gibt es viele Hotels und Pensionen, aber warum sollte man nicht die außergewöhnliche Gelegenheit nutzen und in einem College wohnen? Mehrere Colleges bieten Übernachtungen mit Frühstück an, aber nur in den Ferien (etwa im August und September), denn sonst sind ja die Zimmer von Studenten belegt. Man wohnt in ihren Zimmern und lernt das College von innen kennen. Auskunft bekommt man von *Conference Oxford, Keble College*, Oxford OX1 3PG, Großbritannien. Dort erfahren Sie auch Einzelheiten über die verschiedenen Colleges, die Unterkunft anbieten. Haben Sie sich für ein College entschieden, müssen Sie den Kontakt selbst aufnehmen und alles weitere besprechen.

ANREISE PER BUS * Vom zentralen Busbahnhof am Flughafen *Heathrow* fährt der Bus City-Link X70 direkt ins Zentrum von Oxford zur Haltestelle *Gloucester Green*. Er verkehrt tagsüber alle halbe Stunde, abends alle zwei Stunden. Die Fahrt von den Terminals 1, 2 und 3 dauert ca. 70 Minuten, vom Terminal 4 ca. 90 Minuten. Weiterhin gibt es eine gute Zugverbindung und eine ausgezeichnete Busverbindung von *London-Mitte* zur Haltestelle Gloucester Green. Die Busfahrt von London ist sehr preiswert.

AUTOS IN DER STADT * Für Oxford brauchen Sie bequemes Schuhwerk, denn Sie werden viel herumlaufen! Es ist nämlich sehr ungünstig, mit dem Auto in die Innenstadt von Oxford zu fahren, da viele Straßen im Zentrum tagsüber für Privatfahrzeuge gesperrt und *Parkplätze* oft teuer und schwer zu finden sind. Mit Nahverkehrsbussen kommen Sie jedoch überall gut hin, und hinter der Bushaltestelle Gloucester Green befindet sich ein Taxistand.

NICHT VERSÄUMEN * Natürlich kann man in Oxford viele Kirchen und Colleges besichtigen, aber das leibliche Wohl sollte auch nicht zu kurz kommen. Ein absolutes Muß ist das *Convocation Café* in der Kirche *St. Mary the Virgin*, das in meiner Geschichte erwähnt wird. Dort bekommen Sie wirklich guten Kaffee und kleine, leckere Gerichte in völlig ungewöhnlicher Umgebung, überdies preiswert. Im *Kaufhaus Allders* gibt es im ersten und im obersten Stock je ein Restaurant, in denen man ebenfalls preiswerte und leichte Gerichte in gemütlicher Atmosphäre essen kann. Die Restaurants *Trout Inn* im Vorort Godstow und das *Perch Inn* in Binsey verwöhnen den Gast mit ihrer Küche. Kunstinteressierte dürfen die *Gemäldegalerie* im *Christ Church College* und auch das *Ashmolean Museum* nicht versäumen.

ABSTECHER NACH CAMBRIDGE * Für einen Besuch in der anderen berühmten Universitätsstadt, *Cambridge*, nehmen Sie am besten den Linienbus ab Haltestelle Gloucester Green zur Haltestelle Drummond Street in Cambridge. Die Fahrt dauert etwa zwei Stunden und führt über *Bedford* und *Milton Keynes*. Zwischen den beiden Universitätsstädten gibt es keine direkte Zugverbindung, daher ist der Bus besonders praktisch. Der letzte Bus fährt allerdings bereits am frühen Abend zurück.

OXFORDS UMGEBUNG * In der Stadt *Dorchester* gibt es eine wunderschöne alte Abtei und viele sehenswerte Antiquitätenläden. Machen Sie einen Ausflug zur normannischen Dorfkirche in *Iffley*, ein Stück die Themse abwärts. Das Städtchen *Woodstock* ist bekannt wegen des sehenswerten *Blenheim Palace* mit wunderbarem Park, und im historischen Stadtkern gibt es viele außergewöhnlich gute *Antiquitätengeschäfte*.

Polizeiarbeit in Amsterdam
Janwillem van de Wetering

Adjutant Grijpstra von der Kriminalpolizei spazierte an einem
kühlen Frühlingsmorgen seine Lieblingsstraße entlang, die Langestraat im Zentrum von Amsterdam, und wollte dabei nicht an den
zerschmetterten Leichnam von Ana Zsohar denken. Eine frische
Brise wehte vom IJ herüber und brachte einen Hauch Nordseeluft
mit. Rosafarbene und leuchtend rote Geranien blühten auf den Fen-
sterbänken. Eine Kletterpflanze, dicht besetzt mit rosa und pur-
purfarbenen Blüten, rankte sich an einem schmalen Haus zum
geschwungenen Giebel empor, auf dem ein Engel aus dem sech-
zehnten Jahrhundert thronte, ein Cherub, der kräftig seine Trompete blies. Grijpstra lächelte, Prunk und Glorie von Hollands
Hauptstadt, der Stadt der Kanäle und hohen Giebelhäuser, der
Ulmen und imposanten Reiher. Der Adjutant, heute außer Dienst,
war von der unaufdringlichen Schönheit der Kletterpflanze, einer
Prunkwinde, angetan. Wie zart, dachte er und unterbrach seinen
gemütlichen Spaziergang, um ein Blatt zu berühren, an einer Blüte
zu schnuppern.

Seine Stimmung verdüsterte sich, als er an die halluzinogene Wir-
kung der Pflanze dachte. Trotz ihres unschuldigen Aussehens war
sic cin »mal herbe«, verursachte Verwirrung, Schmerzen, Irrsinn
bis hin zu einem qualvollen Tod. Noch ein bewußtseinsverändern-
des Gift, das auf der Schattenseite seiner Stadt wuchs und von phan-
tasielosen Verlierern inhaliert, eingerieben, injiziert und in den

Hintern gesteckt wurde, als ob ihre vernebelten Hirne nicht schon genug gestört wären, dachte Grijpstra, selbst ein regelmäßiger Konsument von Genever und dicken schwarzen Zigarren.

Die tote Frau, ehemalige Bewohnerin einer Wohnung des Hauses in der Langestraat, an dem die manisch-depressive Kletterpflanze emporrankte, könnte Drogen genommen haben; nicht die Samen oder Blätter der Winde, sondern Marihuana. Das hatte jedenfalls die junge Pathologin Dr. Elia Gadatta gemeint, eine Hindu mit einem roten Punkt zwischen den großen, schrägstehenden Augen, Tochter eines indischen Paares, das aus der ehemaligen niederländischen Kolonie Surinam eingewandert war. Grijpstra erfreute sich an der Schönheit der Pathologin. Konnte Elia nun nachweisen, daß die Leiche in lebendigem Zustand Gras geraucht hatte, oder nicht? Marihuana und gute Schokolade haben chemische Gemeinsamkeiten und hinterlassen dieselben Spuren im menschlichen Blut.

»Onkel«, sagte Elia sanft. »Vielleicht war die frühere Bewohnerin dieses Körpers schokoladensüchtig.« Pathologin und Polizist unterhielten sich über den OP-Tisch hinweg, auf dem die zerteilten Organe von Ana Zsohar ausgebreitet lagen. Grijpstra gefiel es, daß Elia ihn »Onkel« nannte; die Intimität der Anrede lenkte ihn ab, verhinderte, daß er sich auf den weißgekachelten Boden des Raumes erbrach. Sein stämmiger Körper, der eckige Schädel mit dem silbrigen Bürstenschnitt, seine Manieren, der zerknitterte Nadelstreifenanzug wirkten vertrauenerweckend auf junge Frauen.

»Tatsächlich, meine Liebe?« brummte er mit Baßstimme. Er lächelte Elias Rehaugen zu.

Grijpstra wußte zu diesem Zeitpunkt bereits, daß er in Anas Haus nicht nach Schokoladenpapier zu fahnden brauchte. Er und Brigadier De Gier hatten bei der ersten Untersuchung drei große Cannabispflanzen – De Gier hatte die Pflanzen vermessen – in Anas Garten entdeckt. In einer Schublade hatte der Brigadier eine Haschischpfeife gefunden. Die beiden Polizisten sahen, daß Anas Pflanzen mehr lieferten, als eine einzelne Haschischraucherin konsumieren konnte. Sie hatten auch Plastikbeutel gefunden.

Dr. Gadatta teilte Grijpstra mit, daß Ana mit einem harten Gegenstand totgeschlagen worden war; sie wies auf die Verletzungen an Schultern und Armen hin, auf die gebrochenen Gesichtsknochen, den zertrümmerten Schädel. Ein hölzerner Gegenstand. Sie zeigte ihm die kleinen Splitter und erwähnte, daß die braunhäutige Leiche nicht die einer Weißen war.

»Eine Zigeunerin«, wiederholte Grijpstra die Vermutung des Brigadiers. Zsohar war bestimmt ein ungarischer Name. Es gab Zigeuner in Ungarn. Sie hatten einen ungarischen Ausweis gefunden, gültig bis 1991. Kein niederländischer Ausweis, kein Geld, keine Sparbücher, Schecks oder Kreditkarten. Eine illegale Einwanderin? Ja, denn eine Anfrage bei der Einwanderungsbehörde zeigte, daß keine Aufenthaltsgenehmigung vorlag. De Gier hatte vermutlich recht. Er konnte gut kombinieren. De Gier hatte auch bemerkt, daß die drei Cannabispflanzen im Garten in schlechtem Zustand waren. Die wenigen Blätter, die noch nicht abgestorbenen waren, rollten sich am Rand ein und wurden braun. Er glaubte, Anas Cannabispflanzen seien mit Gift besprüht worden. Grijpstra schätzte De Giers Theorien. Es machte ihm nichts aus, De Gier zu bewundern, solange er selbst einen höheren Dienstgrad hatte.

Während De Gier die niedrige Ziegelmauer gemustert hatte, die Anas Garten nach Osten hin von einem größeren mit Goldfischteich und Pflaumenbäumen trennte, hatte Grijpstra ein Paar Aluminiumkrücken betrachtet, die neben der Leiche lagen.

Multiple Sklerose, teilte Dr. Gadatta einen Tag später nach Analyse der Gewebeproben mit. Ana hatte an dieser unheilbaren Krankheit gelitten, die das Gewebe in Gehirn und Rückenmark verhärtet und zu Lähmungen führt. Kein Wunder, daß sie Krücken brauchte.

Als Grijpstra die Leichenhalle verlassen hatte, war ihm übel und schwindelig gewesen, aber das Äußere des Gebäudes und seine Umgebung hatten ihn wieder aufgemuntert. Die Leichenhalle glich einer Jugendstilvilla; sie lag am Rand des Amsterdamse Bos, eines der größten Parks der Stadt, der einige hundert Hektar Fläche mit Wäldern, Feldern und Teichen umfaßte.

De Gier war ein großer sportlicher Mann mit vorstehenden Wangenknochen, großen, braunen, einfühlsamen Augen und einem riesigen Schnurrbart, der seitlich abstand. Er wartete auf der Terrasse des *Koffie Huis*, eines Restaurants, das gegenüber vom Hauptbahnhof auf Pfeilern in den Hafen gebaut worden war, auf seinen Vorgesetzten. Der Brigadier verspeiste geschmorten Aal mit neuen

Kartoffeln und Seetangsalat zum Mittagessen. Grijpstra, den das an Anas Überreste auf dem Autopsietisch erinnerte, sah in die andere Richtung und informierte De Gier über Dr. Gadattas Erkenntnisse. Auch De Gier war nicht untätig gewesen. »Bevor sie krank wurde, hat Ana als Prostituierte gearbeitet. Dem ungarischen Ausweis nach ist sie vierunddreißig. Nach dem, was der Mörder ihr angetan hat, kann man es nicht mehr genau sagen, aber sie war vermutlich mal sehr attraktiv. Der Philosophieprofessor in der Wohnung über ihr sagt, sie wäre vor etwa einem Jahr an MS erkrankt und seither sei es rapide abwärts gegangen. Auf den Strich konnte sie nicht mehr, deshalb hat sie versucht, von ihren Cannabispflanzen zu leben.«

»Gutes Geld?« fragte Grijpstra.

»Nicht besonders, Adjutant. Es dauert, bis die Pflanzen groß sind. Und sie muß viel dafür bezahlt haben. Gutes ›Nederwiet‹, die teuerste Sorte. In letzter Zeit hat sie gar nichts verdient, weil die Pflanzen mit Gift besprüht wurden. Könnte der Mörder gewesen sein.«

Voreilige Schlüsse, dachte Grijpstra.

Die Polizisten sprachen über Theorien und mögliche Motive, während sie ein Plattbodenschiff beobachteten, das an der *Koffie-Huis*-Terrasse vorbeituckerte. Die schön restaurierte Holzjacht mochte ein oder zwei Jahrhunderte alt sein, und irgendwann in ihrer Geschichte war ihr ein Dieselmotor eingebaut worden, der nun auch schon zu den Antiquitäten zählte. Die Jacht fuhr nach Norden, die braunen Segel zusammengebunden; sie würden gehißt werden, sobald das Boot auf dem Weg zum Ijsselmeer den Fluß erreicht hatte. Eine junge Frau mit bauchfreiem Oberteil ordnete Tauwerk auf dem Vordeck. Es war zu kalt für nackte Haut, aber Mode ist eben Mode. Der Mann am Ruder trug eine Schaffellweste. Trotz Frühling hatte der Wind noch Biß, besonders auf dem Wasser.

»Bist du sicher, daß Ana eine Hure war?« fragte Grijpstra.

De Gier erinnerte ihn an die Großpackung Kondome, die sie auf einem Regal in Anas Schrank gefunden hatten. Eine alleinlebende Frau mit Krücken, was sollte die sonst mit einer 144er-Packung Kondome? Der Karton war ungeöffnet. Die bunten Wollhüte in merkwürdigen Farben auf dem obersten Regal waren auch schon seit Jahren aus der Mode. »Altmodische Hüte, altmodische Gummis«, sagte De Gier. Er hatte den Karton einer Angestellten im Sex-shop gezeigt, die mit einem arabischen Akzent sprach. Die Angestellte sagte, die Kondome seien veraltet und Großhandelsware. Bis vor zwei, drei Jahren hätten Prostituierte diese Packungen gekauft. Jetzt nicht mehr, jetzt gab es Hunderterpacks.

Ana Zsohars Leiche war vor einer Woche von einem Nachbarn entdeckt worden. Der Professor war regelmäßig zu ihr hinunter gegangen, um seinen wöchentlichen Bedarf einzukaufen. Er hatte die Tür offen gefunden und Ana tot.

Diese Art von Mordfall ist normalerweise einfach zu lösen, dachte Grijpstra und schnupperte an einer Windenblüte. Der Fall müßte eigentlich schon aufgeklärt sein. Nach fünf Tagen wurde die Spur erfahrungsgemäß kalt. Aber er hatte immer noch keinen blassen Schimmer, wer der Mörder sein könnte.

Er wußte nur, in welche Kategorie er gehörte. Er oder sie war verrückt. Welcher Mensch im Vollbesitz seiner geistigen Kräfte würde sich gewaltsam Eintritt in die Wohnung einer Frau verschaffen, einen Stuhl zerschlagen und sie mit einem Stuhlbein zu Tode prügeln, sie treten, nachdem sie schon am Boden lag?

Der Professor, Hans van Riem, war kein nervöser Verdächtiger gewesen. Grijpstra hatte ihn zweimal vernommen, einmal in van Riems elegant möblierter Wohnung, mit Büchern und computergesteuerter Stereoanlage und kostbaren modernen Gemälden; und einmal in einem kalten, übelriechenden Verhörraum im Polizeipräsidium in der Elandsgracht, einem bedrohlich wirkenden alten Gebäude, das die Schuldigen nervös macht.

»Sie rauchen Gras, Professor?«

»O ja, Adjutant«, hatte der munter drauf los geplaudert. »Ich kaufe ein Tütchen pro Woche, meistens von Ana. Wir saßen zusammen, haben grünen Tee getrunken, uns unterhalten. Wir konnten uns gut leiden.«

»Sie haben dem Brigadier gesagt, daß sie eine Prostituierte war. Waren Sie einer ihrer Freier?«

»Ich bin schwul«, hatte der Professor gesagt. »Kaum noch aktiv. Zu viele meiner Bekannten sind gestorben.« Er lächelte traurig. »Wie kann etwas so Erfreuliches so gefährlich sein? Merkwürdig, finden Sie nicht auch?«

»Merkwürdig?« Grijpstra dachte darüber nach und verwarf den Gedanken wieder. »Hat Ana sich Ihnen anvertraut?«

»Ja«, sagte der Professor. »Sie sprach nicht viel Niederländisch, aber ich liebe Sprachen. Wir haben unsere eigene erfunden.«

»Hat sie zu Hause gearbeitet?«

»Nein. Sie wollte die Atmosphäre in ihrer Wohnung reinhalten, und die Langestraat gehört ja nicht zum Rotlichtviertel. Die Nachbarn hätten sich vielleicht beschwert. Sie hat die Freier in den ›Broodjeswinkels‹ aufgesammelt, meistens Touristen, und sie mit in ein Hotel im Gebed zonder End mitgenommen. Mehr Freier, als sie wollte. Sie mußte doch ›Meneer‹ bezahlen.«

»›Meneer‹?«

»So nannte sie ihren Zuhälter. Ich kenne ihn nicht. Habe die kleine Ratte aber mal vom Fenster aus gesehen: fett, viele Ringe. Er kam einmal im Monat. Fuhr ein auffälliges Auto. Bestimmt teuer.«

»Leben Sie allein, Professor?«

»Ja, wenn man von all diesen Dingen absieht.« Er zeigte auf die Bücher und Schallplatten. »Sie wurden von großen Geistern geschaffen. Geister fallen nicht zur Last. Die habe ich gern um mich.«

Grijpstra nickte freundlich. »Hilft das Grasrauchen?«

Der Professor schüttelte den Kopf. »Ich dachte, es würde mir bei der Arbeit helfen. Bei den philosophischen Fragen. Vielleicht war das anfangs so, aber in den letzten Jahren hat sich die Inspiration meistens wiederholt. Ich wollte damit aufhören. Das wollte ich auch Ana sagen.« Er zupfte an seinem Spitzbart. »Jetzt, wo Ana tot ist, fällt es mir leichter. Ich verabscheue die Dealer auf der Straße, und die Coffee-Shops sind mir auch zuwider.« Er schüttelte wieder den Kopf. »Schlechte Musik. Verrückte Hüte. Das kann ich nicht leiden.«

»Gut«, sagte Grijpstra. »Wußten Sie, daß Ana kein Gras mehr hätte verkaufen können, weil die Pflanzen mit Gift besprüht worden waren?«

Der Professor, Spezialist bezüglich der Verbindung zwischen Existenzialismus und Zen, an der freien Universität Amsterdam, wie Grijpstra herausgefunden hatte, sagte, das habe er nicht gewußt.

Der Adjutant zeigte ihm Anas Garten. »O je«, sagte Hans van Riem. »Eine furchtbare Tat. Und so etwas in Amsterdam.« Mit gerunzelter Stirn sah er die herabhängenden Zweige an.

»Sie wissen nicht zufällig, wer das getan hat?«

»Natürlich nicht.«

Grijpstra glaubte dem Professor nicht unbedingt, aber für ihn zählte, daß dessen Fingerabdrücke nicht auf dem tödlichen Stuhlbein waren.

»Vergiß den Professor«, hatte der Commissaris, Grijpstras Chef, von der anderen Seite seines großen Schreibtischs im Polizeipräsidium gesagt. »Laß ihn zufrieden, Henk. Er ist ein guter Mann. Es ist nicht Aufgabe der Polizei, die zu behelligen, die über uns stehen.«

Verdächtiger Nummer Zwei.

De Gier fand heraus, wer die Pflanzen besprüht hatte – eine niederländisch-reformierte Dame, die am Singel lebte, dem Kanal, der im Osten an die Langestraat grenzte. Ein eleganter Kanal, mit Bauwerken aus dem Goldenen Jahrhundert und majestätischen Ulmen, die lange Schatten auf das Wasser warfen. Ihr Garten grenzte an Anas Garten. Die Verdächtige gab ihre gute Tat zu. »Teufelskraut«, sagte die Dame. Sie stammte aus einer Provinz und lebte nur vorübergehend in Amsterdam, um sich um ihren ererbten Besitz zu kümmern. Eine Tante war gestorben. Der Name der Verdächtigen war Marie Bakker. Sie wollte nicht in diesem Sündenpfuhl leben und hatte das Haus der Tante zum Verkauf angeboten, wußte aber, daß sie das prächtige, viergeschossige Haus nicht leerstehen lassen konnte. »Die ›Krakers‹ machen sich hier breit, wenn ich mein Eigentum nicht verteidige – schlechte Menschen, Illegale, Faulenzer, Obdachlose«, sagte die Verdächtige, eine kleine, übergewichtige Frau, deren dunkle Augen hinter quadratischen Brillengläsern funkelten. »Wenn das Gesocks erst drin ist, kriegt man es nicht mehr raus. Dies ist eine gottlose Stadt, Polizist. Da, wo ich herkomme, gibt es so was nicht. Wir haben den wahren Glauben.«

Mevrouw Bakker zeigte dem Brigadier die gelbe Plastikflasche mit dem Sprühkopf. »Wenn Sie Ihre Arbeit nicht machen, Polizist, dann tu ich es, dem Herrn zum Wohlgefallen.« Sie faltete die Hände und schloß die Augen. De Gier sagte Amen. Sie öffnete die Augen rasch wieder. Er sah nicht so aus, als würde er sich über sie lustig machen.

»Sind Sie gläubig?«

»Es gibt nur einen Gott«, sagte De Gier ernsthaft. »Und Che ist sein Prophet.«

»Che wer?«

»Che Gottesmann«, sagte De Gier ernsthaft. »Ein höherer Geist, der freiwillig in Kuba Gestalt angenommen hat. Ein Bodhisattva.«

»Und was ist mit Jesus?«

»Jesus ist auch ein Bodhisattva.«

»Was ist ein Bodhisattva?«

»Das habe ich Ihnen doch gerade erklärt«, sagte De Gier. »Und jetzt brauche ich Ihre Fingerabdrücke.«

Leicht war es nicht. Er mußte Mevrouw Bakker mit Haft drohen, ihr seine Handschellen zeigen, mit dem Handy einen Streifenwagen rufen. Als die zwei uniformierten weiblichen Beamten ausstiegen und Mevrouw Bakker streng ansahen, gab sie nach. Erst beschimpfte sie die beiden jedoch als »Teufelshuren«, was sie zweihundertfünfzig Gulden Strafe kostete. Die Strafe wurde wegen Zahlungsverzögerung verdoppelt, und es kamen noch hundert Gulden Gerichtskosten dazu. »Werfen Sie mir lieber nichts an den Kopf«, sagte der Richter, der wie Lao-tse aussah, freundlich, als Mevrouw Bakker tief Luft holte. »Die Beleidigung des Gerichts ist sehr teuer, Mevrouw. Sie haben das Haus Ihrer Tante noch nicht verkauft. Sie leben von der Rente. Der Staat möchte Ihnen keine Unannehmlichkeiten machen, aber Sie müssen sich bessere Manieren angewöhnen.«

»Schlitzauge.«

»Was haben Sie gesagt, Mevrouw Bakker?«

»Nichts, Euer Ehren.«

Auch Mevrouw Bakkers Fingerabdrücke stimmten nicht mit denen des Mörders überein.

»Nein«, hatte der Commissaris zu Grijpstra gesagt. »Zeige sie nicht wegen mutwilliger Zerstörung fremden Eigentums an. Es ist nicht die Aufgabe der Polizei, einem religiösen Sünder Hindernisse in den Weg zu legen.«

Schließlich fand Adjutant Grijpstra ›Meneer‹.

Verdächtiger Nummer drei.

Professor Riem sagte, ›Meneer‹ tauche einmal im Monat auf, um seinen Anteil an Anas Verdienst abzuholen und ihr zu drohen, wenn er glaubte, sie habe Geld zurückgehalten.

»Mit körperlicher Gewalt?« fragte Grijpstra.

»Ana war eine illegale Einwanderin«, sagte der Professor. »Sie hatte keine Papiere. ›Meneer‹ hat sie während der kommunistischen Herrschaft aus Budapest mitgebracht. Er hat dort bestickte Stoffe gekauft. Er hat Ana im Hotel getroffen, wo sie gearbeitet hat. Sie wollte unbedingt nach Amsterdam. Sie hatte die Stadt in Zeitschriften und Kinofilmen gesehen. ›Meneer‹ sagte, er habe seinen Teil der Abmachung eingehalten und sie schulde ihm deshalb die Hälfte ihres Bruttoeinkommens. Wenn sie sich weigerte, würde er die Polizei holen und sie verhaften lassen.«

»›Meneer‹ hat ihr die Wohnung besorgt?«

»Ja, aber sie hat die Miete bezahlt.«

»›Meneer‹ fährt einen auffälligen Wagen, haben Sie gesagt?«

Der Professor kannte sich mit Autos nicht aus, aber ein anderer Nachbar erinnerte sich an einen Landrover, der einmal abgeschleppt worden war. Die Langestraat war jetzt verkehrsberuhigte Zone, Parken war nur den Anwohnern gestattet. ›Meneer‹ hatte einen Aufstand veranstaltet, als der Polizeilastwagen seinen Landrover abschleppen wollte. Er wurde trotzdem abgeschleppt.

Der Nachbar stellte Grijpstra Flip vor, einen halbautistischen, zehnjährigen Jungen, der Ana gegenüber wohnte. Flip erinnerte sich an die Kennzeichen etlicher Wagen, die in der Langestraat parkten, besonders wenn die Autos ›komisch‹ aussahen. Grijpstra bedankte sich bei Flip, der zwar keinen Blickkontakt herstellte, aber nickte. Zurück in seinem Büro, das er sich mit De Gier teilte, ging Grijpstra an den verbeulten Metallschreibtisch und tippte das Kennzeichen des Landrovers in den Computer.

Mark Boonstra, schrieb Grijpstra später in seinen Bericht, war 56 Jahre alt, 1,70 groß, 85 Kilo schwer, glatzköpfig, hatte polierte Fingernägel und ein Zucken um den Mundwinkel. Er sagte, er hätte früher mit Textilien gehandelt, sich aber vor kurzem auf Privatinvestitionen konzentriert. »Aktien?«

»Ja. Puts, Calls, alles mögliche. Tagesgeschäfte. Das Auf und Ab des Profits.«

Seine Frau Suusje war künstlich erblondet, vor kurzem geliftet und wünschte, Mark würde das mit der Börse sein lassen, er wurde davon nervös. Gut, daß das Haus ihr gehörte, er würde es sonst bis zum Dachstuhl mit Hypotheken belasten und das Geld verlieren.

Die Boonstra-Villa lag in Buitenveldert, einem der neueren Vororte im Süden Amsterdams, in dem sich Hochbauten mit Häuseransammlungen abwechselten, wo es Waldflächen und Kanäle und kleine, quadratische Seen gab. Suusje meinte, das ganze Grünzeug wäre ja recht hübsch, aber die Vögel! Graureiher richteten jede Menge Schaden an. »Reiher, du lieber Himmel. Haben Sie schon mal versucht, Reiherscheiße von Fliesen abzukriegen? Oder haben Sie schon mal selbst Reiherscheiße abgekriegt, Polizist? Was wollen Sie von Mark? Was hat er jetzt schon wieder verbrochen?«

Grijpstra sprach von einer unbedeutenden Ermittlung, reine Routine, ein paar Fragen. Worüber? Über eine Dame.

Sie sah ihren Mann an. »Nicht noch eine Dame, Mark.«

Boonstra schlug einen Spaziergang im Park vor. »Ich gehe gern Enten füttern. Können wir ein bißchen Brot haben, Suusje?«

»In der Küche«, sagte Suusje. »Aber sei vorsichtig. Krümel nicht den Fußboden voll.«

»Weiß Ihre Frau nichts von Ihrer Zuhälterei?« fragte Grijpstra, als sie auf einer Parkbank saßen und die Enten näherwatschelten. Boonstra hatte das Brot in einen Papierkorb geworfen. Er trat nach einer Ente, aber das Tier war schnell, quakte und schlug mit den Flügeln, als es sich zurückzog.

»Bitte keine Tiere quälen«, sagte Grijpstra.

»Sie würden mich doch wohl nicht einsperren, weil ich so eine Kackente trete?«

»Doch, ich glaube, das würde ich«, sagte Grijpstra. »Tiere sind heilige Wesen.«

»Und ich bin keins?«

»Sie sind ein Arschloch.«

Boonstra meinte, daß eine Menge Leute in letzter Zeit so etwas zu ihm gesagt hätten. Es beunruhigte ihn langsam. Er hatte sich in Therapie begeben, um herauszufinden, wie er sich wieder etwas Respekt verschaffen konnte. Sein Leiden war als Persönlichkeitsstörung diagnostiziert worden. Die Krankheit war therapieresistent, und die Patienten galten als überempfindlich. Der einzige Therapeut, der bereit gewesen sei, mit ihm zu arbeiten, sei ein Schwarzer gewesen. »Dabei kann ich Nigger nicht ausstehen.«

»Erzählen Sie mir von Ihrer Zuhälterei bei Ana.«

»Wozu?« Boonstra zuckte die Schultern. »Ich denke, sie ist tot?«

»Wer hat Ihnen das gesagt?«

»Ich war gestern dort. Ein Nachbar hat es mir erzählt. Ermordet. Totgeschlagen.« Seine Stimme hob sich. »Großer Gott!«

»Sie wollten Geld abholen?«

»Klar«, gestand der Verdächtige. »Das Gras brachte nicht viel ein, deshalb ging sie betteln. Klappte gut mit den Krücken. Ich kriegte die Hälfte, wie früher, aber mit der Hurerei hat sie mehr verdient.«

»Und wo hat sie gebettelt?«

»In den ›Broodjeswinkels‹«, sagte Boonstra. »Wo sie früher auch immer hinging. Geld zusammensparen, damit sie wieder in ihr Heimatland kann. Eine rührselige Geschichte. Darin war sie gut.«

Grijpstra holte das Brot aus dem Papierkorb und fütterte die Enten.

»Stirbt mir einfach so weg«, sagte Boonstra traurig. »Das lief prima mit uns beiden. Ich habe ihr die Wohnung besorgt. In Amsterdam. Genau das, was sie wollte.« Die Stimme hob sich wieder. »Immer geht was schief. Erst wird sie krank, und jetzt stirbt sie auch noch, verdammte Hurenscheiße. Nach all dem, was ich in sie investiert habe.«

»Erzählen Sie mir, wie das alles angefangen hat«, sagte Grijpstra.

»Was gibt es da zu erzählen?« Boonstra musterte eine Ente, die sich näherte, hob den Fuß und setzte ihn wieder ab. »Ich mag braune Mädchen, Zigeunerinnen, Inderinnen, Araberinnen, alles in dem Farbton. Solche suche ich mir immer, wenn ich im Ausland bin. Ana hat in einem Hotel in Budapest gearbeitet. Noch unter den Kommunisten. Sie hat gesagt, sie würde alles tun, um nach Amsterdam zu kommen. Keine Parteibonzen mehr, die sie umsonst kriegten. Ich bin schließlich Geschäftsmann, oder?«

Grijpstra nickte. »Weiter.«

Boonstra grinste. »Ich habe sie den Parteibonzen abgekauft. Nicht mit Geld, aber ich habe einen großen Textilauftrag versprochen.« Er zwinkerte. »War ja alles korrupt damals da unten. Sie mußten uns Westlern soundsoviel bestickten Stoff verkaufen, oder sie kriegten Ärger. Alles klar?« Boonstra zwinkerte wieder.

»Also haben Sie denen einen Großauftrag verschafft?«

»Ich habe ihnen einen Großauftrag versprochen«, sagte Boonstra. »Für den Fall, daß sie Ana mit einem Tischtennisteam ausreisen ließen, als Masseurin oder so.«

»Und den Großauftrag haben sie nie bekommen?«

»Diese korrupten kommunistischen Bonzen?« fragte Mark. »Nachdem ich Ana hier hatte? Soll das ein Scherz sein, Polizist?«

»Und dann haben Sie Ana in Amsterdam, der magischen Stadt, hinter Glas gehalten.«

Boonstra protestierte. Ana hatte nie in einem der Fenster im Rotlichtbezirk sitzen müssen. Er besorgte ihr eine hübsche Wohnung, mit Garten. Sie arbeitete vom Hotel aus, klapperte die ›Broodjes-winkels‹ ab, sie war eine Dame.

»In der Gebed zonder End«, sagte Grijpstra.

Boonstra lachte. Die Gasse der endlosen Gebete, aber Anas Gebete hatten nicht lange gewirkt.

»Kommen Sie mit«, sagte Grijpstra.

Boonstras Fingerabdrücke waren nicht identisch mit denen des Mörders.

»Behalte Boonstra im Auge«, hatte der Commissaris gesagt, nach-dem er den Bericht gelesen hatte. »Es ist die Aufgabe der Polizei, denen beizustehen, die in Not sind.«

»Er ist nicht in Not, Mijnheer.«

»Die in Not Befindlichen müssen nicht zwangsläufig unserer Spe-zies angehören«, hatte der Commissaris gesagt. »Die Enten sind in Not.«

Im Fall Zsohar waren ihnen die Verdächtigen ausgegangen. In der Nacht, in der Ana starb, hatte es Jazz auf dem Kulturkanal des Fern-sehens gegeben, ein New-Orleans-Festival. Die Bewohner der Lange-straat waren Jazzfans und hatten ihre Ohren mit *Basin Street Blues, Ain't Misbehaving, A Kiss to Build a Dream On* betäubt, während Ana schrie.

»Heißt das, wir geben auf?« hatte De Gier gefragt.

»Macht weiter«, hatte der Commissaris geantwortet. »Das Glück ist mit den Glücklichen.«

Aber bisher hatten sie kein Glück gehabt, dachte Grijpstra, der immer noch vor der Prunkwinde stand und sie bewunderte. Doch heute hatte er frei und würde nach Hause gehen.

Am nächsten Morgen war er wieder im Dienst.

»Macht euch keine Sorgen«, sagte der Commissaris bei der Mor-genbesprechung. »Du und De Gier habt alles getan, was in eurer Macht stand. Denkt daran, daß ihr die Krone repräsentiert, und die Krone wiederum repräsentiert Göttlichkeit. Und einer der Aspekte der Göttlichkeit ist unter dem Namen Fortuna bekannt. Betet zu ihr.«

An diesem Abend beteten Grijpstra und De Gier zu Fortuna, während sie in der Jazzkneipe *Endless Blues* im Untergeschoß eines

Hauses am Zeedijk Miles Davis' Stück *So What* spielten. Grijpstra am Schlagzeug, De Gier auf der Taschentrompete.

Eine weitere Woche verging. Am Freitag waren Grijpstra und De Gier im Dienst, in einem Zivilfahrzeug, um zwei Uhr morgens. Sie erreichten die große Biegung der Keizersgracht. Auf der anderen Uferseite raste ein alter VW-Bus durch die Nacht, ohne Licht, im Regen kaum zu erkennen. De Gier kürzte über die Reguliers-Brücke ab und gab Gas.

»Nein«, sagte Grijpstra und hielt sich am Armaturenbrett fest, während Ulmen an ihnen vorbeisausten und Ratten über das glitschige Pflaster flohen. »Bitte nicht.«

»Wenigstens was zu tun«, rief De Gier und setzte das magnetische blaue Blinklicht auf das Wagendach.

Der Fahrer des VW-Busses wurde in De Giers Notizbuch als Michael G. Harris eingetragen, 28 Jahre alt, geboren in San Francisco, wohnhaft auf einem Hausboot in der Brouwersgracht mit ein paar Kumpels. Ein langhaariger, zerzauster, verhungert aussehender männlicher weißer US-amerikanischer Bürger. Kein gültiger Führerschein, kein gültiges Visum. Student der chinesischen Literatur an der Columbia-Universität, New York. Höchstwahrscheinlich unter dem Einfluß illegaler Substanzen.

»Bin ich in großen Schwierigkeiten?« fragte der Fahrer.

»Sie haben keinen Unfall verursacht«, sagte De Gier. »Was nehmen Sie?«

Michael G. Harris nahm am liebsten Heroin. Seine dünnen Arme stachen aus einem schmutzigen T-Shirt unter einer abgewetzten Lederweste hervor. Zwischen infizierten Wunden waren Einstiche zu sehen.

»Seit wann sind Sie ein Junkie?«

»Seit mehr als einem Jahr. Ich kam über einen Studentenaustausch her, wurde krank und blieb.«

»Krank wie süchtig?«

»Krank wie MS«, erwiderte Harris und zeigte auf ein Paar abgeschabter Holzkrücken, die auf dem Beifahrersitz lagen. »Multiple Sklerose. Die aggressive Sorte. Der Killer.«

Inspecteur Adriaan Modderman im Polizeipräsidium kannte Harris als Dealer. »Durchsuchen Sie das Boot, auf dem er lebt, Adjutant, bestimmt finden Sie sein Lager.«

»Mijnheer«, sagte Grijpstra. Der Inspecteur war noch jung. Er wußte nicht, daß ein halbverhungerter Dealer kein Heroin auf Lager hatte.

»Legen Sie dem Scheißkerl Handschellen an«, sagte Modderman. »Ich behalte den Schlüssel. Ihr seid einfach zu großzügig mit dem Abschaum. Gestern abend ist uns einer dieser Verlierer abgehauen. Spazierte einfach raus, als Rechercheur Cardozo ihm ein Glas Wasser holen wollte. Das kann man nicht zulassen, wissen Sie.«

»Mijnheer«, sagte Grijpstra. Der Inspecteur war von Rotterdam zu ihnen gekommen, und Grijpstra glaubte, daß er seine Persönlichkeit ein bißchen ändern müßte. Wenn nicht, würde er bald gehen müssen.

»Ich habe Mokka anzubieten«, sagte Harris, nachdem Grijpstra sich bei ihm auf dem Hausboot umgesehen hatte. De Gier entfernte in der Zwischenzeit die abgestorbenen Blüten und Blätter der Geranien und goß die kränkelnden Pflanzen. Harris kochte mit Handschellen Kaffee. Guten Kaffee.

Grijpstra musterte die leeren Küchenregale. »Essen Sie nichts?«

»Nur in ›Broodjeswinkels‹«, sagte Harris. »Die sind super. Großartige Suppen. Köstlich belegte Brötchen. Mann! ›Croquettes‹ aus Kalbfleisch. Pastrami. Brühwürstchen. Aal. Shrimps. ›Tartaar‹. Zuerst bin ich wegen der ›Broodjeswinkels‹ geblieben«, er sprach die niederländischen Wörter fast korrekt aus, »und dann wegen der MS, und jetzt wegen des Heroins. Drei ausgezeichnete Gründe.‹

Grijpstra verrührte den Zucker im Kaffee. Er dachte nach. De Gier auch. Dabei starrten sie auf ein chinesisches Schriftzeichen auf einem großen Stück Karton, der an die Wand gelehnt war.

»Was bedeutet das?« Grijpstra zeigte auf das Schriftzeichen.

Harris erklärte, es sei das chinesische Zeichen für Nichts. »Die Grundlage des Zen-Buddhismus. Die Leere. Njet. Nothing. Nada. Das Gegenteil von Form. Das, wo wir alle herkommen. Und hingehen.« Er wirkte begeistert. Das Zeichen war kräftig gemalt, mit einem Pinsel.

»Haben Sie das gemacht?«

Harris bejahte.

Grijpstra schüttelte den Kopf. »Sieht echt aus.«

»Sie sind in schlechter Verfassung«, sagte De Gier. »Ich mußte Sie auf das Boot tragen. Sie sind voll auf Drogen. Sie haben MS.«

Harris bat De Gier, ihn im Zimmer herumzutragen. Er holte eine Dose mit schwarzer Farbe und einen Pinsel, hatte aber Schwierigkeiten wegen der Handschellen. Er drehte den Karton um, tauchte den Pinsel in die Farbe und warf sie geradezu auf den Karton. Dasselbe Schriftzeichen entstand, dieselbe Kombination kräftiger Linien und Punkte.

De Gier setzte Harris auf die Couch. »Gute Arbeit.«

»Ja«, sagte Harris. »Es wird besser, weil ich mich meinem Ende nähere. Die MS würde mich irgendwann qualvoll umbringen, aber jetzt sterbe ich an Unterernährung. Das ist besser. Ich spüre den Hunger meistens nicht, wegen dem Stoff. Das funktioniert prima.« Sein Lächeln entblößte gute Zähne. »Rasches Dahinsiechen.«

»Ich überlege gerade ...«, sagte De Gier. »MS.«

»Genau«, sagte Grijpstra. »Und ›Broodjeswinkels‹, das ist eine ungewöhnliche Kombination. Es gibt nicht mehr so viele ›Broodjeswinkels‹, die Hamburgerketten haben fast alle ruiniert. Es gibt auch nicht so viele MS-Patienten. Und noch weniger MS-Patienten, die in einem ›Broodjeswinkel‹ betteln. Erinnern Sie sich an eine Frau mit Ihrer Krankheit, Mr. Harris, die an Krücken in den ›Broodjeswinkels‹ bettelt?«

Er erinnerte sich daran, wie Ana Zsohar mitleiderregend in *Dibbens Broodjes* in der Spuistraat herumgehumpelt war und sich etwas Geld zusammengebettelt hatte. Mijnheer Dibben hatte das nicht geschätzt. Netter Kerl, dieser Mijnheer Dibben, aber er hielt nichts von Bettlerinnen. Prostituierte waren in Ordnung, solange sie Klasse hatten, aber bitte keine Bettlerinnen. Anas Gegenwart löste eine extrem negative Reaktion aus. Immer, wenn sie in seinem ›Broodjeswinkel‹ auftauchte, flippte Mijnheer Dibben hinter dem Tresen aus. Führte Selbstgespräche. Klatschte in die Hände.

Am nächsten Morgen fand De Gier Harris tot in seiner Zelle. Inspecteur Modderman hatte versäumt, ärztliche Hilfe zu holen, obwohl Grijpstra und De Gier schriftliche Anweisung hinterlassen hatten. Grijpstra alarmierte Dr. Gadatta, die nach der Autopsie eine

Beschwerde einreichte. Eine Untersuchung unter Leitung des Commissaris sorgte für Moddermans Rückversetzung nach Rotterdam, wo er einen Monat später einen weiteren Verweis erhielt. Es wurde ihm nahegelegt, umgehend den Dienst zu quittieren.

Grijpstra befragte Mijnheer Dibben am nächsten Morgen. Die Fingerabdrücke des Verdächtigen waren mit denen von Anas Mörder identisch. Mijnheer Dibben sagte, er habe keine Wahl gehabt. Ana Zsohar sah aus wie seine älteste Halbschwester, die ihn nach dem Tod der Mutter großgezogen hatte, und das nicht gerade liebevoll. Mijnheer Dibbens Ersatzmutter war braunhäutig. Sie wurde Prostituierte, eine mächtige, dominante Frau, auf Auspeitschen spezialisiert. Sie wußte, wie man Schmerzen hervorrief. Sie hatte es an dem kleinen Mijnheer Dibben ausprobiert. Er konnte sich nie an Annie rächen, die einfach verschwand, aber eines Tages kam sie als ungarische Zigeunerin zurück, und er konnte sich immer noch nicht an ihr rächen, bis sie schwächer wurde, bettelte, an Krücken ging, krank war. Eines Nachts folgte er seiner Halbschwester nach Hause. Er wußte – er war ja nicht verrückt –, daß Ana eigentlich nicht Annie war. Nachdem er sie totgeschlagen hatte, hatte er ihr ganzes Geld mitgenommen, damit die Polizei dachte, sie wäre von Schwarzen oder Arabern oder Türken oder so beraubt worden.

»Sind Sie böse auf mich?« fragte Mijnheer Dibben.

»Nein«, sagte Grijpstra. »Sie werden an einen hübschen Ort gebracht. Keine Sorge. Dort gibt es ›Broodjes‹ zum Abendessen. Wir werden Sie als Verantwortlichen für das Abendessen empfehlen.«

Mijnheer Dibben sagte, darüber würde er sich sehr freuen, aber was wäre mit seinem Geschäft? Es gab doch nur noch ganz wenige ›Broodjeswinkels‹. Demnächst gäbe es dann nur noch Hamburger, und der brasilianische Regenwald würde ganz niedergebrannt, damit die Rinder dort weiden konnten.

Der Commissaris sorgte dafür, daß ein neuer Betreiber das Geschäft übernehmen konnte, so daß *Dibbens Broodjes* zum Wohle der Menschheit weiterexistierte. In seiner nächsten Vorlesung vor Inspecteur-Anwärtern zitierte der Commissaris Artikel 28 des Niederländischen Polizeigesetzes.

Es ist die Aufgabe der Polizei, sich derer anzunehmen, die der Hilfe bedürfen.

WAS SIE IN DER STADT
TUN UND LASSEN SOLLTEN

Amsterdam, Hauptstadt der Niederlande, ist eines der wichtigsten Kulturzentren Europas und liegt auf 5° östlicher Länge und 52,5° nördlicher Breite. Sie hat heute etwa 750 000 Einwohner mit 145 Nationalitäten. Die in der zweiten Hälfte des 13. Jahrhunderts gegründete Siedlung Amstelledamme erhielt im Jahre 1300 Stadtrechte. Ihren großen Aufschwung nahm die Stadt vor 300 Jahren, nach der Reformation, als sie zum Fluchtpunkt für viele Menschen wurde, die sich dem Einflußbereich der katholischen Kirche entziehen wollten. Amsterdam liegt etwa 20 Kilometer von der Nordsee entfernt, dort, wo die Flüsse Amstel und IJ zusammenfließen. Das Stadtgebiet erstreckt sich über 25 Quadratkilometer. Die Durchschnittstemperatur beträgt im Juli und August 22 °C, im Dezember 4 °C. Informationen erhalten Sie beim Niederländischen Büro für Tourismus (NBT) *in Köln: Telefon 0221-9257170. Das* Fremdenverkehrsamt der Stadt Amsterdam (VVV Amsterdam Tourist Office) *hat mehrere Zweigstellen, darunter eine gegenüber vom Hauptbahnhof (Stationsplein 10). Sie ist täglich von 9–17 Uhr zu erreichen; Telefon 0031- 20-5512512.*

ORIENTIERUNGSPROBLEME IN DER STADT * Fahren Sie nicht mit dem Auto nach Amsterdam. Sie finden keinen Parkplatz, und bei dem Versuch, sich in den vielen engen Einbahnstraßen zurechtzufinden, bekommen Sie höchstens einen Nervenzusammenbruch. Fahren Sie lieber mit dem Zug und erkunden Sie die Stadt mit Hilfe eines Stadtplans zu Fuß. Wenn Sie vom Laufen müde sind, gehen Sie an einen Taxistand und lassen Sie sich ins Hotel zurückfahren. Falls Sie knifflige Rätsel mögen, besorgen Sie sich einen Plan der öffentlichen Verkehrsmittel und versuchen Sie, das Fahrkartensystem zu durchschauen. Das ist grundsätzlich möglich, und wenn Sie erst einmal begriffen haben, wie es funktioniert, verstehen Sie nicht mehr, warum Sie es vorher nicht verstanden haben (habe ich jedenfalls gehört).

ESSEN UND MUSIK * Essen Sie nicht in Fast-Food-Restaurants, sondern in den *Broodjeswinkels*. Es gibt einen am *Leidseplein* und einen weiteren in der *Reguliersdwarsstraat*, die neben belegten Brötchen auch leckere heiße Gerichte anbieten. Ist Ihr Geldbeutel gut gefüllt, nehmen Sie den Sonntagsbrunch im *American Hotel* am Leidseplein ein. Mitunter gibt es dort *Live-Jazz* zu hören. Amsterdam hat einige gute Jazzkneipen; werfen Sie einen Blick in die Gelben Seiten.

MUSEEN UND AUSTERN * Besonders sehenswert, abgesehen natürlich vom *Van Gogh-*, *Stedelijk-* und *Rijksmuseum*, sind das *Nederlands Scheepvaart Museum*, das Schifffahrtsmuseum am *Kattenburgerplein*, und der *Zoo Artis*, *Plantage Middenlaan*, beides im Osten der Stadt. Der Zoo hat auch ein sehr schönes Aquarium. Wenn Sie die Fische eine Weile beobachtet haben, möchten Sie vielleicht in der *Oyster Bar* am Leidseplein etwas essen. Unbedingt vorher reservieren!

AMSTERDAM VOM WASSER AUS * Wenn Sie einen guten Orientierungssinn haben und einen Außenborder bedienen können, mieten Sie sich ein Boot und sehen Sie sich Amsterdam vom Wasser aus an – ein unbeschreibliches Erlebnis, nicht zu vergleichen mit einer offiziellen Rundfahrt. Wählen Sie unbedingt einen Sonnentag für dieses Vorhaben (es gibt welche).

VORSICHT IST GEBOTEN * Hüten Sie sich vor allzu freundlichen Führern, besonders, wenn sie Ihnen *Genever* ausgeben wollen. Tragen Sie zwei Brieftaschen mit sich herum, eine für Sie und eine für die Taschendiebe. Fahren Sie nicht betrunken Fahrrad; die Reling entlang der Grachten ist ziemlich niedrig. Bezahlen Sie in orientalischen Restaurants nicht mit einer Kreditkarte, Sie finden sonst möglicherweise merkwürdige Posten auf Ihrer monatlichen Abrechnung. Einige der kleinen Hotels an den Grachten haben vernünftige Zimmerpreise. Denken Sie aber immer daran, daß die Treppen eng und steil sind und daß Ihr Zimmer im sechsten Stock liegen könnte.

SEX UND DROGEN * Falls Sie zu Prostituierten gehen oder Drogen ausprobieren wollen, treffen Sie alle nötigen Sicherheitsvorkehrungen oder, noch besser, lassen Sie es ganz bleiben.

LETZTE WORTE * Vergessen Sie die anderen niederländischen Städte.

Singapore Sling

Almuth Heuner

Sie mußte sich in einer deutschen Krimigeschichte befinden, dachte Alexandra. Spätestens ab dem zweiten Satz spielte die Handlung in einem anderen Land, am besten zehntausend Kilometer von Deutschland entfernt. Und im dritten Satz stolperte eine ahnungslose Touristin wie sie noch vor dem Frühstück über eine Leiche, wobei im vorliegenden Fall der heftig gestikulierende Manager des Hotels *Inter-Continental Singapore* sie bestimmt vor einem Sturz bewahren würde.

Der Mörder hatte die teure Einrichtung der Suite nicht geschont. Aus der Kehle des Ermordeten ragte der versilberte Griff eines hoteleigenen Brieföffners. Die Leiche lag so im Sessel, daß das Blut über die Brokatpolster auf den handgeknüpften chinesischen Teppich geströmt und dort in Lachen getrocknet war. Glücklicherweise beseitigte die auf arktische Temperaturen eingestellte Klimaanlage alle etwaigen Gerüche und verlieh dem Verblichenen sogar noch eine gewisse Frische.

Fröstelnd wandte Alexandra sich ab. Heinz war nett gewesen, auf eine gemütliche, etwas anstrengende Art – einfach nur nett.

Bevor der Manager sie nachdrücklich in den Flur hinausschob, sah sie sich noch schnell im Zimmer um. Es war völlig auf den Kopf gestellt worden, als hätte jemand etwas ziemlich Kleines gesucht. Und auch gefunden? Dabei hatte Heinz eigentlich nicht den Eindruck erweckt, todbringende Geheimnisse zu haben ...

Der Polizei berichtete Alexandra, daß sie mit Heinz zum Frühstück verabredet gewesen war und daß sie, als er nicht kam und auch nicht ans Telefon ging oder die Tür öffnete, den Manager gerufen hatte. Man bat sie, vorerst die Stadt nicht zu verlassen, aber das hatte sie sowieso nicht vorgehabt.

Vor der Tür zu ihrer eigenen Suite blieb sie unschlüssig stehen. Plötzlich sah sie aus den Augenwinkeln am Ende des Flurs den Colonel auftauchen. Sie war sicher, daß er sie auch bemerkt hatte, aber er blickte nur zu dem Auflauf aus Personal und Polizei vor Heinz' Tür hinüber und verschwand wieder um die Ecke. Kurz darauf löste sich ein malaiisches Zimmermädchen aus dem Pulk und ging in dieselbe Richtung.

Dieser Colonel! Doch, es war schon merkwürdig, daß Heinz ihn gekannt hatte. Und dann fiel ihr auch wieder ein, was Heinz im Flugzeug und gestern abend beim Essen erzählt hatte.

Alexandra nieste und ging dann dem Colonel und dem Zimmermädchen nach.

»... für mich iss dat nich nur Urlaub, sondern gewissermaßen auch 'ne Geschäftsreise, wenn Se wissen, wat ich mein - ich bin ja Geschäftsmann, sozusagen. Import-Export.«

Das fing ja gut an, dachte Alexandra, genauso hatte sie sich das vorgestellt. Im Flugzeug konnte man dem Sitznachbarn nur schwer entkommen; selbst das Buch vor ihrer Nase schien ihn zum Plaudern förmlich aufzufordern. Sie wußte bereits, daß Heinz Sawatzki aus Bottrop kam, ein »schnuckelichet« Häuschen, eine Ehefrau und mindestens vier Kinder hatte - »nich alle von derselben Frau« -, weiße Socken verabscheute, das tropische Klima nicht vertrug, sich aber fröhlich ins Unvermeidbare schickte, denn: »In Singapur, da iss immer wat los, dat Essen iss Spitze, und die Meedchen ... obwohl«, er beugte sich zu ihr hinüber und fuhr im Bühnenflüsterton fort, »die Inderinnen gefall'n mir immer noch am besten!«

»So?« sagte Alexandra.

Der Geschäftsmann - »ich bin der Heinz, könn' wa auch du sagen, ne?« - setzte sie weiter über sein Leben in Kenntnis.

Alexandra ließ es an sich vorbeiplätschern. Sein breiter Ruhrgebietsakzent erinnerte sie an ihre Kindheit, und es tat gut, die Sprache mal wieder zu hören. Auch wenn es nicht das erste war, was ihr zum Stichwort »Urlaub« eingefallen wäre.

Singapur war ebenfalls nicht das erste, was ihr zum Stichwort »Urlaub« eingefallen wäre. Doch der Hauptgewinn in einem Preisausschreiben – eine Woche inklusive Flug, Nobelhotel und Einkaufsgutschein – war zu verlockend. So packte sie Badeanzug, T-Shirts und Sandalen ein und begab sich an einem späten Sonntag abend zum Frankfurter Flughafen.

»... auch so dringend eine rauchen?« sagte Heinz gerade, und sie schreckte hoch. Fast wurde er ihr sympathisch, so als Mitleidender. Gut so, denn der Flug dauerte noch Stunden, und auch danach blieb ihr Heinz' Gesellschaft erhalten, denn sie wohnten im selben Hotel.

»Ich hab' auch wat Deutschet dabei, fürn guten Bekannten, der geschäftlich in Singapur lebt«, raunte Heinz ihr zu.

»Zigaretten?« raunte Alexandra zurück.

»Auch. Aber dat daaf ich ja eintlich gar nich sagen. Und dat andere, wat ich dabeihab', iss noch viel wertvoller –«

In diesem Moment kam mit heftigem Geknister eine Durchsage des Captains, so daß Alexandra sich nicht sicher war, ob das »Wertvolle« für Heinz, seinen Kumpel oder den Zoll von Singapur wertvoll war. Aufgefallen war ihr jedoch, daß in der Reihe vor ihnen ein dunkelhaariger Kopf ein wohlgeformtes rosa Ohr in ihre Richtung gewandt hatte, sobald sie leiser gesprochen hatten.

»– nämmich 'ne Kuckucksuhr!« schloß Heinz triumphierend und zwinkerte Alexandra zu. »Dat der sich so nach Hause sehnt, mein Bekannter, der Colonel!«

Das rosa Ohr zwischen den Kopflehnen verschwand.

Nach der Landung auf dem Changi Airport verlor Alexandra Heinz zunächst aus den Augen. Sie hatte kaum Zeit, das zu bedauern, denn die Reisenden aus der deutschen Maschine wurden eilig durch die Kontrollen gescheucht. Fröstelnd stand Alexandra am Gepäckband und fragte sich, wie der Zoll jemals herausfinden wollte, ob jemand Drogen, Waffen, Kaugummi, Feuerwerkskörper, Pornos oder zuviel Alkohol und Zigaretten einführte.

Tropisches Klima hatte sie sich etwas anders vorgestellt. Wärmer, beispielsweise. Natürlich war der Flughafen klimatisiert, aber wieso sagte einem niemand, daß die Anlage auf 15 Grad gestellt war?

Heinz tauchte neben ihr auf, schnappte seinen Koffer und ihren gleich mit und ließ sich dabei schwärmerisch über die Sauberkeit in der Stadt aus. »Kannst von der Straße essen! Und auf Taubenfüttern steht 'ne Strafe von tausend Sing-Dollar. Da iss ja der Colonel!«

Er eilte einem Mann von etwa fünfzig entgegen, dessen aufrechte Haltung und Bürstenhaarschnitt wahrscheinlich zu dem Spitznamen geführt hatten.

»Alex, dat iss der Colonel, und wir gehen gezz alle ersma eine rauchen«, sagte Heinz.

Bei dieser Zigarettenlänge erfuhr sie noch eine ganze Menge über das Besichtigungsprogramm, das Heinz sich vorgenommen hatte, und ziemlich wenig über den Colonel, der sich höflich als »alter Expat«, aus Geschäftsgründen im Ausland lebender Deutscher vorstellte, über die Art seiner Geschäfte jedoch Stillschweigen bewahrte. Dagegen gab er gern Auskunft darüber, was in Singapur als Verbrechen galt. »Abfall auf die Straße werfen, in öffentlichen Toiletten nicht spülen, dort rauchen, wo es verboten ist – kostet alles tausend Dollar. Oder wird mit Stockhieben bestraft.« Blumenpflücken sei vergleichsweise billig, nur fünfzig Dollar. »A fine city«, murmelte er lächelnd. »›Fine‹ wie in Geldstrafe. Und natürlich ist auch das Schmuggeln von Waffen, Drogen und Antiquitäten nicht gestattet.«

Heinz wollte das Thema offenbar nicht vertiefen, verabschiedete sich vom Colonel und zog Alexandra mit zum Taxistand.

Vor dem Abfertigungsgebäude traf Alexandra endlich auf das tropische Klima, beziehungsweise, es traf auf sie – wie ein Schlag mit einem nassen, warmen Handtuch.

Das Hotel *Inter-Continental* sah von vorn zwar wie ein normaler Wolkenkratzer aus, aber Alexandras Suite im ersten Stock atmete den ganzen Charme des kolonialen Fernen Ostens. Der Nebenflügel bestand aus ehemaligen Chinese Shop Houses, die zu »Zimmern« umgebaut worden waren. Ausladende Palisandermöbel, üppig gepolstert, Seidentapeten, edle Teppiche, weiße Lamellenläden an den Fenstern, jeder erdenkliche Komfort bis hin zum Wasserkocher auf der Kommode. Der Luxus setzte sich im Bad fort:

löwenköpfige Wasserhähne, eine Batterie farbiger Badesalze, ein flauschiger Bademantel und Unmengen von Handtüchern aller Größen.

Gong Lee, das malaiische Zimmermädchen, verriet ihr, wie sie die Klimaanlage wenigstens auf neunzehn Grad hochdrehen konnte und daß es in der Lounge um diese Zeit High Tea gab. Alexandra trat aus ihrer Suite, winkte Heinz zu, der vor der Tür zu seiner benachbarten Suite mit Gong Lee schäkerte, und schwebte die Treppe in die Lounge hinunter. Sie war durch Grünpflanzen und halbhohe Trennwände vom Eingangsbereich abgetrennt und wirkte eher wie ein englischer Teesalon, allerdings von königlichen Ausmaßen.

Von ihrem Platz aus hatte Alexandra freie Sicht auf den Hoteleingang, den Empfang, die Eingänge der beiden Restaurants und den Durchgang zur Bugis-Junction-Einkaufsarkade auf dem Gelände des früheren Rotlichtviertels. Alexandra ließ sich in den Polsterstuhl zurücksinken und bestellte Devonshire Tea, also Scones mit Butter, Marmelade und leicht geschlagener Sahne und natürlich Tee. Während sie darauf wartete, bewunderte sie unter den dezenten Arpeggios eines Pianisten den Teppich von Ballsaal-Abmessungen. Zum kolonialen Ambiente gehörte auch das lässige Blättern in der *Straits Times*. Die Rede des Informationsministers fesselte sie nicht sehr, aber der Bericht über einen Museumseinbruch fing ganz interessant an. Die Jadefigurensammlung der Familie Aw war aus dem Asian Civilizations Museum gestohlen worden. Die Familie Aw, reich geworden durch die Erfindung des Tigerbalsams ...

Alexandra nieste.

»Gesundheit«, wünschte ein Mann vom Nachbartisch auf deutsch, bückte sich mit einer fließenden Bewegung nach ihrem hinuntergefallenen Taschentuch und lächelte sie an. »Haben wir uns nicht schon am Flughafen gesehen?«

Kein Anlaß ist albern genug, dachte Alexandra, fand aber spontan Gefallen an den dunkelblauen Augen im schmalen Gesicht und der lässigen Haltung. Sie lächelte honigsüß zurück. »Ich erinnere mich leider nicht.«

Er erhob sich halb aus dem Stuhl und deutete eine Verbeugung an. »Ulf Bodinek. Machen Sie auch Urlaub hier?« wagte er sich kühn weiter in plaudernde Untiefen vor.

Gehörte nicht zur wahren Erholung ein kleiner Flirt? Besonders mit einem schlanken, dunkelhaarigen Fremden, vorausgesetzt, er sah ordentlich aus, hatte gute Manieren und interessante Gesprächsthemen. An der dritten Voraussetzung mußte er allerdings noch etwas arbeiten.

»Nein, ich bereite mich auf meine Rolle als das nächste Bond-Girl vor«, antwortete sie.

Er zog die Augenbrauen zusammen und musterte sie mit schmalen Augen. Dann lachte er auf. »Das glaube ich nicht! Jeder weiß doch, daß Bondinen immer blond sind – Sie sind in Wirklichkeit die Partnerin des Bösewichts, stimmt's?«

Na also, ging doch! Und der High Tea in Gesellschaft von Ulf verursachte ihr leises Kribbeln.

Heinz war da ein ganz anderes Kaliber. Ob seine Frau je ein Kribbeln bei ihm verspürt hatte? Er erwischte Alexandra abends bei ihrer Rückkehr aus der Bugis Junction, wo sie eine bestickte Jacke erstanden hatte, um die sibirischen Temperaturen innerhalb geschlossener Räume ertragen zu können.

»Na, Alex, haste schon gegessen?« dröhnte er. »Dann gehnwama in dat Thai-Restaurant hier. Und wat hasse dich Schnuckelichet geleistet? Ah, chinesischer Brokat, eine gute Wahl! In Singapur iss Einkaufen der Nationalsport, sogar an ihrm Nationalfeiertag ham se die Geschäfte offen, kuck dir nur mal die Orchard Road an, besonders zu Weihnachten! Aba nich allet iss günstiger, so wie früher – und Finger wech von den angeblichen Markenartikeln ... Wat Hübschet zum Anziehen, dat isset. Beste Qualität, und sie machen allet gleich passend für dich, und wenn's drei Minuten vor Ladenschluß iss, und immer freundlich. Hier iss der Kunde echt noch Könich.« Heinz schleppte sie kurzerhand mit zum *Pimai Thai Restaurant*, ließ sich von der mandeläugigen Empfangsdame überschwenglich begrüßen und bestellte, als sie saßen, für Alexandra gleich mit. »Dat *Olive Room Restaurant* hier im Hotel iss zwar schon paarmal zum besten von ganz Singapur gewählt worden, aber italienisch kann ich auch zu Hause haben.«

Alexandra entdeckte, daß es ganz angenehm war, mal nicht jede Kleinigkeit selbst entscheiden zu müssen und darüber hinaus von

der Ein-Mann-Talkshow made in Bottrop unterhalten zu werden.
Endlich erfuhr sie auch, was Heinz importierte: Stoffe. »Und Jade
demnächst!« posaunte er. »Kuck ma, Alex, schenk ich dir.«

Er drückte Alexandra eine kleine, milchigweiße Steinfigur in die
Hand: ein löwenköpfiger Fisch, der Merlion, das neue Wahrzeichen
Singapurs. Dann verbreitete sich Heinz über die Absatzmärkte in
Europa, plante seine Expansion auf den Antiksektor, kam kurz und
sehr allgemein auf Kunstdiebstahl zu sprechen, erwähnte den
Antiquitätenschmuggel mit keinem Wort und fand schließlich wie-
der zurück zu seinem Lieblingsthema: Heinz.

Als er den Mund voll hatte, gelang Alexandra eine Zwischenfrage nach der Kuckucksuhr für den Colonel.

»Ihm gefälltse nich«, sagte Heinz betrübt. »Jetzt muß ich dat Ding doch glatt wieder mit nach Hause nehmen! Aber dat Wertvolle werd ich gut loswerden. Morgen wird geliefert. Wat hälze davon, wenn wir danach auf Sentosa rüberfahrn? Dat iss nich ganz wie Fantasialand, aber fast. Wat willze zum Nachtisch? – Und gleich trinken wir noch wat in der Lounge, als Absacker.«

Beim Verlassen des Restaurants sah Alexandra eine Gestalt mit straffer Haltung in die Lounge einbiegen. Sie wandte sich zu Heinz, um ihn auf seinen Bekannten hinzuweisen, entdeckte aber direkt hinter ihnen Ulf, der offenbar auch thailändisch gegessen hatte und nun, nachdem er Alexandra wiedergefunden hatte, anscheinend nicht von ihren Fersen weichen wollte.

Alexandra mußte aber bald feststellen, daß sie sich zu schnell geschmeichelt gefühlt hatte. Als sie in die Lounge kamen, bestellte Ulf gleich eine Runde Singapore Slings, brachte das Gespräch auf Antiquitäten und hing fasziniert an Heinz' Lippen.

Alexandra konnte vom Colonel weit und breit nichts sehen. Dafür hatte sie reichlich Gelegenheit, das Teppichmuster zu studieren, das klebrig-scharfe Getränk in all seinen Nuancen zu erforschen und sich zu fragen, ob Männer nicht besser in Einzelkäfigen gehalten werden sollten.

Im direkten Vergleich schnitt Ulf eindeutig besser ab. Dunkle Haare und zarter Teint wirkten nun einmal romantischer als Bauchansatz und Stentorstimme. Wie echt wohl Ulfs Interesse an Heinz' Geschäften war? Jedenfalls wollte er erstaunlich viel wissen, so viel, daß sogar Heinz keine Lust mehr hatte, darüber zu reden. Nach einem Drink verabschiedete er sich ins Bett.

Alexandra zeigte Ulf den Merlion. Er drehte ihn gedankenverloren hin und her. »Weiße Jade! Von dem großen Jadediebstahl hast du sicher schon gehört? Dabei ist ein ganz ähnliches Stück verschwunden, fast tausendfünfhundert Jahre alt.« Plötzlich wurde er unruhig. »Du entschuldigst ...? Ich will mir nur eben die Hände waschen.«

Alexandra nickte.

Der braucht aber lange, fand sie nach einer Weile. Sonst hieß es doch immer, daß Frauen sich ausführlich mit ihren Schönheitsreparaturen befaßten; aber vielleicht hatte sie nur bisher noch nie die entsprechende Sorte Männer kennengelernt. Alexandra ließ ihren Blick schweifen. Vom Durchgang zur Bugis Junction kam nun wieder der Colonel an der Lounge vorbei. Er drehte den Kopf – mußte sie einfach gesehen haben. Sie winkte zögernd. Der Colonel strebte zum Vordereingang und hinaus, sie konnte ihn durch die Fensterfront zum Hof noch beobachten, bis er im Passantenstrom untertauchte. Hatte er nicht vorher einen helleren Anzug getragen? Aber wo hätte er sich umziehen können, wenn er nicht im *Inter-Continental* wohnte?

Ulfs Rückkehr brachte sie wieder auf andere Gedanken. Er wirkte, als sei er gerannt, und die zarte Röte im Gesicht stand ihm gut. Alexandra senkte ihren Blick in die dichtumwimperten Augen ihres Gegenübers und begann diskrete Manipulationen an der Anordnung und den Abständen von Tisch- und Menschenbeinen vorzunehmen.

Alexandra drückte sich mit dem Rücken an eine Säule und schnappte nach Luft. Dann spähte sie um das Mauerwerk herum. Der Colonel, gut identifizierbar an seinem hellen Bürstenhaar, das einige Zentimeter über dem Gedränge schwarzhaariger Köpfe schwebte, pflügte durch die Menge die Victoria Road entlang.

Sie war ihm bereits zwei Blocks weit vom *Inter-Continental* aus gefolgt, nachdem sie seinen und Gong Lees seltsamen Abgang vom Ort des Verbrechens mitbekommen hatte. Unterwegs waren sie an einem Stand mit Durian vorbeigekommen. Der durchdringende Geruch der melonenartigen Frucht hatte Alexandra würgen lassen. Sie hatte gehört, daß es verboten war, Durians mit in Hotels und in die U-Bahn zu nehmen; sie galten aber als Delikatesse, und es gab sie nur hier. Jetzt betrat der Colonel den Chijmes-Komplex und strebte in einen Innenhof des ehemaligen Nonnenklosters, wo er sich an einen Tisch im Schatten setzte und Essen bestellte. Das jedenfalls vermutete Alexandra, die auf die Galerie im ersten Stock hinaufgeschlichen war und im Schutze von dichtbelaubten Zweigen hinunterspähte. Wenn er soviel Zeit hatte, konnte sie auch schnell noch frühstücken. Sie ließ sich einen Long John und Kaffee bringen.

Mit wenig Appetit nagte sie an dem rühreigefüllten Baguette und behielt dabei den Colonel unentwegt im Blick. Irgendeine Verbindung gab es zwischen ihm und Heinz und vor allem dem »Wertvollen«, von dem dauernd die Rede gewesen war. Vielleicht hatte Heinz außer den Zigaretten noch etwas geschmuggelt, möglicherweise in der Kuckucksuhr, und der Colonel hatte in Brieföffnerwährung dafür bezahlt? Alexandra konnte sich eine ganze Reihe von wertvollen Dingen vorstellen, die klein genug waren, um in die Uhr zu passen: Kokain, Edelsteine ... Gab es einen Zusammenhang mit dem Jade-Diebstahl? Blödsinn, die waren ja schon hier. Aber vielleicht sollte Heinz sie mit rausnehmen, wollte das plötzlich nicht mehr, und der Colonel war ausgeflippt?

Ein Stockwerk tiefer legte der Colonel die *Straits Times* beiseite, erhob sich und begrüßte Gong Lee. Sie schien es sehr eilig zu haben – sie gab ihm einen Briefumschlag, er gab ihr einen Briefumschlag, und schon war sie wieder weg.

Der Colonel steckte den Umschlag ein und beendete in aller Ruhe sein Essen.

Na, was war das denn gewesen? Genau so liefen doch immer die Koksdeals in Filmen ab. Alexandra bezweifelte aber, gerade eine Drogenübergabe gesehen zu haben. Sie rätselte über den Inhalt des Briefumschlags, während sie dem Colonel die paar Schritte durch den dichten Straßenverkehr von Autos und Rikschas hinüber zur *Long Bar* im *Raffles Hotel* folgte.

Was auch immer zwischen Heinz und dem Colonel vorgefallen war, es rechtfertigte keinen Mord. Das mußte sie dem Colonel klarmachen.

Im Eingang zur *Long Bar* sah Alexandra auf den Boden und gab jeden Gedanken an lautloses Anschleichen auf. Überall lagen Erdnußschalen verstreut.

»Tja«, sagte der Colonel, als sie zu ihm an den Tisch geknirscht war. »Kleine Ausnahme im sauberen Singapur. Hier gehört Wegwerfen zum guten Ton. Was trinken Sie?«

Sie musterte die dunkle Flüssigkeit in seinem Whiskyglas. »Dasselbe wie Sie.«

»Bedaure, aber der ›Colonel's Special‹ wird nur für mich gemacht«, erklärte der Colonel hinterhältig grinsend und winkte dem

Kellner. »Einen Sling für die Dame.«

Alexandra nippte an ihrem Drink und wünschte, es wäre ein heißer Tee. Auch hier umschlang die Klimaanlage mit eisigen Fingern ihre Knöchel. Alexandra leckte ihre trockenen Lippen und spürte das erste Kratzen hinten im Hals. »Und so ein Mord ist sicher auch nur eine kleine Ausnahme im verbrechensfreien Singapur?«

Der Colonel wurde ernst. »Ich hoffe, daß die Polizei den Täter bald ermittelt. Heinz war – bei all seiner Bodenständigkeit – schon ein besonderer Mensch.«

»Ja, und das passiert ausgerechnet jetzt, wo er ins Jadegeschäft einsteigen wollte«, bemerkte Alexandra. »Und wo dank aktueller Ereignisse Jade in aller Munde ist.«

Am Colonel schien das abzuprallen. »Sie meinen den Diebstahl der Aw-Sammlung? Ja, ein merkwürdiger Zufall ... Waren Sie schon in den Tiger Balm Gardens der Familie Aw? Es ist eine Darstellung der chinesischen Hölle, mit berühmten Verbrechern dekoriert. Sentosa Island in seiner betonierten Herrlichkeit werden Sie dagegen blaß finden.«

Unvermittelt dachte Alexandra daran, daß Heinz eigentlich um diese Zeit mit ihr auf die Insel hatte fahren wollen. Sie griff nach einer Zigarette und wühlte länger als nötig in ihrer Handtasche nach dem Feuerzeug.

Ein brennendes Streichholz schwebte vor ihrer Nase, und durch den Rauch kam ihr die Miene des Colonels freundlich, ja sogar mitfühlend vor.

Unverbindlich plauderte er über den Aufstieg Singapurs von einer Sumpfsiedlung über das Temasek des dreizehnten Jahrhunderts bis zur kolonialen Blüte dank der Neugründung der Handelsstadt durch Stamford Raffles. Auch nach der Unabhängigkeit wurden unverdrossen Straßen, Plätze und Einkaufsarkaden zu Ehren des rührigen Briten benannt.

»Was war eigentlich das ›Wertvolle‹, das Heinz für Sie mitgebracht hat und weswegen er sterben mußte?« platzte sie heraus.

Der Colonel musterte sie kühl, schüttelte den Kopf und erhob sich. »Ich glaube, das geht Sie nichts an. Übrigens habe ich bemerkt, daß Sie mir vorhin gefolgt sind. Bitte bemühen Sie sich nicht weiter; ich begebe mich jetzt in den Cricket Club, und in der Bar sind weder Nichtmitglieder noch Frauen zugelassen. Aber sehen Sie sich doch das Match auf dem Spielfeld am Südende des Padang an!«

Alexandra kam nun doch zu ihrem Ausflug nach Sentosa, obwohl sie sich mittlerweile auf dem besten Weg zu einer dicken Erkältung fühlte. Ulf spazierte Arm in Arm mit ihr unter den Palmen am Strand der Vergnügungsinsel entlang. Von dort hatten sie den besten Ausblick auf den Horizont voller Frachtschiffe, die dicht an dicht vor Singapur darauf warteten, ihre Ladung löschen zu können. Tropische Strände hatte Alexandra sich auch immer etwas anders vorgestellt.

Ulf sah sie von der Seite an. »Du hast den Heinz gemocht, oder?«

Sie nickte. »Aber warum hast *du* dich so intensiv mit ihm beschäftigt? Ich denke, du machst hier Urlaub.«

»Sagen wir, ich habe ein berechtigtes Interesse.«

Alexandra musterte ihn erstaunt. »Was bist du, ein Detektiv?«

Ulf lächelte sie vielsagend an.

»Wenn das so ist ... Ich glaube nämlich, ich weiß auch, wer ihn umgebracht hat.« Sie erläuterte Ulf ihre Theorie über das schiefgegangene Schmuggelprojekt von Heinz und dem Colonel.

»Ja, der Typ ist mir auch schon aufgefallen«, meinte Ulf. »Der hat was wirklich Zwielichtiges! Ich hab' mich mal über ihn informiert, hier und auch in Deutschland.«

Sie gingen vom Merlion-Turm langsam in Richtung Cable Car. Alexandras Kopf dröhnte, und die grellen Farben der Betonfiguren, von denen die ganze Insel übersät war, taten ihr in den Augen weh. An der Station blieben sie vor dem Brunnen stehen, in dem ein Drache zu Songs aus den internationalen Hitparaden albern herumtobte.

Nichts war so, wie es schien, dachte Alexandra plötzlich. Die Häuser im »original« indonesischen Dorf waren nicht aus Holz, sondern aus Beton. Der Merlion war kein Löwe, sondern ein Fisch. Der »Colonel's Special« war kein Whisky, sondern kalter Kaffee – sie hatte ihn gekostet, nachdem der Colonel die *Long Bar* verlassen hatte. Der Colonel war kein Soldat. Das saubere, verbrechensfreie Singapur war nicht überall sauber und verbrechensfrei. Selbst das tropische Klima war irgendwie nur Kulisse ...

Ulf nahm ihren Arm und half ihr in die Gondel, die sie hoch über dem Wasser zurück in die Stadt bringen würde. »Der Ausblick vom Mount Faber, wo wir aussteigen, ist toll«, sagte er. Dann schloß sich seine Hand so fest um ihren Ellenbogen, daß es schmerzte.

»Guten Tag«, sagte der Colonel und stieg zu ihnen in die Kabine. »Welch ein Zufall.«

Sie starrten sich alle eine Weile stumm an. Die Gondel ruckte und fuhr los.

Ulf räusperte sich. »Ich glaube, wir sollten mal ganz offen sein.«

»Finde ich auch«, krächzte Alexandra. »Vielleicht fangen Sie an, Colonel? Was hat Gong Lee Ihnen heute morgen gegeben? Waren es Drogen?«

Der Colonel lachte. »Drogen? Na, vielleicht würde die hiesige Regierung es so nennen, aber überall sonst auf der Welt ist Kaugummi legal. Heinz bringt mir immer welches mit; es in die Kuckucksuhr zu tun, war seine Idee.«

»Kaugummi«, meinte Ulf mit wegwerfender Handbewegung. Er blickte vom Colonel zu Alexandra und zog die Augenbrauen zusammen. »Mich interessiert die Jade. Zum Beispiel, woher Heinz die Figur hatte, die er dir geschenkt hat.«

»Aber –« begann Alexandra. Glaubte er denn wirklich, daß ihr Merlion antik war? Nichts ist, wie es scheint ...

Der Colonel starrte sie jetzt auch finster an. »Wissen Sie, Heinz war ein Freund von mir. Ich nehme es übel, daß er wegen ein paar Andenken sterben mußte.«

»Was denn, denken Sie etwa, daß ich was damit zu tun habe?« erwiderte Alexandra überrascht.

Die Gondel schwankte leicht, und Alexandra wurde plötzlich klar, daß sie zig Meter über der Erde schwebte, zusammen mit zwei Männern, von denen einer ein Mörder war, und des Rätsels Lösung starrte ihr ins Gesicht.

Wichtige Hinweise zum Täter finden Sie auf Seite 322.

GÄRTEN UND GARKÜCHEN

Der Stadtstaat Singapur ist seit seiner Gründung 1819 durch Sir Stamford Raffles ein Handelshafen und seit 1965 unabhängig. Die Inselrepublik umfaßt 600 Quadratkilometer und liegt auf 104° östlicher Länge und 1° nördlicher Breite. Die Temperaturen bewegen sich ganzjährig zwischen 24 und 31 °C, die Luftfeuchtigkeit beträgt 90 Prozent oder mehr. Alle wichtigen Informationen erhält man im STB Tourist Information Centre, *328 North Bridge Road, No. 2–34 Raffles Hotel Arcade, Singapore 188719, Telefon 0065-3341335 und 3341336.*

SHOPPING-ARKADEN UND GAR-KÜCHEN * Alexandra rät nach ihrem Singapur-Erlebnis unbedingt dazu, außer der leichtesten Sommerbekleidung auch etwas mit langen Ärmeln mitzunehmen, denn die Temperaturunterschiede zwischen der feuchten Hitze draußen und den klimatisierten Räumen sind beträchtlich. Ihren Einkaufsgutschein hat sie überwiegend in der *Shopping-Arkade Bugis Junction* verpulvert; besonders viel Spaß hatte sie dort noch auf dem nächtlichen *Flohmarkt.* Lustig fand sie auch den kleinen Laden direkt links nach dem Durchgang vom Inter-Continental, in dem sich die Kunden nach dem Motto »*Design Your Pasta*« ihre Nudelgerichte selbst zusammenstellen können. Der leider verblichene Einkaufsexperte Heinz hätte noch das *Sim Lim Centre* an der Rochor Canal Road empfohlen, wo man Kameras, Radios und jede Menge Computerteile, eben (fast) alles, was mit Strom betrieben wird, zu günstigen Preisen findet. *Garküchen* gibt es überall in Singapur. Der Colonel empfiehlt vor allem die »Hawkers« im Business District am Shenton Way, Nähe Raffles Place, auf dem *Lau Pa Sat Festival Market.* Einen ersten Überblick über die örtliche Küche bieten »Food Tours« mit Probierhäppchen. Die Rundfahrt *Flavours of New Asia – Singapore* startet im ehemaligen Gewürzpflanzengarten von Sir Stamford Raffles am früheren Fort Canning, bietet einen Abstecher nach Little India und stellt Peranakan-Gerichte vor, die einheimische Küche von Singapur. Alle Hotels vermitteln diese Touren, die unter der Woche stattfinden. In der Arkade *Raffles City*, nahe dem ehemaligen Kloster Chijmes, erholt man sich mit einem Kaffee aus dem Starbuck's und kann im Atrium jeden ersten Freitag im Monat mittags ein kostenloses Konzert genießen. Abends präsentiert sich in der *Suntec City Mall* am Temasek Boulevard der *Fountain of Wealth*, der größte Brunnen der Welt, mit einer musikalisch untermalten Lasershow.

ASIATISCHE KUNST * Ulf Bodinek ist ausschließlich an wertvoller asiatischer Kunst interessiert und hat von Singapur außer dem *Asian Civilizations Museum* kaum etwas gesehen – dort könne er sich jahrelang aufhalten, meint er.

WEIHNACHTEN IN SINGAPUR * In der Weihnachtszeit treibt die Stadt die seltsamsten Blüten. Die Einkaufsmeile *Orchard Road* verwandelt sich zu einem »Tribute to Santa«, einer Hommage an die amerikanische Art, Weihnachten zu feiern. Der Colonel findet es besonders abgefahren, bei 32 °C mit Kunstschnee beworfen zu werden und dabei »Leise rieselt der Schnee« aus den Straßenlautsprechern zu hören.

GÄRTEN * Zur Erholung flüchtet er dann gern in den *Chinesischen Garten* mit dem benachbarten *Japanischen Garten* (Metrostation Chinese Garden). Den Spaziergang kann er aber nur denen empfehlen, die das Klima gut vertragen. Überhaupt rät er, keine längeren Strecken zu Fuß zurückzulegen; die U-Bahn (Mass Rapid Transit, MRT) ist sauber, schnell, pünktlich, preiswert und vor allem klimatisiert. Der *Botanische Garten*, Haupteingang Cluny Road, umfaßt auch die größte Orchideenschau der Welt mit mehr als 60 000 Pflanzen. Einige Sorten wurden nach berühmten Besuchern von Singapur benannt.

HIER IST WAS LOS * Wenn der Colonel sich einen Überblick verschaffen will, wer im Moment so alles in der Stadt ist: Im *Crossroads Café* des Marriott Hotels steppt der Bär 24 Stunden am Tag.

L. A. Memorial

Kris Neri

Los Angeles ist ein verrückter Ort. Ein kriechender Monolith, der alles vereinnahmt. Er bedeckt nicht nur eine riesige Fläche Land, sondern hält auch den Geist der Menschen in seinem Bann. Vielleicht liegt es auch an der Sonne, daß L. A. stets Hoffnung und Optimismus ausstrahlt. Hier ist alles möglich, egal wie unmöglich es erscheint.

Die sklavische Ergebenheit der Stadt gegenüber all den Stars und Sternchen kann aber auch Überheblichkeit hervorbringen. Hier kommen die Leute her, um sich neu zu erfinden, und glauben am Ende auch noch an ihre selbsterfundenen Mythen. Manche meinen, sie kommen mit allem durch, sogar mit Mord. Natürlich funktioniert diese Philosophie der Freiheit auch andersherum: Sie bedeutet nämlich auch, daß alles erlaubt ist, um einen Mörder zur Strecke zu bringen. Und das ist genau der Grund, warum es mir hier gefällt.

Ich starrte auf die Inschrift von Devon Clarkes Grabstein im Westwood Village Memorial Park, wo die Fans der Filmstars hinpilgern, aber ich nahm die in Stein gemeißelten Worte gar nicht wahr, sondern sah nur die Schlagzeilen vor mir, die die Zeitungen nach dem Tod meines Freundes füllten: »Abschiedsbrief widerruft eigenes Outing. – Clarke: Alles nur ein Publicity-Gag!«

Devon Clarke, der gutaussehende Schauspieler, der die Rolle des britischen Geheimagenten James Burke so viele Jahre lang gespielt hat, hatte im vergangenen Jahr öffentlich erklärt, daß er homosexuell sei. Die Aufregung, die dieser Erklärung folgte, legte sich gerade erst wieder. Und nun war er tot an den Strand des Lake Hollywood gespült worden, nicht weit von einem Felsbrocken entfernt, unter dem sein Abschiedsbrief lag. In diesem Brief hatte er erklärt, sein Outing sei nur ein Publicity-Gag gewesen, den er jetzt so sehr bereue, daß er sich das Leben nehmen müsse.

Ich wußte aber verdammt genau, daß sein Outing echt war, daß er es satt hatte, ständig zu lügen. Obwohl er mehrere Ehen mit irgendwelchen Tussis eingegangen war – die erste mit Nola Carmen, dem Star seines zweiten Films –, wußten alle Freunde im Showbusineß Bescheid. Und irgendwann war für ihn der Punkt erreicht, an dem er sich auch öffentlich outen wollte.

Kurz vor seinem Tod waren Devon und ich in der Nähe seines Hauses joggen. Er wirkte glücklicher denn je, ganz gewiß nicht wie jemand, der gerade seinen Selbstmord vorbereitete. Aber wenn Devons Tod kein Selbstmord war – dann mußte es Mord gewesen sein. Und ich hatte vor, genau das zu beweisen.

Mein Vorsatz war gar nicht so blöd, wie er sich vielleicht anhört; schließlich bin ich ja Krimiautorin. Ich muß ständig anderer Leute Fälle lösen. Na ja, vielleicht dränge ich den anderen meine Dienste ein bißchen auf, aber immerhin hab' ich die Fälle für sie auch immer gelöst. Diesmal wählte ich meinen Onkel Philly als Helfer aus, also konnte eigentlich gar nichts mehr schiefgehen.

Philly ist mein angeheirateter Onkel, und da er seinen Lebensunterhalt damit verdient, sich durchs Leben zu schwindeln, ist er das schwarze Schaf in der konservativen Familie meines Mannes. Und seit ich ihm angeboten hatte, bei uns zu wohnen, erwarteten sie von mir, daß ich einen rechtschaffenen Bürger aus ihm machte. Klasse! Und wer macht aus mir einen?

Während Philly und ich am Grab standen, wanderten meine Gedanken zurück zu dem Tag, als ich Devon kennenlernte, vor mehr als zwanzig Jahren. Er war nach Hollywood gekommen, um seinen ersten James-Burke-Streifen abzudrehen, und meine Eltern, die ebenfalls in diesem Film mitspielten, gaben ihm zu Ehren eine Party. Es war meine Aufgabe, den Gästen die Tür zu öffnen, und im Gegensatz zu den anderen aufgedonnerten Hollywoodstars, die einfach an mir vorbeirauschten, nahm er sich Zeit, mich – ein Kind – zu begrüßen und mich freundlich an meinem Pferdeschwanz zu ziehen. In all den Jahren, die seitdem vergangen waren, blieb seine Begrüßung gleich; der Pferdeschwanz war längst ab, aber er zog mich immer noch an der gleichen Stelle an den Haaren. Diesen kleinen Ruck würde ich nun nie mehr spüren. Ich wischte mir die Tränen vom Gesicht.

Philly war natürlich davon überzeugt, daß ich darauf nicht würde verzichten müssen. Nachdem eine Gruppe von Fans, die sich um Devons Grab versammelt hatte, endlich gegangen war, flüsterte Philly: »Dev ist hier. Spürst du seine Gegenwart?«

»Wie oft soll ich dir das noch sagen, Philly? Deine Geistergeschichten machen mich ganz krank.« Obwohl ich in L. A. geboren bin und wir hier an Exzentrik gewöhnt sind, war Phillys Gequatsche von Geistern und Spiritualität einfach zu sehr »New Age« für mich. Mein Freund Devon war tot, und ich würde ihn nie wieder sehen.

»Eines Tages, Tracy, wirst du einem Geist von Angesicht zu Angesicht gegenüberstehen. Und dann wirst du's ja sehen!«

»Hast du denn schon mal einen gesehen?«

»Schon oft.« Er meinte es ernst.

»Du willst mich wohl auf den Arm nehmen, oder?« fragte ich.

Sein ernster Ausdruck wich einem boshaften Grinsen. »Ich bin ein Schwindler, Herzchen, das weißt du doch. Das ist mein Beruf.«

Ich konnte nur hoffen, daß andere Leute genauso auf ihn reinfielen. Einen Fehler konnten wir uns jetzt nicht leisten.

»Es ist fast soweit«, sagte ich nach einem Blick auf die Uhr. »Wir müssen die Trauernden loswerden.« Meine Nerven waren gespannt wie Drahtseile. Irgend etwas würde gleich passieren, ich spürte es genau.

Philly wirkte viel entspannter auf mich. Er zwinkerte mir zu, bevor er hinter einer Hecke verschwand, um nur einen Moment später in der Uniform eines Friedhofswächters, die wir vorher hier versteckt hatten, wieder aufzutauchen. Sehr offiziell aussehend, trat er an eine Gruppe trauernder Fans heran. »Zeit zu gehen, Leute. Der Friedhof schließt für heute.«

»Aber auf den Schildern steht doch, daß erst in zwei Stunden zugemacht wird«, protestierte eine Frau.

»Wir müssen heute wegen eines besonderen Ereignisses früher

schließen«, antwortete Philly würdevoll.

Wegen eines ganz besonderen Ereignisses sogar.

Nachdem er die Tore geschlossen hatte, wandte Philly sich mir zu. »Okay, Kleine, bald werden wir hier zu dritt sein: du, ich – und Devons Mörder.«

Diesem Tag waren arbeitsreiche Wochen vorausgegangen. Als ich von Devons Tod hörte, sprangen Philly und ich in meinen roten Pickup-Truck und rasten den Ventura Boulevard von meinem Apartment in Sherman Oaks Richtung Barham Boulevard entlang, um schließlich in den Lake Hollywood Drive einzubiegen.

Trotz des wunderschönen, blaugrünen Wassers und des von Bäumen gesäumten Strandes ist Lake Hollywood kein natürlicher See, sondern ein Wasserreservoir. Das Gelände ist von Maschendraht umgeben, und am Zaun führt ein beliebter Joggingpfad entlang. Ich hatte ihn oft benutzt, wenn ich Devon in seinem Haus im Wonder View Drive besuchte, jener Straße oben an den Klippen, von der aus man den ganzen See überblicken konnte.

Ein Streifenpolizist versuchte, mich vom Ort des Verbrechens fernzuhalten, doch ich bestand darauf, den Verantwortlichen in Zivil zu sprechen. Es war Detective Luis Ramirez, ein gleichgültig Kaugummi kauernder Latino mittleren Alters, der müde und erschöpft wirkte.

Niemand würde mich jemals davon überzeugen, daß Devon an einem kalten, nebligen Abend sein Haus mit einem großen Drahtschneider verlassen hatte und anderthalb Meilen gelaufen war, um den Zaun durchzuschneiden, seinen Abschiedsbrief unter einen Stein zu klemmen und sich dann in das eiskalte Wasser zu stürzen. Aber das war Ramirez' Darstellung des Geschehens.

»Ich sage Ihnen doch, das ist eine abgekartete Sache«, erklärte ich. »Selbst wenn Devon sich hätte umbringen wollen, warum hätte er dann versuchen sollen, ins Wasserreservoir zu springen und sich am felsigen Grund den Kopf einzuschlagen? Was wäre gewesen, wenn der Aufprall ihn nur gelähmt hätte? Gibt es denn überhaupt irgendwelche Anzeichen von Verletzungen an seinem Kopf?«

Ramirez seufzte ungeduldig. »Natürlich – genau jene, die man erwartet, nachdem er mit dem Kopf auf dem Grund aufgeschlagen

ist. Erste Untersuchungen haben gezeigt, daß das Wasser in seiner Lunge aus diesem See stammt. Was wollen Sie denn noch?«

Als ich verlangte, den Abschiedsbrief zu sehen, hielt Ramirez eine Plastiktüte mit dem Beweisstück hoch. Der Anblick von Devons Handschrift auf seinem bevorzugten Büttenpapier nahm mir den Atem. Philly und ich erklommen den steilen Hügel zu Devons Haus, doch ich konnte die Vorstellung, es zu durchsuchen, im Moment nicht ertragen. Zwei Häuser weiter bemerkte ich einen verärgert wirkenden Mann, der gerade ein Schild mit der Aufschrift *Zu vermieten* vor dem Haus abmontierte.

Um die notwendige Durchsuchung noch ein bißchen vor mir herzuschieben, begann ich eine sinnlose Unterhaltung. »Na, einen Mieter gefunden?«

»Ich wünschte, ich dürfte überhaupt einen suchen. Die Besitzerin hat es sich anders überlegt und will das Haus nun leerstehen lassen.«

Eigenartig. Häuser in dieser Gegend brachten doch enorme Mieten ein. »Wem gehört das Haus denn?«

»Nola Carmen. Sie wissen schon, die Schauspielerin, eins der früheren Burke-Mädchen.«

Nola? Devons erste Frau? Sie eine Schauspielerin zu nennen, ging ein bißchen weit, aber ein Sexsymbol war sie mit Sicherheit. Obwohl sie die fünfzig bereits überschritten hatte, waren die Zeitschriften noch immer voll mit ihren Skandalgeschichten.

Mein Mann, er ist Rechtsanwalt, sagt immer: Wenn Mord im Spiel ist, gibt es keine Zufälle. Nachdem der Makler gegangen war, brachen Philly und ich durch ein nicht richtig gesichertes Fenster in Nolas Haus ein. Wir durchsuchten das leere Gebäude in Null Komma nichts, fanden aber bloß Staub. Bis wir beim Badezimmer angekommen waren – dort trafen wir voll ins Schwarze. Die Badewanne war mit grünblauem Wasser gefüllt, in genau der gleichen Farbe wie das gechlorte Wasser des Reservoirs. Neben der Wanne war ein kleiner Haufen Felsstücke aufgetürmt, daneben stand eine Sauerstoffflasche für Taucher, in der Dusche hing ein schwarzer Taucheranzug. Mir war sofort alles klar, doch Philly kratzte sich am Kopf und zog die Stirn nachdenklich in Falten.

»Also, ich weiß nicht, Tracy, wie soll sie das Wasser aus dem See denn hierherbekommen haben?« fragte er.

»Vielleicht ist sie mit der Sauerstoff-Flasche nachts durch den Maschendrahtzaun geschlüpft, sie ist ja total durchtrainiert, und mehr als sechs oder sieben Füllungen wird sie nicht gebraucht haben, um die Wanne vollzukriegen.« Ich zuckte die Schultern. »Das erklärt jedenfalls, warum dieses Wasser in seiner Lunge war. Sie muß ihn hierhergelockt und mit einem der Steine bewußtlos geschlagen haben. Dann hat sie ihn in der Wanne ertränkt.«

»Was – und den ganzen Weg zum Wasser runtergetragen?«

»Es war dichter Nebel. Sie hätte ihn also auch hinfahren und dann durch das Loch im Zaun ziehen können.« Ich zeigte auf den Taucheranzug. »Wahrscheinlich hat sie ihn längere Zeit unter Wasser gehalten, um ganz sicher zu gehen.«

»Okay, fragen wir doch einfach Devon. Er ist nämlich hier, weißt du.«

Mich schauderte. »Philly, hier ist niemand außer uns. Und wir sollten schleunigst verschwinden, bevor Nola zurückkommt, um die Beweise zu vernichten.«

Wir gingen rüber zu Devons Haus, um nach dem einen noch fehlenden Puzzleteilchen zu suchen. Im Tagebuch, das er kurz vor seinem Tod benutzte, fanden wir auch dieses fehlende Teilchen. Jemand hatte einige von ihm beschriebene Seiten herausgerissen und dazu offensichtlich noch ein paar leere Seiten. Nola mußte Schriftproben mitgenommen haben, um seine Handschrift besser fälschen zu können, und die anderen Seiten, um darauf zu schreiben. Schließlich wußten alle, daß er immer dieses Büttenpapier benutzte.

Ich konnte mir nicht vorstellen, warum sie Devon umgebracht hatte, aber sie würde dafür bezahlen. Wut machte mich fast blind, bis ich bemerkte, daß Philly zur Decke starrte.

»Wonach suchst du denn da oben?« fragte ich.

»Devon. Er ist hier!«

»Mensch, Philly, wenn man dich so hört, könnte man denken, daß er jetzt unternehmungslustiger ist als zu Lebzeiten.«

»Geister sind eben so. Du wirst schon sehen.« Endlich senkte er den Blick wieder. »Die Cops werden die Selbstmord-Geschichte schlucken, Tracy. Jetzt kommt es also auf uns an.«

Und ich hatte eine Idee, wie wir vorgehen konnten. Ich legte meinen Arm um seine Schultern. »Es kommt auf dich an, Onkel Philly!«

»Du meinst ... wir sollten Nola eine Falle stellen?«

»Worauf du dich verlassen kannst!«

Ich setzte meine Mutter darauf an, ihren Showbusineß-Freunden den neusten Klatsch und Tratsch über Nola zu entlocken. Sie schwor, dabei diskret vorzugehen – das wäre allerdings das erste Mal in ihrem Leben. Doch trotz ihrer Fragen, trotz der Geschichten, die in den Zeitschriften standen, rankten sich um Nola keinerlei neue Gerüchte. Es war fast, als sei sie von der Bildfläche verschwunden.

Wenigstens fand Mutter ihre jetzige Adresse heraus: 668 St. Cloud

Road in Bel Air, und dort würden wir sie belagern. Wenn wir Nola dazu bekommen wollten, einen Fehler zu machen, mußten wir mehr über diese rätselhafte Frau in Erfahrung bringen.

Als wir mein Apartment verließen, sprintete Philly wie ein Teenager auf meinen Wagen zu. »Heute fahre ich«, rief er.

Der alte Schwindler hatte in allen Teilen der Welt gelebt, doch in keinem Land hatte er es geschafft, einen Führerschein zu ergattern. Ich warf ihm den Autoschlüssel zu. Wenn ich nicht selbst so eine schlechte Autofahrerin wäre, hätte ich mir wahrscheinlich Sorgen gemacht.

Wir nahmen wieder den Ventura Boulevard und fuhren nach Osten bis zur Beverly Glen, bogen nach Süden ab, durch die Santa Monica Mountains und schließlich in die Bel Air Road, die in die St. Cloud Road einmündete.

Als ich Nolas Haus sah, konnte ich ein anerkennendes Pfeifen nicht unterdrücken: »Na, die Frau hat wohl ordentlich Unterhalt kassiert.« Das Anwesen sah riesig aus, obwohl es hinter einer Mauer versteckt lag.

Zwei ganze Tage lauerten wir hinter dem Gebüsch eines Nachbarhauses und beobachteten Nolas Tagesablauf. Der Briefträger brachte die Post mittags, doch das Dienstmädchen kam erst um fünf zur Pforte, um den Briefkasten zu leeren. Nur einmal verließ Nola in ihrem Rolls Royce das Anwesen und kam kurze Zeit darauf schon wieder zurück. Die Frau hatte sich wirklich eingeigelt. Wie sollten wir sie da ausspionieren?

Nachdem wir mit den Gewohnheiten des Haushalts vertraut waren, durchsuchten wir regelmäßig ihre Post, bevor das Dienstmädchen sie aus dem Briefkasten holte; er war vollgestopft mit Boulevardblättern, die die Leute normalerweise am Zeitungsstand kauften.

»Sie will ihre Skandale in der Zeitung verfolgen«, sagte ich. »Bloß sollen die Leute nicht mitkriegen, wie wichtig ihr das ist.«

»Meinst du, sie liest auch die Geschichten über andere Stars?« fragte Philly nachdenklich.

Er fädelte sich in den Verkehr ein, und wir heckten gemeinsam einen Plan aus. Wir fuhren auf der Beverley Glen bis zum Sunset

Boulevard, der uns direkt zum Gelände der Universität brachte. Dort arbeitete ein alter High-School-Kumpel von mir in einem Virtual-Reality-Labor.

Brad Stevens war schon auf der Schule ein komischer Vogel gewesen, und nach der Fliege und seinem sackähnlichen Anzug zu schließen, hatte sich daran nicht viel geändert.

»Kannst du uns einen Hologramm-Projektor leihen, Brad?« fragte ich, nachdem ich ihm unseren Plan erklärt hatte.

Brad sah mich mit zusammengekniffenen Augen an. »Warst du früher nicht viel vernünftiger, Tracy?«

Ich zuckte die Schultern. »Das war bloß pubertäre Rebellion. Ich wollte nicht so verrückt werden wie meine Eltern, aber jetzt habe ich entschieden, daß meine Wurzeln mein Schicksal sind.«

»Das bringt auch viel mehr Spaß«, fügte Philly mit einem breiten Grinsen hinzu.

Brad runzelte die Stirn, als wüßte er nicht, was Spaß eigentlich bedeutete. »So ein Gerät kostet ein Vermögen. Aber ich habe noch ein altes, das könnte ich bestimmt für dich programmieren.«

Ich ließ Philly bei Brad zurück, damit er die Programmierung mitbekam, und eilte nach Hause, um an meinem Computer ein paar Boulevardblätter zu fälschen. Auf Phillys Rat hin unterließ ich anfangs jede Anspielung auf Devon; es war nur von einem Geist die Rede, der im Westwood Memorial Park öfter gesehen worden war. Außerdem versteckte ich die Meldung ziemlich weit hinten in der Ausgabe.

In den kommenden Wochen schrieb ich immer längere Artikel, die immer weiter nach vorn rückten. Schließlich ging ich dazu über, in den Schlagzeilen eine Verbindung zu Devon herzustellen, und ließ anklingen, er könne ermordet worden sein. Bei den letzten Ausgaben schließlich schrie die Titelseite heraus, daß Devons Geist bereit sei, an einem bestimmten Tag um eine bestimmte Uhrzeit den Namen seines Mörder preiszugeben.

Wir hatten noch fast eine Stunde Zeit, bis der »Geist« scheinen sollte, und ich beendete unsere Vorbereitungen. Philly hatte zu unserem Schutz eine Knarre besorgen wollen, aber davon wollte ich nichts wissen.

»Wir haben beide noch nie so ein Ding in der Hand gehabt. Wir würden uns bloß selbst verletzen.«

Und nebenbei gesagt – so leicht es in L.A. zu sein scheint, sich illegal eine Waffe zu besorgen, ich hatte nicht die geringste Ahnung, wie man an eine herankam. Wir verließen uns schließlich auf einen einfacheren Plan, um Nola zu überwältigen. Ich pflückte Blätter von verschiedenen Bäumen, feuchtete sie an und legte sie in kleinen, glitschigen Haufen auf den Weg, den Nola nehmen mußte – dafür hatten wir durch Umstellen der Blumenkübel und Mülltonnen gesorgt. Philly verbarg den Hologramm-Projektor im Eingang eines Mausoleums. Wir hatten Szenen aus alten Burke-Filmen so zusammengeschnitten, daß Devons Geist erscheinen und Nola anklagen konnte.

Philly schlug mit der Faust auf den Projektor. »Tracy, ich kriege dieses Mistding nicht in Gang.«

Mein Herz blieb vor Schreck beinahe stehen, aber ich versuchte, mir nichts anmerken zu lassen. »Versuch es noch mal, Philly. Wahrscheinlich hast du bloß was vergessen. Wir haben noch genug Zeit.«

»Habt ihr nicht«, ertönte eine fremde weibliche Stimme hinter einem Mausoleum. »Eure Zeit ist abgelaufen.«

Ich fuhr herum. Nola Carmen stand dort, und sie hatte eine Kanone dabei. Sie war immer noch eine gutaussehende, attraktive Frau. Aber von der überschwenglichen Warmherzigkeit, die sie in ihren Filmen zur Schau stellte, war in ihren kalten, dunklen Augen nichts zu sehen.

»Hast du etwa geglaubt, ich würde nicht mitbekommen, wie deine Mutter alle Leute über mich ausfragt? Und diese Zeitungsartikel – nach den ersten paar Ausgaben habe ich mein Hausmädchen an den Zeitungsstand geschickt, damit ich die Ausgaben vergleichen konnte.«

»Die Vorstellung, daß Devon enthüllen könnte, wer ihn umgebracht hat, muß dich ganz schön beunruhigt haben, was?«

Ich konnte am Glitzern in Nolas stahlharten Augen erkennen, daß unsere Artikel ihr Angst gemacht hatten. Phillys Erfahrung als Schwindler und die Diskretion meiner Mutter überzeugten mich allerdings weniger. In meinem nächsten Leben sollte ich mir wohl bessere Verbündete suchen.

»Was soll's!« fauchte Nola. »Komm her, meine Liebe. Deine Zeit ist jetzt um.«

Ich warf Philly einen verzweifelten Blick zu. Und da sah ich etwas ganz Außergewöhnliches direkt hinter ihm. Über dem Gras zwischen den Gräbern schimmerte ein merkwürdiges Licht. Einen Moment lang sah es aus wie Devon. Der Hologramm-Projektor schien also doch zu funktionieren. Nur daß Devon auf diesem Bild seine Joggingshorts trug, in denen ich ihn zum letzten Mal gesehen hatte, und nicht die Designeranzüge aus den Burke-Filmen.

»Na los!« befahl Nola. »Du bist so verzweifelt über den Tod deines Freundes, daß du dich und deinen Onkel auf seinem Grab erschießt.«

Ihr Finger am Abzugsbügel zitterte. Ich ging auf sie zu. Von hinten griff irgend etwas in mein Haar und zog fest daran. Ich schrie auf, glitt auf den nassen Blättern aus und rutschte über den Weg direkt in Nola hinein. Sie stürzte und ließ dabei die Waffe los, die genau vor Phillys Füßen landete.

Nach einer Schrecksekunde begriffen wir, daß wir sie entwaffnet hatten. Irgendwie. Ich sprang auf und warf mich auf Nola, drückte sie zu Boden. Philly schaffte es, die Kanone aufzuheben, ohne sich dabei selbst zu erschießen, doch als er auf Nola anlegte, zitterten seine Hände wie Espenlaub. Ich mußte zusehen, daß ich aus der Schußlinie verschwand, besonders, als er auf meinem Handy die Polizei anrief, während er noch mit der Waffe herumwedelte. Aber da gab es noch etwas, das ich wissen mußte.

»Warum? Warum hast du ihn umgebracht?«

»Wegen seiner Ankündigung natürlich!«

»Weil er gesagt hat, daß er schwul war? Das mußt du doch gewußt haben«, erwiderte ich.

»Natürlich habe *ich* es gewußt! Ich habe vor unserer Ehe zwei Türen weiter gewohnt – glaubst du vielleicht, ich hätte nicht gesehen, wer bei ihm ein- und ausgeht? Aber die Öffentlichkeit wußte es nicht.«

»Na gut, dann wußten sie es jetzt eben. Was –«

»Es ging nicht um ihn! Es ging um mich. Meine ganze Karriere basiert auf meinem Sex-Appeal.«

Mit dem es nicht weit her war, wie mir jetzt klar wurde. Sie strahlte nichts aus, aber auch wirklich gar nichts.

»Image ist alles«, fauchte Nola.

»Nicht unbedingt«, sagte ich, als Detective Ramirez durch das Tor geeilt kam.

Die Geschworenen sprachen sie schuldig. Bestimmt haben Phillys und meine Aussage dazu beigetragen, aber daß ihre Fingerabdrücke auf dem glatten Felsbrocken waren, der den gefälschten Abschieds-brief beschwerte, brach ihr das Genick. Am Tag, als der Schuld-spruch verkündet wurde, legten Philly und ich ein paar Arme voll Blumen auf Devons Grab.

»Ruhe in Frieden, alter Freund«, flüsterte ich. »Dort, wo du bist, kann es keine oberflächlichen Menschen geben; sie sind nämlich alle hier.«

Ich warf Philly einen Blick zu, und mir fiel plötzlich auf, wie still er seit unserem Friedhofsbesuch gewesen war.

»Philly, als wir das letzte Mal hier waren, kurz bevor ich in Nola reingerutscht bin, hast du da irgendwas ... gesehen?« Sein Blick folgte meinem zu der Stelle im Gras, wo Devons Bild im Licht geschimmert hatte.

»Nein ...«, sagte er, aber seine Stimme ging am Ende fragend nach oben. »Du vielleicht?«

Ich mußte mich sehr anstrengen, ein Lächeln zu unterdrücken. Dann griff ich mir hinten ins Haar, als wollte ich daran ziehen.

»Überhaupt nichts«, sagte ich bestimmt. »Ich habe dir doch schon mal gesagt: Es gibt keine Geister.«

ROCK'N'ROLL, FAST FOOD UND SKELETTE

Los Angeles liegt auf 118° westlicher Länge und 34° nördlicher Breite an der Westküste der USA, im Süden Kaliforniens am Pazifischen Ozean. 1781 als Farmersiedlung gegründet, ist es heute die zweitgrößte Stadt der USA. Das Klima ist ganzjährig mild: durchschnittliche Tagestemperaturen von Juni bis Oktober 28 °C, von November bis Mai 18 °C. Informationen gibt das California Office of Tourism, *Romanplatz 10, 80639 München, Tel. 089-1782823, und das* Downtown Los Angeles Visitor Information Center, *695 Figueroa Street, Los Angeles CA 90017, USA, Telefon 001-213-6898822.*

WESTWOOD VILLAGE MEMORIAL PARK * 1218 Glendon Avenue am Wilshire Boulevard in Westwood. Auf diesem kleinen *Friedhof* sind Marilyn Monroe, Natalie Wood und viele andere berühmte »Angelenos« begraben. Der Friedhof ist hinter Gebäuden verborgen und von der Straße nicht sichtbar.

BESTE ARCHITEKTURFÜHRUNG * Am liebsten besuche ich das *Hollyhock House in Barnsdall Park*, entworfen von Frank Lloyd Wright. Es ist ein wunderbares Beispiel seiner Arbeit und noch mit den Stücken möbliert, die Wright dafür gestaltet hat. Adresse: 4800 Hollywood Boulevard, Hollywood, Tel. 213-6627272.

DER ROCK'N'ROLL WALK OF FAME * Nicht ganz so bekannt wie der *Hollywood Walk of Fame* ist der *Rock'n'Roll Walk of Fame*, 7425 Sunset Boulevard, vor dem Hollywood Guitar Center. Hier haben sich die Rockstars auf dem Bürgersteig in Zement verewigt.

DIE FILMSTUDIO-TOUR * Die *Warner Brothers VIP Tour* bietet einen guten Einblick in die Filmproduktion. Führungen werden an Wochentagen von 9–15 Uhr angeboten. Vom Spätsommer bis Mitte April werden die meisten Filme gedreht; dann sind auch die Führungen am besten. Reservierung erforderlich. Eingang Kreuzung Olive Avenue, Pass Avenue und Barham Boulevard in Burbank. Tel. 818-9541744 oder 818-9541008.

BESTER WANDERWEG * Das hügelige Los Angeles bietet wunderbare Wanderwege. Am liebsten bin ich jedoch in *Chatsworth* unterwegs, im Nordwesten des *San Fernando Valley*. Der berühmteste Wanderweg dort war früher als *Devil's Slide* bekannt, weil er für die Pferde der Postkutschen so schwer zu bewältigen war. Dieser Weg liegt im Chatsworth Park South. Vom Parkeingang gehen Sie über eine große Rasenfläche nach Westen. Wenn Sie näherkommen, können Sie Devil's Slide schon erkennen: ein Weg, der auf etwa 35 Grad West-Nordwest den Hügel hinaufgeht. In diesem Gebiet wurden schon mehr als tausend Kino- und Fernsehfilme gedreht.

BESTE BERGBESTEIGUNG * In der Nähe von Chatsworth Park liegt die Felskuppe *Stony Point*. Bergsteiger kommen gewöhnlich von Süden, wo es Aufstiegsmöglichkeiten verschiedener Schwierigkeitsstufen gibt. Wanderer kommen von Norden, weil dort ein Weg zum Gipfel führt. Stony Point liegt an der Ostseite des Topanga Canyon Boulevard, südlich des Freeway 118.

BESTE PASTA * Italienische Restaurants gibt es in Los Angeles überall. Die beste Pasta bekommt man bei *Hugo's*, einem kalifornischen Restaurant mit italienischem Touch. Adresse: 8401 Santa Monica Boulevard, West Hollywood. Telefon 323-6544088.

BESTES SONNTAGSFRÜHSTÜCK * Die *C&O Trattoria* ist ein italienisches Restaurant mit singenden Kellnern. Am liebsten gehe ich sonntags zum Frühstück hin. Der *Zimt-Mascarpone-Toast* ist einfach göttlich! Adresse: 31 Washington Boulevard, Marina del Rey. Tel. 310-8239491.

FAST FOOD * Seien wir mal ehrlich: Obwohl wir alle auf Reisen gern in guten Restaurants essen, ist Fast Food preiswerter und schneller. Die Kette »Fatburger«, die sich selbst *The Last Great Hamburger Stand* nennt, ist überall in L.A. zu finden und bietet bessere Qualität als die meisten anderen Fast-Food-Hamburger-Restaurants.

KRIMIBUCHLADEN * Versteckt hinter dem Eingang des *Sidewalk Cafés* liegt »The Mystery Annex« bei *Small World Books*. In dem Café gibt es übrigens die beste *Guacamole* nördlich von Mexiko, und der Ausblick auf den Sonnenuntergang ist fabelhaft. Adresse: 1407 Ocean Front Walk, Venice Beach. Telefon The Mystery Annex, 310-3392360; Sidewalk Café, 3995547.

SOUVENIRS FÜR KRIMIFANS * *The Skeletons in the Closet* verkauft makabre Andenken wie Strandlaken mit dem Umriß von Mordopfern, Original-Zehenringe, an denen die Namensschilder der Leichen im Kühlraum befestigt werden, und vieles mehr. Der Erlös kommt einem Programm für Jugendliche zugute. Adresse: 1104 N. Mission Road, Los Angeles, Telefon 213-3430760.

Rom sehen und sterben

Carmen Iarrera

Als mir der Postbote Turi, der von der langen Fahrradfahrt völlig aus der Puste war, das Einschreiben in die Hand drückte, stockte mir für eine Sekunde der Atem. Eigentlich bekam ich nie Post, vielleicht mal zu Weihnachten eine Ansichtskarte vom Onkel aus Rom. Auch das Einschreiben kam aus Rom, voller Briefmarken und Stempel, so als wäre es ein wichtiger, amtlicher Brief, als wäre es ein notarielles Schreiben ...

Ein Notar, der mir den Tod des Onkels bekanntgab und mich wegen der Regelung des Nachlasses zu sich bestellte. Ich wollte es gleich hier öffnen, auf der Mole, unter dem Kommen und Gehen der Leute und dem Geschrei der Fischer, die unter der brennenden Sonne ihre Kisten auspackten, aber als ich den Brief halb aufgerissen hatte, erkannte ich die Handschrift des Onkels wieder, und meine Erregung wich Verdruß. Tot konnte er nicht sein, wenn er mir schrieb. Aber was zum Teufel konnte der Alte von mir wollen?

Ernüchtert hob ich den Kopf und begegnete Turis Augen. Der Postbote sah mich an, täuschte Desinteresse vor, aber er war zu reglos, zu angespannt, und auch die gegen die Sonne halbgeschlossenen Augenlider konnten die Neugier in seinem Blick nicht verheimlichen.

»Danke«, sagte ich lässig zu ihm, während ich den Brief in der Tasche meiner abgetragenen Jeans verschwinden ließ. »Aber du hättest dich nicht bis hierher bemühen müssen, bei dieser Hitze, du hättest es mir unter die Haustür schieben können. Warum diese Eile?«

Turi murmelte irgend etwas, bestieg sein Fahrrad und entfernte sich radelnd auf seinem eigenen Schatten, der langsam die Mole entlangglitt.

Verfluchte Dorfbewohner, Störenfriede, Klatschmäuler und Übelredner, dachte ich, als ich den Brief wieder aus meiner Hose fischte. Wären sie nicht so boshaft gewesen, dann wäre der Onkel vielleicht wieder auf die Insel zurückgekehrt, nachdem er sein Geld beim Film gemacht hatte, und er hätte vielleicht seiner Schwester geholfen, die ein Kind hatte, für das sie sorgen mußte, nämlich mich.

Aber nein, es war anders gekommen. Das Glück, das dem Onkel hold war, hatte die Zungen gelöst, und die Mißgunst war so groß gewesen, daß sie ein Ventil finden mußte. Und Mißgunst findet nur Genugtuung, wenn das, was andere betrifft, in den Schmutz gezogen wird, niemals jedoch die eigenen Angelegenheiten. Natürlich, sie redeten noch heute davon, auch wenn schon fast fünfzig Jahre vergangen waren. Sie hatten sich die Mäuler zerrissen, seit der berühmte Filmregisseur auf diesem Inselchen, verloren im Mittelmeer bei Sizilien, gelandet war und von der Anmut und dem stolzen Blick dieses dunklen Jungen entzückt war, der ihm einen Korb voller Zitronen angeboten hatte.

Wie durch ein Wunder hatte er ihn in die Welt des Kinos katapultiert, hatte aus ihm einen Star, hatte ihn reich gemacht.

Und was hatte er wohl dafür bekommen? Die Dorfbewohner hatten angefangen, hinter vorgehaltener Hand darüber zu tuscheln, gedämpft, hatten sich bestürzt, angewidert und empört gezeigt. Im Tausch gegen was? Niemand gibt etwas umsonst. Und dann wußten es alle – das Gerücht, daß dieser Regisseur besondere Vorlieben hatte, war vom Festland sogar bis hierher, bis auf unsere Insel, vorgedrungen ...

Der schöne, reiche und berühmte Onkel hatte allen den Rücken gekehrt und war nie wieder auf die Insel zurückgekommen. Und das Geld, das er verdiente, hatte er gut beieinander gehalten. Von Zeit zu Zeit hatte er der Schwester eine Kleinigkeit geschickt, aber im Laufe der Jahre war er immer geiziger geworden. Nach dem Tod der

Schwester kam gar nichts mehr. Nichts für seinen Neffen, nicht das Geringste. Nicht einmal, als ich um ein Darlehen gebeten hatte, um ein Boot zu kaufen und mich damit von der Sklaverei zu befreien, für den Padrone aufs Meer zu fahren. Nur ein Versprechen: bei seinem Tod würde ich der Erbe sein, ich würde alles bekommen, weil Blut Blut sei und ich der einzige Verwandte, den er auf der Welt habe.

Ich mußte nur Geduld haben. Geduld. Aber der Onkel erfreute sich bester Gesundheit, und ich war bereits fast dreißig Jahre alt. Ich hatte mich damit abgefunden, arm zu leben, um eines Tages – vielleicht – reich zu sterben. Was konnte ich anderes tun? Das Schicksal hatte es so gewollt.

Und jetzt plötzlich dieses Einschreiben. Warum?

Ich flüchtete mich in den Schatten eines Johannisbrotbaumes und öffnete den Umschlag. Darin waren ein Flugschein, Hin- und Rückflug Rom, und eine kurze Mitteilung des Onkels, der mich einlud, wegen einer dringenden Angelegenheit zu ihm zu kommen. Alles sei bezahlt, ich würde sein Gast sein.

Vielleicht fühlte er sich alt? Vielleicht war er krank geworden und wollte mich bei sich haben, in Rom, weil er Hilfe brauchte? Vielleicht hatte er sich endlich entschlossen, etwas herauszurücken?

Ich zuckte mit den Schultern. Wie dem auch sei, einige Tage in Rom auf Kosten dieses alten Geizkragens, allein das war schon ein Geschenk des Himmels.

Als einziger Sohn meiner verwitweten Mutter war ich nicht zum Militär eingezogen worden, und meine Reisen außerhalb der Insel konnte ich an den Fingern einer Hand abzählen. Kurze Ausflüge, ein paar Tage in Trapani, ein paar Tage in Palermo. Mit der Fähre natürlich, aber die Fähre war auch kein richtiges Schiff, nur ein Boot, so wie die Fischkutter, auf denen ich mein Leben lang gearbeitet hatte. Boote, ja, damit kannte ich mich aus.

Mit Flugzeugen aber nicht, und voller Erwartung und Angst stieg ich ein. Die Angst verflüchtigte sich bei der unerwarteten Sanftheit des Starts, und meine Erwartung wandelte sich in Aufregung, als der Pilot mehr als eine Stunde später wie ein Adler über Rom kreiste, bis er schließlich die Landeerlaubnis erhielt.

Kirchen, Straßen und Gebäude waren in ein strahlendes goldenes Licht getaucht. Ich erkannte die Engelsburg, entdeckte den gewundenen Verlauf des Tiber, dann das Kolosseum und den Vittoriale, den Petersdom und den Gianicolo und den großen Autobahnring, der die Stadt wie ein Gürtel umschließt, das römische Umland, übersät mit kleinen weißen Häusern, dann wieder der Tiber zwischen zwei überaus grünen Ufern und die Lichter nahe beim Flughafen.

Ich hatte Tausende Bilder von Rom auf Postkarten gesehen, Tausende in Illustrierten und im Fernsehen, aber keines hatte mich auf diese Herrlichkeit vorbereitet. Ich spürte nicht das Aufsetzen der Räder auf der Piste, auch nicht die bebende Gewalt der Bremsen und nicht das Klicken Dutzender von Sicherheitsgurten, die alle zur gleichen Zeit gelöst wurden. Ich fühlte mich betäubt und ergriffen. So, als ob Rom eine Frau wäre, eine Geliebte. Ich, der sonst nie eine Entscheidung traf, entschied, daß ich alles dafür tun würde, um nie wieder hier wegzugehen.

Das Taxi kostete mich mehr als einen Tageslohn. Nichts im Vergleich zu dem Vergnügen, das ich verspürte, als ich jetzt im Auto durch die Landschaft fuhr, über die ich soeben geflogen war. Wie vom Fluß des Verkehrs getragen, drangen wir ganz allmählich bis ins Herz der Stadt vor.

Ja, ins Herz der Stadt, das Haus des Onkels blickte nämlich, das wußte ich von einer Postkarte, die er mir einmal geschickt hatte und auf der es mit einem Kreuzchen markiert war, genau aufs Pantheon. Ich war von einer seltsamen Erregung ergriffen. Früher oder später würde mir dieses Haus gehören.

Eher später als früher, dachte ich, als ich den Onkel sah. Die Fotos, die immer noch in den Zeitschriften erschienen, waren keineswegs retuschiert, wie ich irrtümlicherweise immer geglaubt hatte. Ich war an Siebzigjährige gewöhnt, die von den Entbehrungen eines harten Lebens faltig und zahnlos geworden waren. Ich konnte kaum begreifen, daß mein Onkel im selben Alter noch gelenkig war, sich stramm und kerzengerade hielt und mich mit dem ewigen Lächeln eines Stars anstrahlte.

»Du weißt nicht, wie sehr ich mich freue, dich zu sehen!« rief er aus und nahm mich energisch in die Arme. »Wie schön, daß du meine Einladung angenommen hast. Ich bin dir dankbar, weißt du. In meinem Alter werden bestimmte Dinge wertvoll, weil es Momente gibt, wo es wichtig ist, jemanden aus der Familie zur Seite zu haben. Sehr wichtig ...«, fuhr er fort, offensichtlich begeistert vom schönen Ton seiner Baßstimme. »Du wirst mein Gast sein, hier in diesem Haus. Vier Tage, fünf ... solange du willst. Ich vermute, du hast keinen dunklen Anzug mitgebracht, oder? Macht nichts. Laß mich dich anschauen: gerade, halt dich gerade. Aber ja, einer meiner Anzüge

müßte für morgen gehen. Paß gut auf ihn auf, ich verlasse mich drauf, denn meine Anzüge sind teuer. Übrigens: Wir gehen morgen abend nicht in ein Restaurant, wir essen hier. Das Hausmädchen bleibt länger und kocht uns etwas Großartiges, und ich werde das gute Tafelsilber rausholen und eine Flasche meines besten Champagners entkorken. Feiern, wir müssen feiern, meinst du nicht? Wenn nicht für mich, so doch zumindest für Barbara. Weißt du, sie spielt gerade in einer Soap-Opera mit, eine kleine Rolle, nichts Besonderes, der Regisseur ist ein alter Freund von mir. Barbara ist noch sehr jung, steckt in den Anfängen, sie ist gerade einmal vierundzwanzig Jahre alt, aber ich bin sicher, daß sie das schafft, sie macht bestimmt Karriere, sie ist sehr professionell, sehr ehrgeizig. Denk dir, sie hat freiwillig auf die Flitterwochen verzichtet, um ja nicht diese Gelegenheit zu versäumen, aber eine Hochzeit bleibt immer eine Hochzeit, und dann ist sie so ein Persönchen, das, wenn man es nicht ...«

»Hochzeit?« Von dem ununterbrochenen Gerede benommen, kniff ich die Augen zusammen. »Ich verstehe nicht ...«

»Wie, du verstehst nicht? Was willst du sagen? Habe ich dir nicht geschrieben, daß ich dich bei meiner Vermählung als Trauzeugen haben wollte? Nein? Wenn du so willst, bin ich schon etwas zerstreut. Aber glaube ja nicht wegen meines Alters, sondern wegen ...«

Vorsichtig ließ ich mich auf dem Brokatsofa nieder. Durch das geöffnete Fenster sah ich den großartigen Giebel des Pantheon, ohne ihn eigentlich wahrzunehmen.

Das also war der Grund. Der Alte wollte heiraten. Er wurde von einer kleinen vierundzwanzigjährigen Hure an der Nase herumgeführt, die ihn und seine Beziehungen ausnutzte! Die bei seinem Tod alles erben würde! Das Haus, die Villa am Meer, das Geld, alles!

Der Onkel hörte nicht auf zu reden und wandelte gelassen und zufrieden in dem großen Salon auf und ab. Alter dummer aufgeblasener Lügner! Seit Jahren hatte er geschrieben, daß er alles mir überlassen würde, und jetzt, wo er eigentlich schon mit einem Fuß im Grab stehen müßte, jetzt, wo er ein alter Idiot war, jetzt nahm er sich eine Frau! Ich mußte ihn umbringen! Auf der Stelle und ohne Mitleid! Umbringen, bevor er diese Hure heiratete und mir alles nahm, was mir zustand!

Aber ich war nicht der Typ, der jemanden umbrachte. Und mein Onkel, verblödet oder nicht, liebesblind oder nicht, eigentlich hatte er auch das Recht, mit seinem Leben und seinem Geld zu machen, was er wollte. Vielmehr hätte ich dieser Hure den Hals umdrehen müssen, die mit einem süffisanten Lächeln alles an sich raffen wollte ...

Niedergeschlagen schüttelte ich den Kopf. Geduld. Wenn das Schicksal es so wollte, mußte ich mich damit abfinden und gute Miene zum bösen Spiel machen und zumindest versuchen, diesen unvorhergesehenen Urlaub zu genießen. Dann würde ich meine Siebensachen wieder im Koffer verstauen und wegfahren – zurück auf die Insel, aufs Meer, um für den Padrone zu arbeiten: Netze hieven, Fischkisten entladen, die Fender festbinden, die Taue straffziehen. Alles wie gehabt, aber ohne Hoffnung. Für immer arm.

Ich sah die Braut erst einige Momente vor der Trauung im Campidoglio, auf dem Kapitol. Sie war in ein rotes Kleid gezwängt, dessen Farben auf den Brokat der Wandbespannung des Saales abgestimmt war. Ein Kleid, das Rosina, die einzige Hure auf der Insel, nicht einmal im Verborgenen, in ihrem kleinen Zimmer angezogen hätte, nicht einmal für höhere Kundschaft.

Der Onkel war brillant, der andere Trauzeuge schweigsam und der Kommunalbeamte schroff. Mit dem Apparat des Onkels machte ich Fotos. Das sich umarmende Brautpaar unter der Statue von Marc Aurel, das Brautpaar, das händchenhaltend auf den weißen Marmorintarsien des Platzes dahinwandelte, das Brautpaar, das sich vor dem Hintergrund des Palazzo Senatorio küßte, das Brautpaar, anmutig an die weiße Marmorbrüstung der großen Freitreppe gelehnt, die einmal den von Michelangelo entworfenen Kapitolplatz mit einem tiefer gelegenen Platz verband, der dem Verkehr zum Opfer gefallen war.

Beim Abendessen, während der Onkel in allen Einzelheiten von seinen Großtaten erzählte und vorsichtig Champagner einschenkte, nickte Barbara mit einem ins Gesicht geklebten Lächeln immer wieder zustimmend und ließ ihre langen Wimpern über die schönen Äuglein flattern, aber ab und zu, ganz unerwartet, bedachte sie mich mit einem dieser eindeutigen Frauenblicke. Der Blick einer jungen Frau auf einen jungen Mann. Hure.

Als das Essen beendet war, murmelte ich irgendwelche Entschul-digungen, stand vom Tisch auf und hetzte die Treppe runter. Luft, ich brauchte Luft, frische Luft.

Der Panentino, ein leichter Wind, der vom Meer kommt und die Nächte in Rom abkühlt, erschien mir wie sanftes Streicheln. Ich steckte die Hände in die Taschen meiner Jeans und blickte mich um. Der mächtige Bau des Pantheon beherrschte den Platz mit der Wucht seiner zweitausendjährigen Vergangenheit, ringsherum ein fröhliches und buntes Menschengewimmel, Menschen, die plau-derten, lachten und umherflanierten und an den Tischchen der Cafés oder auf den Stufen des Brunnens Eis schleckten. Alle kamen mir reich und glücklich vor, als kennten sie keine Sorgen und Mühen.

Wie sehr hätte ich mir gewünscht, einer von ihnen zu werden, immer hier zu leben, zu faulenzen, umherzuschweifen, diese wun-derbare Stadt zu genießen, die ich bald, viel zu bald, wieder verlas-sen mußte ...

Stundenlang schlenderte ich durch die Gassen, die Hände in den Taschen, den Blick auf die Leute geheftet, lief die Häuserfassaden entlang oder sah mein Spiegelbild in Schaufenstern, die voll der schönsten, teuersten und elegantesten Dinge waren.

Hätte mein Onkel nicht geheiratet, dann hätte früher oder später ich selbst hier gewohnt, im Herzen der schönsten Stadt der Welt, dann wäre ich immer durch diese Straßen gelaufen, wäre immer diese Mauern entlang gestreift, hätte das Recht gehabt, mit erho-benem Haupt und vollem Geldbeutel all diese schönen Läden zu betreten.

Ohne Ziel trieb ich weiter umher, bemitleidete mich und fühlte mich ausgeschlossen, bis ich schließlich ganz zufällig wieder vor dem Pantheon stand. Auf dem vom Mond erhellten Platz war keine Menschenseele mehr, nur drei fette Katzen, die in dem schmierigen Papier herumstöberten, das um die überquellenden Abfallkörbe herum verstreut war.

Dann durchschritt ich das Portal, stieg die Stufen hoch, nahm den Schlüssel, den mir der Onkel unter die Fußmatte gelegt hatte, durchquerte auf Zehenspitzen die Wohnung, schloß mich in meinem Zimmer ein, zog mich aus und warf mich völlig niedergeschlagen aufs Bett.

Ein durchdringender Schrei zerriß meinen Traum. Ein anhaltender Schrei, der ein Eigenleben zu führen schien und nicht aufhören wollte. Ich schoß aus dem Bett, rannte wie gehetzt ans Ende des Flurs und riß die Tür auf.

Barbara saß auf dem Bett, nackt, zitternd, völlig verkrampft in einem wilden hysterischen Anfall. Der Onkel lag auf dem Rücken quer über dem Bett, nackt, in einer merkwürdigen, verrenkten Haltung, die kein Lebender als bequem empfunden haben könnte.

Mit Wucht verpaßte ich Barbara eine Ohrfeige, so, wie ich es im Kino gesehen hatte. Es funktionierte. Der Schrei brach ab, wurde zu einem heftigen Luftschnappen und löste sich in Tränen auf.

Der Onkel, sagte sie plötzlich zwischen zwei Schluchzern, war mitten in der Nacht aufgewacht und wollte ... wollte ... noch einmal ... bei seinem Alter ... sie hatte nein gesagt ... aber er ... und dann ...

Ich sah sie mit Besorgnis an, dann mit Ärger und plötzlich mit Wut. Kleine Hure, wäre der Schrecken erst einmal vorbei, würde sie es sicher nicht bedauern, eine junge, reiche, sehr reiche Witwe zu sein. Sie hatte nichts getan, um sich diesen Reichtum zu verdienen, im Schweiße ihres Angesichts zu erarbeiten, obwohl – irgendwie hatte sie es doch getan, natürlich auf ihre Art. Nein, alles auf einem Silbertablett serviert, praktisch umsonst. Der ganze Reichtum, auf den ich seit Jahren, mein Leben lang gezählt hatte.

Ich griff ein Kissen und preßte es so fest wie möglich auf ihr Gesicht. Und mit Gewalt hielt ich es so lange, bis ihr Körper zu zucken aufhörte.

Dann löste ich mit präzisen und flinken Bewegungen die miteinander verknoteten Schnüre, die die Vorhänge zur Seite hielten, und band ihre Handgelenke an den Messingknäufen des Bettes fest. Danach nahm ich den Onkel auf die Arme, ging den Korridor entlang, trat in mein Zimmer und legte ihn dort behutsam aufs Bett. Im Spiegel überprüfte ich, ob ich genügend erschüttert aussah, und rief die Polizei.

Der Onkel, sagte ich aus, hatte mich unter verzweifelten Schreien wachgerüttelt. Während eines zu gewagten Liebesspiels hatte er die blutjunge Gattin aus Versehen erstickt. Sein Schmerz war so groß gewesen, daß ihm das Herz gebrochen und er in meinen Armen zusammengesackt war. Noch plausibler kann eine Schilderung wohl kaum sein.

Sie hatten Fotos gemacht, es waren der Staatsanwalt und der Amtsarzt erschienen und die vom Labor der Kriminalpolizei und schließlich, endlich, hatten die von der Leichenhalle die Leichen fortgeschafft.

Ich hatte eine unglaubliche Kaltblütigkeit bewahrt, und es war perfekt gelaufen. Alles war wieder im Lot. Der Onkel hatte seine Frau versehentlich umgebracht, die folglich eher tot war als er selbst und folglich nicht seine Erbin werden konnte. Also war ich wieder zum legitimen Erben geworden. Einfach und logisch.

Jetzt brauchte ich nur noch ein bißchen Geduld. Die Protokolle, die Verhandlungen, die Bescheinigungen, der Anwalt, die Steuern, die Bürokratie ... Unannehmlichkeiten, sicher, aber die Unannehmlichkeiten der Reichen.

Weil ich endlich reich geworden wäre. Ich hätte dieses Haus bewohnt, ich hätte im Wohlstand hier in Rom gelebt, in dieser Stadt, die mich so sehr bezauberte.

Wenn nicht ... wenn nicht irgendein zu gewitzter Polizist beim Überprüfen der Fotos bemerkt hätte, daß Barbara mit Slipsteks ans Bett gefesselt worden war, Seemannsknoten von der Art, wie man sie macht, um Fender festzubinden, wenn man es eilig hat und schnell anlegen will, um den Fisch auszuladen.

TAFELN UND SHOPPEN AUF RÖMISCH

Rom ist das politische und kulturelle Zentrum Italiens und durch den Sitz des Papstes auch das der katholischen Welt. Es wurde um 650 v. Chr. unter etruskischer Herrschaft gegründet. Die Metropole liegt auf 12,5° Ost und 42° Nord; ihr Mittelmeerklima zeichnet sich durch heiße Sommer und kühlere Winter mit mäßigen Niederschlägen aus. Weitere Auskünfte erteilt das Fremdenverkehrsamt ENIT, Via Marghera 2, 00100 Rom, Telefon 0039-6-49711.

TAFELN * Die schönste römische Trattoria ist das *Settimio all'Arancio* in der Via dell'Arancio 50. Den besten Eiskaffee mit Sahne gibt es beim *Caffè Tazza d'Oro* in der Via degli Orfani 82, das beste Eis der Stadt bietet *Fiocco di Neve* in der Via del Pantheon 51. Echte *Dorschfilets*, die berühmten Filetti di Baccalà, nach römischer Art zubereitet, sind eine ganz besondere Delikatesse. Besuchen Sie das Restaurant auf der Largo dei Librai 88. Wer es vegetarisch liebt, sollte unbedingt *Il Vegetariano* in der Via Margutta 118 besuchen.

SHOPPEN * In der *Antica Farmacia di Santa Maria Novella*, Corso Rinascimento 47, gibt es Hand- und Gesichtscremes und Parfums, die nach traditionellen Rezepten dort hergestellt werden. Das *Cenci* bietet wirklich elegante Bekleidung in der Via di Campo Marzio 1/7. In der *Bottega Veneta*, Piazza in Lucina 8, findet man die schönsten italienischen Taschen. Das *Diego Percossi Papi* in der Via di Sant'Eustacchio 16 ist auf handgemachten Schmuck aus Kupfer und wertvollen Steinen spezialisiert. *Mondello* ist ein außergewöhnliches Juweliergeschäft in der Via Montanara 1.

ZUM SCHLUSS * Für mich sind die allerschönsten Sehenswürdigkeiten Roms die *Brunnen* – alle Brunnen und Brünnlein ohne Ausnahme.

Unheimliche Inseln

Ein Hundeleben in Irland

Ulrike Gerold und Wolfram Hänel

»Da drüben soll ja der Teufel los sein«, hatte uns John, der Barmann vom *Druidstone Hotel* in Pembrokeshire, gestern nacht nach dem zweiten oder dritten Pint hinter vorgehaltener Hand mitgeteilt. »Nichts ist mehr so, wie es mal war: Mord und Totschlag überall, die Bullen finden jeden Tag neue Leichen ...«

Wir hatten ihn reden lassen, uns nur heimlich zugezwinkert und unser Teil gedacht – Mord und Totschlag in einem Land, in dem vor gerade mal einem Jahr noch eine kleine Kneipenschlägerei zur gesamt-irischen Schlagzeile avancieren konnte, nur weil ein Betrunkener dem anderen mit dem Bierglas »eine blutige Wunde am Oberarm« zugefügt hatte?

Wir wußten es allemal besser und waren überzeugt davon, daß John eben einfach nur wild drauf los fabulierte, um seine Gäste auch zu später Stunde noch angemessen zu unterhalten. Und natürlich wußten wir diese Art von Gastfreundschaft sehr wohl zu schätzen, orderten also weitere Pints des guten Guinness und debattierten fröhlich weiter, über den lieben Gott und die böse Welt, über die Waliser, über die Iren im Allgemeinen und die Leute aus Pembrokeshire im besonderen, und ehe wir's uns versahen, war es lange nach Mitternacht, oder, wie John grinsend feststellte: »Who gives a flying fuck on the fucking closing time?!«, und wir mußten machen, daß wir ins Bett kamen, denn die Fähre am nächsten Morgen würde nicht warten.

Jetzt standen wir bei Nebel und Nieselregen am Pembroke Dock und blickten skeptisch auf die Autofähre, die gerade auffällig schräg und wenig vertrauenerweckend am Anleger festmachte.

»Vielleicht laden sie ja noch um, und das Ding kommt irgendwie wieder ins Gleichgewicht«, wagte ich zu unserer Beruhigung zu hoffen, doch keine Stunde später dampften wir unter dicken, schwarzen Dieselwolken in Richtung Irische See und hatten das verdammt ungute Gefühl, daß der »Stolz der irischen Flotte« womöglich noch schräger im stumpfgrauen Wasser hing! Unseren Mägen ging es kaum besser, hatten wir doch nicht nur eindeutig zu viel gutes Guinness geschlürft, sondern zum Frühstück nach Spiegelei, Speck und fettigen Würstchen auch noch die Delikatesse des Hauses serviert bekommen: »Hot Kippers«, heiße Heringe! Zum Frühstück wohlgemerkt, morgens um kurz nach sieben ...

Zum Glück war das Meer ruhig und blieb ruhig, und nachdem wir erst mal England im Nebel zurückgelassen und in der *Connacht-Bar* zwei Pappbecher mit heißem Wasser und den dazugehörigen »round tea bags« erstanden hatten, sah die Welt eigentlich schon gar nicht mehr so schlecht aus, oder, um es auf irisch zu sagen: »It always could be worse!«

Das Deck war eben einfach ein bißchen schief, die Heringe lagen ein bißchen schwer im Magen, Diesel stinkt nun mal, und sooo laut war die Gruppe kreischender französischer Austauschschüler nun auch wieder nicht. In kaum weniger als drei Stunden würden wir endlich wieder in Irland sein, würden Michael wieder sehen und die Freunde vom *Riff Raff Theatre*, in ein oder zwei Wochen dann auch Pat, den Autoschrauber aus Ballingeary – der alles schrauben kann, »nur keine Citroëns«–, und Aart und Lieke, die Ziegenbauern aus Holland, die lange schon irischer sind als alle Iren zusammen. Vielleicht würden wir auch Paddy Hopkins besuchen oder einen Abstecher nach Inishturk machen, um zu sehen, wie es mit Mary Catherines Bed & Breakfast am Windy Gap steht.

Und über eins waren wir uns absolut einig: Was immer John, der Barmann, da gehört haben wollte – alles Quatsch. Nichts würde sich verändert haben, nichts Wesentliches jedenfalls. Die Hosenböden der irischen Paddies würden weiterhin in Höhe der Kniekehlen hängen, die irischen Farmhunde würden wie eh und je wild kläffend am linken Hinterreifen unseres Autos kleben, und wie üblich würde es uns auch diesmal wieder nicht gelingen, das typisch irische Kopf-nicken nachzuahmen: diesen merkwürdig schlängelnden Ruck von links unten nach rechts oben.

Dann begrüßte uns Rosslare Harbour mit einer langen Reihe fun-kelnagelneuer, elektrisch beleuchteter Großbild-Reklametafeln, aber wenigstens war die Werbung die alte geblieben: *Guinness is good for you!* Und mit einem Polizeiaufgebot, das dem deutsch-deutschen Grenzverkehr zur Hoch-Zeit des RAF-Terrorismus alle Ehre gemacht hätte. Es wimmelte nur so von Polizeifahrzeugen, Polizeiuniformen, Polizeihunden! Mit kasernenhofmäßig gebell-ten Befehlen wurden wir – natürlich, wer sonst – aus der Schlange gewunken, mit rollbaren Spiegeln wurde jeder Zentimeter des Fahr-zeugbodens kontrolliert, mit biegsamen Meßstäben wurde selbst noch der Tankinhalt überprüft, eifrige Polizistenhände lösten Tür-verkleidungen, stocherten unter Fußmatten und durchwühlten unser Reisegepäck, während wir ratlos und stumm staunend da-neben standen und nicht so recht wußten, wie uns geschah.

»Wonach um alles in der Welt sucht ihr eigentlich?« wagte ich nach einer ganzen Weile zu fragen.

»Nutting of you business«, kam prompt geknurrt die Antwort. Endlich waren wir als sauber erkannt und durften machen, daß wir weiterkamen.

»Schön, daß ihr da seid«, grinst Michael, kaum daß wir auf den Hof an der Rosslare Road gerollt kommen, »ich habe euch irgendwann in diesen Tagen erwartet.«

Das sagt er jedesmal. Egal, wann wir das letzte Mal voneinander gehört haben, ob wir uns angemeldet haben oder nicht. Michael kommt aus der Tür, hat seinen alten speckigen Hut aus dem Kostümfundus auf dem Kopf, grinst und behauptet, daß er uns »irgendwann jetzt« erwartet hätte.

Wir fallen gleich mit der Tür ins Haus. »Sag mal, was ist los bei euch? Wir sind im Hafen gerade –«

»Hört bloß auf«, winkt Michael ab, »hier ist der Teufel los, und nichts ist mehr so, wie es war, aber das ist eine lange Geschichte …«

Und natürlich erfahren wir diese Geschichte dann doch erst, nachdem Michael uns gnadenlos seinen heißgeliebten »Instant Coffee« aufgegossen hat. Und nachdem er David angerufen hat. Und nachdem David, Irene, Abigail und Laura vom Theater rübergekommen sind.

»Weil man die Geschichte unmöglich allein erzählen kann, weil sie viel zu kompliziert ist«, wie Michael behauptet. Die anderen nicken, und David holt ein Sixpack Guinness aus dem Kühlschrank, und dann endlich geht es los.

Mit Paddy O'Driscoll, der eines Abends im Vollrausch in der Larkin's Lane in Wexford ein Auto klaut und sich über irgendeine »Backroad« auf den Heimweg macht, Richtung Kilmore Quay.

»Da wohnt er nämlich«, erklärt Michael.

»Wohnte, meinst du«, verbessert David. »Vergangenheit.«

Michael schüttelt den Kopf. »Du wirst es nie lernen«, sagt er zu David, »zu dem Zeitpunkt, an dem Paddy nach Kilmore Quay unterwegs ist, wohnt er da auch noch, verstehst du?«

»Okay, meinetwegen, du bist der Regisseur.« David zuckt die Achseln und widmet sich seiner Guinnessdose.

»Also«, nickt Michael, »Paddy macht sich auf den Weg nach Kilmore Quay ...«

»Es ist alles gleich hier um die Ecke passiert!« wirft Irene als weitere unverzichtbare Erklärung für uns ein, »und Abigail hat mal eine Affäre mit Jamsie gehabt und der hat mit Paddy zusammen gewohnt.«

»Nicht wirklich«, wehrt Abigail sofort ab, »Jamsie wollte immer, aber ich ...«

»Ihr seht, es geht schon los«, grinst Michael zu uns rüber, »einer alleine kann die Geschichte unmöglich erklären, aber trotzdem, Jamsie kommt erst später, erst mal fährt Paddy in Schlangenlinien nach Hause, aber als er gerade an der Kreuzung am *Halfway Pub* ist, kommt Seamus mit seinem Fahrrad um die Ecke.«

»Seamus ist einer der ›Gardas‹ aus Kilmore Quay«, erklärt jetzt wieder David. »Ein blöder Hund, ich möchte nicht wissen, wie oft der uns schon angehalten hat, ich glaube, er hat was gegen uns –«

»Weil Michael jedesmal, wenn wir im Theater einen typischen Bullen brauchen, als Seamus geschminkt auf die Bühne kommt, deshalb!« ruft Laura dazwischen.

»Er ist trotzdem ein blöder Hund«, beharrt David.

»Also, Paddy sieht jedenfalls Seamus«, macht Michael unbeirrt weiter, »reißt das Lenkrad rum, schrappt ein Stück an der Friedhofsmauer lang und knallt voll in die Telefonzelle ...«

»Und als Seamus ihn hinterm Lenkrad vorzieht, ist sein rechtes Auge Matsch. Ein Glassplitter hat ihm den Augapfel zerschnitten, mitten durch«, malt David die Szene genüßlich aus, »genau wie in dem Film von Fellini ...«

»Buñuel«, sagt Michael, »*Chien andalou.*«

»Okay, du bist der Regisseur«, brummt David wieder, »aber das Auge ist jedenfalls hin.«

»Richtig«, nickt Michael, »und jetzt kommt's, paßt auf: Paddy erstattet Anzeige gegen den Halter des Autos, weil nämlich bei dem Aufprall der Sicherheitsgurt gerissen war, und die Versicherung –«

»Moment«, diesmal unterbreche ich Michael, »ich denke, er hatte das Auto geklaut?!«

»Trotzdem, er bekommt die Prämie zugesprochen: 160 000 Pfund! Paddy ist also ein gemachter Mann, aber ...«

Aber das ist noch lange nicht alles, wie wir in der nächsten halben Stunde erfahren. Und auch wenn es uns zunehmend schwerer fällt, die Zusammenhänge zu verstehen, kriegen wir doch immerhin jede Menge verwirrende Einzelstücke geliefert: Paddy hat also offensichtlich mit Jamsie – der, mit dem Abigail eine Affäre hatte oder auch nicht – und außerdem noch mit irgendeinem Donald zusammengewohnt – »in dem Abbruchhaus direkt unten am Hafen« –, und am gleichen Tag, an dem Paddy die Versicherungsprämie zugesprochen worden ist, haben sie die halbe Nacht lang gefeiert – Seamus, der Bulle, war angeblich auch dabei –, aber als sie dann am nächsten Mittag mit den letzten Biervorräten ihren Kater bekämpfen wollten, waren plötzlich Jimmy und Donald verschwunden ...

»Und blieben verschwunden, bis heute«, sagt Michael und schiebt sich den Hut in den Nacken. »Und zwei Wochen später ist dann auch Paddy verschwunden.«

Nun kapieren wir endgültig nichts mehr.

»Die Bullen hatten keine Ahnung, was sie machen sollten«, fährt Michael fort. »Aber dann haben sie einen Tip gekriegt, von zwei kleinen Jungen, die ein paar Leute mit Schaufeln und Plastiktüten gesehen hatten, und als sie dann den Acker hinter Paddys Haus umgegraben haben, haben sie festgestellt, daß da vor ihnen schon jemand anders gegraben hatte ...«

»Und dann haben sie unten am Strand die Reste von einer Feuerstelle gefunden«, macht Irene weiter, »und ein paar halb verkohlte Kleidungsstücke ...«

»Und Knochen«, ergänzt David und angelt sich schnell die letzte Dose Guinness, »jede Menge Knochen!«

»Und einen Schuh, der eindeutig Paddy gehört hat, und das

war's«, sagt Michael und zuckt mit den Achseln.

»Und jetzt?« fragen wir, weil wir das Gefühl haben, daß noch irgend etwas kommen muß. Eine Art Auflösung.

»Nichts«, sagt Michael, »weiter weiß keiner was. Die Bullen suchen immer noch, ihr habt's ja vorhin selbst erlebt.«

Stimmt. Haben wir. Wobei uns nun allerdings endgültig unklar ist, wonach sie dann im Tank unseres VW-Busses gesucht haben, beziehungsweise hinter unseren Türverkleidungen.

Aber da unterbricht Michael unsere verzweifelten Anstrengungen, irgend etwas verstehen zu wollen, und sagt mit einem strafenden Seitenblick auf David, der gerade die Batterie leerer Dosen im Abfallsack verschwinden läßt: »Ich schlage vor, wir rutschen erst mal rüber ins *Halfway Pub*, ich denke, es ist höchste Zeit für ein paar Pints für alle.«

Gerne. Denn im *Halfway Pub* gibt es nicht nur Guinness und Smithwicks und Harp Lager, sondern auch frische Scholle mit Pommes, das wissen wir noch vom letzten Jahr. Und auch, daß frische Scholle mit Pommes manchmal wahre Wunder wirken kann, wenn einem ein paar Liter »Instant Coffee« im Magen hin- und herschwappen. Und wenn man noch dazu Kopfschmerzen hat von einer Geschichte, neben der jeder Roman von Flann O'Brien leicht verständlich und völlig problemlos nachzuvollziehen ist.

Alle zusammen quetschen wir uns also zwischen Requisiten und Bühnenscheinwerfern in den theatereigenen Toyota Hiace, und los geht's, in halsbrecherischem Tempo und haarscharf an diversen Gräben und Mäuerchen vorbei. Doch wenn wir gedacht haben, gleich schön gemütlich auf der plüschbezogenen Sitzbank in der Ecke hocken zu können und genüßlich unsere Schollen zu zerlegen, so haben wir uns jedenfalls gründlich getäuscht. Halb Killinick scheint im *Halfway Pub* versammelt zu sein, und alle stehen wild durcheinander redend im Halbkreis vor der Theke, an der ein Mann mit einem Fahrrad lehnt. Mit einer Polizistenmütze auf dem Kopf.

»Seamus, der blöde Hund«, flüstert uns David überflüssigerweise zu. Und während Michael sich zur Theke durchkämpft, versuchen wir aus dem Stimmengewirr um uns herum halbwegs schlau zu werden – ohne die geringste Chance. Nur irgendwas von einem Hund kriegen wir mit, der verschwunden wäre! O nein, denken wir, nicht schon wieder jemand, der verschwunden ist! Seamus, der da schwankend an der Theke lehnt, brüllt in gleichmäßigen Abständen »oh, God« und »oh, Jesus«, wozu er jedesmal kopfschüttelnd seine Faust auf den Fahrradlenker niedersausen läßt.

Dann kommt auch schon Michael zurück und versorgt uns mit wohlgefüllten Pintgläsern und den notwendigen Informationen.

»Brian Boru ist verschwunden, der berühmteste Drogensuchhund von ganz Irland. Gehört dem Zoll in Rosslare Harbour. Und seit gestern ist er weg. Aus dem Zwinger raus geklaut!« Es dauert einen Moment, bis wir die Nachricht verarbeitet haben.

»Also deshalb ...«, setze ich an.

»Genau«, nickt Michael, »sie glauben, daß irgendeine Rausch-giftlieferung im Hafen ankommt.«

Klingt einleuchtend. Und würde tatsächlich erklären, was die »Gardas« unter unseren Fußmatten gesucht haben.

»Dann hätte der ganze Aufstand im Hafen also nicht das Gering-ste mit der Paddy-Geschichte zu tun gehabt ...«, versuchen wir uns über die Konsequenzen der Rauschgifttheorie klar zu werden. Doch Michael leckt sich zögernd den Schaum von den Lippen und sagt mit bedenklicher Miene: »Das ist nicht sicher. Wer weiß, ob nicht doch das eine mit dem anderen zusammenhängt ...«

Ungefähr eine Woche später sitzen wir bei Aart und Lieke in der Küche und säbeln uns dicke Scheiben selbstgebackenes Bauernbrot und frischen selbstgemachten Ziegenkäse auf die Teller. Schon seit Tagen haben wir keinen müden Gedanken mehr an Michaels ver-rückte Geschichten von verschwundenen Paddies, verschwundenen Fast-Liebhabern von Abigail oder verschwundenen Rausch-giftsuchhunden verschwendet – da klingelt plötzlich das Telefon. Michael!

»Es ist alles klar«, sagt er anstelle irgendeiner Form von Be-grüßung. »Ihr erinnert euch doch noch an Brian Boru? Stellt euch vor, er ist wieder da!«

Und bevor ich auch nur »aha« oder »ach ja« sagen kann, redet Michael weiter: Er war gar nicht geklaut, der berühmte Hund, er war nur ausgeliehen, von Donald und ein paar Typen drüben vom Hostel in Kilturk, und als die Bullen da zufällig vorbeigefahren sind, hing

ihnen plötzlich ihr eigener Köter wild kläffend am linken Hinter-
rad. »Du weißt, wie diese Hunde sind«, lacht Michael, »wenn sie
nichts zu tun haben oder wenn ihnen langweilig ist, dann jagen sie
jedes Auto, und sie versuchen immer, den linken Hinterreifen zu
erwischen, genauso, wie sie sonst den Schafen ins Hinterbein
zwicken, na ja, Brian Boru muß verdammt langweilig gewesen sein,
die Hippies, die gerade bei Donald wohnen, die haben nämlich ...«

Michael redet und redet, und wie üblich liefert er auch diesmal
wieder jede Menge vollkommen nebensächlicher Details, die ich
allerdings als solche erst mal erkennen muß, zumal er auch noch
jede einzelne dieser Nebensächlichkeiten liebevoll ausschmückt,
etwa die Tatsache, daß er selbst vor zwei Jahren mal mit Donald auf
dem Pferdemarkt in Millstreet war oder daß David mal mit der
Schwester von Donald eine ganze Nacht bei Sturm auf den Saltee
Islands festhing und daß eben diese Schwester gerade erst letzte
Woche aus London zurückgekommen ist, aber trotzdem, durch
hartnäckiges Nachfragen bekomme ich langsam doch eine leise
Ahnung von dem, was er mir da eigentlich zu erzählen versucht:
Nämlich daß die Hippies bei Donald – der nicht identisch ist mit dem
verschwundenen Donald! – eine Menge Dope im Haus hatten und
ganz nervös wurden, als die Bullen auf der Suche nach den Leichen
von Paddy, Jamsie und Donald anfingen, jeden Acker und jede
Wiese in der Umgebung umzugraben. Und daß sie dann mitten in
der Nacht die geniale Idee hatten, ihre Dope-Vorräte einfach da zu
vergraben, wo die Bullen schon gebuddelt hatten. Nur hatten die
Bullen inzwischen fast überall gebuddelt, und am nächsten Tag
konnten sich die Hippies beim besten Willen nicht mehr daran erinnern, in welchem Loch sie nun ihr Dope versteckt hatten. Was lag
da also näher, als sich eben mal Brian Boru für die Suche auszulei-
hen? Nur daß Brian Boru dann nach vielen Stunden ergebnisloser
Sucherei die Sache eindeutig zu langweilig wurde und er also
anfing, sich die Zeit mit anderen Späßen zu vertreiben – wie dem
»Hüten« des besagten Polizeiwagens, der gerade vorbeikam ...

»Du siehst«, sagt Michael zum Schluß, »es ist alles klar, genau wie
ich gesagt habe. Es hängt alles zusammen, und ohne das eine wäre
das andere nicht möglich gewesen –«

»Warte mal«, unterbreche ich, »damit ist doch nur klar, was mit dem Hund gewesen ist, und das hat doch überhaupt nichts mit ...«

»Das kann man so nicht sagen«, erklärt Michael, ohne auch nur einen Moment lang zu zögern, »glaub mir: Es gibt Dinge zwischen Himmel und Erde, die kann niemand erklären ...«

Stimmt. Da hat er zweifellos recht. Und nachdem ich den anderen den vorerst letzten Teil dieser abstrusen Geschichte erzählt habe, sind wir uns einig: Wo soll es diese »Dinge zwischen Himmel und Erde« geben, wenn nicht hier, in Irland?

Und gleich nachher, wenn wir die Ziegen gemolken haben, werden wir ein wenig in dem kleinen, abgegriffenen Paperback schmökern, das Lieke eben aus ihrem Bücherregal fischt: *The Tailor and Ansty,* die Geschichten vom Dorfschneider aus Ballingeary und seiner Frau. »Wahnsinnig spannend«, schwärmt Lieke, »aber du kapierst kein Wort – echt irisch eben!«

GUINNESS, SCHRAUBER UND ZIEGENKÄSE

*Die Insel Irland erstreckt sich von 5°
bis 11° westlicher Länge und 51,5° bis
55,5° nördlicher Breite. Rosslare be-
findet sich an ihrem südöstlichen
Zipfel. Die Insel war schon bei der
Zuwanderung der Kelten um 500 v.
Chr. besiedelt. Das feuchte, ozeani-
sche Klima mit milden Wintern und
Sommertemperaturen von selten
mehr als 20°C begünstig die überwie-
gend landwirtschaftliche Nutzung.
Irland-Reisende wenden sich an das
Irish Tourist Board – Bord Failté,
Baggot Street Bridge, Dublin 2,
Telefon 00353-1-765871.*

HOTELEMPFEHLUNG IN WALES *
Nicht nur, wer nach durchzechter
Nacht seinen Kater mit Hot Kippers
kurieren will, sollte auf dem Weg
nach Irland unbedingt im *Druidstone
Hotel* in Wales absteigen: Von jedem
der beiden Fährhäfen *Pembroke* und
Fishguard weniger als eine Autostunde entfernt, ist das Druidstone eine
gelungene Mischung aus Landhotel
und Wanderherberge mit sehr viel
persönlichem (wenn auch leicht an-
gestaubtem) Charme; häufig sind

Theatergruppen zu Gast, und die Bar
im Keller gilt als Geheimtip für ein
»etwas anderes« Bar-food – immerhin
hat Jane Bell, Köchin und Hotelchef-
in, auch schon mal den polnischen
Theaterpapst Grotowski bekocht.
Anreise: Von Haverfordwest auf der B
4341 den Schildern nach Dale folgen,
nach 3 Meilen rechts nach Nolton, in
der ersten scharfen Rechtskurve geradeaus weiter bis zur »T-Junction«,
dann rechts und kurz darauf – am
Schild »Druidstone Haven« – wieder
links, weiter über zwei »Cattle grids«
und links in die Einfahrt zum Hotel.
Adresse: The Druidstone, Jane Bell,
Druidstone Haven, Dyfed SA62 3NE,
UK; Telefon 0044-1437-781221.

**THEATEREMPFEHLUNG IN IR-
LAND** * Wer immer sich für freies iri-
sches Theater interessiert, für den ist
eine Vorstellung des *Riff Raff Theatre* in Wexford ein Muß – aus chroni-
schem Geldmangel hat das Riff Raff
zur Zeit kein eigenes Haus, sondern
spielt, wo immer sich die Möglichkeit
bietet. Und egal ob unter »Red Moon
Drama Team«, »The Last Straw«,

»Driseog Bheag Touring Theatre« oder »Travelling Light Theatre«, immer steht Irene auf der Bühne, oft auch Abigail und Laura, Michael sitzt hinter dem Regiepult, und die Bühnenbilder sind von David. Kontakt: Theatre Workshop Ireland, Stage Three, Michael Way, Lower Bride Street, IRL Wexford, Co. Wexford, Telefon 053-35014.

ZIEGENKÄSE * Aart und Lieke Versloot machen den besten Ziegenkäse, den es gibt, so viel ist sicher. Hart und rund und manchmal mit wildem Kümmel! Und freitags steht Aart auf dem Markt in Bantry, ansonsten muß man sich selbst auf den Weg machen: von Ballingeary in Richtung Gougane Barra bis zum handgemalten Schild rechts am River Lee: »Carraig Goat Cheese«. Adresse: Aart und Lieke Versloot, Carraig, IRL Ballingeary, Co. Cork, Telefon 026-47126.

PUB * Wer Aart und seinen Ziegenkäse auf dem Markt in Bantry verpaßt hat, ersäuft seinen Kummer am besten in der *Anchor Tavern* gleich um die Ecke. Eng und dunkel, auch am Tag und bei offener Tür verqualmt, auf dem Tresen offeriert ein Schild geräucherte Makrelen, gleich daneben ein zweites Schild »No likee, no payee«. Und bei Regen und Sturm sollte man sich zusätzlich noch einen Hot Toddy bestellen, zwei Drittel heißes Wasser, ein Drittel guter Malt-Whiskey, und das Ganze mit einem Schuß Zitronensaft, Zucker und ein paar Nelken – »it always could be worse, slantée!«

AUTOPANNEN * Wenn einem zwischen Reenascreena und Dunmanway der Auspuff abfällt oder das Handbremsseil reißt – *Pat Ring*, der Bullenfarmer und Autoschrauber aus *Ballingeary*, kann alles schrauben, nur eben keine Citroëns. Manchmal sieht Pat die Sache allerdings deutlich anders als eine Vertragswerkstatt – »Dein Handbremsseil ist gerissen? Wo ist da das Problem? You can go to the end of the world without a fucking handbrake.« Anschrift: Pat Ring, IRL Ballingeary, Co. Cork, Telefon 026-47038.

BED AND BREAKFAST AUF INISHTURK * Vor der Clew Bay mitten im Atlantik liegt die kleine Insel *Inishturk* – 87 Einwohner, vier Fischkutter, eine Kneipe und keine Sperrstunde. Vor einigen Jahren hat Inishturk Schlagzeilen gemacht: Gold war auf der Insel gefunden worden und sollte umgehend abgebaut werden, aber die Insulaner haben sich geschlossen zur Wehr gesetzt: »Wir brauchen kein Gold, wir haben hier genug, womit wir sehr zufrieden sind.« Seit kurzem hat Mary Catherine ein Bed & Breakfast, wer also viel nacktes Felsgestein und heiseres Möwengeschrei liebt (oder, wie die Insulaner sagen: »the peace and the quiet«), ist herzlich willkommen. Auch eine »Fährverbindung« gibt es inzwischen, mit dem Fischkutter ab Cleggan. Adresse: Mary Catherine Heanue, The Harbour, Inishturk, IRL. Renvyle, Co. Galway, Telefon 098-45520.

Tod auf Texel

Sabine Deitmer

Een ogenblikje alstublieft! – Einen Moment, bitte!
Ich stürmte zu meiner Wohnung im zweiten Stock hoch. Vor der Tür
stoppte ich abrupt. Am Türknauf hing eine Plastiktüte, und auf dem
Fußabtreter stand ein Gegenstand, der mir irgendwie bekannt vor-
kam. Durch Eisenstreben sah ich auf einen Wassertropf, Futter,
Heu. In der Mitte des Käfigs lag ein graues Kuscheltier plattge-
drückt auf dem Boden.

Ich bückte mich und schnalzte mit der Zunge. »Ttt-ttts-tts.« Das
Kaninchen rührte sich nicht. »Hey«, sagte ich. »Kein Grund zur
Panik. Du kennst mich doch.«

Ich schloß die Tür auf, schnappte mir den Käfig und stellte ihn auf
das freie Fensterbrett in meinem Wohnzimmer. *Für Beate Stein*
stand in großen gedruckten Buchstaben auf dem Umschlag, der zwischen die Stäbe des Käfigs gesteckt war. Mit dem Daumennagel riß
ich ihn auf. »Liebe Bea«, las ich, »ich glaube, es wird Zeit, daß er zu
DIR kommt. Bei mir war er ja nur in Pflege. Er gehört Dir, und Du
solltest Dich um ihn kümmern. Liebe Grüße von Deiner Freundin
Anna.«

Ich fluchte. Das mußte Anna gerade jetzt einfallen. Ausgerechnet!
Wo ich in zehn Minuten in meinen ersten Kurzurlaub mit Beckmann starten wollte.

Einen Moment lang überlegte ich, bei wem ich das Kuscheltier
abstellen könnte. Meiner Mutter? Die würde mir was husten. Mei-

nem Kollegen? Der hatte eine Ehefrau, Zwillinge und ein Streifen-hörnchen und war damit schon hoffnungslos überfordert. Petra? Unserer Sekretärin? Die sonnte sich auf den Malediven.

Als ob er wüßte, was ich mit ihm vorhatte, reckte der Nagezahn die Nase in die Luft und schnüffelte. Roch er den Braten?

Ich holte die Plastiktüte von draußen. Fürsorglich wie Anna war, enthielt sie alles, was ein Kaninchenherz erfreut: Körnerfutter, fri-sche Salatblätter und ein paar Möhren.

In Rekordgeschwindigkeit stopfte ich alles, was frau für eine Woche an der See braucht, in meine Reisetasche. Einen extradicken Pulli, die Zweithose zum Wechseln, warme Unterwäsche. Und Glit-zerzeug zum Ausgehen.

Als Beckmann Sturm schellte, packte ich mit einer Hand meine Reisetasche und den Plastikbeutel und mit der anderen den Käfig mit dem Kaninchen.

Kunt u mij een stukje meenemen? – Können Sie mich ein Stück mit-nehmen?

Beckmann wartete unten. Im dunklen Hausflur hielt er die Tür für mich auf. »Kaum zu glauben«, empfing er mich. »Du hast es tatsäch-lich pünktlich geschafft.«

Ich hauchte ihm einen Kuß auf die Nase. »Für einen schönen Mann tu' ich alles.«

Er lächelte geschmeichelt. »Komm, ich nehm' dir was ab.«

»Den müssen wir leider mitnehmen.« Ich zeigte auf das hellgraue Kaninchen im Käfig.

»Und ich dachte, wir würden einmal allein los. ›Free and easy‹. Ohne Haustiere.«

»Es ist ein Notfall«, erklärte ich. »So kurzfristig krieg' ich ihn nir-gendwo anders unter.«

»Ist das vielleicht ein Beweisstück in irgendeinem verfluchten Fall, Frau Kommissarin?«

»Nein.« Ich schüttelte den Kopf. »War er mal. Aber das ist schon lange her.«

»Ein Kaninchen. Ich faß es nicht ...«

»Beckmann.« Ich küßte ihm zärtlich die Nasenspitze. »Ich weiß, daß es nicht immer einfach mit mir ist.«

»Ich liebe Herausforderungen«, grinste er, schon wieder ganz der alte. »Aber eins mußt du versprechen!«

»Ja?« fragte ich.

»Daß du ihn nicht als Anstandswauwau auf die Bettritze setzt ...«

Hoe bevalt het hier? Het bevalt me goed. – Wie gefällt es Ihnen hier? Es gefällt mir gut.

Wir fuhren an einem Kanal vorbei. Boote schaukelten an ihren Anlegern, die ersten Möwen kreisten über dem Wasser. Der Himmel war weit und frei, wie ich ihn liebe. Wolkenberge fegten darüber.

»Wie geht es deinem Freund?« erkundigte Beckmann sich.

Ich warf einen Blick auf den Käfig, der hinten auf dem Rücksitz stand. Der Hase lag wieder platt auf dem Boden.

»Er mag Autofahren nicht«, sagte ich.

»Auf Texel wird es ihm gefallen«, grinste Beckmann. »Grünes Gras satt.«

Wir folgten den Schildern zum Anleger. Vorbei an Grachten mit Booten und Stadthäusern mit spitzen Giebeln und properen grün-weiß-roten Fensterläden.

Beckmann fuhr auf eine riesige Betonmole und reihte sich in die Schlange all derer ein, die auf das Boot warteten. Ein Schild informierte uns, daß das nächste Boot in einer Viertelstunde fuhr. An der Seite stand ein Imbißwagen. Beckmanns Augen funkelten begehrlich. »Ein Matjes«, stöhnte er wollüstig. »Mit Zwiebeln.«

Ich besorgte uns zwei Matjesbrötchen mit extra viel Zwiebeln. Zufrieden schmatzend saßen wir im Wagen und verfolgten, wie die fetten Möwen über dem Anleger kreisten und die große Autofähre *Molengat* durch bewegte Wellen auf uns zu getuckert kam.

»Wir sollten etwas über den Käfig legen«, meinte Beckmann. »Könnte sein, daß sie Kaninchen auf Texel nicht mögen.«

»Wieso nicht?« fragte ich erstaunt.

»Ich glaube, die dürfen da abgeschossen werden.«

»Abgeschossen?« Ich warf einen besorgten Blick nach hinten.

»Wegen der Deiche. Die Texeler haben Angst, daß die Kaninchen mit ihren Bauten die Deiche unterhöhlen und diese dann zusammenkrachen.«

»Kann man verstehen«, gab ich zu und kramte ein Tuch aus der

Tasche, das ich über den Käfig legte. »Es ist nur für die Überfahrt«, beruhigte ich den Nagezahn. »Auf Texel kommst du wieder ans Licht.«

Wir fuhren hinter den anderen Autos auf die Fähre.

»Und jetzt einen Kaffee«, schmachtete Beckmann.

Wir überließen das Kaninchen seinem Schicksal und stiegen die engen Schiffstreppen hoch. Die Luft roch würzig nach See. Wellen klatschten grau-grün gegen den Schiffsbug.

In der Cafeteria besorgte uns Beckmann zwei Pappbecher voll Kaffee. Ich kaufte ein Heft des Fremdenverkehrsvereins und die Zeitung der Insel, den *Texelse Courant*.

Auf der ersten Seite war ein Schaf abgelichtet. Ich versuchte zu lesen, was es da auf holländisch zu lesen gab. Wenn ich richtig verstand, verschwanden immer wieder Schafe von der Insel. Die Polizei stand vor einem Rätsel.

Verschwundene Schafe. Nicht schlecht. Endlich einmal ein Fall, der mir in meiner langen Laufbahn noch nicht begegnet war.

Beckmann verfolgte meine Lektüre mit einem Auge. »Ich dachte, du stehst auf Kaninchen. Nicht Schafe.«

»Ich bin Tierfreundin. Ganz generell«, erklärte ich. »Sogar zutrauliche Zweibeiner haben bei mir ihre Chance ...«

Er griff meinen Arm. »Komm, wir gucken Möwen.«

Wir gingen auf das freie Heck. Zu Dutzenden folgten die Vögel dem Boot. Das Kreischen war ohrenbetäubend. Vor uns tauchte ein Stück Land auf. Das war schon Texel.

Hoe kom ik naar het strand? – Wo geht es zum Strand?
Links und rechts der schnurgeraden Straße, auf der wir über die Insel fuhren, leuchteten saftige grüne Wiesen, auf denen schwarz-weiß gefleckte Kühe mit prallen Eutern weideten. Im Schatten von windgebeugten Bäumen standen alte Höfe mitten auf frisch umgepflügten Feldern.

Die Landschaft veränderte sich. Ich sah grünen Wald, durch den die Sandkuppeln der Dünen schimmerten. Dann kamen die ersten Hotels, Restaurants, eine weiße Kirche. *De Koog* las ich auf dem Ortsschild.

Wir parkten am Ende der Stichstraße zum Meer. Zur Hauptsaison mußte hier am Strand der Teufel los sein. Jetzt waren nur wenige Menschen am Wasser.

»Wir sind gleich wieder zurück«, flüsterte ich dem Nagezahn unter seinem Tuch zu.

Der Wind war frisch. Er roch nach Seetang und Salz. Wir liefen einen Steinweg zu einem Strandpavillon hinunter. Ich zog die Schuhe aus und lief barfuß weiter. Sand kitzelte meine Fußsohlen.

»Wer zuerst am Wasser ist, hat einen Wunsch frei«, forderte ich Beckmann zum Wettrennen auf. So schnell ich konnte, spurtete ich über den Strand zum Wasser. Hinter mir hörte ich ein Keuchen. Tatsächlich. Beckmann mit seinen schnieken Stadtschuhen überholte mich. Kurz vor dem Wasser stolperte er und landete im Sand.

»Gewonnen«, keuchte er stolz.

Ich fiel über ihn. Zu zweit kugelten wir durch den Sand.

»Das werden schöne Ferien.« Er knabberte an meinem Ohr.

Ich machte mich frei und lief mit nackten Füßen ins Wasser. »Was wünschst du dir?« rief ich ihm zu. »Du hast gewonnen.«

»Einen Spaten«, schrie er sofort zurück.

»Einen Spaten?« Ich lief zu ihm. »Und wozu?«

»Du bist die Kommissarin. Wozu wohl?«

»Du willst doch wohl nicht ...«

»Darf man denn keine Sandburgen mehr bauen, wenn man älter als zehn ist?« beschwerte er sich.

We willen een wandeling maken. – Wir wollen eine Wanderung machen.
Wir räumten unsere Sachen aus. Der Käfig mit dem Kaninchen bekam einen Ehrenplatz im Wohnzimmer unseres Bungalows, direkt vor dem Kamin.
»Wenn du dich benimmst, lassen wir dich auch mal raus«, versprach ich dem Nagezahn, der seine Lauscher interessiert aufstellte. Dann ließen wir ihn allein.

Wir fuhren mit dem Auto am Leuchtturm vorbei auf die Seite der Insel, die eingedeicht war. Laut Karte waren einige Teile als Naturschutzgebiet gesperrt. Wildgänse machten hier halt auf ihrem Zug in den Süden. Und hier brüteten Vogelarten, die anderswo längst ausgestorben waren.

Wir stellten das Auto hinter der Ortseinfahrt von De Cocksdorp ab und liefen ein paar Meter den Kanal entlang, auf dem sich Entenschwärme tummelten. Dann stiegen wir Steintreppen hoch auf den Deich. Ein mächtiger Wind pustete uns durch. Die Schafe, die neben uns auf dem grünen Deich grasten, schien das nicht zu stören. Gelassen standen sie da auf ihren dünnen Beinchen, glotzten uns freundlich an oder steckten ihre Mäuler ins Gras und fraßen und fraßen. Noch nie hatte ich so saftiges Gras gesehen.

»Beckmann«, bemerkte ich unschuldig. »Hast du schon mal so saftiges Gras gesehen?«

Er blieb stehen und beäugte mich mißtrauisch. »Ist das die Tierfreundin, die da spricht?«

»Es ist doch niemand hier, da könnten wir ihn doch einmal ... probeweise ...«

»Gehe ich recht in der Annahme, daß du von unserem Reisebegleiter sprichst?« fragte er zurück.

Ich nickte. »So frisches Gras ist das größte für ihn, glaube ich.«

»Meinst du, der kommt zurück, wenn du ihn frei laufen läßt?«

»Er war oft draußen bei Anna.«

»Du willst, daß wir ihn hierher bringen?«

Ich nickte. »Guck mal. Der Deich da drüben. Gras satt. Und kein einziges Schaf.«

»Kaninchen werden hier abgeschossen«, warnte er mich mit ernstem Blick.

»Wer soll ihn denn sehen? Die zwei Angler da unten packen schon ihre Sachen zusammen. Wenn wir zurückkommen, ist hier keiner mehr.«

Zijn conijnen toegestaan? – Sind Kaninchen gestattet?
Eine Stunde später hing ein roter Sonnenball über dem Wasser. Als er in die Wellen tauchte, glühte der Horizont rot auf. Im Licht der untergehenden Sonne standen die Schafe wie Scherenschnitte auf dem Deich.

Beckmanns hellen Regenmantel konspirativ über den Käfig mit dem Kaninchen gestülpt, wanderten wir über den Deich. Über ein Schafgitter liefen wir den Weg hinunter zu einem See. Weit und breit war kein Mensch zu sehen, nur Schilf und Wasservögel, die schimpften.

Wir stellten den Käfig auf den Weg und lupften den Mantel. Wie erstarrt lag das Kaninchen auf dem Boden.

Ich bückte mich. »Hey. Du brauchst keine Angst zu haben.«

»Wie wär's damit?« Beckmann hielt mir eine rote Wäscheleine hin. »Sicher ist sicher.«

»Wo hast du die denn her?« staunte ich.

»Gehört zur Grundausstattung jedes holländischen Bungalows.«

Ich öffnete die Käfigtür. »Komm, mein Kleiner«, lockte ich. »Tttt-tttt-ttt.« Er hoppelte näher an die Käfigtür. Ich stülpte ihm die Schlinge der Wäscheleine über den Kopf. »Gleich ist es vorbei. Gleich kannst du los.«

Ich wickelte ein paar Meter von der roten Leine ab, die Beckmann im Bungalow entwendet hatte.

»Komm.« Beckmann zeigte auf eine Bank. »Wir warten mal, was passiert.«

Der Nagezahn wurde munter, setzte sich auf die Hinterbeine, stellte die Löffel hoch und schnupperte. Mit zwei Sätzen hüpfte er zur offenen Käfigtür, streckte sein hellgraues Schnäuzchen hinaus, schnüffelte, um dann mit einem Satz loszuspringen und entzückt über das Gras zu hoppeln. In wilden Haken ging es den Deich hoch und wieder zurück. Die rote Wäscheschnur hüpfte mit. Als sich das Kaninchen ausgetobt hatte, hockte es friedlich im Gras und mümmelte los. Es war eine Freude, die Gräser in der samtigen Schnauze verschwinden zu sehen. Plötzlich war das Kaninchen weg.

Ich sprang auf. »Verdammt. Ich sehe ihn nicht mehr.«

»Keine Panik«, mahnte Beckmann. »Der ist bestimmt in einen Bau gekrochen.«

»Einen Bau? Ich denke, hier gibt es keine Kaninchen?«

»Vielleicht Füchse, Murmeltiere«, knurrte Beckmann, »was weiß ich.«

Ich folgte der roten Wäscheleine und kletterte den Deich entlang. Endlich landete ich vor der Stelle, wo die rote Leine im Gras verschwand, schob das Gras beiseite und fand den Eingang zu einem Erdloch.

Ich kniete mich davor und versuchte, hineinzugucken. Ein unangenehmer Gestank wehte mir entgegen. War das nicht ein Geruch, den ich kannte?

Verblüfft sah ich, wie die rote Leine Meter für Meter in dem Erdloch verschwand. Ich behielt kaum noch Wäscheleine in der Hand. Ich zog daran, spürte einen Widerstand und gab mit der Leine nach. Erwürgen wollte ich ihn ja nicht.

»Ich habe eine Idee«, verkündete Beckmann siegessicher. »Bin sofort wieder zurück.«

Mijn laatse tetanus is een jaar geleden. – Meine letzte Tetanusspritze war vor einem Jahr.

Ich saß in der Dämmerung am Deich und hielt ein Stück rote Wäscheleine in der Hand. Enten paddelten über das Wasser und schnatterten laut.

Beckmann kam stolz mit seinem neuen Strandspaten und einer Taschenlampe zurück.

»Wo ist er?«

Ich strich das Gras zur Seite und zeigte auf das Loch.

»Na, dann woll'n wir mal ...«

»Beckmann«, rief ich entsetzt. »Du kannst doch nicht einfach ...«

»Wir buddeln hinterher alles schön wieder zu«, beruhigte er mich und fing an zu graben.

Neben ihm türmte sich die Erde auf, die er aus dem Deich holte. Erst ein Maulwurfshaufen, dann ein Erdhügel – als ob ein Grab ausgehoben würde.

»Beckmann«, warnte ich.

»Ich guck' mal, was da ist.« Er legte sich auf den Bauch, mit der Taschenlampe in der Hand robbte er vorwärts. Geradewegs in das Loch, das er ausgegraben hatte. Ich sah, wie erst der Oberkörper, anschließend der Rest meines Geliebten in einem holländischen Deich verschwand.

Nach einer halben Ewigkeit tauchten erdverschmierte Schuhe und dreckverkrustete Hosenbeine auf. Der Oberkörper war nicht viel besser. Erdklumpen klebten an seinem Cashmere-Pullover und in den Haaren.

Er hielt das Kaninchen in den Händen und setzte es mir auf den Arm. Sofort steckte es sein samtiges Maul in meine Armbeuge.

Der Dreck in Beckmanns Gesicht stand in einem seltsamen Kontrast zu dem Leuchten in seinen Augen.

»Du glaubst nicht, was ich da drin gefunden habe.«

Ich sah ihn fragend an.

»Einen Raum, in dem man fast stehen kann.«

Ich kraulte das Kaninchen und fühlte sein Herz vor Angst pochen. »Was für ein Raum?« fragte ich. »Und was heißt ›fast stehen‹?«

»Na, ein Raum eben«, berichtete er. »Ich mußte den Kopf einziehen, sonst wär' ich an die Decke geknallt.«

»Hast du vielleicht irgendwas gesehen?« seufzte ich.

»Da stand ein Tisch 'rum. Oder eher so eine Art Bank auf Böcken. Und ein Stuhl«, erinnerte er sich. »Und an den Wänden hingen Schaffelle, da war noch Blut dran.«

»Wieviele Schaffelle?« fragte ich. »Große, kleine, war das Blut geronnen oder noch frisch?«

»Verdammt noch mal«, explodierte er. »Ich bin kein Zeuge in deinem beknackten Büro, Frau Kommissarin. Wir haben Urlaub, wenn du weißt, was das ist.«

»Du hast ja recht«, lenkte ich ein. »Reine Gewohnheit. Ist nicht so gemeint.«

»Das Blut an den Fellen war trocken, aber nicht hart«, erinnerte er sich. »Sie hingen an Haken an der Wand, zehn, fünfzehn, ich hab sie nicht gezählt.«

»Schaffelle«, wiederholte ich nachdenklich. Ich setzte den Nagezahn in den Käfig und schloß sorgfältig die Tür.

»Jetzt buddel ich das schön wieder zu.« Beckmann griff voll Tatendrang nach dem Spaten. »Und dann dusch' ich. Und dann gehen wir essen.«

»Das mit dem Zubuddeln kannst du dir sparen«, stoppte ich ihn. »Die holländischen Kollegen sind sicher froh, wenn sie es nicht wieder neu aufbuddeln müssen ...«

»Kollegen?« Beckmann blinzelte mich verständnislos an.

»Die haben ein Problem mit Schafen, die verschwinden, stand in der Texelzeitung.«

»Und du meinst?«

Ich schnappte mir den Käfig mit dem Schlappohr. »Genau.«

Waar kan ik hier telefoneren? – Wo kann ich hier telefonieren?
Weder Beckmann noch ich hatten unsere Handys mit in die Ferien genommen. Von wegen totalem Ausspannen. Jenseits von Leichen und Börsenkursen ... Jetzt rächte sich das. Während Beckmann duschte, machte ich mich auf den Weg zur Telefonzelle am Slufterweg. Das Licht funktionierte, und aus dem Telefonbuch war nicht eine Seite herausgerissen.

Ich brauchte nicht einmal eine Telefonkarte. Für die Touristen in den Bungalowparks hatten sie noch ein Münztelefon aufgestellt.

171

Die Telefonnummer der Kollegen war leicht zu finden. Das »Politiebureau« befand sich in der Hauptstadt. Es gelang mir tatsächlich, einen Kollegen an die Leitung zu kriegen.

Auf Englisch stammelte ich etwas von Notfall und sehr wichtig, von toten Schafen, die im Deich zwischen De Cocksdorp und dem Horntje versteckt waren. Direkt am Fahrradweg, neben den Seen mit den Vögeln ... Ich legte schnell auf.

Die paar Tage Ferien, die ich hatte, wollte ich nicht mit dem Ausfüllen von Formularen bei der Polizei von Den Burg verbringen.

De menukaart alstublieft. – Die Speisekarte, bitte.
Den ersten Abend auf Texel feierten wir im *Packhuus*, im Hafen von Oudeschild. Wir saßen an glänzenden Holztischen und blickten auf Fischkutter. Ich aß »gestoovte paling«, in Butter gedünsteten Aal, der göttlich schmeckte. Beckmann entschied sich trotz unseres Abenteuers am Deich für das texelsche Lamm. Einen echten Feinschmecker kann nichts schrecken. Und das texelsche Lamm, eine eigene Rasse, dessen Fleisch durch das Weiden auf den see-nahen Wiesen am Deich einen ganz besonders würzigen, leicht salzigen Beigeschmack hat, läßt selbst französische Gourmets in Verzückung geraten.

Anders nog iets? – Darf es sonst noch etwas sein?
Natürlich hatten wir beide unsere Theorie, wer da im Inneren des Deichs Schafe verschwinden ließ und warum.

Ich tippte auf einen Insulaner, der zeit seines Lebens mit Schafen tyrannisiert wurde, der als Baby auf Schaffellen für das Familienalbum posieren mußte, dem als Kind Schaffleisch vorgesetzt wurde, das er haßte, der als Jugendlicher in Schafwolldecken schlafen mußte, von denen er Pusteln bekam. Kurz, Härten eines typischen Lebens auf Texel, die ihn zum Schafhasser und Schlächter heranreifen ließen.

Beckmann tippte auf einen Hobby-Ornithologen vom Festland, der die Insel wegen ihrer unberührten Natur und ihrer artenreichen Vogelwelt liebte und sich zum Ziel gesetzt hatte, sie in einem ersten Schritt von allen Schafen und in einem zweiten Schritt von allen Viehhaltern zu befreien.

Tot ziens! – Auf Wiedersehen!
Wir hatten beide unrecht, wie wir auf unserer Rückfahrt im *Texelse Courant* lesen konnten. Der Entführer der Schafe wurde als der Bruder des Besitzers eines Feinschmeckerlokals in Brügge enttarnt. Entsetzt über die Praktiken der Viehhalter in seinem Heimatland Belgien, wollte der Gourmet seinen Gästen nur noch Fleisch von Tieren servieren, für deren artgerechte Haltung und »hauseigene« Schlachtung er garantieren konnte. Und so schickte er seinen jüngsten Bruder auf Schaf-Fang ...

Nach einer Woche Texel stand ich mit Beckmann leicht melancholisch am Heck der *Molengat*. Die Ferien waren vorbei. Wir vermißten den Nagezahn, der im Auto allein unter seinem Tuch saß. So schnell kann einem ein Tier ans Herz wachsen. Wir standen an der Reling in einem alles durchdringenden Nordseewind und sahen vor uns Texel immer kleiner werden. Und die Möwen kreischten zum Abschied.

EINMAL UM DIE INSEL

Die niederländische Nordseeinsel Texel ist 15 km lang und 9 km breit. Sie liegt auf 5° östlicher Länge und 53° nördlicher Breite und ist vom Festland aus in 20 Minuten mit der Fähre zu erreichen. Neben dem Fremdenverkehr sind Schafzucht und Landwirtschaft bedeutende Wirtschaftsfaktoren. Informationen gibt es beim AV Den Burg, *Emmalaan 66, Telefon 0031-222-314741.*

MEINE LIEBSTE FAHRRADTOUR ∗ Einmal rund um die Insel sind ca. 70 km. Vom *Slufter* aus durch die Dünen zum Leuchtturm, am Wasser entlang zum Strand, wo das Schiff nach Vlieland startet. Den Deich für einen Abstecher nach *De Cocksdorp* verlassen. Anschließend auf dem Deich oder unten am Kanal weiter. Am Wattenmeer längs bis nach *Oudeschild* in den Hafen. Hinter Oudeschild auf dem Deich weiter, bis es nicht weitergeht, dann hinter dem Deich bis zum Anlieger T'Horntje. Dort quer über Land nach *Den Hoorn*. Durch das Waldgebiet nach *De Koog*. Von dort durch die Dünen nach *De Muy* und den Slufter.

MEIN LIEBSTES RESTAURANT ∗ *'t Packhuus* in Oudeschild. Gute Fisch- und Fleischgerichte. Schönes Ambiente. Satt lackiertes dunkles Holz; durch die kleinen Fenster Aussicht auf die Boote im Hafen.

MEINE LIEBSTE KNEIPE ∗ *De Twaalf Balcken*, ein sogenanntes »braunes Café« in Den Burg, urig mit Holzdielen und schön gemischtem Publikum.

MEIN LIEBSTER STRANDPAVILLON ∗ *Paal 9* besticht nicht durch die Aussicht, sondern durch typisch holländisches Flair und nette Leute vor und hinter dem Tresen.

MEINE LIEBSTE POMMESBUDE ∗ Im Hafen von Oudeschild.

MEIN LIEBSTER ORT ∗ *Oosterend*, ein schönes altes Örtchen, mit typischen Hollandhäusern im Halbkreis um die Kirche gruppiert. Der »Rommeltje Markt« (Trödelmarkt) hier ist berühmt, ebenso wie der Spirituosenladen.

Ein karibischer Silvestermorgen

Kate Grilley

Ich sag' dir, Mann, diese Bank auszuräumen ist ein Kinderspiel. Du gehst im Dunkeln rein, beeilst dich, und schon bist du sicher wieder zu Hause. Als Kind war ich mit meinem Onkel immer da drin. Auf dem Bau in der Sonne schuften, das ist nichts für mich. Ich nehm' lieber leicht verdientes Geld, leg mich entspannt in den Schatten und spucke auf jeden, der mich daran hindern will.

Zwei Stunden vor Sonnenaufgang ließ sich der alte Mann in seinem Gartenstuhl nieder, der gegenüber der Virgin Islands Community Bank stand, im Zentrum von Christiansted auf St. Croix, einer der US Virgin Islands.

Das ausgefranste Nylongewebe des Sitzes piekte in seine Oberschenkel, als er mit dem Stuhl vorsichtig über den holprigen Bürgersteig rutschte und ihn nach Südwesten ausrichtete. Er lehnte sich abwartend zurück, die Füße fest auf dem Boden, die Hände im Schoß gefaltet.

Rechts von ihm, drei Straßen weiter die King Street hinauf, sah er St. John. Von der anglikanischen Kirche führte die Weihnachtsbeleuchtung wie eine Strickleiter im Zickzack über die Einbahnstraße. Der abnehmende Mond schob sich dichter an das türmchenbesetzte Dach der gotischen Kirche heran, ein einzelner Scheinwerfer auf einer vom Verkehr verlassenen Straße. Leichter Wind ließ die Blätter der Palme rascheln, die am Ende der Straße zwischen zwei Gebäuden wuchs.

Der alte Mann fröstelte in der kühlen, salzigen Morgenluft und wünschte, daß er sich eine Windjacke über sein kurzärmeliges Hemd gezogen hätte.

Bim ... Bim ... Bim ... Bim ... Bim

Die Glocke der anglikanischen Kirche verkündete volltönend die Uhrzeit. »Es dauert nicht mehr lange«, sagte der alte Mann leise und rieb seine Arme, um sich zu wärmen. Er wußte, daß einige der Taugenichtse in der Stadt über ihn lachten und mit den Fingern auf ihn zeigten, wenn er unsicher den Bürgersteig entlangschwankte und Selbstgespräche führte. Hinter seinem Rücken nannten sie ihn den verrückten alten Säufer. Aber er soff gar nicht, hatte nur hin und wieder einen kleinen Schwips von dem Rum, der auf der Insel gebrannt wurde, und verrückt war er schon gar nicht. Seine Gelenke waren von der Arthrose steif geworden, aber er war zu stolz, um einen Stock zu benutzen, und er führte nur deshalb Selbstgespräche, weil zu Hause niemand mehr war, mit dem er seine Gedanken teilen konnte.

Der aufkommende Silvesterwind ließ die breiten flachen Blätter der alten Seetraube in dem winzigen Park auf der anderen Straßenseite knistern. Ein abgestorbenes Blatt, vom Alter orange gefärbt, flatterte über die Backsteinmauer, die den Park vom Bankgebäude trennte, in die U-förmige Einfahrt, die wie ein Burggraben die Bank umgab.

Durch die obere Hälfte seiner Brille beobachtete der alte Mann mit geübtem Blick den Eingang der Bank auf der anderen Seite der King Street. Dort hatte er fünfzig Jahre lang gearbeitet, nachdem er mit fünfzehn die einklassige Schule westlich von Christiansted verlassen hatte. Die sengende Sonne auf den Zuckerrohrfeldern war nichts für ihn gewesen. Sein Vater hatte als Kassierer in der Bank gearbeitet. Das war damals gewesen, als sie noch Dänisch-Westindische Bank geheißen hatte, lange vor der Übergabe 1917, als die Virgin Islands aus dänischem in amerikanischen Besitz übergegangen waren. Der alte Mann hatte 1933 als Bankbote angefangen. Ein Jahr, in dem Arbeit knapp war und andere Banken der Insel Konkurs anmelden mußten, weil die Plantagenbesitzer ihre Kredite nicht zurückzahlen konnten. Die Zuckerrohrplantagen wurden eine nach der anderen aufgegeben und verkauft, um ausstehende Hypotheken oder Steuerschulden zu bezahlen.

Die Bank hatte überlebt, weil sie auf die arbeitende Bevölkerung von St. Croix vertraut hatte. Der alte Mann lächelte, als er daran dachte, wie sehr seine Hand gezittert hatte, während er den dreißig Jahre laufenden Hypothekenvertrag für das Haus, vor dem er saß, unterschrieben hatte. Jetzt war es ganz und gar schuldenfrei. Wenn es nötig gewesen war, hatte er sogar noch einen Zusatzjob angenommen, um seine Raten zurückzuzahlen. Das Erdgeschoß hatte er immer an Ladengeschäfte vermietet; zur Zeit war dort ein kleiner Eisenwarenladen. Im ersten Stock war Platz für ihn und seine größer werdende Familie.

Das zweigeschossige Bankgebäude war dunkel, still und leer. Die schweren Eisentore vor den Eingangstüren waren fest verschlossen. In wenigen Stunden würde sich die Eingangshalle mit Kunden füllen, die in Schlangen bis auf die Straße standen; alle würden noch Bargeld abheben wollen, bevor die Bank an diesem Tag um zwölf Uhr für das lange Neujahrswochenende schließen würde.

Der alte Mann griff in seine Hosentasche, aber nicht, um nach dem Ring mit den schweren Messingschlüsseln zu tasten, den er an jedem seiner Arbeitstage dort aufbewahrt hatte; diese Zeiten waren lang vorbei. Vorsichtig öffnete er den Deckel der massiv goldenen Taschenuhr, die er bei seiner Pensionierungsfeier bekommen hatte. Die Kirchenglocken bestätigten, daß es halb sechs war.

Bumm, bumm ... bumm-bumm-bumm

Der alte Mann beugte sich vor und legte den Kopf schief; die dröhnende Baßtrommel wurde lauter, als ein Pritschenwagen langsam über die Landstraße vom Weihnachtsmarkt in Frederiksted am Westende von St. Croix nach Christiansted schlich. Der rechte Fuß des alten Mannes wippte im Takt. Verschlafene Einwohner von Christiansted und Touristen mit großen, erstaunten Augen, die von den entfernten Klängen angezogen wurden, füllten langsam die Bürgersteige zu beiden Seiten der King Street – von der anglikanischen Kirche bis zum Government House, an den mit Fensterläden ausgestatteten Geschäften vorbei, deren Schaufenster jetzt mit zollfreien Weihnachtsgeschenken dekoriert waren.

Bumm, bumm ... bumm-bumm-bumm
Pling, plong ... pling-plong-pling

Die Musik der Steelband schallte aus riesigen Lautsprechern, die auf der Rückseite des Pritschenwagens festgeschnallt waren, und gab den Takt an, in dem die Füße hinter dem Wagen hertanzten.

Bumm, bumm ... bumm-bumm-bumm
Pling, plong ... pling-plong-pling
Tap, tap ... tap-tap-tap

Singles, Paare und Familien mit kleinen Kindern feierten den Silvestermorgen mit rhythmischem Stampfen. Sie hoben ihre Gesichter wie Sonnenblumen zu dem blaßrosa Streifen, der den saphirblauen Himmel über Fort Christiansvaern an der Seeseite von Christiansted durchzog.

Bumm, bumm ... bumm-bumm-bumm
Pling, plong ... pling-plong-pling
Tap, tap ... tap-tap-tap
»Neues Jahr ... wunderbar«

So sangen sie, während sie tanzten.

»Neues Jahr ... Rum ist da«, improvisierten andere und reichten Flaschen herum, die in braunen Papiertüten steckten.

Der Umzug am Silvestermorgen war der Auftakt für die Weihnachts-Karnevalsparaden, die in sechs Tagen, am Dreikönigstag, ihren Höhepunkt erreichten; vorher fand am 5. Januar in Frederiksted der Kinderumzug statt, dann, am letzten offiziellen Feiertag im Weihnachtskalender von St. Croix, der Umzug der Erwachsenen in phantasievollen Kostümen am 6. Januar in Christiansted.

Bumm, bumm ... bumm-bumm-bumm
Pling, plong ... pling-plong-pling
Tap, tap ... tap-tap-tap
»Neues Jahr ... wunderbar«
»Neues Jahr ... Rum ist da«
Blink, blink ... blink-blink-blink

Ein Streifenwagen mit Blaulicht, aber ohne Sirene, fuhr vom Parkplatz der anglikanischen Kirche herunter, um die Feiernden zum Sonnenaufgangsfrühstück zu geleiten. Es fand in dem alten dänischen Fort Christiansvaern statt, das durch eine Grünanlage getrennt einem alten dänischen Gebäudeensemble gegenüberlag.

Dieser Komplex bestand unter anderem aus dem alten Wiegehaus, in dem jetzt der Andenkenladen des »Park Service« untergebracht war; dem ehemaligen Zollhaus, in dem die Verwaltung des »Park Service« ihre Büros hatte, und dem Sklaven-Auktionsplatz, auf dem jetzt das Postamt von Christiansted stand.

Frühaufsteher und Nachtschwärmer sammelten sich in Trauben vor der Bank und warteten, daß die Steelband vorbeizog, um sich in die Menge der Tanzenden einzureihen.

Im ersten Stock blitzte ganz kurz ein Licht auf, wie von einem Glühwürmchen, aber der alte Mann sah es sofort. Er blinzelte und musterte die vergitterten Fenster. Nach dreißig Jahren als Sicherheitschef der Bank kannte er das Gebäude in- und auswendig, als habe er es mit seinen eigenen Händen gebaut.

An einem der Fenster erschien ein Gesicht und verschwand wieder in der Dunkelheit. Ein Gesicht, wo um diese Uhrzeit keines sein sollte.

Das Polizeiauto war nur noch eine Straße entfernt.

Der alte Mann erhob sich mühsam aus seinem Gartenstuhl. Er schlurfte auf die noch leere Fahrbahn.

Bumm, bumm ... bumm-bumm-bumm
Pling, plong ... pling-plong-pling
Tap, tap ... tap-tap-tap
»Neues Jahr ... wunderbar«
»Neues Jahr ... Rum ist da«
Blink, blink ... blink-blink-blink
Klapp, klapp ... klapp-klapp-klapp.

Die Feiernden applaudierten dem alten Mann im Takt der Musik; sie glaubten, er wolle die Parade nach Fort Christiansvaern anführen.

Der alte Mann taumelte, mitten auf der King Street. Schließlich winkte er dem Streifenwagen.

Die Menge auf dem Bürgersteig teilte sich, um den alten Mann durchzulassen; hinter ihm schloß sich die Lücke, und alle tanzten ihm nach wie die Kinder dem Rattenfänger von Hameln. Dabei zerstampften sie die abgestorbenen, orangefarbenen Blätter der Seetraube in der Einfahrt der Bank.

Der alte Mann erreichte die Rückseite des Bankgebäudes genau in dem Moment, als ein Arm eine gefüllte Sporttasche aus dem Notausgang des ersten Stocks auf die Feuertreppe hinauswarf. Der Arm verschwand schnell wieder; die Tür wurde geschlossen.

Der Polizeiwagen kam von der Westseite der U-förmigen Einfahrt und hielt direkt vor dem alten Mann. Zum Sprechen zu erschöpft, zeigte er zum ersten Stock hinauf. Der Wagen der Steelband wurde langsamer und hielt vor der Bank; der Fahrer konnte die scharfe Rechtskurve in die enge Einfahrt nicht nehmen.

Bumm, bumm ... bumm-bumm-bumm
Pling, plong ... pling-plong-pling
Tap, tap ... tap-tap-tap
»Neues Jahr ... wunderbar«
»Neues Jahr ... Rum ist da«
Blink, blink ... blink-blink-blink
Klapp, klapp ... klapp-klapp-klapp
Klong, klong ... klong-klong-klong

Zwei Paar Füße in festen, dicksohligen schwarzen Schuhen polter-
ten die Feuertreppe hinauf und verschwanden durch die Tür, die
offensichtlich mit einem Brecheisen geöffnet worden war.

Der alte Mann sank auf die warme Kühlerhaube des Polizeiwagens.

Es waren jetzt so viele Tänzer auf den Beinen, daß sie die Straße
bereits von der Prince Street, zwei Straßenblocks weiter hinten, bis
zur anglikanischen Kirche füllten. Sie tanzten hinter dem Wagen
auf der Stelle, dankbar für die Verschnaufpause. Was hinter der
Bank vorging, bemerkten sie nicht.

Starke Arme zogen den alten Mann vom Polizeiwagen weg in den
Schutz einer Betonmauer, durch welche die Bank von den Gebäuden und der Company Street getrennt wurde. Der alte Mann, teilweise verdeckt von Menschen, die sich in mehreren Reihen vor ihm
drängten, sah zu der geschlossenen Tür im ersten Stock hinauf.

Es dauerte nicht lange, bis die Polizisten einen Mann in Handschellen die Treppe hinunterbrachten. Als sie ihn auf den Rücksitz
des Polizeiwagens schoben, entdeckte er den alten Mann und
spuckte vor ihm aus.

Die Menge teilte sich, um dem Polizeiwagen mit seiner laut heu-
lenden Sirene den Weg zur King Street freizumachen. Er schoß bis
zur nächsten Ecke, bog rechts in die King Cross Street ein und gleich
wieder nach rechts in die Company Street Richtung Westen, um so
das Polizeirevier in der Market Street zu erreichen, eine Straße östlich der anglikanischen Kirche.

Bumm, bumm ... bumm-bumm-bumm.
Pling, plong ... pling-plong-pling.
Tap, tap ... tap-tap-tap.
»Neues Jahr ... wunderbar.«

»Neues Jahr ... Rum ist da.«
»Altes Jahr ... Freundesschar«

So sangen die Tänzer, als der Fahrer des Pritschenwagens in den ersten Gang schaltete und der Zug sich langsam die King Street hinabbewegte, vorbei an der Florence-Williams-Bücherei, der lutherischen Kirche, dem Government House, auf die aufgehende Sonne zu. Sie schien jetzt auf die kleine, überdachte Bühne für die Band, die auf der Grünfläche neben Fort Christiansvaern stand, und wurde von Freudenrufen und Dauerapplaus der Menschen auf dem Bürgersteig begrüßt.

Neben der Bank stand der alte Mann, stolz und aufrecht, ein einsamer Wachposten am Fuß der Feuertreppe, und hütete die unverschlossene Tür, bis ein weiterer Polizeiwagen kam, um das Gebäude zu sichern.

Langsam wiegte der alte Mann den Kopf hin und her und seufzte. Er wünschte, er hätte nie gehört, wie sein Großneffe damit angegeben hatte, wie leicht es sei, die Bank zu überfallen.

KOLUMBUS UND DIE RUM-DESTILLEN

St. Croix ist mit 223 Quadratkilometern die größte der drei zu den USA gehörenden Virgin Islands. Die Karibikinsel liegt östlich von Puerto Rico, auf 17,5° nördlicher Breite und 64,5° westlicher Länge. Das Klima ist tropisch; die Wintertemperaturen betragen nachts um die 22 °C und steigen tagsüber auf ca. 30 °C an, die Sommertemperaturen sind um etwa 5 °C höher. Unsere Währung ist der US-Dollar, aber wir fahren auf der linken Straßenseite in Autos, deren Steuer links ist. Für Reisen nach St. Croix ist der Dezember am beliebtesten: Der Karneval beginnt Mitte Dezember und endet am 6. Januar mit der Dreikönigstags-Parade. Informationen gibt es beim Department of Tourism, *Company Street, Christiansted, St. Croix, U.S. Virgin Islands 00820.*

EIN BISSCHEN GESCHICHTE * St. Croix wurde im November 1493 von *Christoph Kolumbus* auf seiner zweiten Reise entdeckt. Auf der Nordseite der Insel liegen Salt River und die Stelle, an der Kolumbus die Insel betrat und eine kurze, aber nicht allzu freundliche Begegnung mit den Kariben hatte. Daraufhin eilte die spanische Flotte davon, zu den Inseln nördlich von St. Croix. Kolumbus benannte die ganze Inselgruppe, die heute als *U.S. and British Virgin Islands* bekannt ist, nach der *Heiligen Ursula* und ihren elftausend Jungfrauen. Seit Kolumbus unsere Insel entdeckt hat, wehten bereits *sieben Flaggen* über St. Croix: die spanische, englische, französische, niederländische, die der Malteserritter, die dänische und schließlich, seit dem 31. März 1917, als Dänemark die Inseln verkauft hatte, die US-amerikanische.

VOM OSTEN ZUR HAUPTSTADT * Entdecken Sie, warum St. Croix das Paradies von Amerika ist, wie unsere Nummernschilder stolz verkünden. *Point Udall*, am Ostende von St. Croix, ist der östlichste Punkt der gesamten USA. Wenn Sie von Point Udall nach Westen fahren, kommen Sie an *Cramer's Park* vorbei, einem sehr beliebten Strand und Picknickgebiet. In der Mitte der Insel liegt *Christiansted*, eine unserer beiden Städte; beide sind übrigens nach dänischen Königen benannt. Die Straßen von Christiansted werden von farbenprächtigen Gebäuden aus der dänischen Kolonialzeit gesäumt.

RUM UND NOCHMALS RUM UND JOHNNY CAKES * Wochentags bietet sich ein Besuch in der *Cruzan-Rum-Destille* an, wo Sie echten *Cruzan*, den auf St. Croix gebrannten Rum, probieren können. Wir meinen, es ist der beste Rum der Welt. Oder gehen Sie einfach ins *Restaurant Club Comanche* in der Strand Street und trinken einen *Cruzan Rum Punch* und essen dazu *Conch Fritters*. Oder fahren Sie von Christiansted aus nach Westen und machen unterwegs einen Abstecher in nördliche Richtung, zum *Salt River*, wo Kolumbus landete, und probieren dort einen Cruzan Rum in der *Columbus Cove Hafenbar*. Oder fahren Sie mit der Fähre zum *Hotel on the Cay*; es ist nur eine kurze Überfahrt von Christiansted zur *Protestant Quay*, einer kleinen Insel in der Mitte von Christiansteds Hafen, und genießen Sie Ihren Rum direkt am Strand. Dazu empfehlen sich *Johnny Cakes*, ein leckerer westindischer Imbiß.

BOTANISCHER GARTEN UND BACKWAREN * Wenn Sie sich für Flora und Fauna der Insel interessieren, müssen Sie unbedingt den botanischen Garten, *St. George Village Botanical Gardens*, besuchen, er ist wunderschön. Hier findet jährlich Anfang Dezember ein besonders beliebtes Ereignis für alle statt, die sich früh in die Weihnachtseinkäufe stürzen wollen. Beim *Christmas Spoken Here* werden außergewöhnliche Backwaren und Geschenkartikel verkauft, die alle auf der Insel hergestellt wurden.

WHIMS PLANTAGE * Westlich des botanischen Gartens liegt *Whim Great House*, das restaurierte Haus eines Plantagenbesitzers samt Nebengebäuden. Es stammt aus der Zeit, als das Zuckerrohr die Wirtschaft von St. Croix bestimmte. Beliebt ist auch *Whims* jährliche *Antiquitätenauktion* im zeitigen Frühling, bei der westindische Möbel und andere Antiquitäten und Sammlerstücke unter den Hammer kommen.

SCHNORCHELN UND SEGELN * Abenteuerlustige können auf dem Unterwasser-Rundweg bei *Buck Island* schnorcheln gehen. Von Christiansted zu der unbewohnten Buck Island braucht man mit dem Segelboot einen halben bis einen Tag. Sie liegt vor der Nordostküste von St. Croix.

DER SCHÖNSTE SONNENUNTERGANG * Ganz im Westen von St. Croix liegt *Frederiksted*. Besuchen Sie Frederiksted am Spätnachmittag; die Sonnenuntergänge dort sind sensationell, und wer weiß, vielleicht sehen Sie das *Grüne Leuchten* ... Frederiksted brannte während eines Sklavenaufstands in den 1880er Jahren nieder. Beim Wiederaufbau wurde die dänische Kolonialarchitektur mit viktorianischem Zuckerbäckerstil gemischt. Das Ergebnis ist ein ganz besonderes tropisches Ambiente, das Sie sonst nirgends finden.

Trolle, Geysire und
ein ganz gewöhnlicher Stein

Regula Venske

»Schau mich nicht so feindselig an, du – du Nazi!« rutschte es Gisli heraus. »Ach Scheiße, entschuldige!« fügte er schnell hinzu und legte seine Hand versöhnlich auf die Schulter seines Bruders. »Tut mir wirklich leid, Gunnar, ich hab's nicht so gemeint, altes Haus. Aber Gunnhildarstapi wird nicht von der Stelle bewegt, das kommt überhaupt nicht in Frage! Wenn wir anbauen wollen, müssen wir einen anderen Platz für den Stall finden, und basta!«

Seit Tagen drehten sich die beiden im Kreise. Gunnar wollte Gunnhildarstapi zu Gunsten der von ihm gewünschten Stallerweiterung opfern, und Gisli widersetzte sich ihm. Es waren zwei sehr ungleiche Brüder, die hier auf Kjóastaðir, zwischen Laugarvatn und Torfastaðir, im fruchtbaren Südwesten Islands lebten und zusammen einen Reiterhof führten.

Im Laufe der Jahre hatten sie den vom Vater ererbten Farmbetrieb aufgegeben, hatten Kühe und Schafe abgeschafft, der Produktion von Milch und Schafskäse und dem Verkauf von Wolle und Fleisch abgeschworen und sich ausschließlich auf die Pferdezucht konzentriert. Und allmählich hatten sie das Angebot von Reitertouren mit verschiedenen Schwierigkeitsgraden erweitert, und die Nachfrage seitens der Touristen war stetig gewachsen. Dabei hatte sich die Verschiedenheit der Brüder bislang durchaus produktiv ausgewirkt. War der eine bei aller Melancholie doch kommunikativ und auf lie-

benswürdige Weise chaotisch, so erschien der andere gleichblei-
bend muffelig, aber stets pünktlich und perfekt organisiert. Konnte
der eine mit seiner freundlichen Art die Gäste im Nu für sich gewinnen, so verstand es der andere, sie mit zuverlässiger Sturheit – und
sturer Zuverlässigkeit – weiter an Kjóastaðir zu binden.

War Gisli, selbst stolzer Vater einer Tochter und glücklicher Ehemann, ganz der Typ, den alle Kinder auf der Stelle als Ferienpapi
adoptieren wollten, so eroberte Gunnar, der gutaussehende Hage-
stolz, in jedem Sommer so einige Frauenherzen. Allerdings war er
zu faul oder zu gleichgültig, um seine Verehrerinnen wirklich auf
die Probe zu stellen, und so machte es nichts aus, ob die Damen verheiratet und mit ihren Ehemännern angereist waren oder auch
nicht.

Nun aber, seit Gisli Witwer geworden war und Ingibjörg, seine
Tochter, in Amerika studierte, seit also wieder Frauenmangel auf
Kjóastaðir herrschte, brachen die Konflikte, die bislang durch weib-
liche Besänftigung sowie den schieren Existenzkampf unterdrückt
worden waren, mit aller Gewalt auf. In den letzten Jahren lief das
Geschäft endlich so gut, daß die Möglichkeit bestand, in stärkerem
Ausmaß zu expandieren. Nur konnten sich Gisli und Gunnar nicht
einigen, wie weit sie dabei gehen wollten, und beim Streit über die
Ziele und die geeigneten Mittel zum Zweck versuchte jeder, die
Oberhand zu behalten.

»Wir haben es Vater versprochen. Und der hat es meiner Mutter
gelobt, als sie starb. Wie oft soll ich das denn noch sagen? Und vorher schon Großmutter! Das weißt du alles genauso gut wie ich!«

»Aber das ist doch nur Aberglauben! Altweiber-Geschwätz! Deine
Mama in allen Ehren, aber wer will denn noch an Trolle glauben? Im
einundzwanzigsten Jahrhundert! Ach was, das ist ein ganz gewöhn-
licher Stein, und damit hat es sich!«

Gisli erinnerte sich daran, wie Gunnars Mutter diesen Satz einst
fast wörtlich genauso an ihn gerichtet hatte. Damals war er sprach-
los gewesen, hatte geschwiegen, stumm und entsetzt. Gunnhildarstapi ein ganz normaler Stein? Wie konnte man nur so dumm sein,
das zu behaupten?

»Die Trolle haben Kjóastaðir beschützt, seit Menschengeden-
ken«, antwortete er jetzt mit scharfem Ton. »Das liegt freilich ein

bißchen länger zurück, als sich Leute aus Schleswig-Holstein vielleicht erinnern können.«

Er biß sich auf die Lippen. Was war nur heute mit ihm los? Es war sonst nicht seine Art, dem Bruder die andere Mutter vorzuhalten, und so weit, daß er ihn gar als Nazi beschimpft hatte, war er noch nie gegangen. Nach dem frühen Tod von Gislis Mutter hatte sein Vater eine jener norddeutschen Landarbeiterinnen geheiratet, die 1949 über Zeitungsanzeige angeworben worden waren. So hatte man damals den Frauenmangel in Island bekämpft, und die Deutschen mochten wohl froh gewesen sein, der Nachkriegszeit mit ihrem Elend, dem Hunger und der Trauer um manch einen im Kriege Gefallenen oder Vermißten zu entrinnen. Und ein Jahr, nachdem Elfriede zu ihnen gezogen war, 1950, war Gunnar zur Welt gekommen. Gisli erinnerte sich gut daran, er war damals immerhin sechs Jahre alt gewesen, ein kleiner mutterloser Vogel, der nur zu bereit gewesen war, vertrauensselig in ein neues Nestchen zu schlüpfen. Später hatte er sich das mitunter als Verrat an seiner eigenen Mutter vorgeworfen, vor allem, als er älter wurde und gegen Elfriedes herbe Strenge und ihre Phantasielosigkeit zu revoltieren begann. Von ihrer Vorgeschichte hatte er wenig gewußt, aber in seiner Phantasie malte sich Gisli als Halbwüchsiger aus, sie sei eine KZ-Wächterin gewesen, die sich durch die Heirat nach Island drohender Bestrafung entzogen hatte. Und für den Rest ihres Lebens versuchte, Kjóastaðir wie ein KZ zu regieren ...

»Solange ich lebe, wird Gunnhildarstapi nicht angetastet!« wiederholte er abschließend einen Ausspruch ihres gemeinsamen Vaters. Und wie um zu betonen, daß das Thema damit ein für allemal für ihn erledigt sei, stellte er sein Abendbrotsgeschirr ordentlich zusammen und erhob sich vom Tisch. Daß er soeben sein eigenes Todesurteil gefällt hatte, konnte er natürlich nicht ahnen. Gunnar tat, als gebe er fürs erste klein bei. Aber Gislis Worte fingen an, in seinem Inneren zu keimen.

»Solange du lebst, ja, gewiß«, dachte er, während er sich noch ein Stückchen vom Stockfisch abbrach, es in seinem Mund verschwinden ließ und es dann langsam und genießerisch, als wäre es Kaugummi, zwischen seinen Zähnen bewegte. »Solange du lebst. Aber keine Minute länger, du – du lächerlicher Troll!«

In den darauffolgenden Wochen gingen sich die Brüder, so gut es ging, aus dem Weg. Beide vermieden es, die Sprache auf den geplanten Anbau und Gunnhildarstapi zu bringen, Gisli, weil er nach wie vor auf eine einvernehmliche Lösung hoffte, und Gunnar, weil er wußte, daß er seinen Bruder im Leben nicht würde umstimmen können. Den nicht, der war – in grundsätzlichen Fragen – mindestens genauso stur wie er selbst. Aber insgeheim nagte die Kränkung an ihm und fraß sich immer tiefer in ihn hinein. Nazi, hatte sein Bruder ihn genannt! Was bildete der sich ein! War er nicht ebenso Grimurs Sohn? Aber immer war Gisli der Liebling des Vaters gewesen. Und der Liebling der Lehrer und schließlich des einzigen Mädchens, das je gezählt hatte für ihn. Warum hatte Sigga nur Gisli genommen? Hätte er sie nicht mindestens ebenso glücklich gemacht? Nun, aller Wahrscheinlichkeit nach nicht, das Glück der beiden wäre kaum zu überbieten gewesen. Und jetzt sollte er Gislis Dickschädels wegen auch noch auf einen sorglosen Lebensabend verzichten? Nein, mit dem erweiterten Reiterhof ließe sich in wenigen Jahren ein kleines Vermögen verdienen. Und dann leb' wohl, Kjóastaðir! In spätestens zehn Jahren wollte er sich, zunächst vielleicht nur im Winter, nach Griechenland absetzen. Und dann nach Florida. Was hielt ihn noch hier, seit Sigga gestorben war? Die Welt bestand noch aus anderen Orten als nur diesem Flecken um Gunnhildarstapi herum! Ein Trollstein, ein Trollheim! Hätte es nicht ihn selbst betroffen, es wäre echt zum Lachen gewesen! Aber das konnte er beim besten Willen nicht auch noch hinnehmen, daß ein alberner Stein seinem restlichen Lebensglück im Wege lag! Vieles hatte er ja ertragen, aber einmal war Schluß! Und von wegen Nazi! Diesem ewigen Tugendbolzen würde er es noch zeigen! Sein Plan war gereift. Er mußte jetzt nur noch abwarten, bis der letzte Feriengast abgereist war.

Ende September war es soweit. Eines Abends, als Gisli wie gewohnt in den Stall ging, um den alten Braunen mit einem Extrastück Hering zu versorgen, lauerte Gunnar dem Bruder auf und schlug ihm mit einem Hammer hinterrücks auf den Kopf. Es war kein schöner Tod, den Gisli starb, das Blut spritzte, und Gisli starb auch nicht so schnell, wie Gunnar sich vorgestellt hatte. Aber nun hatte er einmal damit begonnen, nun mußte er sein Werk auch vollenden. Wer als Kind – zusammen mit seiner Mutter – gelernt hatte, wie man Blutpudding kocht, der ließ sich so schnell nicht erschüttern.

Vaters Liebling, dachte Gunnar grimmig, als Gisli endlich vor ihm auf dem Boden lag, Siggas Geliebter und der Liebling der Trolle! Er mußte lachen. Wo waren sie denn jetzt? Kamen sie etwa herbeigeeilt, um ihn zu beschützen? Zu spät! Zu spät! Kjóastaðir gehörte jetzt ihm ganz allein, und er konnte den Hof vergrößern und Steine verrücken, ganz so, wie er es wollte. Ihm redete kein großer Bruder mehr drein. Aber merkwürdig war es, daß er plötzlich den Zwang in sich verspürte, sich umzuschauen. Da war niemand, das war natürlich klar. Wer sollte an einem regnerischen Herbstabend wie diesem hier plötzlich aufkreuzen? Grimurs Geist etwa? Noch einmal lachte er laut, dann warf er einen verstohlenen Blick hinter sich, aber mit Ausnahme des nervös zuckenden Braunen war der Stall leer, keine Menschenseele in Sicht weit und breit.

In derselben Nacht noch ließ Gunnar die Leiche verschwinden. Er wickelte Gisli in eine alte Pferdedecke und stopfte ihn zwischen die Rückbänke seines Jeeps, und sobald er Kjóastaðir hinter sich gelassen hatte, ergriff ihn eine fast euphorische Heiterkeit. Auch das Bedürfnis, sich wieder und wieder umzudrehen, war endlich verschwunden. Zügig fuhr er an der Kirche von Torfastaðir vorbei und bog nach links in die Hauptstraße 35 ab. Als er an Brautarhóll vorüber war, begann er, vor sich hin zu pfeifen. Er hätte nicht gedacht, daß er sich nach der Tat so gut fühlen würde. Aber die schwierigste Arbeit kam erst noch, das wußte er wohl, und er murmelte es sogar laut vor sich hin, als er an der Kreuzung von Múli weiter in Richtung des Großen Geysirs fuhr. Jetzt kam das Schwerste! Gisli war kein Leichtgewicht gewesen, es war kein Pappenstiel, den schweren Körper über Bretterplanken hinweg und durch Matsch – durch heißen, bisweilen kochendheißen Matsch zudem – bis zum Schlund des Geysirs zu schleppen. Aber das ungemütliche Wetter, das seine Arbeit ansonsten nicht gerade erleichterte, war auch auf Gunnars Seite; niemand war unterwegs, niemand konnte ihn dabei ertappen, wie er den Leichnam seines Bruders aus dem Wagen zerrte, und der Wärter, der hier tagsüber nach dem Rechten sah, hatte seinen Dienst längst beendet.

Endlich hatte er den Beckenrand des Großen Geysirs erreicht, nach dem die Springquellen in aller Welt ihren Artnamen trugen, auch wenn dieser inzwischen schlapp gemacht hatte. Seit Ewigkeiten hatte er sich zu keinem Ausbruch mehr bewegen lassen, da mochte an hohen Feiertagen noch so viel Schmierseife oder Spülmittel hineingekippt werden. Soweit sich Gunnar erinnerte, hatte man sich vor etlichen Jahren, bei einem Besuch der dänischen Königin, zuletzt darum bemüht, den Vater aller Geysire im wahrsten Wortsinn zu schmieren. Aber erst, als die Staatskarossen schon wieder abgefahren waren, schoß eine riesige Wassersäule empor. »Der Große Geysir geht nicht für jeden hoch«, hatte man damals gewitzelt und sich seitdem mit dem zuverlässig arbeitenden Strokkur, dem kleinen Butterfaß, zufrieden gegeben. Auch jetzt schleuderte Strokkur gerade seine Wassersäule tapfer in den Nachthimmel empor. Heftig nach Luft ringend, wartete Gunnar auch noch seinen nächsten Ausbruch ab. Dann schleifte er Gisli über den weißgrauen Sinterkegel des Stóri Geysir und stieß seinen Bruder in den Kessel hinab. Der stürzt jetzt glatt bis zum Mittelpunkt der Erde, dachte Gunnar befriedigt. Der taucht so schnell nicht mehr auf!

Am nächsten Morgen bestieg Gunnar, frisch geduscht und im Sonntagsstaat, in bester Laune die Frühmaschine der Icelandair von Reykjavík nach Kopenhagen. Sein Flugschein war auf den Namen Gisli Grimsson ausgestellt, mit dessen Paß er auch reiste; bei aller Verschiedenheit konnten ihn die Kontrolleure sehr wohl für seinen Bruder halten, zumal er in dieser Nacht durchaus gealtert war. Schlaf hatte er nicht gehabt, er war vollauf damit beschäftigt gewesen, den Stall zu reinigen, den Pferden Futter für zwei, drei Tage hinzustellen – er wußte ja nicht, wie schnell er Erfolg haben würde –, und zwischendurch eine e-Mail an Ingibjörg abzuschicken. Aber nun fiel alles, was hinter ihm lag, von ihm ab, und nach einem kurzweiligen Frühstück konnte er schon Dänemark unter sich liegen sehen. Auf dem Kopenhagener Flughafen vertrieb er sich die Mittagszeit damit, an den Schaltern mehrerer Fluggesellschaften freundliche Damen umständlich und langatmig nach Verbindungen in Richtung Griechenland zu befragen. Bei der SAS maulte er, bei diesen Preisen nehme er doch lieber die Lufthansa, bei der Lufthansa empörte er sich, bei soviel Umsteigerei könne man ja gleich einen Mietwagen nehmen, bei den Olympic Airways beschwerte er sich lauthals darüber, daß sie für ihn nicht die abflugbereite Maschine zum Warten veranlaßten. Bei den Mietwagen schließlich legte er Gislis Führerschein vor, um dann das ganze Geschäft kurz vor dem Abschluß platzen zu lassen. Mehr konnte er hier und heute nicht tun; aber irgendeine würde sich gewiß irgendwann, wenn man sie fragte, daran erinnern: Ein aufgeregter Gisli Grimsson hatte sich an jenem Tag bemüht, nach Griechenland weiterzureisen.

Auch daß er dort eine späte romantische Liebe gefunden hätte, vertraute er den hilfsbereiten Damen an.

Er selbst setzte sich am späten Nachmittag in einen Zug, der ihn noch vor Mitternacht in Hamburg ausspuckte. Auf der Fahrt hatte er endlich ein bißchen Schlaf geschöpft; Gislis Paß wurde nicht kontrolliert. In Hamburg nahm sich Gunnar ein Taxi zur Reeperbahn, wo er nach einigen Schnäpsen einen verständnisvollen Mann fand, der bereit war, ihm weiterzuhelfen. Dabei kam ihm die Erinnerung an die deutschen Sprachbrocken, mit denen ihn seine Mutter einst gefüttert hatte, durchaus zupaß. Dem Fremden gegenüber tat Gunnar so, als sei er aus Dänemark; ausweisen mußte er sich freilich nicht, als er ihm die zweieinhalbtausend Euro für den neuen Paß hinblätterte. Als Jochen C. Schmidt flog er am Morgen nach Island zurück.

In Kjóastaðir war alles ruhig. Gunnhildarstapi lag unverrückt da. Ein wenig Post war gekommen, auch eine e-mail von Ingibjörg aus Amerika. Gunnar mußte grinsen, als er sie las. Daß sie so schnell geantwortet hatte! Postwendend, sobald er abgereist war! Natürlich konnte und wollte sie nicht glauben, daß sich Gisli der Liebe wegen nach Griechenland absetzen wollte! So etwas machte ihr Vater nicht, so wahr sie Ingibjörg Gisladottir war. Nun, der Kleinen bliebe nichts anderes übrig, als diese Kröte zu schlucken. Eines Tages würde sie unangemeldet vor der Tür stehen und versuchen, ihn zur Rede zu stellen, aber davor fürchtete Gunnar sich nicht. Er wußte schon, was er dann sagen würde; und nachweisen konnte sie ihm ja nichts. Er mußte jetzt nur schnell vollendete Tatsachen schaffen. Am besten, er räumte Gunnhildarstapi noch an diesem Abend ein für allemal aus dem Weg.

Gunnar Grimsson war in Hochstimmung. Er spürte die Anspannungen der letzten Tage nicht, nicht den Schlafmangel und nicht die Strapazen der Reise. Euphorisch kicherte er vor sich hin, als er in den Schuppen ging, um das Dynamit hervorzuholen. Er hatte sich reichlich davon besorgt, so ein wohnzimmergroßer Stein wog schließlich seine Tonnen. Heiter hüpfte er um Gunnhildarstapi herum und mußte laut lachen, als er den Sprengsatz unter den Stein plazierte, genau an die Seite, wo angeblich der Eingang zur Trollhöhle lag. Er kicherte, als er die Zündung betätigte, und er kicherte immer noch, als ihn ein hochgeschleuderter Steinsplitter an der rechten Schläfe traf. Dann sank er ohnmächtig zu Boden.

Es war der letzte Abend für die Abenteuer-Reisegruppe aus Hildesheim. Man war im »Tölt« von Akranes nach Akureyri geritten, man war mit dem Motorschlitten auf dem Skálafellsjökull herumgebraust. Die letzten beiden Tage waren der Erholung gewidmet. Ein bißchen Shopping in Reykjavík, ein bißchen Baden in der Blauen Lagune. Abschiedsdinner in Hveragerði. Und vorher schnell noch einen Blick aufs Butterfaß, damit nicht ordinäre Pauschalreisende womöglich mehr von der Insel gesehen hätten. Hungrig und ein bißchen gelangweilt standen sie da und hörten pflichtschuldig den Ausführungen ihres Reiseleiters über Strokkur und den Großen Geysir zu. Es war alles so, wie sie es schon unzählige Male in Film und Fernsehen gesehen hatten. Gerade erklärte der Guide ihnen, daß sich der Große Geysir seit langem nicht mehr zu einem Ausbruch hatte hinreißen lassen, da begann plötzlich der Boden unter ihren Füßen ganz leicht zu beben; seltsame, dumpfe Töne waren zu hören. Es klang, als würden in weiter Ferne Kanonenschüsse abgefeuert, von denen der Wind nur die Echos zu ihnen trug. Der unheimliche Lärm schwoll an, bis ein Tosen und Brüllen sie umgab, das direkt aus dem Erdinneren zu kommen schien. Selbst die abgebrühtesten unter den Abenteuertouristen gaben hinterher zu, daß Beklommenheit, ja Furcht sie ergriffen hätte. Ein paar Angeber, die auf dem Beckenrand herumgelaufen waren, stürzten in Panik zu den anderen zurück. Sie schafften es gerade noch rechtzeitig, bevor kochendheißes Wasser über den Beckenrand schwappte. Und dann schoß eine gewaltige Wassersäule aus dem Kessel des Geysirs senkrecht in die Höhe. Sie sackte in sich zusammen, um sodann einem noch heftigeren Ausbruch zu weichen. Die dritte und stärkste der Explosionen aber führte unter wildem Gebrüll einige Steine mit, die in der weißschäumenden Wassersäule wie schwarze Punkte und Flecken erschienen. Und ein größerer Stein schien in dem Strudel zu tanzen, ein merkwürdiges Gebilde, das mit den Wassermassen emporgeschleudert worden war und dessen Form sich nun, vor den Augen der Umherstehenden, in grotesken Verrenkungen auflöste. Aber als das Wasser nach wenigen Minuten wieder im Schlund des

Großen Geysirs verschwunden war, blieb der tanzende Stein auf dem grauen Sinterrand des Beckens bewegungslos liegen, und mit Grausen erkannten die Hildesheimer Touristen die Überreste eines Menschen in ihm.

Beim Abschiedsdinner in Hveragerði sprach man an diesem Abend mehr als gewöhnlich dem einheimischen »Schnapps« aus Isländisch Moos zu. Und noch in derselben Nacht – bei ihr war es erst Nachmittag – erhielt Ingibjörg Gisladottir ein Telegramm von Björgvin Ivarsson, ihrer Jugendliebe. Hartnäckig hatte er vor einigen Jahren um ihre Hand angehalten, bis sie vor seiner Beharrlichkeit Reißaus nach Wisconsin genommen hatte. Im Namen der Polizeistation Selfoss teilte Björgvin ihr mit, man habe die Leiche ihres Vaters unter merkwürdigen Umständen gefunden; ihr Onkel sei verletzt und verwirrt und noch nicht vernehmungsfähig.

»Wartet mit der Beerdigung«, telegraphierte Ingibjörg zurück. »Ich komme. Und diesmal werde ich bleiben.«

DIE HEISSESTE SAUNA

Die Insel Island hat 270 000 Einwohner und ist ungefähr so groß wie die fünf neuen Bundesländer zusammen. Sie liegt auf 14–24° westlicher Länge und 63,5–66,5° nördlicher Breite. Die Durchschnittstemperatur beträgt im Sommer 12 °C, im Winter um den Gefrierpunkt. Der Flug auf die Insel dauert etwa 4 Stunden; weitere Reisemöglichkeiten sind Containerschiffe (4–6 Tage) oder die Fähre (2–4 Tage). Achtung: Das isländische Telefonbuch ist nach Vornamen geordnet. Nachnamen in unserem Sinn sind ungebräuchlich. Die Menschen sprechen sich mit dem Vornamen an, unabhängig von der sozialen Stellung. Informationen gibt das Isländische Fremdenverkehrsamt *City Center, Carl-Ulrich-Straße 11/III, 63263 Neu-Isenburg, Telefon 06102-254484.*

GEHEIMER GEHEIMTIP * Mit dem Verraten von Geheimtips ist es so eine Sache: Kaum spricht man sie aus, ist es mit dem Geheimnis vorbei. Aber so viel kann ich verraten: Ganz Island ist ein Geheimtip! Zur Einstimmung lese man unbedingt: »Island entdecken & erleben« von Arthúr Björgvin Bollason und entdecke das Land mit seiner Hilfe auf eigene Faust. Wenn man dann noch ins *Hotel Örk* in Hveragerði gerät, sich in der hoteleigenen *Sauna*, die auf solfatarischem Boden erbaut ist, also nicht eigens geheizt werden muß, dem Schwimmbad und den heißen Pötten erholt und abends im Hotelrestaurant gut speist, sagen wir Papageientaucher, Lamm oder Fisch, dann ist das Urlaubsglück perfekt – und das *Nordlicht* am Himmel gibt's im Winter gratis dazu.

Kalt erwischt auf Orkney

Andrea C. Busch

Die Orkneys sind ein friedlicher Ort. Kaum zu glauben, wenn man die blutige Geschichte der Inseln kennt. Die Menschen hier schließen ihre Türen nicht ab, wenn sie aus dem Haus gehen, und das einzige Graffiti, das ich bisher auf der Insel gesehen habe, stand in großen gelben Buchstaben auf einer Steinmauer im Zentrum von Stromness: *Parken verboten*.

Seit langer Zeit schon verbringe ich die Hälfte des Jahres hier auf der Hauptinsel in meinem Cottage. Anfang April reise ich an, und Ende September packe ich wieder meine Koffer. Ich kann überall arbeiten, wo es Strom für den Laptop und einen Telefonanschluß für das Modem gibt. Schließlich sieht man einem Liebesroman nicht an, daß die Autorin in einen dicken Pullover gehüllt war, als sie die feurige Liebesszene am Tropenstrand schrieb.

In diesem Jahr war ich gleich bei meiner Ankunft in Stromness mit Neuigkeiten begrüßt worden. Kaum hatte ich die Fähre verlassen, erzählte mir auch schon jemand von meinem neuen Nachbarn, oder was man hier auf dem Land so Nachbar nennt. Das leerstehende Haus fünfhundert Meter von mir entfernt die Straße rauf hatte einen neuen Besitzer, einen Deutschen. Zum Tratsch und Klatsch gab es noch ein paar freundliche Worte über das Wetter. Als Neuling muß man sich dabei erst an die Regeln gewöhnen: Was bei den Orcadians noch als »laues Lüftchen« durchgeht, gilt bei Landratten gewöhnlich als ausgewachsener Sturm.

Nach ein paar Tagen hatte ich mich im Cottage eingelebt: Das Telefon funktionierte, die Milch wurde jeden Morgen geliefert, und ich hatte mich auch schon wieder ans Kohleschleppen und Feuermachen gewöhnt. Nicht, daß Sie meinen, auf den Orkneys sei Zentralheizung unbekannt – das Cottage ist bloß nicht auf dem modernsten Stand. Dafür höre ich morgens früh, wenn ich aus dem Haus komme, den Atlantik an die Felsen der Westküste brausen. Da kann das Gluckern einer Zentralheizung doch nicht mithalten, oder?

Jeden Tag lief ich auf meinem Weg zur Bay of Skaill am Haus meines neuen Nachbarn vorbei, der sich aber nie sehen ließ. Auf Orkney kennt man seine Nachbarn normalerweise, und daß dieser keine Anstalten machte, sich vorzustellen, schürte meine Neugier ebenso wie mein Mißtrauen. Wovon lebte der Mann eigentlich? Graste er nachts die Wiese vor dem Haus ab?

»Rieke?« hörte ich eines Morgens eine Stimme hinter mir. »Rieke, warte doch mal!« Ich blieb wie angewurzelt stehen. Diese Stimme würde ich überall wiedererkennen, sogar im Sarg.

»Robert?« Ich drehte mich langsam um.

Er sprang über die hüfthohe Trockenmauer, die das Anwesen umgab. Es war ein beeindruckendes Bild; vielleicht konnte ich das ja mal in einem Buch verwenden?

»Ich wußte doch, daß du das bist.« Eine warme, feste Umarmung ließ meine Knie weich werden. Robert Berger, der Bruder meiner besten Freundin Sylvia – meiner verstorbenen besten Freundin.

»Wohnst du jetzt hier?« fragte ich.

Er schüttelte den Kopf. »Mein Vater hat das Haus gekauft. Ich bin nur zu Besuch.« Er musterte mich von oben bis unten, von den windzerzausten Haaren über den doppeltgestrickten Patentpullover unter der Regenjacke über die Jeans bis zu den festen Schuhen. Gut, daß er die langen Unterhosen darunter nicht sehen konnte; wäre mir irgendwie peinlich gewesen.

»Willst du nicht reinkommen?« fragte er.

»Eigentlich war ich auf dem Weg zur Bucht.« Ich zögerte. »Vielleicht möchtest du ja mitkommen?«

Er nickte. »Ich hole nur meine Regenjacke.«

Daraus schloß ich, daß er nicht zum ersten Mal auf der Insel war. Noch war der Himmel blau, aber das konnte sich hier unglaublich schnell ändern.

Schweigend gingen wir auf dem Feldweg den Hügel hinauf. Für die Jungbullen auf den Weiden waren wir die Attraktion des Tages: Herdenweise erhoben sie sich, um uns ein paar Meter am Zaun entlang zu begleiten.

»Hast du schon von dem Literaturfestival gehört, das in den nächsten Tagen stattfindet?« fragte Robert, als wir den Hügel erklommen hatten.

Natürlich hatte ich das. Schließlich bekam ich jeden Donnerstag *The Orcadian* und war darüber informiert, was auf den Inseln los war. Das Festival wurde zur Erinnerung an George Mackay Brown veranstaltet, den bekanntesten Schriftsteller der Orkneys, der 1996 gestorben war.

Sogar das deutsche Fernsehen bemühte sich in die Hauptstadt Kirkwall: Der Privatsender *Kabel24* wollte sein berüchtigtes Literaturerzett unter Leitung der Professorin Justine Bernhardt schicken, das einer ähnlichen Kritikerrunde in den Öffentlich-Rechtlichen Konkurrenz machte. An dieser Stelle hatte ich die Zeitung zusammengeknüllt und in den Ofen geworfen. Ein Wikingerbegräbnis bei lebendigem Leibe, das hätten sie verdient, diese drei Ungeheuer!

»Ich habe davon gelesen«, sagte ich schließlich. Ich sah auf den Horizont, wo sich der Himmel mit dem Atlantischen Ozean vermischte. Wäre ein brennendes Schiff nicht ein interessanter Farbkontrast in diesem endlosen Blaugrau? Von meinen wilden Mordphantasien sollte ich wohl besser nichts erzählen. Dachte ich wenigstens.

Robert nahm meine Hand. Grundsätzlich begrüßte ich diese Geste sehr, fürchtete aber in dem speziellen Fall, daß sie doch eher therapeutische Zwecke verfolgte. »Rieke, wir müssen doch irgendwann mal darüber reden.«

Du lieber Himmel! War er etwa auch einer von denen geworden, die immer über alles reden wollten? Ich setzte mich in Bewegung und ging vorsichtig den schmalen Weg zwischen den Weiden hinunter, in den die Traktorreifen tiefe Furchen gegraben hatten.

Er stolperte hinter mir her. Ich ließ ihm die Hand, aber ich blieb nicht stehen, auch nicht, als wir schließlich wieder eine asphaltierte Straße erreicht hatten. Wenn er unbedingt meine Hand halten wollte, sollte er ruhig merken, daß alles seinen Preis hat. Immer länger wurden meine Schritte, immer schneller ihre Abfolge; ich widmete nicht einmal dem Friedhof einen Blick, den ich sonst immer besuchte.

Ich lief und lief und lief, den schnaufenden Robert im Schlepptau, bis ich an der Bay of Skaill angekommen war, wo das Wasser den Strand überspült hatte und an die großen, rundgeschliffenen Steine der Böschung schäumte. Der Wind hatte zugelegt und kühlte meine erhitzten Wangen.

Robert ließ sich neben mir auf die Bank fallen. »Zwischen uns beiden ist noch etwas offen«, keuchte er.

Es war dieses eher unsportliche Keuchen, nicht das andere. Na ja, Sie wissen schon. Aber es stimmte. Da war noch etwas offen. Wir waren nämlich gerade dabei gewesen, uns in die heißeste Liebesaffäre zu stürzen, die das Universum je gesehen hatte, als –

»Es sind fast zehn Jahre vergangen, seit Sylvia sich umgebracht hat«, fuhr er fort. »Wieviele brauchst du denn noch, bis du mit mir darüber redest?«

Ich wollte nicht über Sylvia sprechen. Was würde das schon ändern? Meine begabte Freundin Sylvia, die den großen Roman ihres Lebens geschrieben hatte. Die auf den Durchbruch hoffte, endlich ernst genommen werden wollte, ihre ganze Energie in dieses Werk hatte fließen lassen.

Das Literaturterzett hatte ihr Buch gnadenlos zerrissen, hatte sie auf eine Stufe mit Courts-Mahler und Cartland gestellt, es als Lesefutter für eine des Denkens entwöhnte Massenleserschaft gebrandmarkt. Das hatte Sylvia nicht verkraftet.

Für mich war es schwer gewesen, mit ihrer Verzweiflung umzugehen. Große literarische Ambitionen hatte ich nämlich nie; ich komme aus einer armen Familie und interessiere mich mehr für Auflagenstärke und Umsatzbeteiligung. Eines meiner Bücher anzufassen ist für einen Literaturkritiker vermutlich so ähnlich, wie in Hundekacke zu treten. Man ist peinlich berührt und tut so, als wäre nichts passiert.

»Ich weiß jetzt, warum die drei Sylvia das angetan haben.« Robert hielt immer noch meine Hand. Die andere war mittlerweile eiskalt geworden.

»Aus reiner Bosheit, wie üblich, oder?« Ich spürte Salz auf meinen Lippen. Seewasser, nahm ich an.

»O nein«, erwiderte er. »Die menschlichen Instinkte sind noch viel niedriger. Es war der Kampf der Wölfinnen um den Alpha-Rang. Bernhardts Mann hatte sich von ihr getrennt und lebte mit Sylvias Verlegerin zusammen. Und deshalb wollte die Bernhardt den Verlag ruinieren.«

»Das war der Grund?« Und diese eingebildete Literaturziege sah auf meine Romane herab! Dabei ging es in ihrem Leben noch viel trivialer zu!

Robert nickte. »Und jetzt rechnen wir mit ihr ab. Kann ich auf dich zählen?«

Rachefeldzüge gehören eigentlich nicht in mein Metier, aber vielleicht würden wir alle danach endlich zur Ruhe kommen. Ich räusperte mich. »Ich bin dabei.«

Rache, habe ich einmal gelesen, ist eine Speise, die Leute mit Verstand kalt genießen. Vor zehn Jahren hätte ich dem Plan von Roberts Vater sicher zugestimmt; heute wollte ich, daß Justine Bernhardt am Leben blieb und jeden Tag ihres erbärmlichen Lebens litt. Ich hatte einen Vorschlag, der weit raffinierter war, als den Mitgliedern des Terzetts die Gurgel durchzuschneiden und sie samt einem Bekennerbrief auf den Altar der St. Magnus-Kathedrale in Kirkwall zu schichten. Schließlich hatte ich nicht die geringste Lust, im Knast zu landen.

In dem ganzen Tohuwabohu, das in Frau Professor Bernhardts Hotel am letzten Festivaltag herrschte, gelang es mir, unbemerkt in ihr Zimmer einzudringen und ein paar verwendbare Dinge mitgehen zu lassen. Robert nutzte in der Zwischenzeit den Riesenandrang bei der Autovermietung, um den Zweitschlüssel für ihren Mietwagen an sich zu bringen. Er brauchte ja nur irgendwo mit seinem Presseausweis zu wedeln, und schon hatte er praktisch Narrenfreiheit.

Die einzige Schwachstelle in unserem Plan war Roberts Vater.

»Mein Vater flippt aus«, sagte er am Morgen unseres ersten Aktionstages. »Der dreht völlig durch. Er ist ganz versessen darauf, der Bernhardt den Garaus zu machen. Gestern morgen wollte er sie noch in eines der Steinbetten in Skara Brae legen, und gestern abend hat er was davon erzählt, sie in der Mitte des Ring of Brodgar bei lebendigem Leib auszuweiden.«

Der Altar von St. Magnus war anscheinend nicht mehr im Gespräch. Das beruhigte mich irgendwie. Schließlich war in dieser Kirche ein ständiges Kommen und Gehen.

Robert sah wirklich besorgt aus. »Er hat in letzter Zeit nur noch in der Orkney-Saga gelesen. Bevor ich vorhin ging, hat er mich gefragt, was ich von einer Verbrennung auf einem Wikingerschiff halte.«

Der Gedanke war mir auch nicht fremd, aber es war doch nicht das, was mir für die Bernhardt vorschwebte. »Wir sollten deinem Vater ein Beruhigungsmittel verpassen, damit er uns nicht in die Quere kommt. Eine andere Möglichkeit sehe ich nicht. Du etwa?«

Robert schüttelte den Kopf. Schon der Versuch, die Bernhardt umzubringen, würde unseren ganzen schönen Plan verderben.

Also mischten wir an diesem Abend Schlafmittel ins Essen von Herrn Berger Senior und fuhren nach Kirkwall, um unser erstes Opfer aufs Korn zu nehmen.

Im Hotel gesellten wir uns zu den Festivalgästen, die eine Party feierten. Es fiel Robert nicht schwer, Frau Professor Bernhardt nach einer angemessenen Frist auf ihr Zimmer zu locken; schließlich hatte sie bekanntermaßen eine Schwäche für die Herren der Schöpfung – sofern es sich nicht um Autoren handelte, die sich auf diese Weise ihrer Gunst versichern wollten. Sie sah nicht übel aus; mit Anfang Vierzig war sie ja auch in einem Alter, wo für viele Frauen der Spaß am Leben erst so richtig beginnt. Nur ihr arroganter Gesichtsausdruck ...

So richtig begeistert war ich jedenfalls nicht, als ich Robert mit ihr den Raum verlassen sah. Hoffentlich konnte er ihr rechtzeitig das Schlafmittel in den Drink mischen, bevor – na, Sie wissen schon. Oder glauben Sie etwa, daß sie ihn mitnahm, um mit ihm den Blick aus ihrem Fenster auf den Hafen zu genießen?

Ich sollte mich in der Zwischenzeit an Detlef Mergentheim heranmachen, einen von Bernhardts Mitkritikern. Nicht, daß Mergentheim oder die Dritte im Bunde wirklich etwas zu sagen gehabt hätten; sie waren mehr oder weniger als Stichwortgeber programmiert. Während Mergentheim jedoch immer etwas unglücklich wirkte, ergötzte seine Kollegin sich offensichtlich sehr an den Verrissen.

Ich suchte die ganze Partygesellschaft ab, aber Mergentheim war nirgends zu finden.

»Haben Sie vielleicht Frau Professor Bernhardt gesehen?« fragte mich eine Dame vom Organisationskomitee.

Wie leicht einem manchmal doch die Lügen über die Lippen gehen. »Sie hat sich doch gerade noch sehr angeregt mit Herrn Mergentheim übers Forellenfischen unterhalten. Ich glaube ...«, ich sah mich suchend um, »... wahrscheinlich sind sie rausgegangen.« Forellenfischen, das war noch so was. Bestimmt wäre die Bernhardt mit ihrem Sender überhaupt nicht hier aufgetaucht, wenn nicht gerade die Forellensaison begonnen hätte.

»Frau Professor Bernhardt ist mit Herrn Mergentheim unterwegs«, hörte ich die Dame die Nachricht weiterverbreiten. Gut so. Spätestens in zwei Stunden wären einige bereit zu beeiden, daß sie gesehen hatten, wie die beiden gemeinsam weggegangen waren.

Mergentheim war in einem kleineren Hotel in einer der Nebenstraßen untergebracht, und ich setzte mich unauffällig ab, um zu sehen, ob er sich vielleicht in seinem Zimmer aufhielt. So ein Hotel in Familienbesitz hat den Vorteil, daß nicht dauernd ein Wachhund an der Rezeption steht.

Die Zimmertür war nicht ganz geschlossen; ich klopfte leise an und ging hinein. Anscheinend war schon vor mir jemand zu Besuch gewesen; jedenfalls glaubte ich nicht, daß Mergentheim sich das große Messer selbst in die Brust gestoßen hatte.

Ich weiß nicht, wie lang ich ratlos im Zimmer gestanden hatte, als sich plötzlich von hinten eine Hand auf meinen Mund legte.

»Pst.«

Erschrocken zog ich die Luft durch die Nase ein, um mich für einen kräftigen Tritt nach hinten zu rüsten, als ich meinen Lieblingsgeruch wahrnahm. Robert.

»Hmpfhmp«, sagte ich.

»Was ist?« zischte er. Dann nahm er die Hand von meinem Mund. »Bei mir lief alles glatt. Sie schläft wie ein Murmeltier.«

Ich atmete tief durch. »Mergentheim war schon tot, als ich kam. Er hat ein Messer in der Brust.«

»Das sehe ich.«

»Wer könnte das gewesen sein?« murmelte ich, irgendwie erleichtert, daß uns jemand die Arbeit abgenommen hatte.

Robert trat näher an das Bett und betrachtete die Leiche. Er ließ den Kopf hängen. »Das Messer!« sagte er schließlich. »Das Messer gehört meinem Vater.«

»Scheiße«, knurrte ich. Wie zum Teufel konnte das passieren? Und was konnten wir unternehmen, damit es so aussah, als ob ...

Mir kam eine glänzende Idee. Vielleicht konnten wir zwei Fliegen mit einer Klappe schlagen!

»Hauptsache, der Kerl ist tot. Wir ziehen das Messer raus und stecken etwas anderes rein.«

Robert überlegte nicht lange. »Die Angelrute von der Bernhardt«, sagte er. »Geh zurück ins Hotel, brich ein Stück ab und bring es mit.«

Das mag Ihnen alles recht merkwürdig vorkommen, aber es gibt Momente im Leben, da tut man die skurrilsten Dinge, ohne weiter nachzufragen.

Ich trabte also wieder zurück zu Bernhardts Hotel. Während ich durch den Hintereingang in den zweiten Stock schlich, kam mir ein gräßlicher Gedanke: Wenn Roberts Vater aus irgendeinem Grund nicht den Schlaf der Gerechten schlief, sondern wie der Racheengel persönlich durch die Hotels zog, vielleicht hatte er sich dann auch schon bis zu Frau Professor Bernhardt vorgemordet?

Mit zitternden Fingern öffnete ich die Tür zu ihrem Zimmer. Die Bernhardt lag noch so, wie Robert sie verlassen hatte, aber am Fußende des Bettes saß – Roberts Vater und heulte wie ein Schloßhund.

»Sie ist tot. Ich kann sie nicht mehr umbringen, sie ist schon tot!« Er fuchtelte wild mit einem Messer herum.

Zum ersten Mal in meinem Leben wünschte ich mir, ich würde Actionkrimis schreiben; dann wäre ich vielleicht auf solche Situationen besser vorbereitet.

Ich trat vorsichtig an das Hotelbett heran. Die Bernhardt atmete noch; ganz flach, aber sie atmete. Ich wollte schon erleichtert aufseufzen, aber vielleicht wäre es besser, Herrn Berger in dem Glauben zu lassen, er sei zu spät gekommen. Warum er allerdings auf die Schlafmittel nicht angesprochen hatte, war mir ein Rätsel. Ich musterte den drahtigen alten Mann. Vielleicht nahm er selbst schon seit längerem welche ein und war gegen meine Dosis immun? Jedenfalls hatte er mittlerweile mit dem Heulen aufgehört und lächelte selig.

»Was ist mit der anderen Frau?« fragte ich.

»Mausetot«, lallte er glücklich und zog einen Flachmann aus der Hosentasche. »Mausemausetot.« Er kippte zur Seite und fing Sekundenbruchteile später an, laut zu schnarchen.

Na ja. Immerhin hatte ich erst mal ein Problem weniger.

Ich brauchte viel zu lange mit der Angelrute (ein verdammt stabiles Biest). Als ich wieder hinunterkam, wartete Robert bereits auf mich.

»Ich hab' sie schon im Kofferraum. Die andere blöde Ziege ist übrigens auch hin.« Seine Stimme klang entnervt. »Ich war gerade in ihrem Zimmer. Wieder erstochen. Wieder ein Messer von meinem Vater. Ich hab' sie mit einem Gürtel von der Bernhardt verschnürt und gleich mitgenommen.«

Die ganze Sache artete langsam in Streß aus. Ich hatte mir das eigentlich etwas gemächlicher vorgestellt. Und wie leicht kann man in der Hektik etwas Wichtiges übersehen!

Roberts Vater mußten wir auch noch ins Auto packen; undenkbar, wenn er aufwachte und unserer sorgsam gehüteten Professorin etwas antat! Am liebsten hätte ich ihn mit zu den beiden Leichen in den Kofferraum gesteckt, aber was bekommt man heute noch in den Kofferraum einer modernen Limousine? Nicht genug, das kann ich Ihnen versichern. Roberts Vater wurde auf den Rücksitz seines Wagens verfrachtet, und ich machte mich mit ihm auf den Weg zu mir nach Hause. Robert folgte mit den Leichen im Leihwagen der Professorin.

Es wurde eine lange, anstrengende Nacht. Zum Glück waren die Nächte im April noch nicht so hell, und der Wind hatte gedreht. Er trieb jetzt dicke, dunkle Wolken von der Nordsee über die Insel. Auf unserem Weg zur Westküste begegnete uns niemand. Robert maulte die ganze Zeit, weil er einen Pullover von der Bernhardt anhaben mußte und der so kratzte.

Sie meinen, es sei alles andere als romantisch, eine Leiche zu den Klippen zu tragen und sie hinunterzuschubsen? Wenn dabei der Mond scheint, das Wasser an die Felsen rauscht und der andere Leichenträger Ihr Herz höher schlagen läßt, können Sie der Sache vielleicht auch etwas abgewinnen.

Aber so mickrig Detlef Mergentheim im Leben auch gewirkt

hatte, tot war er eine ziemliche Last gewesen. Wir hatten ihn unweit des Brough of Birsay ins Wasser fallen lassen, an der Nordwestspitze der Insel; Marwick Head wäre näher gewesen, aber wir wollten die Bewohner des Vogelschutzgebietes nicht aufscheuchen.

»Laß mich das machen«, sagte Robert, als wir mit Bernhardts Wagen auf dem Parkplatz hielten, von dem aus man Yesnaby Castle erreichte. Er öffnete den Kofferraum und legte sich die Leiche von Apollonia Müller-Burmanscheid über die Schultern. Zum Glück war sie nicht so schwer, wie der Name vermuten ließ. Der arme Robert mußte sich sowieso schon quälen, weil Bernhardts Gummistiefel ihm zu klein waren.

»Hoffentlich trete ich nicht auf die Primeln«, sagte Robert. Ich bewunderte seine Umsicht – schließlich gab es nur wenige Plätze auf der Welt, an denen *Primula scotia* wuchs. Er schaltete die kleine Stirnlampe ein, die mit Müh und Not den halben Meter vor seinen Füßen in schummriges Licht tauchte, und machte sich auf. Meine Augen schmerzten bald von der Anstrengung, Roberts Weg zu verfolgen. Ab und zu glaubte ich, einen Schatten zu erkennen, aber sicher war ich mir nicht.

Das nächste, was ich spürte, waren kalte, weiche Lippen auf meinen. Verwirrt blinzelte ich in das Licht von Roberts Stirnlampe.

»Ich muß eingeschlafen sein«, murmelte ich verlegen.

»Das hätte ich jetzt nicht gedacht.« Sein Zeigefinger fuhr sehr langsam die Konturen meiner Nase nach. Die Berührung war so zart wie von einem Pinsel. Ich spürte ganz plötzlich mein Herz zwischen den großen Zehen pulsieren.

»Sollten wir nicht bei klarem Verstand bleiben, bis alles vorbei ist?« Meine Stimme zitterte. Nur ein ganz kleines bißchen, aber er hatte es bestimmt bemerkt.

»Hmmmmm«, vibrierte sein Baß an meinem Ohr. »Ich habe zehn Jahre auf dich gewartet, dann werde ich die paar Tage auch noch aushalten. Aber glaub bloß nicht, du könntest dich noch mal aus meinem Leben schleichen.«

Ich hatte nicht die Absicht.

Hatte ich schon erwähnt, daß es auf den Orkneys ein wenig beschaulicher zugeht als in den Metropolen Westeuropas? Zuerst wurden

Frau Müller-Burmanscheid und Herr Mergentheim beim Frühstück vermißt. Dann entdeckte man die blutigen Laken in ihren Zimmern, und schließlich wurde eines der Zimmermädchen auf die Flecken auf Pullover und Schuhen der Professorin aufmerksam. Merkwürdig fand man auch, daß ihre Angelrute zerbrochen war ...

Es dauerte eine Weile, bis die Leichen angespült wurden. Dabei hatten wir noch Glück; manche werden von der Strömung weggetragen und tauchen nie wieder auf.

Eine der Leichen war mit Bernhardts Gürtel gefesselt, in der anderen steckte das fehlende Stück Angelrute. Frau Professor Justine Bernhardt wurde schließlich des zweifachen Mordes angeklagt. Während der Verhandlung ging ein Schrei der Empörung durch die Menge, als herauskam, daß sie ihren Professorentitel erschwindelt hatte. Ausgerechnet Justine, die Rechtschaffene! Das schien schwerer zu wiegen als die beiden Morde. Sie wurde trotz aller Unschuldsbeteuerungen zu einer langen Gefängnisstrafe verurteilt. Noch lieber wäre mir natürlich gewesen, wenn sie irgendwo in einem Verlies vor sich hinmodern würde.

Endlich kehrte wieder Frieden ein auf den Orkneys.

Ich wohne übrigens immer noch im Cottage und verfasse weiter Liebesschnulzen. Robert hat seinem Vater das Haus abgekauft, das Journalistenleben aufgegeben und schreibt jetzt Kriminalromane.

Wir haben mittlerweile noch ein Graffiti entdeckt. Unten an der Bay of Skaill, im Toilettenhäuschen. Dort steht mit blauer Schreibschrift auf weißer Wand: *Bitte Türe schließen.*

TORFFEUER, WIKINGER UND FOLKFESTIVALS

Die Inselgruppe der Orkneys umfaßt mehr als 70 Inseln, von denen 20 bewohnt sind. Die Hauptinsel (Mainland) liegt auf 3° westlicher Breite und 59° nördlicher Länge. Sie ist mit der Fähre von der Nordspitze Schottlands aus in zwei Stunden zu erreichen. Von den 371 Vogelarten, die auf den Orkneys gezählt wurden, brüten 113 regelmäßig hier. Die Durchschnittstemperatur im Januar beträgt 5 °C, im Juli 15 °C. Frost und Schnee sind äußerst selten. Das Wetter wechselt rasch. Deshalb behaupten die Bewohner auch, sie hätten »four seasons a day« – vier Jahreszeiten am Tag. Die Inseln sind seit mindestens 6000 Jahren besiedelt. Informationen bekommen Sie beim Orkney Tourist Board, 6 Broad Street, Kirkwall, Orkney KW15 1NX, Großbritannien, Telefon 0044-1856-872856.

DIE INSELN ERKUNDEN * Öffentliche Verkehrsmittel gibt es nicht viele, und auf dem Fahrrad hat man grundsätzlich Gegenwind. Wer die Insel Mainland ohne Auto bereist, kann sich einer Rundreise mit Führer anschließen. Es ist allerdings nicht möglich, alles Sehenswerte in zwei oder drei Tagen abzuklappern. Im *Orkney Guide Book* finden Sie mehr als hundert Vorschläge für Unternehmungen und Ausflüge und viel Wissenswertes über Geschichte, Flora und Fauna. Eine leichte *Regenjacke* dabei zu haben, kann auf den Orkneys nicht schaden. In Sachen Bekleidung empfiehlt sich das Zwiebelprinzip: verschiedene Lagen, die man je nach Wetterlage übereinander ziehen kann. Falls Sie eine Ferienwohnung gemietet haben und gern Milch trinken, können Sie bei der *Crantit Creamery* Ihre tägliche Ration bestellen. Telefon 872542.

EINE STEINZEITSIEDLUNG UND GEFÄHRLICHE KLIPPEN * *Skara Brae* ist die besterhaltene Steinzeitsiedlung Nordeuropas und etwa 5000 Jahre alt. Sie liegt im Westen der Hauptinsel an der *Bay of Skaill*, einer Atlantikbucht, in der Gemeinde *Sandwick*. Das dazugehörige Besucherzentrum bietet eine Ausstellung, Videovorführung, einen Andenkenladen und ein Café. Der Strand der Bay of Skaill besteht je nach Wetter- und Gezeitenlage aus Sand oder vom Wasser rundgeschliffenen großen Steinen und ist einer meiner Lieblingsplätze. Hier kann ich stundenlang sitzen und zuhören, wie das Meer an die Felsen rauscht. Falls Sie eine Wanderung entlang der Klippen machen, hinterlassen Sie Nachricht, wo Sie hingehen. Eine solche Wanderung kann gefährlich sein, und es ist gut zu wissen, wo man Sie suchen muß. Wenn Ihnen Ihr Leben lieb ist, bleiben Sie den Klippen bei Nebel oder Sturm fern. Es kommt immer wieder vor, daß die besonders Mutigen hier ihr letztes Abenteuer erleben.

FARMHÄUSER UND TORFFEUER * Im *Kirbuster Farm Museum* verbreitet ein Torffeuer den typischen Geruch, der früher allen Bewohnern eines torfbeheizten Hauses und ihrer Habe anhaftete; Telefon 771268. Zum Inventar des *Corrigall Farm Museum*, das in einem typischen Orkney-Langhaus des frühen 19. Jahrhunderts untergebracht ist, gehören Schafe, Ziegen und Hühner. Wie früher üblich, nisten die Hühner im Haus. Wenn möglich, machen Sie eine Führung mit und lassen Sie sich unbedingt die Rattenfalle erklären! Telefon 771411.

ESSEN UND TRINKEN * Den besten *Haggis* gibt es in Kirkwall im Pork Shop bei G. Donaldson & Sons in der Albert Street zu kaufen. In dieser Straße liegt auch das richtig schön altmodische *Pomona Café*; hier scheinen die Uhren noch anders zu gehen. Trinken Sie Tee und kosten Sie etwas von dem Gebäck oder den leckeren kleinen warmen Gerichten. Sie werden sich garantiert in die fünfziger Jahre zurückversetzt fühlen. Sie sollten unbedingt *bere bannocks* probieren; das sind kleine flache Brote aus Gerstenmehl.

DIE WIKINGER * Einen Einblick in die Geschichte der Wikingerherrschaft auf den Orkneys bekommen Sie im Besucherzentrum an der *Round Kirk* in Orphir. Die Orkney-Saga wird auf Video und großen Tafeln präsentiert. Von hier aus gibt es auch einen schönen Wanderweg an der Küste entlang. Der Weg führt über Privatgelände. Achten Sie unbedingt darauf, die Schafgatter hinter sich zu schließen!

FESTE UND FEIERN * Das ganze Jahr über finden auf Mainland Veranstaltungen statt. Besonders beliebt sind das *Country and Irish Music Festival* und das *Orkney Traditional Folkfestival* im Mai. Die genauen Termine erfahren Sie beim Orkney Tourist Board. Das Literaturfestival in meiner Geschichte ist zwar erfunden, George Mackay Brown gab es jedoch wirklich.

Teneriffas tödlicher Preis

Marita und Jürgen Alberts

Kurz vor dem Landeanflug kam über Lautsprecher aus dem Cockpit die Stimme des Kapitäns: »Der Flughafen in Teneriffa meldet 24° C.« Die Reaktion ließ nicht lange auf sich warten: wohliges Aufstöhnen, begeisterte Zurufe, vereinzelt gab es Beifall.

Helma Masten drückte sich in den Sitz. Das Landen war für sie der schwierigste Teil der Reise, obwohl sie schon vor Jahren ihre Flugangst verloren hatte. Seitdem sie ein Apartment auf Teneriffa besaß, hatte sie diese Kanarische Insel mehrmals im Jahr besucht. Dies sollte ihr vorläufig letzter Flug werden.

In Puerto de la Cruz war sie auf den Tag genau vor acht Jahren an der Strandpromenade angesprochen worden. Jemand hatte ihr das Paradies versprochen, genauer gesagt: eine vierzehntägige Reise nach Bali. Sie mußte nur bereit sein, sich die Apartmentanlage *Paraíso d'oro* anzuschauen, um an der Verlosung teilnehmen zu können; als Trostpreis gab es immerhin noch Eintrittskarten zum Meerwasserschwimmbecken von César Manrique.

Bei der Besichtigung war zwar von der Reise nach Bali nicht mehr die Rede gewesen, doch die Wohnanlage hatte ihr sehr gut gefallen. Der junge Mann, der sie ihr zeigte, überzeugte die Hanseatin von den Vorteilen eines »Eigentums auf Zeit«. Sie hatte vorher noch nie von dieser Art »Time-sharing« gehört. Helma Masten wollte vier Wochen in einem Apartment kaufen, zwei im Januar und zwei im September. Mehr als vier Wochen Urlaub konnte sie sich als Selbständige sowieso nicht leisten.

Obwohl Helma Masten stets am Gang saß, entdeckte sie durch das ovale Fenster den Teide – die vertraute Majestät des Berges. Bei einem früheren Besuch auf ihrer Insel hatte sie mit einem Wanderführer in der Berghütte kurz unter dem Gipfel übernachtet, um den Sonnenaufgang zu erleben. Ein einmaliges Schauspiel. Der hohe Berg warf einen gewaltigen Schatten auf die Wolkendecke, ein spitzer, dunkler Kegel auf einem weiten, weißen Feld.

Die Verkaufsverhandlungen im *Paraíso d'oro* hatte dann ein anderer übernommen. So lernte Helma Masten den freundlichen »top closer« Georg Kummer kennen. Er gefiel ihr sofort: sanfte Stimme, jugendliches Lächeln. Von ihm erfuhr sie endlich auch konkrete Zahlen: 28 000 DM pro Woche, also insgesamt 112 000 DM für ein lebenslanges einmonatiges Nutzungsrecht pro Jahr. Eine Menge Geld, fand sie.

Georg Kummer hatte ihr ein besseres Geschäft vorgeschlagen. Sie ließ sich auf den Handel ein: ein Spiel zwischen zwei erfolgreichen Verkäufern. Kummer lockte mit dem Kauf von acht zusätzlichen Wochen zu einem sehr viel günstigeren Preis. Nicht zum Abwohnen, sondern als Kapitalanlage. In ein paar Jahren würde sich ihr eingesetztes Kapital bestimmt verdoppeln. Denn die einzelnen Wochen könnte sie später wieder zum regulären Preis verkaufen, der bis dahin ja noch mal ansteigen würde.

Helma Masten hatte Feuer gefangen, feilschte um jede Mark und griff zum Schluß zu. Zumal Georg Kummer bereit war, auf ihre Bedingungen einzugehen, was die Zahlungsmodalitäten betraf. Sie wollte die Hälfte des Geldes nicht über ihre Konten laufen lassen. Am Ende kostete sie die Woche nur noch 14 500 DM. Sie hatte ihr Paradies auf Teneriffa gefunden. Für weniger als 200 000 DM gehörte das wunderschöne, großräumige Apartment in der exklusiven Fünf-Sterne-Anlage ihr: immerhin für zwölf Wochen im Jahr.

»Stellen Sie jetzt die Rückenlehnen senkrecht und klappen Sie die Tischchen vor Ihnen wieder hoch ...« Wie oft hatte sie in den letzten Jahren diese Ansage vernommen. Helma Masten wußte, daß es nur noch wenige Minuten bis zur Landung dauerte. Wenn die Nichtraucherzeichen eingeschaltet wurden, kam die kritische Phase. Sie begann, ihre Atemzüge zu kontrollieren.

Geschenkartikel aus aller Welt – indische Holzpüppchen und tibetanische Mandalas, chilenische Gipsfiguren und mexikanische Masken, Seidenpapiere, Stanniolsterne, vielfarbige Buntstifte – ihr Laden in Bremens bester Einkaufsstraße boomte. Viele Jahre lang. Im Winter fuhr Helma Masten nach Asien oder Lateinamerika, um einzukaufen. Nicht alle Abrechnungen liefen über die Geschäftsbücher. So kam ihr die Möglichkeit gelegen, sich auf Teneriffa in eine Time-sharing-Anlage einzukaufen und dabei ihr Schwarzgeld anzulegen. Auch die Aussicht, einen Teil der Wochen später mit sattem Gewinn verkaufen zu können, hatte seine Reize. Doch warum sollte sie eine ständig steigende Aktie verkaufen, wenn sie das Geld nicht brauchte?

Die Landung war äußerst sanft. Der Flieger glitt über die Piste, wie eine Feder zu Boden segelt. Die Passagiere klatschten, auch als die Chefstewardeß sich von ihnen verabschiedete. Auf der Gangway sog Helma Masten die warme Luft ein. Einen Augenblick hielt sie auf der Treppe inne, bis die Fluggäste hinter ihr murrten. Da sie nur mit Handgepäck reiste, konnte sie im weitläufigen Flughafengebäude direkt zum Ausgang gehen.

»El mismo coche, señora«, sagte der beleibte Autoverleiher, der Helma Masten mit kräftigem Handschlag begrüßte und ihr die Wagenschlüssel über die Theke reichte. Die privaten Verleiher lieferten sich einen heftigen Preiskampf mit den internationalen Autovermietern. Helma Masten liebte es, jedesmal den gleichen Wagen zu fahren.

Auf dem kurzen Autobahnstück bis Adeje veranstalteten einige Touristen Rennen. Die Hanseatin war froh, als sie auf die Straße nach Norden abbiegen konnte.

Teneriffa war für sie zum idealen Urlaubsort geworden. Die Kanarische Insel, auf der sie jeden Tag Sonnenschein genießen konnte. Selbst dann, wenn der Himmel in Puerto bedeckt war. Sie brauchte sich nur in den Wagen zu setzen und binnen einer Stunde war sie in den Cañadas, der Mondkraterlandschaft am Fuße des Teide. Auf knapp zweitausend Meter Höhe war der Himmel fast immer blau, die Regenwolken lagen hundert Meter tiefer.

Das Apartment in der Fünf-Sterne-Anlage war für Helma Masten ein zweites Zuhause geworden. Sie hatte die zwölf Wochen im Jahr so verteilt, daß sie spontan für einen Kurzurlaub auf die Insel kommen konnte. Da es ihr nie gelang, die drei Monate auszunutzen, ließ sie gerne Freunde und Bekannte gegen Entgelt dort wohnen. So kam wenigstens ein Teil der ständig steigenden Nebenkosten herein.

Helga Masten hatte sich ab und zu mit Georg Kummer getroffen und sich ein bißchen in ihn verguckt. Abwechselnd luden sie sich zum Essen ein, mal ins *Vaca y Yo* in Puerto de la Cruz oder ins feudale *Meson El Drago* in El Socorro. Der Chefverkäufer der Timesharing-Anlage hatte zwar nicht bei jedem ihrer Urlaubsbesuche Zeit für sie: Kunden, Kunden, Kunden, doch wenn sie zusammen aßen, gefiel ihr seine Offenheit. Gemeinsam lachten sie über Macken der Käufer.

An diesem Tag hatte der Teide sein Ehrenkleid angelegt. Er trug eine Bauchbinde aus weißen Wölkchen, überragte majestätisch die anderen Krater. An seiner Spitze blinkte ein wenig Schnee. Helma Masten genoß den Anblick. Dieser Berg hatte eine besondere Anziehungskraft für sie. Die Ruhe, die er ausstrahlte, ging auch auf sie über.

Warum ihr Geschäft plötzlich ins Stocken geraten war, konnte die erfolgreiche Ladenbesitzerin nicht sagen. Als in der Einkaufsstraße zwei renommierte Läden in Konkurs gingen, hatte sie sich damit beruhigt, daß Geschenke doch immer gebraucht wurden. Aber im nächsten Halbjahr sank der Umsatz um ganze zwei Drittel. Das Weihnachtsgeschäft war äußerst flau gewesen und hatte die Verluste nicht wettmachen können. Helma Masten mußte drei ihrer Verkäuferinnen entlassen, aber die Geschäftslage stabilisierte sich nicht. Nun drohte auch ihr der Konkurs. Sie mußte dringend Gelder flüssig machen, um die Kredite ihrer Hausbank bedienen zu können. Es blieb ihr nichts anderes übrig, als ihre Wochen im *Paraíso d'oro* zu verkaufen. Immerhin war der Wochenpreis auf 35 000 DM gestiegen. Sie rief Georg Kummer an, ihm konnte sie vertrauen. Er hatte sie beruhigt und versprach sofortige Hilfe. Er habe Käufer in Hülle und Fülle für ihr Apartment in der Wohnanlage. »Ich muß nur einmal laut rufen: Im Paradies sind wieder Zimmer frei!« hatte er am Telefon vor ein paar Wochen gescherzt.

Je höher sie auf den schmalen Serpentinen ins Gebirge hinauf-

fuhr, vorbei an der Straße nach Masca, jenem zauberisch gelegenen Bergdorf, desto beschwingter fühlte sie sich. Wenn der Preis stimmte, den Georg Kummer bei den Käufern für sie ausgehandelt hatte, könnte sie wenigstens zwei Wochen für sich behalten. Vielleicht sogar drei Wochen. Dann würde es doch kein endgültiger Abschied von ihrer Insel sein müssen.

Die Vegetation in dieser Höhe änderte sich schnell, genauso wie die Farbe des Bodens, ab und zu gab es kräftige, warme Rotbrauntöne. Einige feuchte Nebel zogen auf.

Sie fuhr an der Kamelstation in El Tanque vorbei, wo sich Touristen in Scheichs und Haremsdamen verwandeln ließen und zu einem Ausritt auf den Wüstenschiffen starteten. Ein Schild am Rand des Tiergeheges verriet: *Ausritt mit Eseln.*

Langsam fiel die Straße wieder ab. Die Bewölkung war dichter geworden. Der Norden der Insel hatte sein eigenes Mikro-Klima. Am Aussichtspunkt über Garachico hielt Helma Masten an. Der Blick auf dieses mittelalterliche Halbrund der ehemals wichtigsten Hafenstadt der Kanarischen Inseln, das sich weit ins Meer hinausschob, gehörte zu ihrem Begrüßungsritual auf Teneriffa. Nun war sie angekommen. Ein bißchen wehmütig fühlte sie sich schon. Länger als üblich blieb sie hier stehen, ließ ihre Hüften ein wenig kreisen. In

214

Bewegung bleiben, das war immer einer ihrer geschäftlichen Grundsätze gewesen. Das verband sie mit Georg Kummer. Beweglichkeit war seine Stärke. »Laß mir einen Monat Zeit«, hatte er gesagt, »dann brauchst du nur noch die Unterschrift unter die Kaufverträge zu setzen. Ich freu' mich auf dich, Helma!«

Das Büro von Georg Kummer stand offen.

Der »top closer« war allerdings nicht an seinem Platz.

Helma Masten gefiel die Glasplastik auf dem riesigen Mahagoni-Schreibtisch. In einer dickwandigen Kugel waren die Umrisse der sieben Kanarischen Inseln zu entdecken, die ausgestanzten Plastikteilchen tänzelten auf blaugrüner Flüssigkeit. Aus der oberen Hälfte der Glaskugel ragte eine Palme heraus, deren Blätter strahlenförmig nach außen wuchsen.

»Wann wird er zurückerwartet?« fragte Helma Masten die Sekretärin.

»Das kann heute lange dauern«, erwiderte sie mit einem kühlen Lächeln, »der Boß aus Texas ist da.« Sie wies mit dem Daumen nach oben.

»Aber ich hatte mich mit ihm für heute verabredet. Auch wenn ich eine halbe Stunde später hier …«

»Keine Sorge, liebe Frau Masten, unser Herr Kummer hat noch nie jemanden enttäuscht. Gehen Sie doch in Ihr Apartment, ich melde mich, sobald er für Sie sprechbereit ist.«

Wie sie das sagte: sprechbereit, beinah unverschämt, als sei sie eine lästige Bittstellerin.

»Ich warte im Restaurant«, sagte Helma Masten barsch. In ihrem Apartment wohnten zur Zeit andere Besitzer.

Wie konnte er sie so abhängen? Ihr Termin war doch fest vereinbart. Helma Masten spürte, wie Wut in ihr aufstieg. Mißmutig schaute sie in die Speisekarte, auf der seit Jahren immer die gleichen Gerichte angeboten wurden. Sie bestellte nur einen Campari Orange. Einige Gläser später erschien Georg Kummer. Sein Gesicht war stark gerötet. Fast zwei Stunden hatte die Hanseatin warten müssen. Am liebsten wäre sie sofort aufgebraust.

»Helma, tut mir wirklich leid, das hat heute wieder gedauert. Dieser Yankee ist ein vollendeter Blödmann, den interessieren nur Zahlen. Und die sind gegenwärtig nicht ganz so glänzend, die Verkäufe lassen etwas zu wünschen übrig, und da macht er uns die Hölle heiß. Ich kann dir gar nicht sagen …«

»Betrifft das auch mich?« wollte Helma Masten wissen.

»Laß uns in mein Büro gehen«, sagte Georg Kummer mit sanfter Stimme, »da haben wir mehr Ruhe.«

»Gibt es irgendwelche Probleme mit dem Verkauf –«

»Nicht hier«, unterbrach Kummer sie ein wenig heftiger, »wir wollen ja nicht um jeden Preis auffallen.« Er zeigte auf die anderen Gäste im Restaurant.

Die Sekretärin brachte den beiden frischen Kaffee und zog die Tür hinter sich zu.

»Helma, wie lange kennen wir uns jetzt? Sag' nichts, ich denke, es müßten heute genau auf den Tag acht Jahre sein.«

»Georg, gib nicht so an, du hast vorher mal schnell in meine Akte geschaut.«

»Zugegeben«, lächelte Kummer, und sein Lächeln war so jugendlich, als wäre er in den vergangenen Jahren keinen Tag älter geworden.

»Wieviele von meinen Wochen hast du bis jetzt verkauft?«

Georg Kummer schwang sich auf dem Drehstuhl zum kleinen Metallschreibtisch, auf dem der Computer stand.

»Mal sehen.«

Er tippte eine Zeitlang, ließ den Cursor hin- und hersausen, kam näher an den Bildschirm heran.

»Tja«, sagte er, als sei er selbst von dem Ergebnis überrascht, »ich dachte, es würde besser aussehen. Mußt du denn wirklich alle deine Wochen verkaufen?«

»Das kommt auf den Preis an!« sagte Helma Masten. Sie spürte eine neuerliche Erregung, so als sei sie auf dem Landeanflug.

»Es kommt immer auf den Preis an«, erwiderte Kummer. »Sagen wir mal so, zwei, nein, drei Wochen kann ich direkt verkaufen, da hab' ich feste Abnehmer, das sind die Wochen im September und eventuell im Oktober …«

»Zwei, drei Wochen? Das gibt ja nicht mal 100 000 Mark. Das reicht nicht, Georg, das weißt du genau!«

Helma Masten erhob sich aus dem lederbezogenen Polstersessel, in dem die Kunden immer viel zu weich saßen.

»Wie gesagt, momentan ist hier eine kleine Flaute, aber das kann sich in den nächsten paar Tagen wieder ändern, wenn du mir ein bißchen mehr Zeit läßt ...«

»Wieviele Wochen? Zu welchem Preis?« insistierte Helma.

»Nun, ich würde sagen, siebzehn pro Woche, na, weil du es bist, ich würde siebzehneinhalb für dich raushandeln. Pro Woche im Oktober vielleicht noch etwas mehr. Da sind Herbstferien, Ferienzeiten sind immer begehrt.«

Georg Kummer sah seine Kundin an, als habe er gerade einen Hauptgewinn verteilt.

»Georg, was soll das? Willst du mich veräppeln? Ich komme extra hierher, um meinen Laden in Bremen zu retten, und du bietest mir nicht mal einen Bruchteil der Summe an, die ich sofort brauche. Das ist doch nicht dein Ernst!«

»Moment«, unterbrach sie Georg Kummer, »ich habe am Telefon nur gesagt, es gibt eine Menge Interessenten, aber das war vor der Flaute, vor zwei Wochen sah es noch ganz anders aus.«

»Und warum hast du mich da nicht umgehend angerufen?«

Georg Kummer winkte sie zu sich, als könnte er sie mit den Tabellen auf seinem Computerbildschirm besser überzeugen.

»Für weitere vier Wochen habe ich Aspiranten. Das wären dann schon sieben. Allerdings nicht zu dem Preis ...«

»Wie schnell könnte ich das Geld haben?« Helma Masten spürte ihren Magen. Sie hatte seit ihrer Ankunft in Teneriffa noch nichts gegessen.

Sie legte eine Hand auf seine Schulter.

»Du willst ein bißchen mit mir spielen, Georg. Hab' ich recht? Aber leider ist mir danach gar nicht zumute. Ich muß mindestens zehn Wochen zu 25 000 Mark verkaufen, damit ich wieder liquide werde ...«

In diesem Augenblick klingelte das Telefon.

Ein Herr Maurer war dran. Kummer ließ ihn eine Zeitlang reden, dann sagte er: »Sie haben Glück. Frau Masten steht neben mir, die kann Ihnen sofort zwei Wochen abtreten. Ohne Probleme. Ja, wirklich. Sie hat verschiedene Wochen im Angebot. Doch, ganz bestimmt. Der Preis ...« Georg Kummer schaute Helma Masten an. »Ich denke, Sie werden mit 19 500 hinkommen. Nein, glaube ich

nicht, da ist nichts mehr zu handeln. Das ist die unterste Fahnen-
stange.«

Irgend etwas war faul, das spürte Helga Masten deutlich. Es stank!
Sie drückte plötzlich auf die Taste, um den Lautsprecher einzu-
schalten.

Sie vernahm eine Frauenstimme.

Georg Kummer zuckte zusammen, dann stotterte er: »Schönen
Tag, Herr, äh – Frau Maurer.«

Helma Masten öffnete blitzschnell die Tür zum Nebenzimmer.

Die Sekretärin legte gerade den Hörer auf.

»Das waren Sie!«

Ohne eine Antwort abzuwarten, knallte sie die Bürotür wieder zu.

»Du willst mich reinlegen, Georg. Vergiß es! Solche Spielchen
kannst du vielleicht mit anderen Kunden machen, aber nicht mit
mir.«

Sie stand vor dem edlen Schreibtisch. Ihre Mundwinkel zuckten.
Herzflimmern. Die Phantasien gingen mit ihr durch. Die Pleite in
Bremen, Offenbarungseid, Zwangsverkauf ihrer Eigentumswoh-
nung am Bürgerpark; kein Einkommen, kein Zuhause – was stand
ihr nicht alles bevor.

»Helma, du mußt auch mich verstehen. Wir sind momentan in
einer prekären Lage, bitte.«

»Georg, am Telefon hast du gesagt, kein Problem, im Paradies
sind wieder Zimmer frei. Du hast mich eiskalt angelogen!«

»Na ja, das war vielleicht etwas flapsig dahingesagt.«

Auf einmal schrie Helma Masten los: »Der Verkauf ist meine letzte
Rettung! Du hast mich nicht nur belogen, jetzt versuchst du, mich
auch noch zu betrügen. Damit wir uns verstehen: Ich brauche das
Geld und zwar umgehend. Sonst kann ich für nichts garantieren.«

Georg Kummer lehnte sich weit in seinem Bürostuhl zurück.

»Ich kann nun wirklich nichts dafür, daß du zu Hause ein Pleiteunternehmen besitzt«, sagte er kalt. »Ehrlich gesagt, interessiert
mich das auch nicht die Bohne. Entweder du akzeptierst, was ich dir
an Geld biete, oder du läßt es.«

Er schaltete den Computer ab, als sei das Gespräch auf diese Weise
beendet. Helma Masten erschrak. Eine solche Tonlage hatte sie
noch nie bei ihm vernommen.

»Pleiteunternehmen?« schrie sie. »Du hast mir doch damals das Geld aus der Tasche gelockt, mit all deinen Versprechungen. Aber ich durchschaue dich. Jetzt versuchst du, mir über einen Strohmann die Wochen für einen lächerlichen Preis abzukaufen, um sie dann später selbst zu einem Spitzenpreis zu verkaufen und dir das Geld in die Tasche zu stecken. Georg, du bist ein Schwein!«

Kummer erhob sich, strich durch sein Haar und ging mit schnellen Schritten zur Tür.

Bevor er sie öffnen konnte, hatte Helma Masten die Glasplastik auf dem Schreibtisch ergriffen und sie mit einem harten Schlag auf seinem Hinterkopf zerschmettert.

Die sieben Kanarischen Inseln purzelten heraus wie aus einem Würfelbecher.

WANDERUNG ZU DEN HÖHLENWOHNUNGEN

Die Kanarischen Inseln liegen vor der Küste Nordwestafrikas auf 29° nördlicher Breite und 13° bis 18° westlicher Länge. Sie wurden schon in der Vorzeit besiedelt. Seit 1479 gehören sie zu Spanien und bildeten eine wichtige Station für die Amerikafahrten. Die Inseln sind im Nordteil bewaldet und werden nach Süden zu wüstenhafter; die Vegetation unterscheidet sich stark je nach Höhenstufe. Nur im Winter regnet es ein bißchen; ansonsten ist das Klima gemäßigt subtropisch mit Temperaturen um 23 °C. Informationen erteilt das Oficina de Información Turistica, *Palacio Insular, Santa Cruz de Tenerife, Telefon 0034-22-242227.*

DAS BESTE LOKAL * Es befindet sich im Norden der Insel und heißt *El Meson Drago*, Abfahrt von der Autobahn TF 2, bei *El Socorro*. Dort zeigt die Küchenmannschaft, was man aus dem reichhaltigen Angebot an Gemüse und Früchten, Fleisch und Fisch mit viel Phantasie zaubern kann. Wer hier den »Puchero canario«, einen großartigen Eintopf, oder »Conejo en salmorejo«, mariniertes Kaninchen, probiert, wird schnell feststellen, wie billig man in manchen der angepriesenen Touristenlokale abgefüttert wird. Weitere empfehlenswerte Restaurants sind das *El Carmen* in *Icod de los Viños* und das *Mi Vaca y Yo* in *Puerto de la Cruz*.

UNSERE LIEBLINGSWANDERUNG * Im *Anaga-Gebirge* gibt es wunderbare Wanderstrecken, eine davon geht von *Las Carboneras* zu den Höhlenwohnungen von *Chinamada*, in weichen Fels geschlagene Wohnungen, von denen einige heute noch benutzt werden. Von dort hat man einen schönen Blick auf die Nordküste bei *Punta del Hidalgo*.

EINE MONDLANDSCHAFT * Höhepunkt jeder Reise nach Teneriffa ist sicherlich ein Besuch oder eine Wanderung im Nationalpark des *Teide*. Eine Mondlandschaft, wie man sie sonst nirgends findet: gelbe zerklüftete Felsen, wellige Lavaströme, zu Stein erstarrt, Sandwüsten mit riesigen eiförmigen Steinen – einzigartige Bilder, die sich tief in das Gedächtnis einprägen.

UNSER LIEBLINGSSTRAND * Er ist in *San Marcos*. Eine kleine Bucht mit Fischerbooten, wenigen Restaurants am Strand und Apartments, die man privat anmieten kann. Nach Sonnenuntergang, der hier immer ein dramatisches Schauspiel bietet, toben nur noch ein paar Kinder am Strand. Die Massentouristen haben sich schon wieder in die Wohnsilos im Süden Teneriffas zurückgezogen.

EIN WORT ZUM SÜDEN * Ein grandioser Umwelt-, Bau-, und Touristenskandal: Man muß diese Schändlichkeiten einmal gesehen haben, die den Bausünden an anderen Touristenplätzen in nichts nachstehen. Durch Betonschluchten gelangt man zum Strand, auf dem zehntausende Liegestühle in Reih und Glied angetreten sind. Doch davon einmal abgesehen: Teneriffa lädt zum Träumen ein, und es fällt schwer, wieder Abschied zu nehmen.

Mörderische Landstriche

Florida-Falle

Paula J. Matter

Bis die Aufregung sich gelegt hat, soll ich mich im Hintergrund halten, haben sie gesagt. Sie haben zwar darauf geachtet, daß es jedesmal wie ein Unfall oder ein natürlicher Tod aussieht, aber so viele Leichen sind doch irgendwie verdächtig. Gestorben an einer Gastritis, ertrunken, bei einer Explosion umgekommen. Es lagen zwar immer ein paar Tage dazwischen, aber sie hatten nicht viel Zeit und wollten den Job hinter sich bringen.

Carolyn sagte beim Frühstück, ich könne heute im Laden arbeiten. Es sei jetzt genug Zeit vergangen. Ich bin schon ganz aufgeregt. Ich möchte mich endlich für all das erkenntlich zeigen, was sie für mich getan haben. Ich kann immer noch nicht glauben, daß alles so glatt gegangen ist.

Ich weiß noch genau, wie es angefangen hat. Damals ahnte ich nicht, daß ich einmal in Florida leben würde, in diesem wunderschönen Haus mit diesen fabelhaften Frauen.

Es begann damit, daß Henry ein neues Wohnmobil kaufte. Und natürlich war seine Mutter – wie immer – mit von der Partie. Ich höre ihre Stimme noch, als wäre es gestern gewesen ...

»Aber ich will nicht da oben schlafen. Oder hier unten. Da hinten in dem Bett werde ich schlafen!«

Die weinerliche Stimme sägte an meinem letzten Nerv. Oder dem vorletzten. Beim letzten hätte ich sie wohl k. o. geschlagen. Statt dessen lächelte ich und wandte mich an meinen Göttergatten in der Hoffnung, daß er seiner Mutter sagen würde, was wir besprochen hatten.

Nichts da. Es blieb wieder einmal an mir hängen, wie alles Unangenehme. Ich mußte mich um die Reservierungen kümmern, die Karten, das Besichtigungsprogramm für unseren jährlichen Florida-Urlaub im Juli. Oh, wie ich diese Reise haßte.

Wir hatten das größere Wohnmobil gekauft, weil wir mit mehr Komfort reisen wollten. Wenigstens sollte ich eine Koje für mich allein haben, in die ich mich zurückziehen konnte, um den anderen zu entkommen.

Wieder nichts. Die liebe Mama beanspruchte das große Bett in meiner Schlafkoje. Ganz hinten, wo man eine Tür schließen konnte. Und da mein Mann noch nie Rückgrat gezeigt hatte, wenn es um seine Mutter ging, hatte ich wieder den Schwarzen Peter. Ich war es, die ihr eines der beiden anderen Betten schmackhaft machen mußte: das über der Fahrerkabine oder das im Wohnbereich. Zwei ganz normale Betten, nichts daran auszusetzen.

»Sieh mal, Mutter Harris, es ist ganz einfach.« Ich klappte den Tisch hoch, nahm die Kissen von der Bank und zog das Bett heraus.

»Also wirklich, Pam«, fuhr mich mein lieber Gatte an, »wenn Mutter die Koje für sich haben will, dann gib sie ihr doch.«

Wieder mal hatte dieser kleine fette Troll von einer Frau gewonnen. Ich hätte sie beide an Ort und Stelle umbringen können.

Sie umbringen ...

Das war keine schlechte Idee. Wenigstens Mutter Harris. Henry war ja meist ganz nützlich. Ich sah zu ihm hinüber; er legte seinen Arm schützend um die gebeugten Schultern seiner Mutter. Als ob er meine Gedanken lesen könnte. Nein, er würde mir bestimmt nicht dabei helfen. Aber Rudie und Judie vielleicht. Andererseits würde ich gerade die beiden auch gern loswerden.

»Juhuu! Juhuu!«

Wenn man vom Teufel sprach ... Rudie und Judie fuhren vor.

Ein zum Erbrechen süßes Pärchen. Der Bruder meines Mannes schrieb sich Rudy, bis er Judie kennenlernte. Sie fand es niedlich, als Rudie und Judie durchs Leben zu gehen. Also tauschte er das »y« gegen ein »ie« ein. Hätte er bloß sie eingetauscht. Judie war klein, hatte einen käsigen Teint, und diesen Monat trug sie ihr Haar rot. Sie winkte mir mit einem weiteren »Juhuu«, wobei ihre langen künstlichen Fingernägel im Rot ihrer Haare leuchteten. Wahrscheinlich hatte es den Doppelpack Rot in ihrem Schönheitssalon im Sonderangebot gegeben.

Rudie war groß und dürr wie sein Bruder. Die beiden schlugen zum Glück ihrem Vater nach.

»Oh«, seufzte Judie hingerissen. »So ein schönes Wohnmobil, Henry, und so groß!«

»Die Schlafkoje mit der Tür kriege ich, nur daß das klar ist.« Mutter Harris hatte gesprochen.

Judie war bestimmt enttäuscht, denn nun würde sie mit Rudie wieder in ein Motel verschwinden müssen, um ihre sexuellen Triebe auszuleben, so wie letztes Jahr. Die Jahre davor hatten sie es im Waschsalon getrieben und in den Schwimmbädern der Campingplätze, auf denen wir Rast machten. Ein Tag ohne Sex mußte den beiden wie eine Ewigkeit vorkommen. So wie mir dieser ganze Familienurlaub.

Seit mir die Idee gekommen war, Mutter Harris umzubringen, dachte ich ununterbrochen darüber nach. Ich wußte nicht, wie ich es anstellen sollte, nicht erwischt zu werden. Eigentlich wußte ich überhaupt nicht, wie ich es anstellen sollte.

Wenigstens fuhren wir nicht mehr nach Disneyland, auch alle anderen Themenparks wie Epcot und Sea World hatten wir abgeklappert. Nie wieder! Bei dem pausenlosen Genörgel wäre ich beinahe verrückt geworden. Deshalb waren wir nur noch in Nordflorida unterwegs. Außerdem war die Luftfeuchtigkeit weiter südlich nicht auszuhalten.

Jedes Jahr das Gleiche. Wohnmobil beladen, frühmorgens aufbrechen, zehn Stunden auf der Autobahn und von der I 95 direkt zum Campingplatz bei Fernandina Beach. Alle Jahre wieder.

Natürlich war *ich* es, die immer alles besorgte, was wir brauchten, und es in Küche, Bad und Schränke räumte. Wir brachen auf, wann immer Rudie und Judie endlich erschienen. Henry war der Fahrer. Er ließ niemanden sonst hinter das Steuer seines »Goldstücks«.

Vielleicht sollte ich einfach in Florida abhauen. Ich würde gern immer dort leben – wenn es da nicht diese verfluchten Hurrikans gäbe. Andererseits konnten sie auch nicht viel schlimmer sein als die Blizzards, die wir hier in Virginia hatten. Die Palmen, das Meer und die wunderbaren Sandstrände, das gleichmäßig warme Wetter und die kulturelle Vielfalt entschädigten für die Hurrikan-Saison.

Dafür würde es sich schon lohnen …

»Juhuu! Juhuu!«

Jedes Jahr sagte ich ihr, sie solle nicht so viel Gepäck mitbringen. Aber sie hörte nicht auf mich. Da war sie, wieder mal mehr als zwei Stunden zu spät und mit drei Koffern. Rudie hatte bloß eine leichte Sporttasche dabei – vermutlich gefüllt mit ein paar Unterhosen und einem Dutzend Kondomschachteln.

Ich räumte noch schnell ein paar Sachen in die Schubladen in der Schlafkoje; die weinerliche Trollfrau kriegte vielleicht mein Bett, aber nicht meinen Platz im Schrank.

Wir brauchten zehn Stunden bis nach Fernandina Beach. Wenn Henry sagte, es dauert zehn Stunden, dauerte es zehn Stunden. Auf seine Angaben konnte man sich verlassen. Genauso wie man sich darauf verlassen konnte, daß Rudie und Judie sich jeden Tag ein intimes Plätzchen suchten. Die beiden begaben sich gleich nach der Ankunft zum Strand.

Mutter Harris machte ein Nickerchen, und Henry hatte sich mit drei alten Knackern zum Golf verabredet. Zu Tode gelangweilt, tigerte ich den ganzen Morgen über den Campingplatz, bis mir eine verrückte Idee kam: Warum sollte ich mich nicht auch einmal aus dem Staub machen? Einfach tun, was ich wollte, so wie die anderen auch? Kurz entschlossen ging ich zur Autovermietung – ich war von mir selbst überrascht.

Zwei Stunden später war ich auf der I 75 Richtung Gainesville unterwegs; die Fenster waren heruntergekurbelt, laute Radiomusik, ein Tag in Freiheit.

Als mir der Verkehr auf der Autobahn zuviel wurde, nahm ich die Abfahrt bei Micanopy. Nach sieben oder acht Meilen landete ich auf dem Cholokka Boulevard. Diese schmale Allee mit mächtigen alten

Eichen, dicht behängt mit spanischem Moos, war das Zentrum der kleinen Stadt. Es bestand aus ungefähr einem Dutzend Antiquitätengeschäfte, ein paar Restaurants und der schönsten alten Villa, die ich jemals gesehen hatte.

Ich parkte den Wagen vor einem kleinen Laden, der *Florida-Falle* hieß. Ein merkwürdiger Name; dabei wirkte das Städtchen kein bißchen gefährlich.

Eine Glocke bimmelte über der Tür, als ich eintrat. Im Laden gab es Bücher, Kunsthandwerk, Souvenirs und Gebäck. Die rothaarige Frau hinter der Theke lächelte mich an. Nach dieser Farbe sollte Judie mal in ihrem Schönheitssalon fragen.

»Guten Tag. Willkommen in der *Florida-Falle*.«

»Hallo. Ich sehe mich nur mal um, vielen Dank.« Ich wollte nicht in ein Verkaufsgespräch verwickelt werden.

»Tun Sie das. Nehmen Sie sich soviel Zeit, wie Sie brauchen.«

Wie ich brauchte? Eine merkwürdige Antwort. Neugierig, wie ich war, fragte ich, was der Name der Stadt bedeutete.

»Man spricht ihn Mi-kä-no-pih aus. Es heißt, daß der Gründer der Stadt, als er Steuern zahlen sollte, antwortete 'Me can no pay' – ich kann nicht zahlen. Daraus wurde dann später Micanopy.« Sie lächelte wieder.

»Und was bedeutet der Name Ihres Ladens?«

»Er drückt mehr oder weniger aus, welche Dienstleistungen wir erbringen.«

Diese Antwort fand ich noch merkwürdiger, aber ich fühlte mich irgendwie zu der Frau hingezogen. Bevor ich mich versah, hatte sie mich in ein Gespräch verwickelt und ich ihr auch schon meine ganze Familiengeschichte erzählt. Kari steuerte etwas über ihre Familie bei und lud mich zum Abendessen ein, bei dem ich ihre Freundinnen kennenlernen sollte. Begeistert sagte ich zu – ein Abend ohne meine Familie! Ich konnte meinen eigenen Mut kaum fassen.

Ich verbummelte den Nachmittag, spazierte durch das Städtchen und bewunderte die prächtigen Hibiskussträucher und die Kreppmyrten, die in voller Blüte standen. Der Himmel war strahlend blau, und die Sonne schien – ich fühlte mich so befreit wie ein junger Hund, der von der Leine gelassen wird.

Karis Haus war ein zweistöckiges Gebäude im viktorianischen Stil mit einer breiten, umlaufenden Veranda und einem Nebengebäude. Ein schmiedeeiserner Zaun umgab das Grundstück. Ich fuhr in die geschwungene Einfahrt.

Bevor ich klopfen konnte, öffnete eine Frau die Tür.

»Ich heiße Carolyn. Willkommen in unserem Heim«, sagte sie freundlich und bat mich herein.

Die Diele und die anderen Räume, in die ich einen Blick werfen konnte, waren wunderschön. Die Fenster reichten vom Boden bis zur Decke und hatten Brokatvorhänge, die Parkettböden glänzten, und eine prächtige Treppe führte nach oben. Es war das Haus meiner Träume.

Carolyn führte mich ins Wohnzimmer, wo Kari mir entgegeneilte, mich umarmte und den anderen Frauen vorstellte, die mir auf Anhieb sympathisch waren. Das schien auf Gegenseitigkeit zu beruhen. Sie wohnten gemeinsam hier. Das Haus gehörte Carolyn, dann waren nach und nach Sharon, Kay und Edie eingezogen, und schließlich Kari.

Kay reichte mir ein Glas Weißwein. Ich wagte kaum, das zarte Kristallglas entgegenzunehmen. Diese Frauen hatten Stil. Ich war voller Bewunderung und irgendwie nervös.

Als Sharon sich neben mir auf die Couch fallen ließ und die nackten Füße unterschlug, ließ meine Nervosität etwas nach. Trotz all des Luxus und der Kristallgläser wirkten sie wie ganz normale Frauen, die mich freundlich bei sich aufnahmen.

»Euer Zuhause ist wundervoll. Vielen Dank für die Einladung.«

»Wir danken dir, Pam. Hattest du noch einen schönen Nachmittag in unserer Stadt?«

Ich nickte. »Einen sehr schönen. Auf der Hauptstraße bin ich an einem ganz tollen Haus vorbeigekommen. Wißt ihr, welches ich meine?«

»Das war bestimmt das *Herlong Mansion*. Seit 1990 ist darin ein Hotel untergebracht. Prachtvolles Haus, sehr nette Leute. Sie haben sogar einen eigenen Geist.«

Ich starrte sie mit offenem Mund an.

Carolyn lachte. »Sie ist ein sehr freundlicher Geist. Die letzte Besitzerin wollte offensichtlich auf keinen Fall das Haus verlassen.« Sie musterte die anderen. »Seid ihr soweit? Können wir anfangen?«

Anfangen? Womit?

»Pam, wir sind sehr froh, daß du hier bist. Kari hat uns von deiner unglücklichen Lage erzählt.«

Ich sah sie begriffsstutzig an.

»Deine Familie, meine Liebe. Euer Jahresurlaub.«

Ich seufzte tief und trank einen Schluck.

»Wir können dir helfen.«

Ich behielt sie über den Rand des Weinglases hinweg im Auge. Mir helfen? Wie denn?

»Als Gegenleistung müßtest du nur deinen Teil der Abmachung einhalten.«

Abmachung? Ich nahm einen sehr großen Schluck. Kay füllte mein Glas auf.

»Ähm, Carolyn, vielleicht geht Pam das ein bißchen zu schnell«, gab Edie zu bedenken. »Vielleicht braucht sie unsere Hilfe gar nicht.«

»O doch, Edie, die braucht sie«, sagte Kari. »Sie war so fertig und so angespannt, als sie in den Laden kam. Seht sie doch an, sie ist doch jetzt schon viel entspannter.«

Höchste Zeit für mich, auch mal was zu sagen. Ich beugte mich vor. »Wie könnt ihr mir denn bei was helfen? Und was wäre mein Teil von welcher Abmachung?«

»Was wir besprechen, bleibt unter uns, ist das klar?« Carolyn schien die Wortführerin zu sein. »Selbst wenn du unsere Hilfe nicht willst, wirst du niemandem von diesem Gespräch erzählen.«

Ich nickte. Und dann hörte ich mir an, wie sie sehr offen und doch diskret darüber sprach, meine Familie aus dem Weg zu schaffen. Ich sollte ihnen nur ein paar persönliche Angaben zu allen machen und, wenn alles erledigt war, bei ihnen einziehen. Karis Familie war vor kurzem verstorben, und seither wohnte sie hier. Ich sah Kari an, und sie grinste von einem Ohr zum anderen.

Ich grinste zurück. Carolyn sprach wieder.

»Kay ist unsere Computerspezialistin. Sie hat heute nachmittag schon eine Menge Informationen über deine Familie zusammengetragen. Natürlich müßtest du – «

»Moment mal«, unterbrach Sharon. »Sollten wir nicht erst mal fragen, ob sie wirklich alle loswerden will?«

»Stimmt.« Carolyn wandte sich an mich. »Du willst doch alle loswerden, oder? Mann, Schwiegermutter, Rudie und Judie?«

Henry war eigentlich gar nicht so übel, und wenn seine Mutter erst mal weg war …? Ich erzählte den Frauen von meinen Bedenken.

»Aha. Das ist schwierig. Wir haben noch nie jemanden übriggelassen.« Carolyn trommelte mit den Fingern auf der Lehne ihres Queen-Anne-Sessels. »Denk noch mal darüber nach. Wir würden nur ungern etwas verändern. Das Arrangement hat sich seit Jahren bewährt.«

Die anderen murmelten und nickten.

»Also, jede von uns ist Expertin auf einem anderen Gebiet. Und diese verschiedenen Begabungen bringen wir bei den Opfern entsprechend zum Einsatz. Ich zum Beispiel war Richterin. Ich glaube an Gerechtigkeit um jeden Preis.«

Das erklärte einiges.

»Wie schon gesagt, Kay ist für die Computer zuständig. Sharon war Rodeoreiterin und Stuntfrau; Edie ist Chemikerin, und Kari ist Krimiautorin.«

»Krimiautorin?«

»Ja, ihre Kenntnisse sind sehr nützlich. Eine stimmige Vorgehensweise ausarbeiten, wasserdichte Alibis, Rechtsmedizin – alles wichtige Dinge.«

»Oh, gut.« Die Sache gefiel mir immer besser.

»Pam, deine Aufgabe wird es erst mal sein, uns mit allen nötigen Informationen zu versorgen.«

»Und was wäre dann mein Teil der Abmachung?« fragte ich.

»Du ziehst bei uns ein, arbeitest im Laden, sobald es ungefährlich für dich ist, hältst Ausschau nach anderen gepeinigten Frauen und hilfst uns bei den Arrangements. Auf welchem Gebiet kennst du dich gut aus?«

Eine schwierige Frage. Ich war seit Jahren Hausfrau. Ich konnte das Haus in zwei Stunden auf Hochglanz bringen, waschen, bügeln, kochen ... »Ich kann kochen und backen.«

»Prima, das sind nämlich nicht gerade unsere Stärken. Das kann auch bei unseren Arrangements sehr nützlich sein. Und jetzt erzähl uns alles über deine Familie.«

Mein volles Herz floß über.

Auf dem Weg zurück zum Campingplatz mußte ich zweimal anhalten. Ich konnte es gar nicht fassen, daß mir diese Gelegenheit in den Schoß gefallen war. Was für ein Glück! Ich war aufgeregt, völlig durcheinander, konnte kaum verbergen, wie aufgewühlt ich war. Das einzige Problem war Henry. Ich hatte nur vierundzwanzig Stunden Zeit, um eine Entscheidung zu treffen. Bei meinem nächsten

Besuch würden mir die Frauen das Gift für Mutter Harris mitgeben. Edie war jetzt bestimmt schon in ihrem Labor und arbeitete daran. Und Sharon dachte mit großem Vergnügen darüber nach, wie sie Rudie und Judie loswerden konnte. Henrys Tod – wenn ich mich dafür entschied – würde etwas mit dem Wohnmobil zu tun haben. Ich würde nicht nur Henry, sondern auch das Wohnmobil verlieren. Eine schwere Entscheidung.

Nachdem ich am nächsten Abend meine Familie bekocht hatte, verließen alle den Wohnwagen, um ihrer Wege zu gehen. Keinen kümmerte es, wie ich nach dem Abwasch meinen Abend verbringen würde. Ich schlich mich zu meinem Mietwagen und machte mich auf den Weg nach Micanopy. Als ich ankam, war ich ein wenig nervös. Kay schenkte mir sofort ein Glas Wein ein.

»Und, wie hast du dich entschieden?« fragte Carolyn.

Ich wollte Henry gern behalten.

Carolyn hob eine Augenbraue und sah zu Kay hinüber. »Kay, sag ihr bitte, was du herausgefunden hast.«

Aller Augen richteten sich auf die Computerspezialistin, die ihren Notizblock überflog. Sie lächelte.

»Pam, wußtest du eigentlich, daß Henry noch ein anderes Bankkonto hat? Und daß er jeden Monat einen Scheck über fünfhundert Dollar für ein Apartment in der Walnut Street in deiner Heimatstadt ausschreibt?«

Mein Unterkiefer fiel herunter. Wovon redete sie denn da?

»Und daß er vor kurzem ein neues Auto gekauft hat für ...« Sie hielt inne, um in ihre Notizen zu sehen. »Für Candy Hart?«

Mein Unterkiefer würde bestimmt gleich ganz abfallen. Ich klappte den Mund wieder zu.

»Tja, die Ehefrau erfährt es immer als letzte«, sagte Edie.

Damit war es besiegelt. Was sollte ich in Micanopy auch mit einem Wohnmobil?

Ich versteckte die Spraydose, die Edie mir mitgegeben hatte, im Korb mit der Schmutzwäsche. Außer mir machte sich sowieso niemand daran zu schaffen.

Pünktlich zum Mittagessen holte ich die Spraydose wieder heraus.

Mutter Harris war sehr eigen, wenn es um ihre Hamburger ging. Sie mußten immer auf dem Holzkohlengrill zubereitet werden; deshalb benutzte ich für ihr Fleisch den Grill des Campingplatzes. Der Rest meiner Familie wollte die Hamburger in der Pfanne gebraten haben. Wie immer mußte ich ständig hin- und herrennen, um alle gleichzeitig bedienen zu können.

Edie hatte mir erklärt, daß ich nur ganz wenig von dem Gift auf den Grill und das Fleisch zu sprühen brauchte – voilà! Das genügte. Und da Mutter Harris sich ohnehin über alles beschwerte, was ich kochte, würde niemand sich etwas dabei denken, wenn es ihr nicht schmeckte.

Die Spraydose warf ich in die nächste Mülltonne, und das Gift auf dem Grill würde rückstandslos verbrennen. Keine Gefahr also für die nächsten Benutzer.

Es dauerte ein paar Stunden, bis das Gift wirkte. Erst abends bekam sie Magenschmerzen. Als wir am nächsten Tag den Campingplatz von St. Augustine erreichten, hatte ich den Eindruck, daß das Gift eifrig dabei war, seine Arbeit zu tun.

St. Augustine mochte ich sehr, man konnte so viel unternehmen! Die Altstadt mit dem Fort, die Strände, die Fischrestaurants ... Besonders gern mochte ich *Monk's Vineyard*, wo ich am liebsten einen Krug kaltes Bier trank und eine dampfend heiße, frisch zubereitete »Clam Chowder« aß.

Rudie und Judie gefiel es am Strand von St. Augustine besonders gut. Und das paßte genau in Sharons Plan. Wir gingen an den Strand und ließen die magenkranke Mutter Harris im Wohnmobil zurück. Rudie und Judie wateten ins Wasser hinaus, und Miss Candy Harts demnächst toter Liebhaber und ich legten uns zum Sonnenbaden in den Sand.

Es dauerte nicht lang, und ich sah das Motorboot. Ich nahm unseren bunten Strandball und spazierte am Wasser entlang. Als ich auf derselben Höhe wie Rudie und Judie war, warf ich den Ball in die Luft. Das Boot fuhr ein Stück und hielt etwa hundert Meter entfernt auf der anderen Seite der beiden. Ich warf den Ball noch einmal hoch, fing ihn auf und ging wieder zurück zu meinem Handtuch und meinem betrügerischen Ehemann.

Ich nahm das Fernglas. Rudie und Judie waren ziemlich weit draußen. Das Wasser ging ihm bis zum Hals. Widerstrebend zollte ich ihrer Diskretion Anerkennung. Judie war zu klein, um dort noch stehen zu können; sie mußte ihre Beine um Rudies Hüften geschlungen haben. Das brachte sie sicher auch in die richtige Position für ihr Vorhaben.

Im Boot stand Kay am Steuer, Sharon hielt das Lasso bereit. Im Zickzack näherten sie sich dem kopulierenden Paar. Dann sah ich, wie das Lasso durch die Luft sauste und sich um die Hälse der beiden zusammenzog. Das Boot fuhr los.

Sharon war verdammt gut, aber auch Kay war nicht übel. Sie steuerte das Boot mit hoher Geschwindigkeit dorthin, wo sich im tiefen Wasser die Haie tummelten. Schließlich konnte ich auch mit dem Fernglas nichts mehr sehen.

Mutter Harris überlebte die Nacht nicht. Während Henry und ich uns darüber Sorgen machten, wo Rudie und Judie abgeblieben waren, gab die weinerliche Trollfrau ihren Löffel ab. Erst fand ich es unangenehm, daß sie ausgerechnet in meinem Bett gestorben war, aber dann war es mir egal. In ein paar Tagen würde es das Bett, das Wohnmobil und auch Henry nicht mehr geben.

Kari hatte sich ausführlich über Wohnmobile informiert. Anscheinend war es ziemlich gefährlich, wenn man den Wasser- mit dem Gastank verwechselte. Sie erzählten mir keine Details, aber Carolyn meinte, ich sollte mich unbedingt um zwei Uhr mittags im Schwimmbad des Campingplatzes aufhalten.

Im Schwimmbad wimmelte es nur so von Menschen. Sie alle hörten die Explosion.

Ich wohne jetzt in diesem Haus in Micanopy mit meinen neuen Freundinnen und bin glücklich. Als alles vorbei war, verriet mir Edie auch endlich, was der Name des Ladens bedeutete. Er stand wirklich für unsere Tätigkeit: »**F**ade **L**angweiler **o**der **r**enitente **I**dioten **d**er **A**nverwandtschaft – **F**achkundig **a**bgemurkst, **l**ebenslang **e**ntsorgt.«

Der Laden ist nicht weit vom Haus entfernt, und ich gehe gern zu Fuß dorthin. Kari hat sicher schon aufgeschlossen. Ich soll heute nachmittag mit ihr zusammen arbeiten; wenn ich mich sicher genug fühle, sagt Carolyn, kann ich den Laden auch allein betreuen. Ich freue mich schon darauf, mich für ihre Hilfe zu revanchieren.

Kaum bin ich ein paar Schritte den Chokkala Boulevard entlanggegangen, höre ich Reifen quietschen. Ein Kombi hält mitten auf der Straße. Der Mann am Steuer fuchtelt wütend mit den Armen herum, die Frau hat die Hände vors Gesicht geschlagen. Dann beugt er sich zu ihr hinüber, öffnet die Tür und stößt sie hinaus. Mit aufheulendem Motor rast der Wagen davon. Ich eile zu der Frau hinüber, lege den Arm um ihre Schultern und führe sie in den Laden. Das Glöckchen bimmelt, als wir eintreten, und Kari lächelt.

»Willkommen in der *Florida-Falle*«, sagt sie und zwinkert mir zu.

FLOSSFAHRTEN UND SHRIMP·FESTIVALS

*Florida erstreckt sich von 80–88°
westlicher Länge und 25–31° nördlicher Breite, Fernandina Beach liegt
auf 81° westlicher Länge und 31° nördlicher Breite. Florida ist der südöst-
lichste Staat der USA und hat knapp
12 Millionen Einwohner. Das Klima
ist subtropisch, die Winter sind mild
und trocken. Informationen gibt es
bei* Visit Florida, *Schillerstraße 10,
60313 Frankfurt. Telefon 069-1310731;*
Tourist Information, *P.O. Box 210,
St. Augustine, FL 32085-0210.*

**FLORIDA FERNAB VON DISNEY-
LAND** * Es sind die kleinen alten
Städte wie z. B. *St. Augustine* und
Micanopy, die den besonderen Reiz
von Nordostflorida ausmachen. Wer
im *Herlong Mansion* in Micanopy
die alte Pracht des amerikanischen
Südens genießen will, sollte recht-
zeitig reservieren, Telefon 0352-
4663322. Oder steht Ihnen der Sinn
nach einem Teller dampfendheißer
Clam Chowder und einem kalten
Bier? Dann gibt es keinen besseren
Platz als *Monk's Vineyard* in der St.

George Street in St. Augustine, der
ältesten Stadt Floridas.

FLOSSFAHRTEN * Der *Ichetucknee*
fließt durch Nordflorida. Sie können
ein Floß oder Schlauchboot mieten
und sich den Fluß hinabtreiben lassen. Unterwegs kann man an den kri-
stallklaren Quellen anhalten und die
Geheimnisse der mystischen Gewäs-
ser erforschen. Der Ichetucknee liegt
ca. 5 Meilen nordwestlich von Fort
White am Highway 27.

SHRIMP·FESTIVALS * *Amelia Is-
land*, in der Nähe von *Fernandina
Beach*, feiert jedes Jahr am ersten
Wochenende im Mai das große
Shrimp-Festival. Über 300 Aussteller
kommen zu einem der größten Ereig-
nisse dieser Art zusammen. Nehmen
Sie auf der I 95 die Ausfahrt 129 und
fahren Sie in östlicher Richtung nach
Amelia Island. In *Lake City* finden
Sie das wohl beste Fischrestaurant in
Florida, die *Shell Cracker Oyster Bar*.
Und hier gibt es dann auch die besten
Jumbo Rock Shrimps von ganz Flori-
da. Adresse: 895 South 1st Street.

Die Toskana-Fraktur

Nina Schindler

»Woran denkst du jetzt?« fragte er und warf ihr einen kurzen Blick
zu, bevor er sich wieder auf das Fahren konzentrierte.

Sie lächelte. »An die unglaubliche Tatsache, daß wir noch einmal
eine Reise in die Toskana machen – ganz allein, ohne Bodyguards
und ohne Journalisten-Treck.«

Beim letzten Wort spürte sie, wie sich seine Haltung sofort ver-
steifte, aber als die Bedeutung des Satzes zu ihm durchgedrungen
war und er nichts für ihn Bedrohliches bemerkt hatte, entspannte
er sich wieder. Anscheinend lebte er immer noch im Glauben, sie
wüßte nichts von diesem tizianroten Journalisten-Flittchen, mit
dem er sich vor ein paar Monaten eingelassen hatte. Diese dürre
blöde Pute, die ihm nur nach dem Maul redete und sich ihm, wann
er wollte, als Matratze andiente. Die ihn mittlerweile so umgarnt
hatte, daß er sich diesmal sogar von seiner Ehefrau trennen wollte.
Seine Stimme riß sie aus ihren zornigen Grübeleien.

»Stimmt. Dabei waren wir früher doch oft hier, weißt du noch?«

»Aber klar doch.« Als ob ER sie daran erinnern müßte! »Beim
ersten Mal sind wir getrampt, damals hätten wir uns nie träumen lassen, daß wir hier mal mit einem dicken Benz langfahren würden.
Erinnerst du dich noch an die Jugendherberge in Florenz?«

»War das da, wo man noch um zehn Uhr abends in der Kemenate
sein mußte und Buben und Mädchen säuberlich getrennt schliefen?«

»Genau.« Damals warst du noch scharf auf mich, da wolltest du noch jede Nacht mit mir zusammen sein ... da warst du noch nicht dauernd hinter anderen Weibern her ...

»Wie lange dauert es denn noch bis Florenz?«

Sie warf einen Blick auf die Karte. »Hm. Vielleicht noch eine Stunde. Hast du was dagegen, wenn ich ein Nickerchen mache?«

»Kein Problem. Ich weck dich kurz vor der Ausfahrt, damit du mich in bewährter Manier durch die Stadt lotsen kannst.«

Sie räkelte sich im Sitz, schloß die Augen hinter der Designer-Sonnenbrille und tat so, als ob sie schliefe, während ihre Gedanken zurückwanderten.

In bewährter Manier lotsen – o ja –, das war in den vergangenen achtundzwanzig Jahren immer ihr Job gewesen. Zum ersten Mal auf der Vietnam-Demo in Berlin, dann während des Sternmarschs auf Bonn und schließlich sehr entschieden während der Auflösungskonferenzen des SDS. Sie hatte ihm seinerzeit das Philosophiestudium ausgeredet und dafür gesorgt, daß er Jura und Volkswirtschaft belegte. Damals noch, um die Welt zu verändern – Hegel und Marx lasen sie sowieso im Hochschularbeitskreis.

Sie hatte im Gegensatz zu ihm gleich erkannt, daß der SDS eine reine Polit-Spielwiese war, deshalb für den Eintritt in den SHB argumentiert und später dann dafür plädiert, daß sie zu den Jusos überwechselten.

Er hatte die Wähler becirct, und sie hatte seine Reden geschrieben, später seine Mitarbeiter ausgesucht und sich diskret im Hintergrund gehalten, während sie seinen Aufstieg managte.

Drei Kinder wollten außerdem noch versorgt sein – dazu die Gastgeberinnenpflichten während ihrer berühmten Abendessen im kleinen Kreis, bei denen sie die richtigen Kontakte zur Hochfinanz und den Wirtschaftsspitzen herstellte und auch mal den geeigneten Rahmen für den Austausch mit den Spitzenpolitikern anderer Parteien inszenierte.

Ohne sie wäre er nie so weit gekommen.

Wolfhard Gieseking, Landtagspräsident: kein schlechter Posten, wenn man zum großen Sprung auf eins der bedeutenderen Führungsämter ansetzte, auf das bedeutendste überhaupt ...

Alles hatte sie gedeichselt, organisiert, sich gekümmert, die Wogen geglättet, wenn er wieder mal mit einem seiner impulsiven

Statements die Wähler zu verschrecken drohte.

Dafür durfte sie ihn nun auch zur Euro-Konferenz nach Rom begleiten. Noch brauchte er sie bei solchen Anlässen. Doch sie wußte sehr genau, daß es gleichzeitig eine Art Abschiedsfahrt war, auch wenn er viel zu feige war, darüber zu reden. Aber sie hatte die Zeichen der Zeit längst richtig gedeutet und würde nun Gegenmaßnahmen ergreifen. Deshalb hatte sie darauf bestanden, noch einmal inkognito zu fahren – nur sie zwei, ganz ohne Troß.

»Duuu, aufwachen, gleich kommt die Abfahrt.«

»Wir nehmen erst die nächste. *Florenz-Nord* ist noch zu früh – da kommen wir an den Flughafen.«

»Bloß nicht – ich will am liebsten nie mehr fliegen«, sagte er kokett. »Immer dieser ganze Aufstand um die VIPs – dieser Champagner-Klüngel – nee, nee.«

Lüg nicht so, dachte sie. Du liebst ihn doch, den Champagner-Klüngel. Du hast dir ja damals von mir beibringen lassen, wie man den Nobelsprudel dezent entkorkt. Ich hab' dich ja auch von den Jeans über Kammgarn zum Kaschmir gelotst ...

»Ach, eigentlich hätte ich jetzt gegen einen kleinen Prosecco nichts einzuwenden«, murmelte sie. »Paß auf, hier mußt du runter, ordne dich schon mal ein.«

»Du redest mit mir, als ob ich gerade erst meinen Führerschein gemacht hätte.« Er spielte den Beleidigten.

»Nein, nein, aber in den letzten Jahren bist du doch kaum noch gefahren, und schon gar keine langen Strecken im Ausland.«

»Ja, schon, aber ich kann es immer noch – siehst du!« Sie befanden sich jetzt auf der Via delle Scala, und sie sagte: »Erst mal noch geradeaus. Richtung Bahnhof. Da in der Nähe ist unser Hotel.«

»Wollen wir nicht zuerst hoch zu diesem riesigen Platz und einen Blick auf die Stadt werfen?«

»Gern. Dann mußt du über den Arno, Richtung Porta Romana zum Piazzale Michelangelo.«

Einen Augenblick lang war sie gerührt, daß er sich an den großen Platz erinnerte, auf dem sie an einem lauen Sommerabend gesessen und auf die Stadt hinunter geschaut hatten. Und gefummelt. Und geknutscht.

Bestimmt war das – na, mindestens vierundzwanzig Jahre her.

Sie dirigierte ihn quer durch die Stadt bis hoch zu dem Aussichtsplateau. Er parkte den dicken Mercedes zwischen den Hunderten von Urlauberautos, sie stiegen aus und wanderten zur Brüstung.

»Ach, ist das schön!« entfuhr es ihr beim Anblick der terrakottafarbenen Dächer rechts und links vom silbrig schimmernden Fluß. »Sieh mal, der Dom – der Palazzo Vecchio, da ... «

»Wunderschön.« Er stand so dicht hinter ihr, daß sein Atem ihren Nacken streifte. Zu seinem großen Kummer war er nur eben mittelgroß, bloß einen Zentimeter größer als sie. »Und wir sind hier ganz allein – keiner will ein Interview.«

Und das ärgert dich, dachte sie amüsiert. Du hältst es doch gar nicht mehr aus, nur ein Herr Pumpernickel unter lauter anderen Pumpernickels zu sein.

»Ja«, sagte sie dann bloß.

Zu Hause in Deutschland war er der Liebling der Journaille – nicht nur der einen Journalistin; Wolfhard Gieseking, der »King«, wie sie ihn immer nannten. Nein, er küßte ihren Nacken nicht – Nackenküsse waren wohl für die dürre Tussi reserviert.

»Komm, laß uns ins Hotel fahren, ich möchte mich jetzt frischmachen.«

»Gern«, erwiderte sie und marschierte brav zum Auto zurück. Daß nach ihren Wünschen nicht gefragt wurde, wunderte sie schon seit vielen Jahren nicht mehr, und es kränkte sie auch nicht. Doch das Wissen, daß er eigentlich nur ins Hotel wollte, um diese miese rote Schlange anzurufen: Das schmerzte wie eine eitrige Wunde.

Während sie ihn durch die Stadt zum Hotel lotste, spürte sie, wie ihre Verachtung gegenüber diesem Mann immer weiter wuchs.

Daß er sie seit Jahren betrog, hatte sie hingenommen, einerseits weil die Reputation eines »hommes à femmes« ihm bei seiner Karriere immer genützt hatte – 75 Prozent seiner Wähler waren Frauen –, aber auch weil das schlechte Gewissen ihn anschließend zu wahrhaft herkulischen Leistungen im Bett befähigt und sie somit reichlich für die entgangenen Liebesfreuden entschädigt hatte.

Aber das jetzt – das mit der roten Hexe –, das war etwas anderes ... Bianca Schmitz – was für ein dämlicher Name für eine Tizianrote.

Das Hotel war leicht zu finden, der Wagen wurde in einer nahegelegenen Garage geparkt, und während er sich unter die Dusche stellte, legte sie sich aufs Bett und genoß die kühle klimatisierte Luft des Vier-Sterne-Hotels.

Nicht nur er war ein Liebling der Boulevardblätter – auch sie hatte immer wieder für Schlagzeilen gesorgt: ihr Engagement für Vergewaltigungsopfer, ihr Vorstoß zur Änderung des Familienrechts, immer genau getimt für die jeweiligen Sommerlöcher oder Saure-Gurken-Phasen, in denen die Journalisten ihr dankbar aus der Hand fraßen.

Wolferl und Stanzerl hatten die Zeitungen sie genannt, *dem Wolferl sein Stanzerl*, wiederholte sie in Gedanken noch einmal abfällig. Nein, die Welt war inzwischen reif für die Hilarys, die Madelines und die Indiras – auch für die Konstanzes ...

»Das hätten wir uns damals nie träumen lassen, daß wir mal in solch einem Luxusschuppen absteigen würden, was?« rief er aus dem Bad.

»Nee, wahrlich nicht«, rief sie zurück.

In superbilligen Pensionen waren sie in den ersten Toskana-Urlauben untergekommen, mit jeder Lira hatten sie rechnen müssen, meistens nur Obst und Gemüse am Straßenrand gekauft und ab und zu eine Flasche billigen »vino rosso«.

»Wieso seufzt du?« Er war unbemerkt von ihr ins Zimmer gekommen und rubbelte sich kräftig mit dem Handtuch ab.

»Ich hab' ein bißchen von damals geträumt, weißt du – die warmen Pflastersteine auf dem Platz, wo ich stundenlang saß und mir den Hintern von Michelangelos David anschaute – den knackigsten Männerarsch, den es je gab!« Sie seufzte noch einmal wehmütig.

»Na, meiner ist doch auch nicht richtig schlecht, oder?« Er ließ das Handtuch sinken und drehte sich vor ihr um die eigene Achse.

»Na ja, es geht so für unser Alter.«

»Ich halte doch den Vergleich mit Jüngeren noch aus, oder?« Er tat leicht beleidigt, aber sie hörte mit ihren für Untertöne geschärften Ohren heraus, daß ihr Urteil ohnehin nicht mehr wichtig war. Bestimmt hatte diese tizianrotgefärbte Intrigantin ihm ständig die Ohren vollgelogen und seiner Eitelkeit bei jeder sich nur bietenden Gelegenheit geschmeichelt.

»Komm schon, du schönster aller deutschen Politiker, laß uns jetzt etwas essen gehen«, wechselte sie das Thema.

Bereute sie es mittlerweile, daß sie ihm vor einem Jahr das Interview mit der *Cosmo-Elle* vermittelt hatte? Eigentlich hatten sie ja das Porträt einer Politikergattin drucken wollen, und es war ihre Idee gewesen, ihnen Wolfhard unterzujubeln.

»Ich bin fertig, was ist denn mit dir? Ziehst du dich nicht um?« fragte er ungeduldig.

»Sofort, geh schon mal runter an die Bar«, beschwichtigte sie ihn, und dankbar verschwand er.

Während sie das leichte Seidenkleid aus dem Koffer holte und überstreifte, fragte sie sich wohl zum tausendsten Mal in den letzten Wochen, ob es ein Fehler gewesen war, diese rothaarige grünäugige Reporterhexe auf ihn loszulassen. Als er die Affäre mit ihr begann, war sie zunächst nicht beunruhigt gewesen – eine Eroberung mehr in seinem Erfolgsverzeichnis flachgelegter Damen. Außerdem hatte sie selbst seit mehr als vier Jahren einen Liebhaber, der ihre Ansprüche in sexueller Hinsicht mehr als befriedigte. Der Kerl war zwar politisch eine lahmarschige Träne, doch im Bett erstaunlicherweise eine Granate. Und im Gegensatz zu Wolfhard flog er nicht auf magere Pipimädchen in Designerklamotten, sondern er wußte etwas üppigere Formen durchaus zu schätzen – und immerhin paßte sie ja noch problemlos in Größe 42.

Doch das rote Luder mußte irgendeinen Zauber auf Wolfhard ausüben – alle Anzeichen sprachen dafür, daß er sie fallen lassen wollte. Nach achtundzwanzig Jahren die Scheidung! Nur um dieses dürre Gerippe zum Standesamt zu schleifen.

Undenkbar! SIE hatte seine Karriere geebnet, SIE hatte ihn jahre-, jahrzehntelang für das höchste Amt vorbereitet – und nun sollte eine andere die Früchte ihrer Mühen einfach so ernten, ohne jemals auch nur den kleinsten Finger krumm gemacht zu haben?!

Niemals! Sie war gewappnet.

Sie verließ den Fahrstuhl und betrat die Bar. Er saß mit dem Rücken zu ihr am Tresen, doch sie konnte noch sehen, daß er verstohlen das Handy in die Tasche seines Leinensakkos gleiten ließ. Aha! Hatte er also bei der klapprigen Ziege Süßholz geraspelt!

Sie nahm das zweite gefüllte Glas, sagte: »Salute!« und sah ihm direkt in die Augen, während er mit ihr anstieß. Er lächelte, herzlich, voller Wärme und sagte: »Mein guter Geist.«

Du Sau, dachte sie. Du bist doch gerade dabei, deinen guten Geist in die Wüste zu schicken. Die Kinder sind groß, stehen auf eigenen Füßen, da kommt dich eine Scheidung auch nicht mehr allzu teuer ... Bis zur nächsten Wahl bleibt dir noch genug Zeit, bis dahin würden sich die Wogen der gutbürgerlichen Empörung wieder gelegt haben. Sie spürte Wut aufwallen, aber mit eiserner Selbstkontrolle lächelte sie und trank das Glas in einem Zug leer. »Herrlich! Komm, wir flanieren ein bißchen.«

Nach einem erlesenen Menü in der *Enoteca Pinchiorri* und zwei Flaschen *Brunello* wurde er sentimental.

»Daß wir das noch mal erleben ... hier ... sozusagen aus der anderen Perspektive ... nein, ist das schön!«

Du vergißt immer zu sagen, daß es auch gleichzeitig das letzte Mal ist, dachte sie. Falls du es nicht weißt – ich weiß es genau!

Am nächsten Tag fuhren sie ins Chianti, und er schwelgte in Erinnerungen an den Urlaub vor zehn Jahren auf dem Gut des berühmten Verlegers, wo sie sich wie im Film vorgekommen waren. In Radda kehrten sie bei *Miranda* ein und ließen sich von der Wirtin diktieren, was sie gefälligst zu essen hatten.

Die Pasta schmeckte herrlich, genau wie die »Tagliata al rucola«, und sie tat so, als sehe sie es nicht, als er heimlich den Hosenbund öffnete. Tja, mein Lieber, mit mir hättest du in Ruhe und ungestraft alt werden können, bei ihr wirst du dich niemals gehen lassen dürfen. Aber keine Angst, ich werde dich davor bewahren.

Sie übernachteten in der Nähe von Castellina in einem abgelegenen Nobelhotel, das Deutschen gehörte und über einen seelenlos perfekten Service verfügte.

Bei den hausgemachten »Gnocchi al Gorgonzola« wurde er abermals sentimental und hing den alten Erinnerungen nach, wobei zwei Flaschen *San Giovese* der Badia di Coltibuono sicherlich heftig nachhalfen.

Teufelsaustreiberei, dachte sie. Das ist sozusagen deine Scheidungsgabe: dieser Trip in unsere Jugend. Meine Abfindung. Ha!

Sie hörte kaum hin, nickte, wenn es von ihr erwartet wurde, und murmelte hin und wieder ein: »Ach ja«, doch ihm fiel schon seit Jah-

ren nicht mehr auf, wenn er sein Gegenüber mit inhaltsleerem Geschwätz
langweilte.

Am nächsten Morgen fuhren sie
gemächlich nach Siena und bezogen
ihre Suite im *Palazzo Ravizza*.

»Du, ich freue mich richtig auf den
Palio, ganz zwischen den Menschen-
massen auf dem Campo eingekeilt«,
versicherte er ihr nicht sehr glaubhaft, während sie im Badezimmer vor
dem Spiegel standen und sich für die
anstehenden Strapazen frisch machten. »Außerdem ist es jetzt ja auch
bestimmt zu spät, noch mal auf die
Einladung von Fürst Orsini zurückzu-
kommen ... meinst du nicht auch?«

»Ja«, sagte sie mitleidlos. »Aber ich
stell' mich nicht auf den Campo – du
weißt, ich kann diese Hitze schlecht
ab. Ich bummele ein bißchen herum,
setz' mich in ein Café und schau' mir
die Leute an. Dieses bekloppte Pfer-
derennen hat mich schon damals kalt
gelassen – wochenlang der ganze
Klimbim, die Bestechungen, die
Schiebereien, und dann ist in weniger
als zwei Minuten alles vorbei – so'n
Quatsch.«

»Das verstehst du nicht«, hob er an,
und der salbadernde Ton, den er neuerdings bei den meisten seiner Reden
anklingen ließ, hatte sich wieder in
seine Stimme eingeschlichen. »Das ist
ein uralter Brauch, nationales Kultur-
gut –«

»Schon recht«, schnitt sie ihm die Litanei ab. »Du brauchst mich nicht zu überzeugen. Geh hin, wie du wolltest, und amüsier dich. Wir treffen uns dann wieder gegen sieben im Hotel.«

»Wie du willst«, sagte er ungnädig, denn er hatte schon seit vielen Jahren nichts allein unternommen und wußte wohl nicht, ob ihm seine eigene Gesellschaft noch behagen würde.

Hinterher war er dann ganz begeistert. Er hatte sich natürlich doch nicht zwischen die Schulter an Schulter auf dem Campo stundenlang ausharrenden Touristen gequetscht, sondern war »rein zufällig« in den Palazzo des Fürsten reingeschneit, der sich über sein Kommen ganz mordsmäßig gefreut habe ...

»Mordsmäßig ist garantiert richtig«, sagte sie.

Er sah sie mißtrauisch an. »Wie meinst du das?«

»Na, das weiß doch jeder, wie sehr der Fürst dich schätzt«, wich sie aus, aber er merkte es nicht.

»Ja, nicht wahr?« Er strahlte begeistert.

Gleich wird er krähen, dachte sie und wappnete sich.

»Übrigens – er hat mich noch mal für heute abend eingeladen, äh, das ist dann mehr so ein Herrenabend, verstehst du. Seine Frau gibt gleichzeitig eine kleine Party und würde sich freuen, wenn du kämst.«

Einen Scheiß wird die, dachte sie. Die hat garantiert nur noch auf eine Politikergattin aus Deutschland gewartet.

Die Aussicht auf einen Abend zwischen altem italienischen Adel machte sie schaudern.

»Nein, danke, geh du dich nur amüsieren. Ich erhol mich von der Hitze bei einem schönen Roman.«

»Dann hast du nichts dagegen, wenn ich hingehe?«, erkundigte er sich begeistert wie ein kleiner Junge, dem man ein bisher verbotenes Spiel endlich erlaubt.

»Überhaupt nicht«, beruhigte sie ihn.

Damit war es entschieden. Sie atmete tief durch. Die seit Monaten angestaute kalte Wut wich für Sekunden einer ungemein kribbeligen Vorfreude. Nun galt es, den sorgfältig vorbereiteten Plan durchzuführen – das war die Gelegenheit, auf die sie seit Wochen gewartet hatte!

Er wollte auf einen Herrenabend – also in den Puff.

Und das, während er vorgeblich mit ihr eine nostalgische Reise in die gemeinsame Vergangenheit unternahm.

Zum Piepen komisch: Er hatte keinerlei Ahnung, daß er damit sein eigenes Todesurteil unterzeichnet hatte! Denn so leicht und unauffällig würde sie ihn nie wieder loswerden können.

Sie ging ins Bad, holte das Pillendöschen aus ihrem Kosmetikkoffer und nahm die Pille heraus, die sie bereits vor der Reise zu Hause präpariert hatte. Es war gar nicht schwer gewesen, die Kunststoffkapsel zu öffnen und den Inhalt auszutauschen. Wieder einmal hatte sich ihr Medizinstudium als äußerst nützlich erwiesen. Sie suchte in seinem Reise-Necessaire nach dem Döschen mit dem potenzsteigernden Mittel. Wie töricht von ihm, daß er geglaubt hatte, er könne sie mit einem falschen Etikett an der Nase herumführen. Schließlich war sein Sekretär von ihr eingestellt worden und somit auch ihr rechenschaftspflichtig – durch ihn war sie immer über jeden Schritt und Seitensprung ihres Mannes unterrichtet gewesen. Sie öffnete das Döschen und legte ihre präparierte Pille hinein. Schicksal, nimm deinen Lauf.

Dann ging sie zurück ins Schlafzimmer, wo er im Sessel saß und die Tageszeitungen durchblätterte.

»Steht nichts Interessantes darin«, sagte er mißgelaunt.

Aha, er hatte wohl nirgends seinen Namen entdecken können.

Schade, daß er morgen nicht die Schlagzeilen sehen würde!

Deutscher Politiker überraschend einem Herzinfarkt erlegen – so oder ähnlich würden sie lauten.

Wolfhard würde in einem Nobelpuff diese schöne Welt verlassen, und die italienische Polizei würde das wohl kaum an die große Glocke hängen wollen – schon gar nicht, wenn es sich bei dem Bordellkunden um einen ausländischen Politiker, einen Begleiter des Fürsten und um den Hauptredner einer Euro-Konferenz in Rom handelte. Autopsie? Eher nicht. Und außerdem – wie sollte denn dabei jemand die Hand im Spiel gehabt haben? Die trauernde Witwe ganz bestimmt nicht. Die hatte doch brav im Hotel gesessen und das *Das Geheimnis der Pineta* von Fruttero und Lucentini gelesen.

Der Roman war so spannend, daß sie noch wach war, als ein äußerst verdruckster höherer Offizier in Uniform, flankiert von genauso verlegenen Adjutanten, – immerhin sprach er Englisch! – ihr stotternd und höchst peinlich berührt vom vorzeitigen Ableben ihres Gatten Mitteilung machte.

Der Schlafmangel ließ die Simulation der vom Schicksalsblitz getroffenen braven Gattin noch besser gelingen, als es die Erleichterung über den erfolgreich durchgeführten Plans ohnehin getan hätte.

Nach mehreren Konferenzen mit hohen Tieren aus der Politik und der Gerichtsbarkeit teilte man ihr die Art der Überführung des teuren Verblichenen mit und bekundete ihr außer unendlichem Mitgefühl auch Verständnis für den Entschluß, allein und unerkannt nach Deutschland zurückreisen zu wollen, um den dreisten Fragen der Medien zu entgehen. Sie führte die obligatorischen Telefongespräche mit ihren Kindern und seiner Mutter und legte sich dann erleichtert schlafen.

Noch bevor die ersten Tageszeitungen in großen Lettern von dem plötzlichen Hinscheiden eines hohen deutschen Politikers Meldung gemacht hatten, stieg sie am nächsten Morgen in den Mercedes und verließ Siena. Schon nach wenigen Kilometern bog sie von der Schnellstraße ab nach Monteriggione, das wie eine Mauerkrone oben auf einer Hügelkuppe lag.

Innerlich aufgeregt, äußerlich ganz gelassene Grande Dame, betrat sie das Städtchen – einer ihrer Lieblingsorte von damals – und eilte zielsicher auf das Restaurant *Il Pozzo* auf der gegenüberliegenden Seite des großen Platzes zu.

Sie bestellte die »Tortelli al tartuffo«, die immer noch wunderbar aromatisch dufteten und herrlich schmeckten, und trank einen samtroten *Castello di Ama* dazu. Nach dem Espresso und einer Zigarette gab sie dem Kellner viel zu viel Trinkgeld und wanderte langsam zurück zum Auto.

Dort wählte sie auf ihrem Handy die Nummer ihres Geliebten. »Rudolf? Ja, tutto va bene. Übrigens – ich werde jetzt selbst kandidieren.«

FREILICHTOPERN UND ARMBRUSTTURNIERE

Die Toskana ist nach dem Volk der Etrusker benannt, die im 9. Jahrhundert v. Chr. hier die erste Hochkultur Italiens errichteten. Das milde, eher trockene Klima der etwa auf 11° östlicher Länge und zwischen 43° und 44° nördlicher Breite liegenden Küsten- und Berglandschaft lockte zu allen Zeiten Reisende an. Informationen erteilt das Fremdenverkehrsamt APT Firenze, Via Cavour 1r, 50100 Firenze, Italien; Telefon 0039-55-290832.

MEIN NUR GANZ WIDERSTREBEND GETEILTER GEHEIMTIP * Bei ihren Lieblings-Urlaubsorten verhalten sich viele Reisende wie eifersüchtige Liebende: Sie wollen nicht, daß auch andere das Objekt ihrer Liebe entdecken und in diesem besonderen Falle auch noch in Horden dort entlangtrampeln. Andere Touristen »trampeln«, nur wir selbst trippeln dezent, gewissermaßen unsichtbar, durch den Ort »unserer« Entdeckung. Soll ich also mein heißgeliebtes *Massa Marittima* den Touris zum Trampeln offerieren?

Na ja, erstens haben wir es nicht entdeckt, und zweitens drängeln sich jetzt schon – ganz anders als vor fünfzehn Jahren, seufz – Massen von Nordländern durchs Städtchen, aber die Einheimischen bieten dem Ansturm bis jetzt geballt Widerstand. Die Piazza und umliegenden Gäßchen werden sichtbar von Anwohnern bevölkert und alle Tante-Emma-Läden wurden »subito« in Nobelboutiquen – besonders zu empfehlen: *Lo Scarabeo* – umgewandelt, die die spendierfreudigen Besucher abzokken, daß es eine wahre Lust ist.

FESTE UND OPERN * Dafür bietet Massa Marittima im August zweimal ein *Armbrustturnier* mit Fahnenschwenkerkür, ein sehr pittoreskes Spektakel und von Kennern dem Palio in Siena oft vorgezogen. Doch noch schöner sind die *Freilichtopern* auf dem erhöhten Platz vor dem »Duomo«, von dem aus die Piazza sanft ansteigend ein natürliches Amphitheater bildet. Das Repertoire reicht von *Rigoletto* bis zum *Elisir d'Amore*, und es ist schon ein ganz besonderes Vergnügen, in einer lauen Sommernacht unter dem glitzernden Sternenhimmel »La donna è mobile« zu hören. Für weniger Betuchte ein ganz spezieller Tip: Es empfiehlt sich, ein paar Tage vor dem Aufführungstermin Stippvisiten in Massa Marittima durchzuführen, denn mit einem Quentchen Glück erwischt man genau den Zeitpunkt der Generalprobe und kann das Ganze zum Nulltarif, wenn auch weniger feierlich erleben.

TAFELN IN MASSA MARITTIMA *
Für den Hunger davor oder danach (für Opernmuffel auch während) bieten Ristoranti, Osterie und Trattorie mit unterschiedlichem Preisniveau kulinarische Köstlichkeiten: allen voran *Da Braccali*, sozusagen gehobene Edelküche und *Gatto e Volpe* mit toskanischen Spezialitäten, in, wie es so schön heißt, rustikalem Ambiente. Bleibt nur noch eins zu wünschen: »Buon appetito«!

Flucht ins Berner Oberland

Peter Zeindler

Das Toben des Giessbachs war selbst noch durch die geschlossenen Fenster gedämpft zu hören. Er saß im Parkrestaurant des Grandhotels und schaute hinaus auf das schmale weißschäumende Wasserband, das sich von weit oben über die Felsen ins Tal stürzte. Seit drei Tagen saß er immer am selben Platz hinter der großen Scheibe und wartete auf den Augenblick, der sein Leben veränderte. Eigentlich war dieser Augenblick ja schon eingetreten, nur hatte er bisher keine Gelegenheit gefunden, ihm gleichsam Dauer zu verleihen, obwohl er als Schriftsteller mit so viel Phantasie ausgestattet sein sollte, daß ihm der Schritt von einem bedrückenden Alltag in eine neue, überhöhte Wirklichkeit nicht schwerfallen sollte. Er hatte sich von der grandiosen Umgebung im Berner Oberland einen kreativen Schub erhofft, sich vorgestellt, in diesem Jugendstilhotel auf der Sonnenterrasse hoch über dem Brienzer See, von einem militanten Schweizer Landschaftsschützer vor über fünfzehn Jahren vor dem Zerfall gerettet und dann prachtvoll wiedererstanden, sich von der Lethargie, die ihn seit Wochen lähmte, befreien zu können.

Er war in der Routine erstarrt. Sein Autogramm, das er nach den Lesungen auf Wunsch seiner Fans, deren Zahl sich immer mehr verminderte, unter den Titel seines letzten Romans setzte, hatte im Verlauf der Jahre an Prägnanz verloren, war zu einem schäbigen unleserlichen Schlenker verkommen. Jede Arztunterschrift hatte mehr Charakter. Und er verzichtete auch immer öfter darauf, seine

Leserschaft mit originellen Widmungen zu versöhnen. Mittlerweile kostete es ihn sogar unendliche Mühe, mehr als nur seinen Familiennamen quer über das Titelblatt seiner Bücher zu schreiben. Noch absolvierte er bei Lesungen seinen Part mit Anstand und Routine. Und noch immer gelang es ihm, seinem jeweiligen Publikum den Eindruck zu vermitteln, es sei wacher, intelligenter, belesener, informierter als alle bisherigen Besucher seiner Lesungen in Buchhandlungen, Schulen, Freizeitzentren, Gemeindebibliotheken, Kleintheatern und Hotels. Aber auch diese Fähigkeit verlor sich mit jeder Lesung mehr und mehr, und endlich bemühte er sich nicht einmal mehr, seinem Publikum das geringste Engagement seinerseits zu vermitteln. Er war ausgebrannt, vorbei.

»Fasanenpastete Geneviève oder Hasenterrine mit Gigondas als Vorspeise?«

Der junge Kellner war lautlos neben ihm aufgetaucht und hatte ihn mindestens für einen Augenblick aus seinem Gedankenlabyrinth befreit. Er erschrak und erbat sich Bedenkzeit. Der Kellner zog sich lautlos zurück, und er starrte auf den jagdgrünen Rücken des anderen Gastes, einer Frau, die allein am Nebentisch saß. Der Gamsbart auf ihrem ebenfalls jagdgrünen Tirolerhut – oder stammte er aus Bayern? –, den sie auch zum Essen nicht absetzte, schien sich zu sträuben. Sie drehte ihren Stuhl halbwegs zur Seite, als ob sie seinen Blick im Rücken gespürt hätte, zeigte ihm ihr rosarot gepudertes Profil und lächelte verheißungsvoll.

»Nehmen Sie doch die Schnepfenpastete und dann als Hauptgang Wildgeschnetzeltes mit Pfifferlingen. Ich kann beides sehr empfehlen.«

Er nickte ihr dankbar zu und winkte den Kellner heran. »Dann also, was die Dame empfiehlt: Schnepfenpastete und Wildgeschnetzeltes mit Pfifferlingen.«

Der Kellner nickte der Dame zu und zog sich wieder zurück.

»Und eine Flasche Maienfelder«, rief er ihm noch nach. »Und bitte zwei Gläser.«

Die Dame in Grün zeigte ihm jetzt nicht nur das Profil, sondern ihr wohlgeformtes und ein wenig fülliges Gesicht mit dem etwas zu groß geratenen Mund. Er zögerte. Wie sollte er in das Gespräch einsteigen? Sie machte keine Anstalten, sich zu ihm zu setzen.

»Sie sitzen seit drei Tagen immer hinter dem Fenster und schauen auf den Wildbach«, sagte sie endlich. »Ich habe Sie beobachtet, morgens, mittags, abends.«

Der Kellner kam mit der Weinflasche zurück, entkorkte sie feierlich, schnüffelte am Korken, schenkte dann ein, präsentierte dem Gast den Flaschenbauch, während dieser, den Blick starr auf das Etikett gerichtet, einen kleinen Schluck nahm, ihn auf der Zunge gleichsam zergehen ließ und dann vorsichtig an den Gaumen beförderte, wo er ihn noch eine Weile festhielt, bevor er ihn in die Speiseröhre entließ. Dann nickte er, und der Kellner schenkte ein, zuerst der Dame, die noch immer keine Anstalten machte, den Platz zu wechseln, dann ihm.

Hatte er sie beeindruckt? Ein Weinkenner, ein Mann von Welt?

»Als ob Sie auf etwas warten würden!« sagte die Dame, als sich der Kellner wieder zurückgezogen hatte.

»Auf Ihre Gesundheit!« sagte er förmlich und hob sein Glas.

»Auf alles, was uns lieb und teuer ist«, entgegnete sie, nippte kurz und stellte ihr Glas wieder hin. »Als ob Sie auf etwas warten würden. Irgendein Ereignis!«

Sie insistierte. Er nickte, ohne sie anzuschauen.

»Worauf denn?«

Ihre Stimme wurde immer leiser, und der Schluß ihrer Frage wurde sogar von dem durch die Doppelscheiben der Fenster gedämpften Tosen des Wildbachs verschluckt.

Er lachte kurz auf. »Worauf?« Er machte eine Pause und schaute dann hinaus. »Wenn man lange genug am Fenster sitzt und auf die herabstürzenden Wassermassen starrt, wächst die Wahrscheinlichkeit, daß einmal ein Senn von da oben aus den Bergen hinuntergeschwemmt wird, das Opfer irgendeines alpinen Verbrechens.«

Sie lachte nicht laut heraus, wie es eigentlich zu erwarten gewesen wäre. Sie hatte seine Antwort nicht als Witz aufgefaßt, sondern hatte sich so hastig erhoben, daß ihr Stuhl nach hinten umkippte. »Ihre Phantasie möchte ich nicht haben!« murmelte sie und schaute ihn mit aufgerissenen Augen an.

»Ich bin eben Schriftsteller«, antwortete er ohne Stolz in der Stimme. Er hatte sich ebenfalls erhoben und ihren Stuhl wieder auf die Beine gestellt.

»Schriftsteller also?« Sie wandte sich ab und ging zum Ausgang. Ihr Glas stand einsam auf dem Nebentisch. Der Abdruck ihrer vollen Lippen zierte seinen Rand.

Bald darauf sah er sie auf dem Hotelvorplatz den schmalen Weg ansteuern, der durch ein kleines Wäldchen zu einem gewaltigen Felsvorsprung hinauf führte, über den die weißen Wassermassen donnerten. Im Schutz dieser Felsnase stand sie auf dem eisernen Steg, die Hände ins Geländer verkrallt, und schaute zu ihm hinab.

Er hatte es verpaßt, seinem Schicksal eine Wende zu geben. Mindestens vorläufig.

Vor drei Tagen hatte er sich aufgemacht, nachdem er auf der Bank seine letzten Ersparnisse bezogen hatte, und war von Zürich kommend in seinem angerosteten Fiat Richtung Luzern gefahren. Nach einer Kaffeepause am Vierwaldstätter See hatte er sich noch weiter in das eherne Territorium der sogenannten Urschweiz vorgewagt: Er hatte in Schillers langem Schatten den Halbkanton Obwalden durchquert und dann den Brünigpass angepeilt, der ins Berner Oberland hinüber führte. Noch bevor er auf der andern Seite des Passes angekommen war, hatte er aus einem spontanen Entschluß heraus beim schweizerischen Freilichtmusem Ballenberg haltgemacht. Es konnte ja nichts schaden, wenn er wenigstens einmal in seinem Leben das Land seiner Herkunft und dessen architektonische und ethnologisch geprägte Vergangenheit in konzentrierter Form durchwandern würde und sich dabei vielleicht sogar inspirieren lassen konnte.

Der Gedanke, die Prosa aufzugeben, sich als Dramatiker zu versuchen und womöglich nach Schillers *Wilhelm Tell* ein zweites echt schweizerisches Nationaldrama zu verfassen, nahm immer mehr Besitz von ihm. Vielleicht war es die einzige Möglichkeit, literarisch zu überleben. Er durchquerte das ausgeschilderte Gelände auf der Suche nach einer Startrampe, die ihn ins poetische Elysium schießen würde. Gebückt betrat er die niedrigen Appenzellerhäuschen, stand unter den gewaltigen ausladenden Strohdächern von Emmentaler Bauernhäusern, besichtigte Gebäude aus dem Tessin, dem Greyerzerland, dem Waadtland. Er begutachtete gewissenhaft Webstühle, Küchengeschirr, Gesindestuben, Elternschlafzimmer, Handwerksgeräte, ohne daß der kreative Funke zünden wollte. Als es zu regnen begann, flüchtete er sich in die düstere Küche eines alten Bauernhauses aus dem Jura. Dort stand er gelähmt, unfähig sich zu rühren, unter dem furchterregenden Kamin, der weit oben im Dach ein Stück grauen Himmels sehen ließ, unerreichbar für einen Erlösungsbedürftigen. Als er draußen Stimmen und Schritte hörte, zog er sich in eine dunkle Ecke zurück. Er hatte keine Lust, sich auf ein Gespräch mit begeisterten Landsleuten einzulassen. Aber es waren keine Landsleute, die hier vor dem Regen Schutz suchten, sondern es war ein deutsches Ehepaar, eine Frau im jagd-

grünen Kostüm und ein Mann, der einen fuchsroten Anorak trug. Er war wohl älter als sie, mindestens klang seine Stimme brüchig und etwas schwach.

»Ich hasse die Berge«, sagte er nach einer Weile und hustete demonstrativ.

Sie standen unter der Haustür und schauten in den Regen hinaus.

Er konnte ihre Umrisse sehen.

»Ich weiß«, sagte die Frau. »Aber mir zuliebe ...« Sie beendete den Satz nicht. Der Regen plätscherte. In der Ferne grollte der Donner.

»Dir zuliebe!« sagte er nach einer langen Pause. Es tönte emotionslos.

»Dafür kannst du ja anschließend Paris genießen. Dein Koffer ist bereits unterwegs dorthin. *Hotel George V.*«

»Mein Koffer?« fragte er überrascht. »Und dein Koffer?«

»Ich komme nach, Herbert. Ich brauche Luftveränderung. Aber nicht Stadtluft.«

»Stadtluft macht frei«, sagte er.

»Das war früher und galt für die Leibeigenen. Heute ist es umgekehrt, Herbert. Bergluft macht frei.«

»Wie meinst du das?« fragte er scharf.

»Wie ich es sage. Komm! Es hat aufgehört zu regnen. Wir fahren jetzt zum *Grandhotel Giessbach*, und dann steigen wir hinauf. Du wirst es genießen. Dieser Giessbach ist ein Naturereignis.«

»Ich hasse die Natur. Und ich fürchte mich vor der Natur«, sagte der Mann noch. Aber sie hatte es wohl nicht mehr gehört, denn sie hatte ihren Zufluchtsort bereits verlassen und strebte dem Ausgang des Freilichtmuseums zu.

Das war vor drei Tagen gewesen. Giessbach! Die Frau im jagdgrünen Kostüm hatte ihm das Stichwort geliefert. Er hatte sich in seinen Fiat gesetzt und war einfach dem silbergrauen Mercedes der S-Klasse gefolgt, der gemächlich durch die Landschaft glitt, über Brienzwiler hinunter ins Tal und dann wieder steil aufwärts zum Grandhotel, wo die beiden aber direkt den Giessbach anpeilten und nicht zuerst ihr Gepäck im Hotel deponierten. Und dann war er den beiden gefolgt. Bergaufwärts. Die Sonne hatte sich wieder gezeigt. Unten lag smaragdgrün der Brienzer See. Ein weißes Dampfschiff zog lautlos vorbei und hinterließ eine glitzernde Spur. Nebelfetzen hingen an den Bergspitzen. Der Giessbach sprühte in den Farben des Regenbogens. Er war glücklich, als er registrierte, wie poetische Bilder in ihm hochstiegen.

Hier würde er genesen, in dieser wilden Landschaft, in der das Hotel mit seinem prachtvollen Entree eine Oase darstellte, in der er sich einrichten konnte und ihn der Blick auf das faszinierende Panorama dramatisch beflügeln würde. Daß er dann am ersten Abend in seinem gemütlichen Zimmer hoch unter dem Dach, vor dem Fenster der tobende Wildbach, im Rücken die bunten Tapeten, eine Blumenidylle, in der er sich leicht und glücklich fühlte, kein Drama in Angriff genommen hatte, sondern seinem Laptop verbissen ein Stück explosiver Prosa einverleibte, hatte mit seinem ersten Ausflug in die faszinierende Bergwelt rund um den Giessbach zu tun gehabt. Er hatte einen neuen Stoff gefunden.

Die Frau im jagdgrünen Kostüm stand noch immer an derselben Stelle auf dem eisernen Steg, genauso, wie er sie bei seinem nächtlichen kreativen Schub beschrieben hatte. Jetzt war also der Augenblick gekommen, herauszufinden, ob die Literatur der Realität standhielt. Er stand auf, ohne auf die Schnepfenpastete zu warten, und trat hinaus in den kühlen Abend. Es war alles so unwirklich. Als ob er in einer anderen, versunkenen Zeit lebte, als die Engländer das Berner Oberland entdeckt hatten und sogar der englische Kriminalromanautor Conan Doyle seinen Helden Sherlock Holmes da oben, ganz in der Nähe, in einem andern Wasserfall zu Tode hatte kommen lassen, was er im nachhinein allerdings bereute, als er die enttäuschten Reaktionen seiner Leserschaft wegen des Verlustes ihres Helden zur Kenntnis nehmen mußte.

»Nun?« fragte sie, als er neben sie trat.

»Sie haben mir geholfen. Dafür danke ich Ihnen. Ich fühle mich wie neu geboren.«

»So? Wie soll ich das verstehen?«

»Sie haben mir den Stoff für eine Geschichte geliefert.«

»Wie schön für Sie!«

Sie ließ das eiserne Geländer los und entfernte sich ein paar Schritte von ihm. Sie stand jetzt hinter einem dichten Wasservorhang und war vom Hotel aus nicht mehr zu sehen. Er trat neben sie. Sie waren wie in einer Höhle.

»Sie haben ein Doppelzimmer mit Seesicht, nicht wahr?« sagte er.

»Ein Doppelzimmer für mich ganz allein. Die Aussicht ist berauschend. Aber das meinten Sie wohl nicht. War das jetzt der plumpe Versuch einer Annäherung?«

Er lächelte. »Nein. Es war nur der Versuch, Sie zum Reden zu bringen.«

»Dann haben Sie Ihr Ziel nicht erreicht.«

»Vor drei Tagen habe ich Sie gesehen. Ganz oben am Giessbach. Zusammen mit einem Mann im fuchsroten Anorak.«

Sie kramte in ihrer Handtasche herum und zog endlich ein Taschentuch mit einem verschnörkelten Monogramm heraus. Es erinnerte ihn an die Zeiten, als sein Autogramm noch originell gewesen war und künstlerischen Touch gehabt hatte.

»Ich bin allein hier. Mein Mann ist in Paris.« Sie schaute ihn scheinbar gelangweilt an.

»Im *Hotel George V.* Ich weiß«, ergänzte er.

Sie ließ ihr Taschentuch fallen. Es flatterte davon und wurde vom Giessbach verschluckt. »Dann sind Sie ja gut informiert.« Ihre Stimme tönte jetzt heiser.

»Er ist dort nie angekommen, Frau Zahlendorf.«

»Ach, Sie kennen meinen Namen?«

»Ich habe mich erkundigt. Hier im Grandhotel. Und in Paris.«

»Na und? Vielleicht hat er wieder einmal eine Affäre! Was kümmert's mich!«

Die Frau hat Nerven, dachte er. Der Gamsbart auf ihrem Hut zitterte.

Mehr nicht. Es entsprach nicht seinem literarischen Konzept. Er bevorzugte Umwege, nicht den Weg, der direkt das Ziel anpeilte. Aber sie ließ ihm keine Wahl. Ihm war jetzt kalt. Seine Haare waren feucht vom Sprühregen, den der Bach absonderte. Es war nicht die Zeit für Finessen. Die Realität hatte andere Gesetze.

»Der Mann im roten Anorak ist in den Bach gestürzt. Nicht ganz freiwillig, wenn ich es so formulieren darf. Er hätte auf seine innere Stimme hören sollen. Er haßte ja die Natur. Und er fürchtete sich vor ihr.«

»Sie waren also so etwas wie ein Zeuge?« flüsterte sie kaum hörbar, und wieder verschwand ihre Hand in der Tasche, wohl auf der Suche nach einem zweiten Taschentuch mit Monogramm.

»Bergluft macht frei«, sagte er laut, damit sie ihn trotz des Tosens des Giessbachs verstehen konnte. »Sie sind jetzt eine reiche Witwe.«

Sie lächelte. Doch gleichzeitig zeigte der Lauf einer niedlichen Damenpistole auf seine Brust. Der Gamsbart wippte freudig.

»Zeugen sind nicht gefragt, Herr Schriftsteller. Schon einmal hat in dieser Gegend das allzu neugierige Geschöpf eines englischen Kollegen von Ihnen den Tod im tosenden Wildbach gefunden. Waren es die Reichenbachfälle?«

Er nickte. »Es waren die Reichenbachfälle. Und es war Sherlock Holmes. Nur diese Gegend hier ist noch grandioser.«

»Was bedeutet das also, Herr Schriftsteller?« fragte sie.

Er zuckte ratlos mit den Schultern. »Ich verstehe Sie nicht, Frau Zahlendorf.«

»Ach, Sie verstehen mich nicht? Sie verstehen die Sprache der Waffen nicht?« Sie bewegte den Lauf ihrer Pistole. »Springen Sie, Herr Schriftsteller. Dieser Sturzbach gibt keine Leichen frei, das hätten Sie doch wissen müssen. Und wenn, dann nur in Einzelteilen. Auch nicht die Leichen von Sennen«, fügte sie spöttisch hinzu und hob den Lauf der Pistole um ein paar Zentimeter.

Er tat einen Schritt zurück und betrachtete die Waffe. »Conan Doyle hat seinen Fans zuliebe Sherlock Holmes schließlich wieder ins Leben zurückgeholt. Schreiben bedeutet Macht haben. Literatur ist stärker als das Leben!«

»Leben und Literatur sind zwei verschiedene Paar Schuhe!«

»Aber nicht, wenn Leben zur Literatur wird, Frau Zahlendorf. Ich habe Ihre Geschichte aufgeschrieben. Ein stoffbedürftiger Schriftsteller beobachtet eine fremde Touristin, die ihren Mann in den Wasserfall stößt. Sie versucht, den Zeugen ihrer Tat ebenfalls zu beseitigen, rechnet aber nicht damit, daß ihr zweites Opfer eben ein Schriftsteller ist und die Geschichte zu Papier gebracht und im Hotelsafe deponiert hat. Sollte ich nicht zurückkommen ...!«

Sie schaute ihn überrascht an und ließ die Pistole sinken.

»Große Literatur nimmt die Realität vorweg, Frau Zahlendorf. Große Literatur öffnet Räume, ist visionär ...«, rief er begeistert.

»Große Literatur verkauft sich schlecht, Herr Schriftsteller«, sagte sie endlich. »Nur Trivialliteratur findet reißenden Absatz und bringt etwas ein.«

»Ach!« Diesmal war er überrascht. »Und wie soll ich das verstehen?«

»Ich wüßte einen anderen und spektakuläreren Schluß, Herr Schriftsteller. Die reiche Witwe erklärt sich bereit, den bedürftigen Schriftsteller künftig finanziell zu unterstützen. Sie kann es sich jetzt ja leisten. Spätere Heirat nicht ausgeschlossen. Das ist wahres Mäzenatentum. Und so endet meine Geschichte. Es ist die einzige Fassung, die Sie reich macht, Herr Dichter!«

Sie seufzte, schleuderte ihre Waffe in hohem Bogen in den schäumenden Wildbach und hakte sich bei ihm ein.

»Das Leben ist doch stärker als die Kunst«, sagte er resigniert und drückte ihren Arm an sich.

»Dafür leben Schriftsteller länger«, flüsterte sie ihm ins Ohr. »Und in einem Doppelzimmer mit Seesicht schläft es sich besser.«

»Vergiß nicht, die Geschichte liegt im Hotelsafe!« flüsterte er beinahe liebevoll.

»Natürlich. Sie wartet auf den neuen Schluß!« sagte sie leise.

Der Giessbach deckte ihre Worte zu. Zu ihren Füßen lag das Hotel mit den vielen Türmchen. Das Licht hinter den vielen Fenstern war warm und gemütlich.

DER GIESSBACH UND SEIN GRANDHOTEL

Die Berner Alpen mit Gipfeln wie Eiger, Mönch, Jungfrau und Finsteraarhorngruppe gehören größtenteils zum Schweizer Kanton Bern und liegen auf 47° nördlicher Breite und 8° östlicher Länge. Milde Sommer und schneereiche Winter machen sie zu einem idealen Urlaubsgebiet. Ein Zentrum des Fremdenverkehrs ist Interlaken, gegründet im 12. Jahrhundert, zwischen dem Thuner und dem Brienzer See. Für weitere Informationen wenden Sie sich an das Fremdenverkehrsamt Interlaken Tourismus, Höheweg 37, 3800 Interlaken, Telefon 0041-33-8222121.

EIN ECHTER GEHEIMTIP? * Das *Grandhotel Giessbach*, 1984 nach langem Dornröschenschlaf wieder zum Leben erweckt, steht einsam hoch über dem Brienzer See. Wachgeküßt hat es der Schweizer Umweltschützer Franz Weber. Das Hotel hat Stil, hat etwas von der grandiosen Atmosphäre versunkener Zeiten in die Gegenwart gerettet. Viele Schweizer kennen es, haben davon gehört. Sie wissen, daß sich unmittelbar hinter dem Hotel der gewaltige *Giessbach* in die Tiefe stürzt und unten ein lehmiges Loch in den *Brienzer See* bohrt. Sie wissen, daß man auf verschiedene Weise diesen legendären Ort erreichen kann. Mit dem Auto über verschlungene Wege. Mit dem Schiff von *Brienz* oder *Interlaken* her zur Schiffsstation *Giessbach-See* und von dort mit der Drahtseilbahn hinauf auf die Sonnenterrasse. Oder zu Fuß, beispielsweise von *Iseltwald* her, den idyllischen Brienzer See entlang, bis zur Talstation der Drahtseilbahn. Wer aber war schon wirklich dort oben, wo Hotelatmosphäre und Landschaft die Phantasie anheizen und nicht nur Krimiautoren alpine Mordversionen suggerieren?

Die Piste der toten Känguruhs

Birgit H. Hölscher

Katharina stieß die Glastür auf und begann sofort zu frösteln. Wie in den meisten öffentlichen Gebäuden Darwins verbreitete auch hier, im weitläufigen Kundenraum der Autovermietung, die Klimaanlage Eiseskälte. Sie lehnte sich erschöpft an den Tresen und wartete, bis sie an die Reihe kam. Ihre beste Freundin Petra war jetzt seit fast zwanzig Stunden verschwunden. Gestern abend, als Petra sich auf den Weg ins *Vic*, Darwins In-Diskothek gemacht hatte, war Katharina im Backpacker-Hostel zurückgeblieben. Sie hatte keine Lust auf die ohrenbetäubende Musik, die verqualmte Hitze und das betrunkene Gequatsche im *Vic* gehabt. Immer das gleiche. Als dann die blutsaugenden »Mozzies« im öden Fernsehraum nicht aufhörten, sie zu malträtieren, war sie ihrer Freundin doch nachgegangen. Vor dem *Vic* angekommen, hatte sie gerade noch gesehen, wie Petra zusammen mit einem bulligen Blonden in weißem Hemd und Khakihosen an der nächsten Straßenecke in einen weißen Campervan stieg. Der Wagen mit der Aufschrift einer bekannten Autovermietung hatte sich rasch in die tropisch-heiße Nacht entfernt. Seitdem war Petra nicht mehr aufgetaucht.

Nach einem langen Vormittag bangen Wartens auf die Freundin hatte sie heute mittag begonnen, sämtliche Plätze nach ihr abzusuchen, hatte alle flüchtigen Bekannten unter den Backpackern und Trampern, auf die sie traf, befragt und sich sogar im Hospital nach

ihr erkundigt. Ohne Ergebnis. Ihre Angst um die im Umgang mit
Männern oft reichlich sorglose Freundin wuchs. Selbst wenn der
Typ ein begnadeter Liebhaber war, wäre Petra nicht so lange fort-
geblieben. Denn heute hatten sie ihre Tour ins »Outback« starten
wollen. Der Höhepunkt ihres gemeinsamen Urlaubs! Der alte VW-
Bus, den sie vor zwei Tagen einem angegrauten Globetrotter abgekauft hatten, stand fertiggepackt vor der Tür.

»Hallo, was kann ich für Sie tun?« Der Mann hinter dem Schalter
warf ihr ein routiniertes Lächeln zu. Katharina nahm all ihren
Charme zusammen und strahlte zurück. Sie hatte sich, als alte Taxi-
fahrerin, letzte Nacht automatisch das Kennzeichen des weißen
Campervans gemerkt. Nun tischte sie dem Angestellten eine atem-
lose Geschichte über einen Streit unter zusammen reisenden
Freundinnen, eine hektische Abreise der einen mit einem anderen
Touristen und eine liegengebliebene Brieftasche auf, wedelte dabei
mit ihrer eigenen und lächelte, bis ihr die Mundwinkel schmerzten.
Der Angestellte rückte zwar nicht mit dem Namen des betreffenden
Campervan-Mieters heraus, doch sie erfuhr, daß dieser den Wagen
in zwanzig Tagen an der Ostküste, in Cairns, wieder abgeben wollte.
Das genügte ihr.

Katharina hielt den Blick gesenkt und stocherte ohne Appetit auf
ihrem Barbecue-Teller herum. Um sie herum war die warme Nacht
erfüllt von lautem, fast unverständlichen Australisch und rauhem
Gelächter. Wie das liebevoll gepinselte Schild vor dem Eingang
besagte, war das *Daly Waters Pub* das älteste im ganzen Northern
Territory. Um die roh zusammengehauene Theke drängten sich
wettergegerbte Gestalten beim Bier. An einfachen Holztischen ver-
tilgten Gäste des dem Pub angeschlossenen Caravanparks Riesen-
portionen Gegrilltes. An die Wände waren dicht an dicht Hunderte
von alten Scheckkarten, abgegriffenen Studentenausweisen und
anderen Ausweispapieren getackert, die vermutlich im Laufe der
letzten Jahrzehnte von Gästen zurückgelassen worden waren. Katharina streckte ihren verspannten Rücken. Nachdem sie in Darwin
alle Caravanparks vergeblich nach dem weißen Van abgesucht
hatte, war sie in Richtung Ostküste aufgebrochen. Seit zwei Tagen
war sie ununterbrochen unterwegs gewesen, hatte sich nur kurze

Pausen am Straßenrand gegönnt, kaum etwas gegessen, nur gelegentlich eine Kaffeepause an einem »Roadhouse« gemacht. Ihr war klar, daß sie den Kerl sonst nie einholen würde! Bei Einbruch der Dämmerung hatte sie die wenigen Übernachtungsmöglichkeiten entlang des Stuart Highways überprüft. Der weiße Campervan blieb verschwunden. Nun konnte sie nicht mehr, mußte einfach eine Nacht lang schlafen, und war hier in Daly Waters vom Highway abgefahren. Während der Fahrt hatte sie unablässig gegrübelt und war mittlerweile überzeugt, daß der Typ mit dem Bullennacken Petra gegen ihren Willen festhielt. Petra war zwar, wie sie selbst, kleinen erotischen Urlaubsabenteuern gegenüber nicht abgeneigt, aber Petra hätte sich niemals freiwillig von ihr getrennt. Schließlich war die dreimonatige Australienrundreise während der Semesterferien ihr gemeinsamer Traum gewesen – der sich nun womöglich als Alptraum herausstellte. Katharina verzog schmerzlich das Gesicht. Sie dachte an die Herablassung zurück, mit der sie der Cop betrachtet hatte, als sie Petra in der verschlafenen Polizeistation von Darwin vermißt gemeldet hatte. Sonnenklar, daß er sie für hysterisch und Petra für eine wahllos herumbumsende Touri-Tussi hielt. Nur widerwillig hatte er sich die Personalien notiert und das Foto entgegengenommen, das sie und Petra auf der Mole der »Fishfeeding Station« von Darwin zeigte, wie sie lachend Brotbrocken ins Meer warfen.

»Die kommt bald wieder. Das haben wir häufiger hier. Warten Sie ab, die ist morgen wieder da.« Die Tür der Wache war hinter ihr ins Schloß gefallen und hatte sein Gequatsche abgeschnitten. Er würde mit Sicherheit keinen Finger rühren, um Petra zu finden.

Hinter dem Steuer des VW-Busses war es unerträglich heiß. Sie wich an den äußersten linken Straßenrand aus, um einem auf sie zu donnernden, aus einer Zugmaschine und drei Anhängern bestehenden »Roadtrain« Platz zu machen. Einen Schluck aus der Wasserflasche, dann weiter. Sie lenkte den Wagen zurück auf die Asphaltpiste und beschleunigte. Die ausgedörrte, steinige Ebene mit der kargen Vegetation dehnte sich seit Stunden in der gleißenden Sonne vor ihr aus. Sie hatte das Gefühl, überhaupt nicht voranzukommen. Dürre Bäume, ab und zu ein ausgetrockneter »Creek«, alle hundert Kilometer ein armseliges Kaff, wie eine verlassene Filmkulisse. Leere Parzellen, zerfallene Häuser, schäbige Gebäude. Und immer wieder überfahrene Känguruhs, die entlang des staubig-roten Highways den Straßenrand säumten. Bei jedem der blutig-zerfetzten, in der mörderischen Wüstensonne aufgeblähten oder schon längst vertrockneten und zusammengefallenen Kadaver zog sich etwas in ihr zusammen. Schaudernd trat sie aufs Gaspedal. In ihrer Vorstellung begannen sich die Bilder von den toten Känguruhs mit ihren schlimmsten Phantasien über Petras Schicksal zu vermischen. Grauenhaft!

Dieses Gemetzel hatte jedoch auch etwas Gutes. Weil die nacht-aktiven Tiere einfach auf die Fahrbahn liefen und gefährliche Karam-bolagen verursachten, wurde allgemein dringend von Nachtfahrten abgeraten. Dadurch wurde die tägliche Fahrstrecke berechenbarer. Das Risiko eines Unfalls würde der Typ bestimmt nicht eingehen. Vielmehr würde er bei Anbruch der Dunkelheit einen Platz auf einem Caravanpark suchen, wo es eine Dusche gab und Strom für den Van und Trinkwasser. Mehr als vierhundert Kilometer würde er so pro Tag kaum schaffen, denn die Sonne ging hier früh unter. Verzweifelt versuchte sie, sich vorzustellen, wie es Petra wohl ging. Bedrohte er sie, damit sie bei ihm blieb? Hatte er sie geschlagen? Oder war sie bereits …? Katharina schüttelte ihre sandfarbenen Lockken. Bloß nicht daran denken! Sie mußte cool bleiben, auf alles gefaßt sein. Das Schwein hatte höchstens zwölf Stunden Vorsprung. Sie überschlug noch einmal die Strecke. Wenn sie ihr Tempo beibehielt, müßte sie ihn, aller Wahrscheinlichkeit nach, noch heute einholen. Immer angenommen, daß er wirklich die Route nach Cairns genommen hatte. Er hatte Petra entführt. Da war sie sich jetzt sicher. Die verschiedenen Aspekte des ungeheuerlichen Vorfalls beschäftigten sie unablässig. Sie betrachtete den Horizont, der sich, für europäische Augen unbegreiflich weit, vor ihrem Blickfeld ausdehnte. Gegen das wolkenlose Himmelsblau wirkte der Steppenboden um so roter. Eisenoxid, schoß ihr durch den Kopf.

Er hielt den Van auf dem unbefestigten Weg an und stieg aus. Zeit für eine kleine Aufmunterung! Die lange Wolke roten Staubs, die er aufgewirbelt hatte, senkte sich nur langsam im Nachmittagslicht.

Er blickte zurück zum Stuart Highway, von dem er ins Niemands-
land abgebogen war. Es war glühendheiß, kein Lüftchen regte sich.
Er schob die Seitentür auf, und sein Pulsschlag beschleunigte sich.
Er rieb sich über die verschwitzten Bartstoppeln, kostete die Vorfreude auf das Spiel so lange wie möglich aus. Gemächlich klappte
er den hinter der Tür eingebauten Tisch nach draußen, dann holte
er einen der beiden Campingstühle hinter dem Beifahrersitz hervor,
öffnete den kleinen Kühlschrank und schraubte die Kappe von der
ersten Flasche *Four X* ab. Das kühle Bier rann ihm die Kehle hinunter. Auf dem kleinen Stuhl hockend, drehte er versonnen den Fla-
schenverschluß in der Hand und las die im Innern abgedruckte
Frage: *Welcher Popstar war der Australier des Jahres 1987?* Die Antwort stand gleich darunter: *Johnny Farnham.* Ihm kam eine glänzende Idee, die den Spaß, den er mit ihr hatte, noch verdoppeln
würde. In jedem Flaschendeckel verbarg sich eine neue Frage, die
meist so speziell war, daß sie ein Nichtaustralier kaum würde beant-
worten können. Wenn sie ihm eine richtige Antwort gab, würde er
sie etwas weniger hart anpacken, wäre vielleicht etwas entgegen-
kommender. Er spuckte aus. Ein wenig jedenfalls. Oder auch nicht.
Ein lautloses Lachen ließ seinen Brustkorb beben.

Sie bog holpernd vom Highway auf die Zufahrt des »Roadhouse«
von Wycliffe Well. Vor dem flachen Gebäude standen völlig unvermittelt ein riesiges silbernes Pappmaché-Ufo und ein paar verloren
wirkende, grüne Außerirdische. Daneben eine Begrüßungstafel,
die das Kaff zur Ufo-Hauptstadt Australiens kürte. Katharinas
durchaus skurriler Humor war jedoch versiegt. Vor zwei Stunden,
wenige Kilometer vor Three Ways, der Abzweigung an die Ostküste,
war der Campervan endlich vor ihr aufgetaucht! Sie hatte beschleu-
nigt, sich dann für eine Weile vor ihn gesetzt und im Rückspiegel die
bullige Gestalt des Blonden am Steuer erkannt. Der Beifahrersitz
war leer. Wo war Petra? Sie spürte instinktiv, daß es ein großer Fehler wäre, ihn einfach zu stoppen und nach ihrer Freundin zu fragen.
Sie hatte den Fuß vom Gas genommen und ihn, während er an ihr
vorbeizog, aus den Augenwinkeln betrachtet. Etwas unberechenbar
Brutales und eine düstere Stumpfsinnigkeit gingen von ihm aus.
Doch sie würde nicht aufgeben. Sie durfte ihn nicht verlieren. An

der Kreuzung von Three Ways war er dann weiter geradeaus, ins Landesinnere, gefahren. Wollte er doch nicht nach Cairns?

Eine knappe Stunde später, bei den Devils Marbles, hatte er angehalten und zu Fuß die Gegend mit den gigantischen, abgerundeten Granitbrocken erkundet, die wie von Riesenhand über die Landschaft geworfen schienen und in merkwürdigen Winkeln auf anderen Felsen balancierten. Dann war er weitergefahren, und vor wenigen Minuten hatte sie gerade noch gesehen, wie er hier auf den Caravanpark hinter dem »Roadhouse« gerollt war. Jetzt wurde es ernst!

Sie buchte ebenfalls eine Übernachtung und erfuhr von der Frau hinter dem Tresen, daß wie jeden Abend Mac Maton um halb acht

in der Halle am Ende des Geländes Countrysongs zum besten geben
würde. Bei freiem Eintritt gäbe es Buschtee und einen kleinen
Imbiß; Geschirr müsse man selbst mitbringen. Wahrscheinlich eine
Attraktion in dieser Einöde. Vorsichtig orientierte Katharina sich
auf dem unübersichtlichen Caravanpark, der mit seinen Känguruh-,
Emu- und Kamelgehegen, einer kleinen Bahnlinie und mannsho-
hen Comicfiguren aus Plastik eher wie ein Freizeitpark wirkte. Sie
fand einen Platz in größtmöglicher Entfernung, jedoch in Sichtweite zum Stellplatz des Campervans. Dann kramte sie unruhig in
ihrem Bus herum, trank ein wenig Wasser, überlegte krampfhaft,
wie sie vorgehen sollte. Doch sie konnte sich auf nichts anderes konzentrieren, als den weißen Van im Auge zu behalten.

Plötzlich sah sie durch den Spalt zwischen den Vorhängen ihres
Busses, wie der Typ ein paar Minuten vor acht die Wagentüren ver-
schloß und sich mit Hilfe einer Taschenlampe auf den Weg über das
unbeleuchtete Gelände machte. Wollte er zu Mac Maton? Katharina
konnte nicht erkennen, ob er Geschirr dabei hatte, und wartete mit
heftig klopfendem Herzen zehn Minuten. Vielleicht war er nur zu
den Waschräumen gegangen. Dann hielt sie es nicht mehr aus und
schlüpfte ins Freie. Geduckt schlich sie um den weißen Van, stolperte fast über das Kabel, das den Wagen mit Strom versorgte. Die
Gardinen waren dicht verschlossen.

»Petra?« zischelte sie, hockte sich hin und hielt ihr Ohr an das
Blech. »Petra, bist du hier?« Mit angehaltenem Atem wartete sie auf
eine Reaktion. Aus der Ferne erklangen süßliche Akkorde von Mac
Matons Gitarre, schräg gegenüber klappte die Tür eines Wohnmo-
bils, gedämpfte Stimmen entfernten sich.

»Pe...« Ein Geräusch ließ Katharina stocken. Es klopfte. Eindeutig, ein leises, bestimmtes Klopfen war aus dem Wageninneren zu
hören. Sie erstarrte. Sie hatte recht gehabt. Schon tastete sie nach
einem Stein oder sonst etwas, mit dem sie ein Fenster des Vans ein-
schlagen könnte, um Petra zu befreien. Plötzlich ließ ein Knirschen
im Sand sie innehalten. Die massige Gestalt des Kerls näherte sich,
der Lichtkegel seiner Lampe tanzte auf sie zu.

Noch ein heißer, sonniger Tag im Northern Territory. Das weite
Buschland mit den niedrigen, silbrig-grünen Eukalyptusbäumen

zog sich hin, soweit der Blick ihrer müden Augen reichte. Der Himmel war gewohnt wolkenlos und tiefblau. Katharina umklammerte das Steuer und fragte sich zum x-ten Mal, ob ihre Entscheidung richtig gewesen war. Sie hatte sich gestern abend hastig hinter dem Van in Sicherheit gebracht. Vor Angst erstarrt, mit rasendem Herzschlag hatte sie gehört, wie das Schwein die Tür aufgezogen, hinter sich geschlossen und im Innern herumgepoltert hatte. Irgendwann hatte sie es gewagt, geduckt zu ihrem Bus zurückzuhuschen. Dann hatte sie die halbe Nacht darüber gegrübelt, was sie tun konnte. Polizei hatte keinen Sinn. Erstens, weil es in Hunderten von Kilometern um dieses Kaff herum sowieso keine gab, zweitens, weil die Cops hier garantiert alle superchauvinistische Machos waren, und drittens, weil das im allerbesten Fall bedeuten würde, daß das Schwein verknackt und nach ein paar Jahren aus dem Knast entlassen werden würde, um weiter sein Unwesen zu treiben. Da war die australische Justiz mit Sicherheit kein Stück besser als die deutsche.

Nein, die Sache würde sie allein erledigen. Hatte sie sich gegen Abend in ihrem Versteck hinter dem Van noch klein und ohnmächtig gefühlt, so empfand sie jetzt nur noch blanke Wut. Sie wußte: Sie würde Petra rächen. Ja, das würde sie! Sie grübelte fieberhaft darüber nach, wie sie ihn ausschalten könnte. Heute morgen war er vom Platz zurück in Richtung Norden auf den Highway abgebogen. Er wollte also doch nicht ins Landesinnere, hatte sich nur die Devils Marbles ansehen wollen. Ganz so, als wäre er ein normaler Tourist!

In welchem Jahr wurden die Ein- und Zwei-Cent-Münzen aus dem Verkehr gezogen? – 1992. Er schüttelte den Kopf, setzte die Flasche an und leerte sie in einem Zug. Er war sich nicht sicher. Schon drehte er den Verschluß von der nächsten Flasche. *Während welcher Olympiade gewann Australien 35 Medaillen? – 1956.* Na, das war doch was. Sein hämisches Grinsen entblößte das Zahnfleisch. Die Antwort konnte sie nicht wissen. Er griff nach dem Polster, unter dem sich einer der beiden großen Stauräume des Campervans befand. Das würde ihr ein paar zusätzliche Schmerzen bereiten. Sein Atem beschleunigte sich, während er den Deckel langsam anhob.

Bäume, tote Känguruhs – tote Känguruhs, Bäume. Alle zwei-, drei-hundert Kilometer das in die Höhe ragende, rostige Skelett einer Wasserpumpstation oder ein einsames »Roadhouse«. Am Horizont die dunklen Rauchsäulen irgendwelcher Buschfeuer. Katharina achtete während der nächsten beiden Tage kaum auf die gleichför-mig vorbeiziehende, staubtrockene Landschaft, verfolgte nur in sicherem Abstand den weißen Van und hielt in jedem Ort, der einen »Chemist« hatte. Dort kaufte sie jeweils so viele Schlaftabletten, wie sie, ohne aufzufallen, verlangen konnte. Denn sie hatte einen Plan. Vom Barkly Highway, der bis zur Ostküste führte, zweigten kaum größere Straßen ab. Sie konnte davon ausgehen, daß der Kerl ihm bis zur Küste folgen würde und dann nordwärts weiter nach Cairns wollte. Aber so weit würde sie ihn nicht kommen lassen, da war sie sich sicher.

Am zweiten Abend wagte sie es. Als er den Caravanpark von Mount Isa, auf dem sie beide untergekommen waren, zu Fuß ver-ließ, verfolgte sie ihn. Er schlenderte durch die breiten, dunklen Wohnstraßen und erreichte den *Town Leagues Club*, eine Lokalität mit Bingo, Pokerautomaten und Billard. Sie beobachtete, wie er das langgestreckte, flache Gebäude betrat. Jetzt würde sie es versuchen! Ebenso wie sie hatte er beim Einchecken auf dem Caravanpark einen Getränkegutschein und zwei Dollar Spielgeld für diesen Club erhalten. Das würde ihr genug Zeit geben. Katharina lief so schnell sie konnte zurück. Im Schutz der Dunkelheit schlich sie mit dem Kanister in der Hand zu seinem Van.

Ihr stockte der Atem, als sie am nächsten Tag beobachtete, wie der weiße Campervan vom Highway auf einen leeren, unbefestigten Rastplatz bog und in den Schatten eines dürren Baumes rollte. Ohne es zu merken, biß sie sich auf die Unterlippe und fuhr erst mal wei-ter. Nach wenigen Minuten wendete sie und fuhr mit hämmerndem Herzen zurück. Sie ließ den VW-Bus hinter dem Van ausrollen. Er war nicht ausgestiegen, sondern saß mit zurückgelehntem Kopf am Steuer. Katharina schlich, bewaffnet mit dem Wagenheber, heran. Atemlos klopfte sie an die Scheibe neben dem Fahrersitz.

»Hallo, können Sie mir helfen?« Ihre Stimme schnappte vor Auf-regung über. Ihre Anspannung ließ kaum nach, als er keine Reaktion zeigte. Seine Augen blieben geschlossen, der Mund stand leicht offen. Die mit wenig Wasser angerührten Tabletten, die sie in den Einfüllstutzen des Trinkwassertanks an der Außenseite seines Vans gegossen hatte, schienen zu wirken. Dank des penetranten Chlorgeschmacks des australischen Wassers hatte er nichts gemerkt.

Um das Geräusch der aufrollenden Seitentür zu vermeiden, lief sie zur Heckklappe, öffnete sie schnell und kletterte hinein. Wo war Petra? Der Van war fast ebenso eingerichtet wie ihr Bus. Zwei sich gegenüberstehende Sitzbänke, eine kleine Küche mit Herd, Spüle und Kühlschrank, ein paar niedrige Schränke. Katharinas Blick flog umher. Petra konnte nur unter einer der Bänke sein. Sonst wäre er sicherlich nicht so leichtsinnig gewesen, die Türen offen zu lassen. Sie hockte sich hin, legte den Wagenheber auf den Boden und hob zitternd das Polster von der linken Bank. Hastig öffnete sie den Riegel und zog das Brett in die Höhe. Sie keuchte entsetzt auf. Petra lag reglos vor ihr. Die aufgerissenen Augen blutunterlaufen, das rote Haar schweißfeucht in ihrem bleichen Gesicht. Der Mund war mit silberfarbenem Isolierband zugeklebt, und um ihren violett angelaufenen Hals lag, wie eine breite Speckschwarte, eine dicke Gummilasche, die beidseitig am Wagenboden verschraubt war. Petra war nackt bis auf die Unterhose.

»Mmhh, mmhh«, drang aus ihrem geknebelten Mund, und sie versuchte, den Kopf hin- und herzubewegen. Katharina legte einen Finger an die Lippen. »Psst!« Einen Schraubenzieher! Diese schreckliche Manschette mußte ab. Sie drehte den Oberkörper, um sich im Wageninnern umzuschauen, und sah einen großen, dunklen Schatten auf sich zufliegen. Sie hob die Arme, versuchte auszuweichen. Dann wurde alles schwarz.

Als sie erwachte, war es stockfinster: Motorengeräusche, der Geruch von Benzin und Metall, etwas drückte ihr fast den Kehlkopf ein. Sie rang in der stickigen, heißen Luft nach Atem. Von ihrem Hinterkopf ging ein stechender Schmerz aus. Der Boden unter ihr vibrierte, und sie konnte sich kaum bewegen. Die andere Sitzbank, schoß ihr voller Entsetzen durch den Kopf. Sie ruckte mit dem Kopf hin und her. Ja, auch um ihren Hals lag eine Manschette, die sie am Boden hielt. Das Schwein hatte sie in den anderen Staukasten gesperrt. Ihre Hände waren über Kreuz auf dem Bauch fixiert, und so sehr sie auch die Augen aufriß, es blieb finster wie in einer Gruft. Als sie die Beine anzog, stießen ihre Knie an die Klappe, die sich wenige Millimeter hob und einen schmalen Spalt Licht hineinließ. Mühsam sog sie die Luft durch die Nase. Ihre Zunge stieß zwischen den zusammengepreßten Lippen an das Klebeband. Verzweiflung und Todesangst überschwemmten sie wie eine Welle. Dann erinnerte sie sich plötzlich an ihr Taschenmesser. Ihr Überlebenswille und ihre kämpferische Natur wurden wieder wach. So leicht würde sie es dem Arschloch nicht machen!

Sie begann in der Enge des Kastens, ihre aneinandergefesselten Hände auf die Tasche ihrer Shorts zuzubewegen. Der Schweiß lief ihr in Strömen über den Körper, ihr Herz raste. Endlich fühlte sie das Messer durch den Stoff, er hatte es tatsächlich nicht entdeckt! Mühevoll konnte sie es herausfingern. Sie keuchte vor Anstrengung, als sie es auf ihrem Bauch aufklappte und mit der Klinge nach einer geeigneten Stelle suchte. Ständig drohte der Messergriff aus ihren feuchten Händen zu gleiten, während sie den Strick bearbeitete. Ihre Finger verkrampften sich, und salziger Schweiß rann ihr in die Augen. Es kam ihr vor, als seien Stunden vergangen, als die Fessel sich endlich löste. Jetzt die Halsmanschette! Sie schob die Hand mit dem Messer dicht am Körper entlang zum Kopf und tastete nach einer geeigneten Stelle.

Nach einer ihr unendlich erscheinenden Zeit bremste der Wagen, und der Motor wurde abgestellt. Sie war schweißgebadet, ihre Arme waren fast taub vor Anstrengung. Und die verdammte Lasche saß noch immer fest. Sie hörte die Wagentür klappen und überlegte verzweifelt, was sie tun sollte, wenn er jetzt nach hinten käme. Ihre Finger umkrampften das Messer. Dann hörte sie blechernes Schaben, ein Klacken, und dicht neben ihr begann es zu rauschen. Erleichtert schloß sie einen Moment die Augen. Er tankte! Sie lockerte erst die Finger der einen, dann der anderen Hand. Sie hatte keine Ahnung, wie spät es war, doch bestimmt würde er bald einen Platz zum Übernachten suchen. Bis dahin mußte sie sich befreit haben.

Die Tür rollte auf, und der Van schaukelte leicht hin und her. Jetzt!

Sie hatte nur diesen einen Versuch. Ihre Kleider klebten schweiß-
durchtränkt am Körper. Sämtliche Muskeln schmerzten. Sie hielt
das Messer fest gepackt; die Manschette war gelöst und lag nur noch
locker über ihrem Hals. Etwas klapperte. Dann schnappte die Kühl-
schranktür, Flaschen klirrten, und sie hörte das Schwein etwas
brummen. Trotz ihrer Angst brannte sie vor Wut. Nach endlosen
Minuten passierte dann alles in wenigen Sekunden. Die Klappe hob
sich. Die mächtige Gestalt beugte sich zu ihr herunter. Im selben
Moment schoß sie hoch und stieß mit aller Wucht zu. Er taumelte
zurück, griff sich an den Hals und gurgelte entsetzt, als er das eigene
Blut sah. Katharina sprang auf. Ihr Peiniger stolperte aus dem Van
und torkelte nach draußen in die Dämmerung. Sie riß sich das Klebeband vom Mund und nahm einen tiefen Atemzug. Schlagartig
wurde ihr klar, wonach die Luft roch. Feuer! Fast gleichzeitig entdeckte sie die Flammenfront, die sich vom Feld her auf den Wagen
zu fraß. Brandrodung, schoß ihr durch den Kopf. Sie mußten so
schnell wie möglich weg! Heftig riß sie den anderen Kasten auf.
Voller Erleichterung sah Katharina, daß ihre Freundin bei Bewußtsein war und sie mit wachen Augen erwartungsvoll anblickte. Sie
strich Petra kurz über die Wange und riß ihr mit Schwung das Klebeband vom Mund.

»Keine Angst. Gleich bist du frei.« Während sie begann, mit dem
Messer fieberhaft an der Gummimanschette zu sägen, kam das
Feuer unaufhaltsam näher. Beißende Rauchwolken quollen herein.
Da ließ sie der erstickte Schrei ihrer Freundin innehalten. Alarmiert
wirbelte sie herum. Der Kerl hob schwerfällig ein Bein, um in den
Bus zu steigen. Er starrte sie mit wildem, verstörten Ausdruck an,
röchelte und streckte seine Hände nach ihr aus. Katharina zögerte
keinen Moment. Das Messer verschwand bis zum Griff in der blut-
durchtränkten Vorderseite seines Hemds. Ihre Hände flogen, als sie
es wieder herauszog. Der massige Körper sackte zusammen und
kippte rücklings aus dem Van. Es war zu Ende.

Katharina rang nach Luft. Entsetzt bemerkte sie, daß sich das
gesamte Feld in ein Flammenmeer verwandelt hatte. Die Feuer-
wand hatte den Wagen erreicht. Die Vorderreifen brannten bereits.
Immer mehr Rauchschwaden zogen durch die Tür herein, die Hitze
wurde unerträglich. Hastig kniete sie sich wieder vor den Stauka-

sten. Vor Anstrengung keuchend, bearbeitete sie die Manschette um Petras Hals mit dem blutverschmierten Messer. Das Knistern und Knacken des Feuers steigerte sich zu einer erbarmungslosen Kakophonie. Endlich riß die Lasche, und die beiden Freundinnen lagen sich für eine Sekunde in den Armen.

»Raus, los, raus hier!« schrie Katharina.

Die beiden Farmer, die den Brand gelegt hatten, um eine neue Weidefläche für ihr Vieh zu gewinnen, saßen in vertrautem Schweigen und nach Diesel stinkend beim Bier im *Torrens Creek Pub*, einer besseren Wellblechbude, als die Tür aufgestoßen wurde und zwei verschwitzte Frauen mit verstörten Blicken und versengten Haaren hereintaumelten.

DURCH DAS NORTHERN TERRITORY NACH QUEENSLAND

Der nördliche Teil Australiens von Darwin auf 130° Ost und 12° Süd im Northern Territory bis Mount Isa auf 140° Ost und 20° Süd in Queensland hat schwüles, tropisches Klima mit Temperaturen um 32 °C. Von Dezember bis März ist Regenzeit. Europäer besiedelten Australien ab 1788; die Ureinwohner, die Aborigines, kamen schon vor etwa 35 000 Jahren und bewohnen heute vor allem das Northern Territory. Informationen erteilt das Tourist Information Centre Darwin, *Beagle House, Cnr Mitchell & Knuckey Streets, Darwin, N.T., Telefon 0061-8-89814300, und die* Australian Tourist Commission, *Neue Mainzer Straße 22, 60311 Frankfurt, Telefon 069-2740060.*

DAS ÄLTESTE HOTEL DARWINS ∗ Das *Victoria Hotel*, Vic genannt, liegt in der Smith Street, in Darwins Fußgängerzone, der »Mall«. Es wurde 1894 erbaut. Die *Balcony Bar* im ersten Stock ist der Ort, an dem sich allabendlich die »Backpacker-Touristen« treffen. Bis 21 Uhr gibt es ein Buffet, danach wird ernsthaft dem Alkohol zugesprochen, und zur Discomusik getanzt.

FISCHE FÜTTERN IN AQUASCENE ∗ Jeden Tag kommen während der Flut Hunderte von Fischen an das Ufer der kleinen Bucht. Meeräschen, Katzenfisch, Brassen, ab und zu ein Rochen, lassen sich von einer Rampe aus von den Besuchern füttern und teilweise sogar anfassen. Aquascene ist täglich zur Fütterungszeit geöffnet. Die aktuellen Öffnungszeiten erfährt man an der Hotelrezeption oder aus der kostenlosen, überall ausliegenden Informationsbroschüre *Darwin and the Top End today*. Adresse: Aquascene – Fish Feeding, 28 Doctors Gully Road, Darwin, Telefon 08-89817837

DER DALY WATERS PUB ∗ Das urige Pub besitzt seit 1893 die Lizenz zum Alkoholausschank. Er betreibt ebenfalls die Tankstelle des Ortes (zwei Zapfsäulen) und den Caravanpark. An das Pub angeschlossen ist ein kleiner Laden für Lebensmittel. Daly Waters besteht mehr oder weniger ausschließlich aus dem Pub. Es liegt im Northern Territory, 587 Kilometer südlich von Darwin, 4 Kilometer westlich des Stuart Highways, dort wo der Carpentaria Highway nach Osten abzweigt.

DEVILS MARBLES * Die riesigen, abgerundeten Granitbrocken werden von den Aborigines als die *Eier der mythischen Regenbogenschlange* bezeichnet. Am Spätnachmittag bei Sonnenuntergang leuchten sie besonders intensiv rot. Direkt am Gelände befindet sich ein unbewachter Caravanplatz, auf dem man für freiwillig in eine Büchse gezahlte 5 $ übernachten kann: Plumpsklo, kein Trinkwasser, viele Fliegen; 105 Kilometer südlich von Tennant Creek, am Stuart Highway.

WYCLIFFE WELL, DIE OASE IN DER WÜSTE * Hier entspricht einmal ein Werbeslogan »Much more than just a Caravan Park« der Realität. Nach der Ufo-Begrüßung, dem künstlich angelegten 120 Megaliter-See und der das Gelände durchkreuzenden Mini-Eisenbahn entschädigt einen besonders der Besuch bei den Kamelen, Eseln, Känguruhs, Emus und den unzähligen Sittichen für den australientypischen Mangel an Tierbeobachtungen in freier Wildbahn. Wer Countrysongs mag, wird auch *Mac Matons* täglichen Auftritt schätzen. Adresse: Stuart Highway, Northern Territory 0862, Telefon 08-89641966. 134 Kilometer südlich von Tennant Creek, 385 Kilometer nördlich von Alice Springs, 25 km südlich der Devils Marbles.

TOWNS LEAGUES CLUB INC. * Einer der ungefähr 70 Kultur- und Sportclubs der Bergarbeiterstadt. Hier gibt es reihenweise Pokies (Pokerautomaten), Billard, abends Bingo mit schrulliger Ansagerin und Kleingewinnen. Biergarten, Barbecue und Bistro. Jeder Gast des *Mt. Isa Copper City Caravanparks* (185 West Street, Mt. Isa, Telefon 07-47436447) erhält einen Gutschein für den Besuch des Towns Leagues Club. *Mt. Isa* liegt auf halbem Weg zwischen Three Ways/Tennant Creek und Townsville an der Ostküste.

TORRENS CREEK PUB * Kommt man abends in Torrens Creek, Queensland, an, leuchten einem die beiden Zapfsäulen vor dem Pub im Dunkeln entgegen. Durch die Fenster sieht man die kleine Gaststube. Auf sämtlichen Blechwänden und der Decke des Schankraums haben sich in- und ausländische Gäste im Laufe der vergangenen fünfzehn Jahre verewigt. Das unterhaltsame Studium dieser Hinterlassenschaften kann einige *Stubbies* (Bierflaschen) lang dauern. Gleich neben dem Pub befinden sich auf einer kleinen Grasfläche direkt am Highway ein Wagen mit Toiletten und Duschen, einige halbhohe Pfähle mit Stromanschlüssen und eine kümmerliche Papageienvoliere – der Caravanpark von *Torrens Creek*. Der Rest des Ortes besteht aus vielleicht fünfzehn Häusern, dem *Post Office* und einem malerisch verfallenen Bahnhof. 30 Kilometer hinter Mt. Isa am Barkly Highway Richtung Townsville gelegen.

Der Tod wartet im Médoc

Barbara Wendelken

Erika hatte die Karten zum Großen Stern ausgelegt. Mit dem Zeigefinger tippte sie auf Kreuzkönig und Pikas. »Wow, Rose, das wird der Urlaub deines Lebens! Ich sehe einen schwarzhaarigen Mann, Liebe, Leidenschaft, Erfüllung ...« Schwärmerisch verdrehte sie die Augen.

»Erika«, sagte Rose ernst. »Du weißt genau, wie ich über diese Dinge denke. Mit dem Schicksal scherzt man nicht.«

»Von Scherzen kann gar keine Rede sein«, erwiderte Erika spitz. Sie hatte soeben den Kurs »Kartenlegen für Anfänger« bei Frau Amanda beendet. Und die hatte ihr starke mediale Anlagen bescheinigt, die allerdings noch einer weiteren Ausbildung bedürften. Erika hatte sich umgehend für den Fortgeschrittenenkurs angemeldet. Jetzt ließ sie ihren Blick langsam über die ausgelegten Karten kreisen. Die Herzdame lag verkehrt herum. »Schon gut, mein Engel. Mach dir keine Hoffnungen. Jemand wird dir dein Glück gründlich vermiesen. Ich sehe eine blonde Frau.« Sie lächelte kalt.

Das mit der blonden Frau kam nun doch ein wenig plötzlich, fand Rose. Ja, irgendwie schaute es nach billiger Rache aus. Aber da sie ohnehin an Erikas hellseherischen Fähigkeiten zweifelte, ließ sie die Sache auf sich beruhen.

Zwei Tage später saß Rose bei strahlendem Sonnenschein vor ihrem Hauszelt. Es war zwar uralt, dafür aber aus reiner Baumwolle. Und darauf legte sie großen Wert. Rose war es sehr wichtig, die

Umwelt so wenig wie möglich durch ihre Existenz zu belasten. Sie lebte vegetarisch, rauchte nicht und kaufte nach Möglichkeit nichts, was nicht unter ökologisch vertretbaren Bedingungen aus natürlichen Rohstoffen hergestellt wurde. Rose lebte davon, Schmuck zu verkaufen, den sie aus Steinen, Muscheln, Kupfer und Silberdraht selbst fertigte. Mit ihrem Schmuck aus natürlichen Materialien wollte sie ein Zeichen setzen gegen die Konsumgesellschaft mit ihren Wegwerf-Plastikartikeln, bei deren Herstellung Giftstoffe in die Umwelt gelangten und Menschen in der sogenannten Dritten Welt ausgebeutet wurden.

Keine Frage, daß für Rose nur ein Urlaubsort weit weg vom Massentourismus in Frage kam. Seit Jahren fuhr sie im Sommer nach Frankreich, genauer gesagt ins Médoc, um an den endlosen Sandstränden des Atlantischen Ozeans Steine und Muscheln für ihren Schmuck zu sammeln.

Der Campingplatz hieß *Le Pin-sec*, was soviel wie trockene Pinie bedeutet und den Zustand des Platzes sehr treffend beschrieb. *Le Pin-sec* gehört keineswegs zu den Orten, wo sich jedermann wohlfühlt. Die sanitären Anlagen sind eher primitiv, Strom für Satellitenschüsseln oder Kaffeemaschinen wird nicht zur Verfügung gestellt und das, was man heutzutage Animation nennt, ist hier unbekannt. Dafür liegt der Platz direkt am Atlantik. Nachts kann man das Meer rauschen hören. Ein beruhigendes Geräusch, wie Rose fand.

In diesem Jahr hatte sie einen der begehrten Außenplätze ergattert, mit einem Stück Holzzaun, über dem man Wäsche und nasse Badetücher trocknen konnte, sowie zwei Pinien, die angenehmen Halbschatten spendeten und zwischen die man sogar eine Hängematte spannen konnte. Rose war glücklich. Auch wenn es ihr nie eingefallen wäre, sich wie ein Stück Grillfleisch am Strand rösten zu lassen, liebte sie doch die Sonne.

Auf der anderen Seite des gelblichen Schotterweges schlugen zwei Motorradfahrer ihr silbernes Iglu-Zelt auf. Einer von beiden war riesengroß und von mächtiger Statur. Sein Haar leuchtete so unnatürlich hellblond, daß Rose es sofort für gefärbt hielt. Er war ihr auf Anhieb unsympathisch. Sie hatte etwas gegen diese Muskelprotze, die ihre Energie in Fitneß-Studios vergeudeten. Der andere war so klein und schmächtig, daß Rose ihn im ersten Moment für eine Frau gehalten hatte. Sein Haar war beinahe schulterlang – und schwarz, was Rose gegen ihren Willen an Erikas Prophezeiung erinnerte.

Zwei Stunden später wußte Rose, daß die beiden Michael und Siegfried hießen und Freunde waren. Michael war der Dunkelhaarige mit den weißen, schlanken Fingern, der sich beim Zeltaufbauen mit dem Gummihammer auf den Daumen schlug. Siegfried war der stämmige Blonde, der in Minutenschnelle mit der Doppelhubluftpumpe zwei Luftmatratzen aufpustete, ohne dabei ins Schwitzen zu geraten, aber der war ihr egal. Michael dagegen ließ ihr Herz leise singen. Mit ihm hätte Rose auf der Stelle alles geteilt, ihre Mahlzeiten, ihr Zelt, ihre Luftmatratze. Doch vorerst mußte sie sich damit begnügen, seinen blutenden Daumen mit einem Pflaster zu versorgen. Michael trug keinen Ehering. Siegfried übrigens auch nicht.

Rose holte eine Flasche Rotwein aus ihrem Zelt, einen 95er *Château Marquis de Saint-Estèphe*. Zu Hause trank sie nur selten Alkohol, aber hier im Médoc mußte man einfach Rotwein trinken. Schließlich werden entlang der Gironde die weltbesten Rotweine angebaut. Nur fünfunddreißig Kilometer östlich lag das Anbaugebiet Pauillac mit den berühmten Châteaux *Mouton Rothschild, Lafite-Rothschild* und *Latour*. Natürlich konnte sie sich solche Spitzenweine nicht leisten, doch die Weine der angrenzenden Gebiete waren auch sehr gut und um einiges preiswerter.

»Hey, ein *Saint-Estèphe*«, freute sich Michael. Beim Entkorken der Flasche schaffte er es tatsächlich, seinen Zeigefinger zwischen Flasche und Öffner einzuklemmen. Es war nur eine kleine Verletzung, aber Rose holte vorsichtshalber ein zweites Pflaster. Sie stießen an. »Auf gute Nachbarschaft.«

Siegfried leerte sein Glas in einem Zug und schüttelte sich: »Uuh, davon krieg' ich glatt Sodbrennen.« Er erhob sich. »Ich geh' mal in den Laden und hol' uns was Anständiges. Schließlich haben wir Urlaub, was, Michael?« Er boxte seinen Freund gegen den Oberarm. Michael, der gerade das Glas zum Mund führte, verschüttete den Rotwein über sein weißes T-Shirt.

Die Zeit, die Siegfried zum Einkaufen benötigte, verbrachte Roses

Schwarm damit, ein frisches Hemd aus seiner Tasche zu kramen und dann mit einem Eimer, den er sich von Rose leihen mußte, Wasser zu holen, um sein fleckiges Hemd einzuweichen.

Siegfried kam stolz mit einer Flasche Pastis zurück: »Hier. Das ist auch echt französisch. Gläser her.« Er schenkte bis zum Rand ein.

Rose hielt die Hand über ihr Glas. »Danke. Für mich nicht. Ich trinke nicht durcheinander.« Und Pastis pur schon gar nicht, setzte sie in Gedanken hinzu.

»Ja, vielleicht sollten wir wirklich bei Rotwein bleiben«, stimmte Michael ihr zu. »Wenn wir schon mal im Médoc sind ...«

Siegfried ließ sich nicht beeindrucken. »Quatsch. Rotwein trink' ich nur als Punsch auf dem Weihnachtsmarkt.« Ohne weitere Gegenwehr ergab Michael sich in sein Schicksal. Im Laufe der nächsten Stunde wurde eine zweite Flasche Pastis angebrochen. Siegfried begann zotige Witze zu erzählen. Michael fiel seitwärts in den warmen Sand und schlief ein. Rose, die kaum etwas getrunken hatte, hätte sich gern neben ihn gelegt, aber sie traute sich nicht.

Am nächsten Morgen traf sie Michael am Waschhaus. Er war allein und sah ziemlich blaß aus. Roses Einladung zum Frühstück lehnte er ab. »Laß mal. Mir ist nicht so nach Essen. War wohl ein bißchen viel gestern abend.« Rose war nachts mehrfach durch würgende Geräusche wach geworden. Sie nickte mitfühlend und schlug einen gemeinsamen Strandspaziergang vor.

Rose liebte den Atlantik: das intensive, beruhigende Blau, die Brandung, die sich anhörte, als atme das Meer tief ein und aus, und den endlosen weißen Sandstrand. An den vergangenen Tagen hatte sie lange Strandwanderungen unternommen, um Steine und Muscheln zu sammeln. Sie war auch zum Cap Ferret gefahren, um dort die kleinen roten Pilgermuscheln zu suchen, aus denen sie Armbänder herstellte.

Sehr langsam gingen Rose und Michael jetzt nebeneinander her. Ganz von selbst hatten ihre Hände sich gefunden. Michael erzählte, daß er Lehrer wäre, theoretisch jedenfalls. Praktisch hatte er keine Anstellung gefunden. Siegfried war sein bester Freund. »Sigi ist manchmal sehr anstrengend, ich weiß. Seit seine Frau ihn verlassen hat, läßt er sich ziemlich hängen. Er braucht jemanden, der sich um ihn kümmert. Deshalb machen wir auch zusammen Urlaub.«

So zu handeln war Rose nicht fremd. Regelmäßig spendete sie ein Zehntel ihrer spärlichen Einnahmen für die armen, verlassenen Kreaturen im Städtischen Tierheim. Nur daß die nicht so widerwärtig waren wie dieser blonde Siegfried. Blond ... Rose stutzte. Erika hatte sich geirrt. Nicht eine blonde Frau, sondern ein blonder Mann stand ihrem Glück im Weg. Siegfried.

Ihre Überlegungen wurden unterbrochen, weil Michael mit schmerzverzerrter Miene auf- und abhüpfte. »Ein Krampf«, keuchte er, »im linken Bein!«

Auf Rose gestützt, humpelte er die Düne hinauf bis zu der Kneipe *Chez Martine*. Von der Terrasse aus hatte man einen unglaublich schönen Blick über das Meer. Kein Wunder, daß es hier oben bei Sonnenuntergang kaum freie Plätze gab.

Gegen Mittag fuhren sie in Roses altem Renault zum Markt nach Montalivet. Zu dritt! Siegfried hing verkatert auf dem Rücksitz und meckerte über Roses Fahrweise und die unerträgliche Hitze im Wagen.

Der Marktplatz war voller Leben, dicht nebeneinander drängten sich verschiedene Stände mit Käse, Obst, Gemüse und Wein; alles sah frisch und bunt aus. In einer großen, eiskalten Halle wurden Fisch, Schalentiere und Fleisch verkauft. Ein alter Mann saß vor dem Halleneingang auf einem Küchenstuhl und pries Hühner und Kaninchen an, die in winzigen Holzkisten hockten.

Siegfried blieb vor einem der vielen Käsestände stehen und rief laut aus: »Die Franzosen spinnen! Das vergammelte Zeug kann doch kein Mensch mehr essen!« Er wies auf ein Holzschränkchen mit Glastür, in dem ein großes Stück Käse lag, das von einer grauen Schicht Schimmelpilz überzogen war.

Rose hoffte inständig, daß der freundliche Verkäufer mit der Baskenmütze kein Deutsch verstand.

Eine nicht mehr ganz junge Frau in einem bodenlangen roten Kleid warb für ihre frisch zubereiteten Getränke. Sie trippelte hin und her und wedelte hektisch mit einem schwarzen Fächer. Rose bestellte eine »Lassi«, die der junge, attraktive Gehilfe unter den strengen Blicken der Frau aus Bananen, Joghurt und Eis mixte. Als er nach Roses Geldschein griff, schlug seine Chefin ihm mit dem Fächer auf die Finger, verscheuchte ihn von der Kasse und nahm selbst das Geld in Empfang. »Merci, madame, au revoir, madame«, gurrte sie, bevor sie sich umdrehte und zu einer Schimpftirade ansetzte.

»Was ist das denn für eine Furie!« sagte Siegfried. Michael murmelte etwas, und Siegfried grinste. »Wenn du mich fragst, ist der Kerl eine Memme, die sich aushalten läßt. So was soll es ja geben.« Michael lief dunkelrot an.

Während Rose und Michael mit großen Augen das Angebot der Händler bestaunten, tippte Siegfried unentwegt Zahlen in seinen Taschenrechner ein. »Viel zu teuer«, war sein stets gleichlautender Kommentar. Plötzlich blieb er an einer der Holzbuden stehen; dort wurden Austern aus dem Becken von Arcachon angeboten. »Das lohnt sich! Die sind spottbillig, Leute! Los, die probieren wir jetzt!«

Bei der Vorstellung, ein lebendiges Tier runterzuschlucken, damit es elendig in ihrer Magensäure umkam, wurde Rose übel. Sie schüttelte entschlossen den Kopf.

»Rose, das reimt sich auf Mimose, schon mal aufgefallen?« lästerte Siegfried. Mit geschlossenen Augen schlürfte er die Muschelschale aus. Das Geräusch war kaum zu ertragen.

Nachmittags kaufte Siegfried eines dieser bunten Boogie-Boards zum Wellenreiten. Für Michael brachte er ein neongrünes mit. Rose dachte kurz daran, daß diese Leuchtfarben aufgrund ihrer Zusammensetzung besonders schädlich für die Umwelt waren, aber sie sagte nichts. Sie wollte Michael nicht in Verlegenheit bringen. Er schaute ohnehin nicht besonders glücklich drein, als er mit dem Brett auf dem Rücken hinter Siegfried her zum Strand stapfte.

Rose legte sich mit einem Buch über transzendentale Meditation in ihre Hängematte, doch sie konnte sich nicht konzentrieren. Immer wieder schob sich Michaels Gesicht vor die Seiten. Endlich klappte sie das Buch zu und machte sich mit einem Blecheimer auf den Weg zum Strand. Sie würde Steine und Muscheln sammeln. Deshalb war sie schließlich hergekommen.

Michael und Siegfried lagen auf ihren Brettern in der prallen Sonne. Siegfried trank Pastis aus der Flasche.

»He, Rosi, willste 'n lauwarmen Schnaps?« Er kicherte. Rose lehnte ab, was ihr ein weiteres Rose-Mimose einbrachte.

Ein kleiner Junge lief mit einem Eimer Wasser an ihnen vorbei. Vor lauter Eile kam er ins Stolpern. Ein paar Spritzer Wasser trafen Siegfried im Gesicht. Er sprang auf und brüllte den Jungen an: »Eeh, kannst du nicht aufpassen? Gleich setzt es was!«

Der Junge begann zu weinen. Sein Vater, der ein paar Meter entfernt auf einer Strohmatte lag, sprang empört auf und näherte sich Siegfried mit großen Schritten. Als der sich allerdings in die Brust warf und erwartungsvoll: »Na, gibt's was?« fragte, senkte der Mann seinen Blick, nahm das schluchzende Kind an die Hand und entfernte sich langsam.

»Feigling«, grölte Siegfried. Dann plumpste er wieder auf sein gelbes Surfbrett. »Überall diese nervigen Blagen mit ihrem Gekreische. Ich kann's schon nicht mehr hören. Los, wir gehen.«

Michael schüttelte schüchtern den Kopf. »Weiß nicht. Ich könnte ja noch ein bißchen mit Rose Muscheln sammeln.«

»Muscheln sammeln? Sind wir im Kindergarten, oder was?« Siegfried tippte sich gegen die Stirn. »Hast du überhaupt schon mal deine Haut angesehen? Mit Sonne ist für heute Schluß, mein Junge. Stimmt's, Rosi?«

Tatsächlich erinnerte das grelle Rot auf Michaels Schultern und Rücken an einen frisch gekochten Hummer. Und so mußte sie ihren Angebeteten mit diesem Rohling ziehen lassen.

Am Abend lud Rose Michael und gezwungenermaßen auch Siegfried zum Essen ein. Es gab Ratatouille und dazu Ziegenkäse mit Baguette.

»Wo ist das Fleisch?« maulte Siegfried.

Michael stieß ihn an und flüsterte, daß Rose Vegetarierin sei.

»Ach du Scheiße«, lautete Siegfrieds Kommentar. Michael brachte als Gastgeschenk ein paar winzige gelbe, selbstgepflückte Blüten mit, was Rose in Anbetracht der spärlichen Vegetation beinahe zu Tränen rührte, Siegfried kam mit Bier und Pastis. Den Rest wollte er wieder mitnehmen – damit nichts umkäme.

Es war eine dieser magischen Vollmondnächte. Über ihnen glitzerte verheißungsvoll der Sternenhimmel, ganz deutlich konnte Rose das Siebengestirn erkennen. Es war vollkommen windstill, ja selbst das Meer schien zu schweigen, so als hätte die Welt für einen Moment andächtig den Atem angehalten. Irgendwo spielte jemand auf einer Gitarre alte Dylan-Songs.

Rose kuschelte sich ganz nah an Michael. Im Schutz der Dunkelheit schob sie ihre Hand unter sein Shirt. Als sie seinen Rücken berührte, fuhr er auf: »Vorsicht! Mein Sonnenbrand.«

»Entschuldigung.« Rose zog ihre Hand zurück.

Siegfried starrte düster vor sich hin und trank seinen Pastis. Als die erste Flasche leer war, warf er sie in hohem Bogen fort und öffnete die zweite. »Wißt ihr was? Das ist der langweiligste Urlaub meines Lebens, keine Disko, keine Action, keine Weiber, um elf gehen alle Lichter aus ... Könnt ihr mir sagen, was ich hier eigentlich soll?« Niemand antwortete. Irgendwann, in den Zelten ringsumher waren die Lichter bereits erloschen, kroch Siegfried auf allen vieren zu seinem Iglu. Rose wünschte inbrünstig ein Auto herbei, das ihn überfuhr. Dann kletterte sie mit Michael ins Zelt, und er flüsterte ihr zärtlich ins Ohr, wie unglaublich lieb und sanft sie sei.

Aus Rücksicht auf seinen schmerzenden Sonnenbrand hielt Rose ein wenig Abstand. Sie träumte mit offenen Augen. Warum sollte Michael ihr nicht bei der Schmuckherstellung helfen können? Gut, er wirkte mitunter etwas ungeschickt, so als würde er sich bei der erstbesten Gelegenheit die Drahtzange in die Hand rammen, aber eigentlich war es ja gerade das, was ihr so gefiel. Michael hatte absolut nichts Überlegen-Männliches an sich.

Der Kies auf dem Weg knirschte. Schwere Schritte näherten sich. Jemand schimpfte laut vor sich hin – natürlich Siegfried –, es quietschte und knackte, und dann stürzte der Himmel ein. Offenbar war Siegfried mit seinen schätzungweise zweihundert Pfund Lebendgewicht genau in Roses Zelt gestolpert. Und er blieb einfach liegen. Rose hatte das Gefühl, zu ersticken.

Neben ihr stammelte Michael abwechselnd: »Ogottogott!« und »Mein Rücken, mein Rücken!« Aber irgendwie schaffte er es, sich unter dem Zelt, oder besser gesagt unter dem, was davon übrig geblieben war, hervorzuwinden.

»Siegfried, steh auf, du Vollidiot«, schimpfte er draußen.

»Hab' ich doch gewußt«, polterte Siegfried mit schwerer Zunge, »daß du was mit dieser blöden Ökotussi anfängst.« Wenigstens rappelte er sich hoch, so daß Rose wieder atmen konnte.

Den Rest der Nacht verbrachte Michael notgedrungen bei Siegfried. Rose versuchte in der Dunkelheit, ihr Zelt aufzurichten, doch die Firststange war gebrochen. Gegen Morgen kroch sie auf die Rückbank ihres Wagens, um wenigstens ein bißchen Schlaf zu bekommen.

Als sie gegen zehn aufwachte, war das Zelt gegenüber leer. Auch gut. Rose war ohnehin nicht danach zumute, mit irgendeinem Menschen zu sprechen. Nicht einmal Michael hätte sie jetzt begegnen wollen. Sie packte ein wenig Proviant in ihren Rucksack und machte sich zu einer langen Strandwanderung auf.

Unterwegs fand sie einige fast dreieckige Steine – schwarz mit weißen Einschlüssen. Und ein paar bernsteinfarbene Ovale, aus denen sie wunderschöne Ohrringe herstellen würde. Den Nachmittag verbrachte sie an einem einsamen Strand kurz vor Montalivet. Rose wurde klar, daß sie Michael vor die Entscheidung stellen mußte. Entweder sie oder Siegfried. Beides zusammen war, wie die letzte Nacht endgültig gezeigt hatte, unmöglich.

Gegen halb sechs machte Rose sich auf den Heimweg. Der Sonnenuntergang an diesem Abend gehörte zu den schönsten, die sie hier je erlebt hatte. Der Horizont über dem Meer schien in hellen Flammen zu stehen. Genau wie ihr Herz.

Kurz vor *Le Pin-sec* setzte die Dämmerung ein. Rose beschleunigte ihre Schritte, sie wollte den Platz vor Einbruch der Dunkelheit erreichen. Kurz darauf wäre sie beinahe über etwas Großes, Unförmiges gestolpert. Siegfried – bäuchlings auf seinem Surfbrett. Er schlief tief und fest. Sein Mund stand halb offen. Speichel lief über seine Wange in den Sand. Neben seinem Kopf standen ordentlich aufgereiht mindestens sieben leere Bierflaschen.

Als Rose ihn anstieß, schlug er die Augen auf. »Hey, Rosi«, lallte er. »Wo kommst 'n du her?« Er gähnte ausgiebig. »Eins will ich mal wissen. Was findest du bloß an Michael, diesem Weichei? Soll ich dir mal was über diesen Loser verraten?«

Rose schüttelte den Kopf. Aber Siegfried redete einfach weiter. »Mit dem ist nix los. Echt. Und überhaupt, hat er dir schon gesagt, daß ...« An dieser Stelle verstummte Siegfried. Rose hatte ihm eine der leeren Flaschen über den Schädel geschlagen.

»Jetzt läßt du uns wohl endlich in Ruhe, du Monster!« sagte sie sehr entschieden. Rose fühlte kein Bedauern, sondern überlegte, wie sie Siegfried endgültig aus der Welt schaffen könnte. Sie legte seine Arme an den Körper und zog ihn auf seinem Surfbrett zum Wasser. Daß sein Kopf dabei im Nassen landete, störte ihn bestimmt nicht mehr. Rose gab dem Brett einen Fußtritt. »Gute Fahrt.«

Da Ebbe war, würde die Strömung Siegfried sehr schnell aufs offene Meer hinaustragen. In spätestens einer Stunde war es ohnehin dunkel. Kein Mensch würde Siegfried entdecken. Und bis morgen früh wäre er längst von seinem Brett gefallen und ertrunken, und die Flut hätte alle Spuren im Sand verwischt.

Die kurze Strecke bis zum Zeltplatz lief Rose wie auf Wolken. Sie fühlte sich wie die Heldin in einem Liebesfilm. Soeben hatte das große Happy-End begonnen.

Michael saß allein vor dem Zelt und versuchte vergeblich, die Petroleumlampe anzuzünden. »Wo warst du denn?« fragte er vorwurfsvoll. »Ich hab' dich überall gesucht.«

Rose fühlte ein tiefes Gefühl der Zärtlichkeit in sich aufwallen. Sie beugte sich zu Michael hinunter, nahm ihm die Lampe aus der Hand, drehte den Glaszylinder hoch und entzündete den Docht mit einem Streichholz. »Jetzt bin ich ja zurück«, hauchte sie.

»Ja, wo es gleich zu spät ist. Siegfried ist heute mittag allein zum Strand gegangen. Wir wären ganz ungestört gewesen. Ich meine, du weißt ja, wie er ist. Ach so. Hier.« Michael zog eine Zeltstange hinter seinem Rücken hervor. »Damit du dein Zelt reparieren kannst. Sigi hat sie heute früh im Laden gekauft. Eigentlich ist er ja gar nicht so verkehrt. Ich glaub', er mag dich sogar. Auf seine Art.«

Ein Motorrad näherte sich, dem Geräusch nach eine sehr große Maschine. Aus der Hupe ertönte eine Dreierfanfare. Michael wurde blaß. »Das wird doch nicht, Mist, wo hab ich bloß ....«

Als Rose die Gestalt in der schwarzen Lederkombi näherkommen sah, zweifelte sie für einen kurzen Moment an ihrem Verstand. Es sah so aus, als sei Siegfried zurückgekehrt. Siegfried, der jetzt eigentlich mit einer schweren Kopfverletzung im Atlantischen Ozean untergehen sollte. Aber dann erkannte sie zu ihrer großen Erleichterung, daß dort eine Frau vom Motorrad stieg: blond, groß und von ungewöhnlich kräftiger Statur.

Rose sah, wie Michael neben ihr damit beschäftigt war, einen goldenen Ring aus seinem Portemonnaie zu angeln und über den Ringfinger seiner rechten Hand zu streifen. »Wir kennen uns nur flüchtig, verstanden?« zischte er.

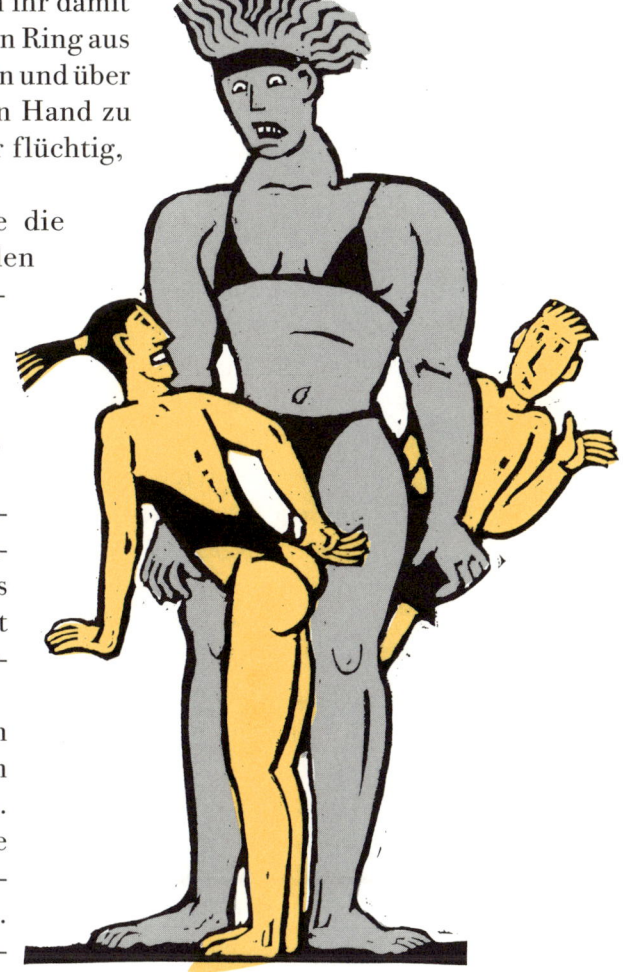

Die Lederhandschuhe, die die Blondine vor Michael auf den Boden warf, waren von gigantischen Ausmaßen. »Hallo, Zuckernase. Damit hast du wohl nicht gerechnet, was? Ich dachte, ich schau hier mal nach dem Rechten.«

»Elsa. Ich freu mich«, stammelte Michael. Und dann nickte er mit dem Kopf in Roses Richtung. »Rose. Und das ist meine Frau Elsa. Sie ist Siegfrieds Zwillingsschwester.«

Elsa packte Michael mit ihren mächtigen Händen an den Oberarmen und zog ihn hoch. Er reichte ihr kaum bis an die Schulter. »Ich hab' dich vermißt, mein Zuckernäschen. Und ich hab' mir Sorgen gemacht. Daß du vergessen könntest, wem du das schöne Leben verdankst. Den Urlaub hier, unsere Wohnung, deinen neuen Videorecorder ...«

Sie warf Rose einen abschätzenden Blick zu. »Mach dir keine Hoffnungen, Puppe. Michael gehört mir. Also laß die Finger von ihm. Ich kann sehr ungemütlich werden. Letztes Jahr hab ich einer, die scharf auf meine Zuckernase war, einen Sandsack um die Ohren gehauen.«

»Elsa ist Catcherin«, warf Michael ein. Seine Stimme klang gedämpft. Elsas Busen war von wahrhaft olympischen Ausmaßen.

»Schlammcatcherin«, verbesserte ihn seine Frau. »Wo ist überhaupt Siegfried? Er sollte doch auf dich aufpassen.«

»Am Strand. Wir können ihn ja suchen gehen«, schlug Michael vor. Und so liefen die beiden Arm in Arm dorthin, wo sich die Dunkelheit schützend über das Wasser legte. Über das Wasser und seine Geheimnisse.

Wie in Trance kroch Rose in das Iglu der Männer. Drinnen stank es nach Plastik, Schweiß und ungewaschener Wäsche. Siegfrieds Tasche stand neben seiner Luftmatratze. Sie stopfte alle Sachen hinein. Nachdem sie sich vergewissert hatte, daß niemand in der Nähe war, ließ sie die Tasche im Kofferraum ihres Wagens verschwinden.

Gegen elf, Rose war es gelungen, ihr Zelt zu reparieren, kamen Michael und Elsa zurück. Sie verschwanden sofort im Iglu. Was sie dort miteinander trieben, sollte offenbar der gesamte Zeltplatz erfahren. Rose fragte sich, ob Michaels Frau ihr Geld nicht in Wirklichkeit als Pornodarstellerin verdiente. Ihr Repertoire an eindeutigen Geräuschen war jedenfalls beträchtlich. Gegen halb zwei – der Platz lag in tiefem Schlaf, selbst Michael und Elsa hatten sich zur Ruhe begeben –, verließ Rose ihr Zelt. Ganz langsam, um kein Geräusch zu machen, klappte sie ihren Kofferraum auf, öffnete das Erste-Hilfe-Kissen und streifte sich ein Paar Gummihandschuhe über. Dann holte sie Siegfrieds Tasche sowie ihren Klappspaten heraus und verschwand damit im Wald. Als sie zurückkam, deponierte sie den Spaten hinter Michaels Zelt.

Am nächsten Morgen fuhr sie mit dem Wagen nach Naujac-sur-Mer. Sie parkte direkt vor der Gendarmerie. Geduldig wartete sie, bis die Gendarmen – sie waren ausgesprochen charmant – eine Dolmetscherin aus der Gemeindeverwaltung geholt hatten. Dann begann sie zu reden: »Ich möchte einen Mann als vermißt melden. Sein Name ist Siegfried Lachner.« Rose hatte den Namen in Siegfrieds Ausweispapieren gelesen, bevor sie diese zusammen mit seinen Kleidern im Wald vergraben hatte. Natürlich nicht zu tief. Die Polizei sollte die Sachen ja schließlich finden. »Siegfried und ich waren, na ja, wie soll ich sagen, wir waren so was wie ein Liebespaar. Heimlich. Siegfrieds Freund Michael war nämlich eifersüchtig auf unser Glück. Er wollte wohl selbst gern ... dabei ist er verheiratet!« Verschämt schlug Rose die Augen nieder. »Ach, Sie werden meinen, daß ich mir zuviel einbilde. Aber eine Frau spürt solche Dinge.« Die junge Dolmetscherin nickte und drückte mitfühlend ihre Hand. »Auf jeden Fall gab es in der vorletzten Nacht einen schrecklichen Streit. Ich denke, die Leute aus den Nachbarzelten werden das bestätigen können. Und am nächsten Morgen war Siegfried verschwunden. Michael behauptet, er wäre abgereist. Aber das glaube ich nicht. Siegfrieds Motorrad steht ja noch da. Und dann habe ich noch etwas Komisches beobachtet. Michael ist mit einer Tasche in den Wald gelaufen. Und er kam ohne diese Tasche zurück. Wissen Sie ...« Rose wischte ein paar Tränen fort, die sie ihrer brennenden Wut auf Michael verdankte. »Ich glaube, in der Tasche waren Siegfrieds Sachen. Übrigens«, sie schluchzte auf, »mein Klappspaten ist auch verschwunden.«

»Stell dir vor, im Zelt neben mir ist ein Mord verübt worden«, erzählte Rose ihrer Freundin Erika. »Unglaublich. Ich weiß nicht, ob ich noch mal nach *Le Pin-sec* fahren kann.«

»Und der schwarzhaarige Mann?« wollte Erika wissen.

Bekümmert schüttelte Rose den Kopf. »Weder Liebe noch Leidenschaft noch Erfüllung. Vielleicht solltest du erst den Fortgeschrittenenkurs besuchen, bevor du das nächste Mal in meine Zukunft schaust.«

DIE ATLANTIKKÜSTE FÜR INDIVIDUALISTEN

Das Médoc liegt an der südwestlichen Atlantikküste Frankreichs auf 1° westlicher Länge und 45° nördlicher Breite und erfreut sich eines warmen und feuchten Klimas. Die Gegend ist für ihre Weine bekannt, besonders Rotweine aus dem Haut-Médoc. Informationen erhalten Sie beim Comité Regional du Tourisme, 24 Allées de Tourny, 33000 Bordeaux, Telefon 0033-5-56006262

WEIN UND NOCHMALS WEIN * Das Médoc gilt als Anbaugebiet der weltbesten Rotweine. Nicht umsonst findet man hier das *Château Mouton Rothschild*. Anbaugebiete wie *Haut Médoc*, *Pauillac* oder *Margaux* sind weltbekannt. Im Landesinneren des Médoc reiht sich Château an Château, wobei man den Begriff nicht allzu wörtlich übersetzen sollte. Oft genug entpuppt sich ein Château mit klangvollem Namen als halbverfallener Schuppen. Touristisch ist diese Gegend kaum erschlossen. Wer also das ursprüngliche ländliche Leben in Frankreich mag, die kleinen verschlafenen Orte, sollte sich das Médoc anschauen. Die meisten Châteaus bieten auf Anfrage Weinproben an.

EIN CAMPINGPLATZ FÜR INDIVIDUALISTEN * An der Atlantikküste, der sogenannten *Cote d'Argent* oder auch Silberküste, die sich vom *Pointe de Grave*, dem nördlichsten Punkt, bis zum *Cap Ferret* im Süden erstreckt, gibt es zahlreiche Campingmöglichkeiten. So zum Beispiel Roses Urlaubsdomizil, den Platz *Le Pin-sec*, der zwischen *Hourtin-Plage* und *Montalivet-les-Bains* liegt. Es ist der richtige Ort für Individualisten, die auf Komfort verzichten möchten. So trifft man hier in jedem Sommer auf eine französische »Indianerfamilie«. Sie wohnen in zwei Wigwams aus Leder und kleiden sich mit handgenähten Ledersachen. Selbst zum Baden tragen die Kinder einen ledernen Lendenschurz. Zum Campingplatz gehört eine gut bewachte Badezone, die man wegen der nicht zu unterschätzenden Strömung auf keinen Fall verlassen sollte.

MADAME KOCHT RUSTIKAL * Oben auf den Dünen liegt die urige Kneipe *Chez Martine*. Von der Terrasse aus kann man den Sonnenuntergang beobachten – wenn man Glück hat und noch einen freien Platz ergattert. Mme. Martine kocht wirklich echt rustikal. Während der Saison gibt es samstags im Wechsel *Fruits de Mer* oder *Couscous*. Um acht beginnt die Mahlzeit, gegen halb elf geht Mme. Martine von Tisch zu Tisch und kassiert. Wer brav bezahlt hat, bekommt zur Belohnung ein Eis am Stiel gereicht. Sobald abgeräumt ist, werden mit Hilfe der Gäste die Tische und Stühle an die Seite gerückt, und die Kneipe verwandelt sich in eine Diskothek.

FEINE KÜCHE * Wer richtig gut französisch essen will, fährt von Le Pin-sec aus nach *Lesparre*. Am nördlichen Stadtrand liegt rechts der Straße das Restaurant *La mare aux grenouilles*. Bei schönem Wetter – also fast immer – kann man hier draußen an einem malerischen kleinen Teich sitzen. Es gibt auserlesene Menüs und dazu wirklich sehr guten Wein.

EIN BAUERNMARKT MIT AUS-TERN UND CHAMPAGNER * In *Montalivet* ist an jedem Vormittag Markt. Neben einer riesigen Auswahl an Fisch und natürlich Austern, die aus dem Becken von *Arcachon* oder aus *Marenne* stammen, gibt es Käse, Würste, Brot, Obst, Gemüse und Wein aus der Region. Für Kinder sollte man unbedingt eine *Lassi* kaufen, ein Mixgetränk aus Obst, Joghurt und Eis, das stets frisch zubereitet wird. Für die Erwachsene gibt es dafür Austern oder ein halbes Dutzend Crevetten und dazu ein Glas Champagner.

TÖPFEREIEN UND EIDECHSEN * Wer nach Lesparre fährt, sollte die *Potterie* rechts besuchen, ein wunderschönes altes Haus, in dem ungewöhnliche Objekte angeboten werden. Normale Gebrauchskeramik findet man dagegen in großen Mengen in einer Töpferei, die nödlich von *Vendays-Montalivet* direkt an der Hauptstraße liegt. Alle Waren sind preisgünstig und unter freiem Himmel ausgestellt – das freut auch die Eidechsen, die sich gern auf den warmen Gefäßen sonnen.

Eine mörderische Nacht
im Pulkautal

Alfred Komarek

Erwin Städtner, seines Zeichens Totengräber der zur Großgemeinde vereinten Dörfer Obritz, Hadres und Untermarkersdorf, war bester Laune. Er pfiff beschwingt die Melodie eines Trauermarsches und näherte sich lebhaften Schrittes seinem Arbeitsplatz. Erst einmal führte sein Weg ein kurzes Stück durch die Kellergasse von Untermarkersdorf, wo sich Preßhaus an Preßhaus reiht und darunter in schummrigen Gewölben Wein lagert. Erst gestern abend wieder hatte er dort nachhaltig erfahren, wie angenehm es sein konnte, unter die Erde zu kommen, vorausgesetzt, man war am Leben, von wohlgefüllten Fässern umgeben und von Männern, die sich aufs Trinken verstanden. Heute nahm er die Abzweigung nach links und ließ seine Blicke gemächlich über Häuser und Felder hin zur Friedhofsmauer schweifen. Wirklich, es war eine Lust zu leben. Dieser Sommermorgen gab sich aber auch alle Mühe. Der noch hellblaue Himmel glänzte wie frisch gewaschen, die Sonne weckte den Duft von Gräsern und Blüten auf, und der Wind strich freundlich und erfrischend übers Land. An einem Tag wie diesem sah der Totengräber sein von jenseitiger Düsternis umschattetes Berufsleben im schönsten Licht, und überdies dachte er voller Vorfreude an den nahen Radwandertag. Herr Städtner war so nebenbei nämlich auch Obmann des betreffenden Vereins und hatte großes Interesse

292

an einer stabilen Hochdruckperiode. Als Totengräber war er diesmal eigentlich nur unterwegs, um ein wenig nach dem Rechten zu sehen, denn das Grab für die Bestattung am kommenden Montag war längst ausgehoben. Leichthin öffnete er das leise quietschende Friedhofstor, strebte zielsicher auf sein getanes Werk zu und erstarrte, als er einen Blick in die dunkle Grube geworfen hatte.

Dort unten kauerte in halb sitzender Stellung regungslos ein Mann. Er trug Jeans und ein T-Shirt mit dem Aufdruck *Climax Now*. Der Kopf war nach vorne gesunken, und um den Nacken spannte sich der Lederriemen eines Fotoapparates, der seitlich am Körper hing. Natürlich war Erwin Städtner erschrocken, aber er fühlte auch gerechten Zorn in sich hochsteigen. Schließlich war es sein Amt, Leichen unter die Erde zu bringen. Konkurrenz konnte er nicht dulden. Oder war der Mann gar noch am Leben? Jedenfalls war rasches Handeln vonnöten. Der Totengräber holte hastig ein Fahrrad aus der Gerätekammer, trat mit geübter Kraft in die Pedale und hielt Minuten später vor dem Polizeiwachzimmer der kleinen Stadt Haugsdorf. Er betrat ein unbestritten häßliches Gebäude aus den sechziger Jahren, wo er den allseits bekannten Inspektor Halbwidl antraf. Der Totengräber faßte die massige Gestalt des Gendarmen fest ins Auge; er hatte eine Neuigkeit loszuwerden. »Im Grab vom alten Wurzinger liegt einer!«

Der Inspektor blickte hoch. »Doch nicht schon etwa der alte Wurzinger?«

»Eben nicht.« Erwin Städtner war noch ein wenig außer Atem vom Radfahren. »Ein Unbekannter, mit einem Fotoapparat um den Hals. Schaut ziemlich tot aus.«

»Na dann.« Inspektor Halbwidl verlor nicht viele Worte, rief den Gemeindearzt an und fuhr mit einem Kollegen und dem Totengräber im Streifenwagen zum Friedhof. Während sie auf den Arzt warteten, machten sich die Gendarmen schon einmal an ihre Arbeit. Der Arzt kam, stieg vorsichtig in die Grube und sagte nach kurzer Untersuchung: »Der ist so tot wie nur was. Der Kehlkopf ist eingedrückt. Da kommen wir um eine gerichtsmedizinische Untersuchung nicht herum. Kennt ihr übrigens den Toten?«

Inspektor Halbwidl nickte. »Kennen ist zuviel gesagt. Aber seit knapp einer Woche haben wir Journalisten aus Deutschland hier.

Sie wohnen beim Karlwirt in Alberndorf. Muß einer von denen sein.« Der Gendarm seufzte unwillig. »Bevor ich mich an den Papierkram mache, werde ich wohl gleich einmal das Bezirksgericht anrufen, die sollen sich unseren Fund genauer anschauen.« Er ließ seinen Kollegen und den Totengräber bei der Leiche zurück und sah zu, daß er in seine Dienststelle kam.

»Ausgerechnet einer von unseren Gästen!« Inspektor Halbwidls Vorgesetzter, Walter Vogt, schnaufte elegisch. »Wir haben die Arbeit, und die arme Carmen hat ein Problem mehr. Dabei war sie so glücklich darüber, daß sich endlich ein paar deutsche Journalisten für unser Pulkautal interessieren. Na ja, was soll's.« Sein kurzer, dicker Zeigefinger wählte zwei-sechs-null-sechs-sechs.

»Initiative Pulkautal, Carmen Zottl. Was kann ich für Sie tun?«

»Carmen, hier Vogt, Gendarmerie. Wir haben einen Toten. Den Fotografen aus deiner Reisegruppe.«

»Nein!!«

»Ja. Könntest du gleich einmal herkommen?«

»In die Dienststelle? Natürlich, sofort!«

Walter Vogt lächelte versonnen. »Schwer in Ordnung, die Carmen. Und gute Nerven hat das Mädchen, alle Achtung.« An Inspektor Halbwidl gewandt, fuhr er bedächtig fort: »Du kümmerst dich bitte darum, wie es mit der Leiche weitergeht. Der Gerichtsmediziner wird sie im Aufbahrungsraum untersuchen wollen.« Der Inspektor nickte, nicht allzu erfreut. Obduktionen vor dem Mittagessen waren so gar nicht seine Sache.

Kaum war er gegangen, flatterte Carmen Zottl wie ein aufgescheuchtes Rebhuhn zur Tür herein. »Was ist passiert?«

»Er liegt in einem frisch ausgehobenen Grab auf dem Friedhof von Untermarkersdorf. Sein Kehlkopf ist eingedrückt.«

»Das auch noch. Also kein Unfall, wie?«

»Wohl kaum. Wir werden ja bald mehr wissen. Kaffee?«

»Nein, danke. Ich bin aufgeregt genug.«

Walter Vogt lächelte seiner Besucherin freundlich zu. »Wer wäre das nicht? Aber jetzt einmal in aller Ruhe: Wann hast du deine Gäste zum letzten Mal gesehen?«

»Auf die Minute genau kann ich es nicht sagen. Es muß gegen elf Uhr nachts gewesen sein, in der Untermarkersdorfer Kellergasse.

Ein paar Minuten später war ich nämlich zu Hause in Alberndorf.«

»Hast du die fünf ins Wirtshaus gebracht?«

»Zum Karlwirt? Eben nicht.« Carmen Zottl schaute unglücklich drein. »Meine lieben Gäste waren, wie soll ich sagen ... ach was, sie waren stockbesoffen und nicht mehr zu bändigen. Zuletzt sind wir im Preßhausstüberl der Familie Himmelbauer gesessen. Aber irgendwann ist es auch dem Edi zu viel geworden. Natürlich hätte ich sie noch ins Wirtshaus gefahren. Ich war ja nüchtern. Na ja, so gut wie«, fügte Carmen hinzu, als sie ein leises Schmunzeln im Gesicht des Inspektors sah. Dieser nickte väterlich. »Und weiter?«

»Zum Karlwirt sind's ja nur zehn Minuten zu Fuß. Wir haben unseren Trunkenbolden den Rückweg eingebleut, so gut es ging, und ihnen noch viel Vergnügen in der Kellergasse gewünscht. «

»Mhm.« Der Inspektor wählte zwei-drei-vier-sechs.

»Ja? Karl Weinwurm?«

»Guten Morgen, Karl. Walter Vogt spricht. Sag einmal, sind deine Gäste im Haus?«

»Na freilich. Die waren ja nicht zu überhören, als sie zurückgekommen sind. Und einer hat sich in den Topf meines Philodendrons übergeben. Ums einmal vornehm zu sagen.«

»Wann war das?«

»Gegen zwei Uhr früh. Ich war gerade schlafen gegangen.«

»Und derzeit?«

»Kein Laut aus den Zimmern. Tiefe Bewußtlosigkeit, würde ich sagen.«

»Kannst du bitte dafür sorgen, daß keiner von denen dein Wirtshaus verläßt? Ich bin in ungefähr zehn Minuten bei dir.«

»Jawohl, Herr Dienststellenleiter. Aber sag, was ist passiert?«

»Später.«

»Also gut, bis gleich.«

Inspektor Vogt gab dem Kollegen vom Journaldienst Bescheid und bat Carmen Zottl, mit ihm zu kommen. An diesem frühen Sonntagmorgen war die Gaststube noch leer. Bald würden aber die Senioren ihren Stammtisch besetzen, und um zehn begannen die Amtsstunden des Sparvereins.

»Grüß dich, Herr Inspektor, hallo, Carmen!« Karl Weinwurm, der Karlwirt, sträubte tatendurstig seinen borstigen Schnurrbart.

»Was darf es sein?«

»Einen großen Braunen«, sagte Walter Vogt. »Und du, Carmen?«

»Traubensaft, bitte.«

»Schon unterwegs.« Karl eilte zur Schank.

»Wir setzen uns nach hinten ins Extrazimmer und möchten dort ungestört bleiben«, gab der Gendarm Bescheid. »Und wenn sich dann einer deiner Zimmergäste zeigt, lassen wir bitten!«

»Selbstverständlich, der Herr.« Karl lachte. »Und du läßt mich noch immer dumm sterben?«

»Ja. Aber nicht aus Bosheit.«

»Das ist ja immerhin etwas.«

Inspektor Vogt schaute Carmen nachdenklich in die Augen. »Solange wir noch allein sind – was sind denn das für Leute?«

»Zwei Paare. Eins ist verheiratet, und zwar sehr verheiratet, so richtig lieb, adrett und innig. «

»Und die beiden anderen?«

»Eher von der lockeren Sorte. Sie ein Typ zum Pferdestehlen, ziemlich sexy, und er ein Handyman mit Dreitagebart. Aber nicht unsympathisch, alles in allem.«

»Bleibt unser teurer Verblichener.«

»Ja, allerdings. Pieter Kampa ist übrigens sein Name. Mit dem habe ich so meine Probleme. Ein Genußmensch, lässig, humorvoll und ein Frauentyp. Ich meine aber auch, daß er ziemlich skrupellos sein kann – konnte. Aber auf eine unwiderstehlich charmante Weise.«

»Dir kann man wohl nicht so leicht etwas vormachen, wie?«

»Darüber beklagt sich meine Familie auch immer. Sieh, ich glaube, wir bekommen Besuch.«

Hand in Hand traten zwei junge Leute ins Extrazimmer, blieben unschlüssig stehen, und ihre blassen Gesichter schauten verlegen drein, als sie Carmen Zottl erblickten.

Carmen stand auf und ging ihnen entgegen. »Guten Morgen, ihr zwei.« Dann wandte sie sich an den Gendarmen. »Darf ich vorstellen? Benno und Gudrun Bieler.«

»Grüß Gott. Mein Name ist Walter Vogt, ich bin von der örtlichen Gendarmerie.«

»Wie? Was?« Benno Bieler versuchte offenbar verzweifelt, einen klaren Gedanken zu fassen. Dann wandte er sich mit einem schiefen Lächeln an Carmen Zottl. »Wenn es irgend etwas gegeben hat gestern, wofür wir uns entschuldigen sollten ...«

»Du, Benno, ich glaube, mir wird schon wieder übel«, piepste seine Frau kläglich und lief mit unsicheren Schritten davon.

Walter Vogt nahm einen Schluck Kaffee. »War's denn so schlimm?«

»Noch viel schlimmer.« Dann saugte sich Herrn Bielers Blick an der Uniform des Gendarmen fest. »Was machen denn Sie hier? Ich meine ...«

»Ach, wir gehn da einer merkwürdigen Sache nach. Tun Sie erst einmal etwas gegen Ihren beklagenswerten Zustand. Vielleicht hilft eine kräftige Rindsuppe.« Er ging zur Tür und rief Karl die Bestellung zu.

Gudrun Bieler war inzwischen zurückgekehrt. Der Wirt servierte die Suppe und stellte ungefragt eine große Flasche Mineralwasser und Gläser daneben. Die beiden löffelten tapfer und schweigend. Wieder öffnete sich die Schwingtür ins Extrazimmer.

»Kann ich hier irgendwo in Ruhe sterben?«

»Das ist die Babsi Winters«, erläuterte Carmen.

»Hallo, Carmen!« Die junge Frau nahm vorsichtig Platz. »Redest du überhaupt noch mit uns?« Erst jetzt bemerkte sie den Gendarmen. »Polente! Shit. Haben wir Mist gebaut? Wenn ich mich nur an irgend etwas erinnern könnte.«

Inspektor Vogt schaute zu Carmen Zottl hinüber. »Vielleicht sollten wir erst einmal die ganze Runde beisammen haben.«

»Verstanden.« Babsi Winters riß sich zusammen. »Ich hole meinen Helden und Lebensabschnittsbegleiter. Tot oder lebendig.«

Wenig später schob sie einen verbeult wirkenden jungen Mann vor sich her. »Das ist Jürgen Schorm. Normalerweise sieht er besser aus. Jürgen, die Carmen kennst du ja. Und der Herr in Uniform wird uns verhaften und dem Henker übergeben.«

»Guten Morgen, Herr Schorm«, sagte Inspektor Vogt friedlich. »Fehlt eigentlich nur noch Pieter Kampa, der Fotograf, nicht wahr?«

Die vier schauten einander an.

»Pieter der Größte«, sagte dann endlich Babsi, »der Schönste und der Beste. Der verträgt doch mehr als wir alle zusammen! Wo bleibt er bloß? Soll ich ihn wachküssen?«

»Nein. Sollst du nicht.« Krächzte Jürgen Schorm, griff sich an die Stirn und versank in gequältes Schweigen.

»Pieter Kampa ist tot«, sagte Inspektor Vogt ruhig.

Erst einmal machte sich gespenstische Stille breit.

Gudrun Bieler starrte dem Gendarmen ausdruckslos ins Gesicht, dann fing sie leise an zu weinen. Ihr Mann drückte sie tröstend an sich und schaute irgendwie vorwurfsvoll in die Runde. Jürgen Schorm war ruckartig aufgestanden, worauf ihn offensichtlich eine heftige Kopfwehattacke in den Sessel zurückzwang. Babsi Winters hingegen war am ruhigsten von allen geblieben. Dann ballte sie die

Hand zur Faust und ließ sie krachend auf dem Tisch landen, danach sagte sie mit spröder Stimme: »Entschuldigt. Aber man verliert nicht alle Tage einen ehemaligen Liebhaber.« Als die Faust krachend auf dem Tisch gelandet war, hatte sich Jürgen Schorm wie alle anderen erschrocken. Jetzt blickte er nicht einmal auf.

Gudrun Bieler hatte zu weinen aufgehört. »Pieter, lieber Pieter«, murmelte sie.

Babsi wirkte eher belustigt als gekränkt. »Was! Du auch?«

»Ich schäme mich nicht. Er war wie, lacht mich bitte nicht aus, wie ein starkes schönes Tier. Mit Benno habe ich mich ausgesprochen.«

Babsi kicherte hämisch. »Schluß mit tierisch, was? Wie schön für euch.« Dann wandte sie sich dem Gendarmen zu. »Verdammt noch einmal, wie ist das passiert, Inspektor?«

Der Gendarm seufzte. »Um das zu erfahren, brauche ich eure Hilfe.«

Babsi nickte verständig. »Natürlich! Aber wir haben alle ziemlich schwere Blackouts, fürchte ich.«

»Das legt sich vielleicht wieder.« Inspektor Vogt lehnte sich zurück, und sein Sessel knarrte. »Fangen wir vielleicht gegen Mittag an. Wie war das gestern so?«

Carmen Zottl erzählte. »Vormittags waren wir in Sachen Kultur unterwegs gewesen, und mittags sind wir in Obritz, im *Gasthaus Steindl* eingekehrt.«

»Schweinsbraten mit Knödeln und Salat«, murmelte Jürgen Schorm. »War lecker. Heute brächte ich nicht einen Bissen hinunter. Gott, was ist mir schlecht.«

»Denkst du, den anderen geht's besser?« Babsi musterte ihn verächtlich und dachte laut nach. »Und dann ging's doch in die Kellergasse vom Nachbarort ...?«

»Hadres«, ergänzte Carmen. »Dort hat die Familie Haupt ihren Kellerheurigen. So richtig urig.«

Gudrun Bieler blickte hoch wie ein waidwundes Reh. »Dort hat auch die Trinkerei angefangen, nicht wahr?«

»Allerdings.« Babsi Winters betrachtete sinnend ihr Mineralwasserglas. »Zur Hölle mit dem Grünen Veltliner, dem Welschriesling, dem blauen Portugieser und wie die alle heißen mögen ...«

»Der Wein kann nichts dafür. Der war sogar schwer in Ordnung,

vom Feinsten, da kenn ich mich aus.« Benno Bieler hob anklagend
die Stimme. »Aber wir alle haben das rechte Maß verloren, und zwar
gründlich.«

»Jawohl, Herr Oberlehrer«, murmelte Jürgen Schorm und verstummte wieder.

Babsi beachtete ihn nicht. »Immerhin haben wir die schöne Fahrt
durch die Kellergasse zu dieser Aussichtswarte an der Grenze noch
vergnügt und klaren Sinnes durchlebt. Eine Landschaft zum Träumen ist das ...« Alle schwiegen gedankenverloren.

Inspektor Vogt lächelte fein. »Jetzt aber weiter im Programm.«

»Ja, weiter ging es allerdings!« Babsi seufzte. »In der Kellergasse
von Alberndorf war das Preßhaus vom Karlwirt offen. Da mußten
wir natürlich hinein. Toller Keller übrigens. Als wir wieder nach
oben kamen, war es Abend.«

Carmen schaute nachdenklich in die Runde. »So richtig erwischt
hat es euch beim Karl aber nicht. Die wahre Formkrise kam erst später, nicht wahr?«

»Ja, in der Untermarkersdorfer Kellergasse, beim Himmelbauer.«
Jürgen Schorm wiegte vorsichtig sein gepeinigtes Haupt. »Erst
haben wir in der Gaststube, dem *Kellerstüberl*, etwas gegessen, dann
sind wir in den Keller, und als uns allen schon ziemlich kalt war,
haben wir oben im Preßhaus, im *Kellerstüberl*, weiter getrunken.
Übrigens, liebe Gudrun: Dafür, daß du nichts mehr mit dem Pieter
hast, hat er dich aber ganz schön angebaggert!«

»Während seine linke Hand auf meinem Oberschenkel lag«,
stellte Babsi Winters klar.

»Na bestens.« Ihr Freund lachte freudlos. »Und ich hatte dem Pieter schon Geschmacksverirrung unterstellt.«

»Also das geht ja nun wirklich zu weit!« Mit einem vorsichtigen
Temperamentsausbruch setzte Benno Bieler sein Wasserglas hörbar
auf den Tisch.

»Laß ihn, Benno. Er ist unzurechnungsfähig.« Babsi Winters
Augen glänzten.

Noch bevor sich der Streit so richtig entwickeln konnte, brachte
der Auftritt Inspektor Halbwidls die kleine Runde auf andere
Gedanken. »Geht alles seinen Weg«, sagte er zu seinem Vorgesetzten. »Nur eine Routinesache: Ich brauche Fingerabdrücke. Deine

auch, Carmen, tut mir leid.«

Wenig später war die Prozedur erledigt.

»Und weiter?« fragte Walter Vogt, nachdem Inspektor Halbwidl gegangen war.

»Ach weh.« Babsi Winters fuhr sich mit der Hand über die Augen. »So langsam verschwimmen die Bilder. Pieters Hand ist mir noch am deutlichsten in Erinnerung, und am angenehmsten. Irgendwann haben wir damit angefangen, besonders blöde deutsche Schlager zu singen. Zwischendurch ist mein Jürgen einmal wütend geworden und die Gudrun sentimental.«

»Und Pieter Kampa?«

»Hat das alles sichtlich genossen. Er hat die Spannung angeheizt und wollte wohl irgendwann in der Nacht die Ernte einfahren, wie man so schön sagt bei euch auf dem Lande.«

»Den Teufel hätte er eingefahren.« Jürgen Schorms Stimme klang gehässig.

»Wie haben Sie denn den späteren Abend so erlebt?« Der Gendarm schaute ihm freundlich ins Gesicht.

»Als nicht sehr harmonisch, wie Sie inzwischen gemerkt haben. In meinem Ärger habe ich noch mehr getrunken, und irgendwann war mir alles egal. Vor mir lief ein Film ab, und ich war unbeteiligter Zuschauer. Ein ziemlich mieser Film übrigens.«

»Vielleicht sollte ich etwas erklären«, mischte sich Benno Bieler ein. »Meine Frau und ich führen ein ruhiges Leben. Uns fehlt ganz einfach die Praxis im Umgang mit Exzessen. Darum, glaube ich, waren wir auch die ersten, die wirklich aus der Rolle gefallen sind.«

»So? Wie denn?« Vogt blickte animiert hoch.

»Nun ja ... ich bin, wenn ich mich recht erinnere, auf den Tisch gesprungen und habe Striptease getanzt. Der Beifall hielt sich übrigens in Grenzen. Und dann ist Gudrun vom Stuhl gefallen und unter den Tisch gerutscht. Dort hat sie entdeckt, wohin Pieters Hand unterwegs war, hat kräftig hineingebissen und sich eine Ohrfeige eingehandelt. Ich wollte sie rächen und bin im Aufspringen rücklings in den Gläserschrank gefallen. Peinlich, das alles, nicht wahr?«

»Schon.« Carmen Zottl schaute streng drein. »Das war dann auch der Zeitpunkt, als wir die Gruppe mit sanfter Gewalt aus dem Preßhaus befördert haben. Alles Zureden hat nichts genützt, und so bekamen sie vom Edi noch einen Doppelliter und einen Korkenzieher in die Hand gedrückt. Damit endet für mich die Geschichte.«

Jürgen Schorm berichtete verlegen: »Also ich kann mich noch daran erinnern, wie ich, auf dem Asphalt sitzend, gerufen habe: Heute gehört uns die Kellergasse und morgen die ganze Welt.«

»Sehr sinnig.« Seine Freundin nickte. »Dann hast du dich auch noch vollgepinkelt. Ich für meinen Teil wollte mich mit Pieter verdrücken. Das haben aber die anderen bemerkt, so besoffen sie auch waren, und sind hinter uns her ... Dann ist nicht mehr viel Konkretes ... nein ... wirklich nicht.«

Nach langem Schweigen meldete sich Gudrun Bieler wieder zu Wort. »Ich weiß nur noch, daß ich auf einmal unheimliche Lust auf Benno bekam. Ist doch legitim, oder?«

»Und wie!« Babsi Winters lächelte sphinxisch.

»Halt doch den Mund. Jedenfalls habt ihr uns nicht gelassen, irgendwie. Es ist alles so entwürdigend.«

»Weiß jemand, wie ihr ins Wirtshaus gekommen seid?«

Babsi Winters nickte. »Ich muß eingeschlafen sein. Irgendwann bin ich munter geworden, weil mir kalt war. Das hat mich aber auch ein wenig zur Besinnung gebracht, und ich habe den Haufen Richtung Karlwirt getrieben. Nur gut, daß uns keiner gesehen hat.«

»Pieter Kampa war dabei?«

»Anzunehmen.«

»Und nichts weiter?« Inspektor Vogt schaute in die Runde.

Schweigen, Kopfschütteln. Dann kam der Karlwirt herein. »Telefon für dich, Walter.«

Als der Gendarm zurückkam, ging er auf Jürgen Schorm zu. »Auf dem Fotoapparat sind Pieter Kampas Fingerabdrücke. Und die Ihren.«

»Ja und? Ich interessiere mich für das Zeugs.«

»Schon möglich. Aber der Kehlkopf des Fotografen wurde eingedrückt. Und zwar vom Riemen des Fotoapparates.«

Schorms Gesicht wurde grau, auf seiner Stirn standen Schweißperlen. »Wenn ich irgend etwas getan haben sollte, dann weiß ich nichts mehr davon.«

»Jaja. Aber daß Sie gerade an diesem Abend gute Gründe dafür hatten, Pieter Kampa etwas anzutun, ist doch recht plausibel.«

»Es wäre mir ein Vergnügen gewesen, ihm die Zähne einzuschlagen«, sagte Jürgen Schorm schlicht. »Aber ich bringe doch keinen um.«

»Nüchtern natürlich nicht.« Inspektor Vogt seufzte, hörte ein Klopfen an der Tür und rief: »Nur herein!«

»Bitte entschuldigen Sie die Störung!« Ein sanfter, bärtiger Mann schaute sich freundlich um. »Ich war vorhin auf der Dienststelle. Inspektor Halbwidl hat mir geraten, Sie doch gleich hier aufzusuchen.«

»Und worum geht es, Herr Dr. Vejchoda?«

»Da war etwas, gestern nacht, das Sie vielleicht erfahren sollten. Ich wohne in der Kellergasse, wie Sie wissen.«

»Der Kölladokta«, schmunzelte Vogt und übersetzte für die anderen: »Kellerdoktor.«

»Ja, so steht's auf einem Holzschild neben der Tür. Spät nachts, nach eins, hat mich ein stockbetrunkener Mensch aus dem Schlaf geweckt. Der da!«

Er zeigte auf Benno Bieler. »Er war kaum noch zu verstehen, aber er hat irgend etwas von Arzt gelallt. Ich habe ihn darüber aufgeklärt, daß ich Doktor der Philosophie bin. Im dem Augenblick war ich der Meinung, daß er ein Aspirin von mir wollte oder so was, und habe ihn sanft vor die Tür geschoben. Aber dann ist mir die Sache mit dem toten Fotografen zu Ohren gekommen.«

»Na, Herr Bieler?« Der Gendarm schaute ihn eindringlich an. »Denken Sie doch bitte einmal ganz scharf nach!«

»Ja, natürlich. Aber es hilft nichts. Leere, absolute Leere. So glauben Sie mir doch, Herr Inspektor, um Himmels willen!«

»Aber ja. Außerdem – was soll so Schlimmes daran sein, wenn jemand versucht, Hilfe zu holen. Für Pieter Kampa vielleicht?«

»Als ob der je Hilfe gebraucht hätte.«

»Sie haben ihn gehaßt, nicht wahr?«

»Allerdings. Aber ich wäre doch nie so weit gegangen, daß ich ...«

»Aber Jürgen Schorm und die Sache mit dem Riemen?«

»Ich kenne den Jürgen seit vielen Jahren. Er mag ein wenig oberflächlich sein. Doch er ist kein Gewalttäter, ganz bestimmt nicht.«

Babsi Winters unterbrach ihn mit einem gequälten Aufstöhnen. »Halluzinationen, das auch noch! Sieht sonst noch jemand im Hof ein Pferd stehn, von dem ein Reiter mit einem Stetson auf dem Kopf steigt?«

Alle schauten, alle sahen. »Das ist Professor Baumgartner, der Komponist, außerdem züchtet er Pferde«, sagte der Gendarm. »Ob der auch zu uns will?«

Ruhig und selbstbewußt war der großgewachsene Mann eingetreten. Dann begann er zu sprechen, und in seiner Stimme klang ein großes Orchester mit. »Grüß Gott, meine Damen und Herren, Respekt, Herr Inspektor. Es geht um diesen illegalen Grabbesetzer, nicht wahr? Ich bewohne den alten Ziegelofen, nicht weit vom Friedhof entfernt, ist ja bekannt. Nun, heute nacht, so kurz nach zwölf, ich war beim Komponieren und suchte frische Inspiration, drängte es mich, noch einmal in die klare Schwärze der Nacht hinauszureiten. Wie soll ich es ausdrücken? Ich wurde nicht um meine Inspiration betrogen, doch sie war anderer Art, als ich es erwartet hatte.«

»Wie anders?« Walter Vogt zeigte sich äußerst interessiert.

»Etwa auf halbem Weg zwischen Friedhof und Kellergasse schlug mir plötzlich eine seltsame Mischung aus Tönen entgegen, fast eine vielstimmige Symphonie zu nennen. Überwiegend andante, würde ich sagen, zwischendurch minuetto allegretto, dann aber auch allegro assai und molto vivace.«

»Ist mir irgendwie zu musikalisch.« Der Gendarm stützte den rechten Ellenbogen auf und legte sein Kinn in die Hand. »Und die Töne an sich?«

Der Komponist ließ sich nicht lange bitten und bot eine eindrucksvolle Folge rhythmischen Keuchens, kehliger Laute und spitzer Schreie an. »Da haben welche gevögelt auf Teufel komm raus«, fügte er hinzu und gönnte sich ein angedeutetes Lächeln.

»Danke«, sagte Walter Vogt. »Danke, wirklich! Ich glaube, Sie haben uns allen miteinander sehr geholfen.« Als der Komponist gegangen war, musterte der Gendarm lange und ruhig die kleine Gruppe. »Ich werde euch etwas erzählen«, brummte er endlich, »und ihr sagt es mir, wenn ich falsch liege.« Schweigen schlug ihm entgegen. »Ihr könnt euch alle sehr wohl an die ganze Nacht erinnern. Blackouts gibt es natürlich, aber eure Bewußtseinstrübungen sind mir ein wenig zu synchron, wie ausgemacht und abgestimmt,

wißt ihr? Also: Die Situation war erotisch aufgeladen zum Funken-
sprühen. Die Gruppe wollte das Vergnügen aber nicht irgendeinem
Paar allein gönnen, und Eifersucht war auch noch im Spiel. Bis
jemand auf die Idee gekommen ist, den gordischen Knoten zu
durchhauen.«

»Das war ich.« Benno Bieler hatte wieder fest die Hand seiner Frau
ergriffen. »Alle mit allen, das war doch eine gerechte Sache, so ist
mir das jedenfalls gestern nacht vorgekommen. Außerdem: Einmal
etwas ganz Wildes erleben, das war schon was. Und du wolltest es ja
auch, Gudrun.«

»Ja«, hauchte sie und schaute ihn feuchtäugig an.

»Keine Sentimentalitäten. Irgendwie hat Pieter Kampa das Spiel
nicht überlebt. Was war wirklich los? Für Herrn Schorm schaut die
Sache gar nicht gut aus, Herr Bieler hat allerhand zu erklären, und
die anderen sind Mitwisser oder gar Beteiligte. Also?«

»Na, dann eben heraus mit der peinlichen Wahrheit.« Babsi Winters zuckte mit den Schultern. »Der Pieter ist in voller Aktion plötzlich umgekippt. Eigentlich kaum zu glauben, bei seiner Kondition.
Herzschlag, vermutlich, jedenfalls war er mausetot. Erst sind wir
alle höllisch erschrocken. Benno hat sich dann an das Doktorschild
auf einem der Preßhäuser erinnert, ist losgerannt und kam heulend
und offenbar erfolglos wieder. Dann habe ich mir diesen elenden
Tropf und meinen verblichenen Ex angeschaut und mußte plötzlich
schallend lachen.«

»Ja«, kam es spröde von Jürgen Schorm, »und alle haben mitge-
lacht. Auf einmal fanden wir das alles unheimlich skurril und
komisch. Und dann ist uns noch die Friedhofsmauer im Mondlicht
ins Auge gefallen. Auf den Friedhof mit der Leiche! Das war natürlich die Überidee, urcool. Sogar ein frisches Grab war da.«

»Ich habe den Pfarrer gespielt«, sagte Benno Bieler leise.

»Liegt dir ja.« Babsi malte mit dem Zeigefinger ein Viereck auf die
Tischplatte. »Gudrun und ich waren noch am wenigsten besoffen,
also haben wir den Pieter an den Armen gefaßt und in die Grube gleiten lassen. Und dabei ist er uns entglitten.«

»Ich habe ihn am Kopf gehalten.« Jürgen Schorm hob die Hände.
»Als er plötzlich nach unten rutschte, habe ich noch versucht,
irgend etwas zu fassen, und den Fotoapparat erwischt. Dabei muß

die Sache mit dem Kehlkopf passiert sein.«

»Das war's«, sagte seine Freundin. »Ausgemachte Sache, wir bleiben bei der Wahrheit, weil alles andere zu kompliziert wäre. Aber was das Finale angeht: großes Gelöbnis. Keiner sagt was.«

In das folgende Schweigen fiel Carmen Zottls beredter Seufzer.

»Ich weiß schon, was du meinst«, sagte Walter Vogt. »Wird halb so wild werden. Wenn die Obduktionsergebnisse die Aussagen unserer Heldinnen und Helden bestätigen und der Richter auf einen Skandal, der keinem hilft und allen schadet, verzichten kann, habe auch ich keinen Grund für polizeilichen Übereifer.« Dann verstummte er, weil Babsi Winters darauf bestand, ihm einen nassen Kuß zu geben, der überdies nach Wein schmeckte.

So kam es, daß ein paar Tage später Erwin Städtner ein neues Grab aushob und seine Arbeit im befriedigenden Bewußtsein tat, daß diesmal alles seine Ordnung hatte. Das war an einem Freitag. Am kommenden Sonntag sollte der Randwandertag stattfinden, und der Sommer gab sich noch immer alle Mühe.

VON PRESSHÄUSERN,
KELLERGASSEN UND WEINBAUERN

Der nordwestliche Teil von Nieder-österreich auf 49° nördlicher Breite und 16° östlicher Länge ist eher landwirtschaftlich geprägt und die bedeutendste Weingegend des Landes. Das Gebiet mit einer wechselvollen Vergangenheit ist etwa eine Autostunde von Wien entfernt. Weitere Informationen erhalten Sie bei der famosen Carmen Zottl, Initiative Pulkautal, 2054 Haugsdorf 1, Telefon 0043-2944-26066.

DÖRFER ÜBER UND UNTER DER ERDE * Die Leiche liegt im *Pulkautal,* und das Pulkautal liegt im niederösterreichischen Weinviertel, dicht an der Grenze zu Tschechien. In dieser sanften Hügellandschaft gibt es die Dörfer in zweifacher Ausfertigung: eins für die Menschen und eins für den Wein. Das Dorf für den Wein besteht aus einem recht eigentümlichen Verkehrsweg, der Kellergasse. Hunderte Preßhäuser, also Häuser mit einer Weinpresse darin, stehen dort dicht aneinander gereiht. Unter den Preßhäusern verbergen sich die Weinkeller. Kellergassen mit

dieser Ausdehnung und in so großer Zahl gibt es nur im Weinviertel und nirgendwo sonst auf der Welt.

PRESSHÄUSER UND KELLERGASSEN * Wer die Preßhäuser und das weit verästelte, dunkle Labyrinth darunter kennenlernen möchte, tut gut daran, ein paar Adressen zu notieren. Weil man schließlich irgendwo anfangen muß, könnte das zum Beispiel im *Himmelbauerkeller* geschehen. Weit mehr als zweihundert Jahre alt ist dieser ehemalige Fron- und Zehentkeller des Stiftes Melk. 24 Meter unter den Weingärten finden sich in einem kunstvoll gewölbten Raum eigentümliche Portale, die um 1880 entstanden sind. Adresse: Edi und Elisabeth Himmelbauer, 2061 Untermarkersdorf 56, Telefon 02943-2350.

WOHNEN BEIM WEINBAUERN * Der schnurrbärtige *Karlwirt* bietet einfache, aber nette Gästezimmer an. Karlwirt in *Alberndorf,* Montag Ruhetag, Telefon 02944-2346. Ein guter Platz zum Essen und Schlafen ist auch das nahe *Schloßgasthaus Aufgewekt* in *Haugsdorf*, Telefon 02944-2200. Das Schloß ist wirklich eins, wenn auch ein schlichtes, und die Zimmer im zweiten Stock sind die schöneren.

ESSEN BEIM HEURIGEN * Zu essen und trinken gibt's auch im *Gasthaus Steindl* in *Obritz*. Zwar schaut das freundliche kleine Wirtshaus mit dem netten Hofgarten immer ein wenig geschlossen aus, hat aber dennoch nur Montag Ruhetag, und der schwarze Hund des Hauses ist von ausgesprochen liebenswerter Gemütsart. Telefon 02943-2324. Der Kellerheurige in *Hadres* ist für maßvolle Genießer ungefährlich und hat sich überdies echte Preßhausatmosphäre bewahrt. Karl und Aloisia Haupt, Hadres 5, Telefon 02943-2839. Ein »Heuriger« schenkt übrigens nur eigenen Wein aus, und auch das nicht immer. Vorher anrufen.

KELLERGASSEN UND GRENZWÄCHTER * Die meisten Kellergassen des Pulkautales gehen nach Norden den Talhang hoch. Zwischen ihren oberen Enden und der Grenze zu *Tschechien* breitet sich eine weite, einsame Landschaft aus, in der man sich herrlich ziellos verirren kann. Ab und zu trifft man auch mißtrauische Grenzwächter. Daher sollte man einen Ausweis dabei haben.

KELLERGASSENWANDERUNGEN * Wer vom östlichen Ende der Obritzer Kellergasse in den steil ansteigenden Güterweg Richtung Süden abbiegt, gelangt auf eine schöne Hochebene. Powerwanderer sind hier oben be-

stens bedient: mit einem Weitwanderweg von Kiel zu den Karpaten. Das Weindorf *Mailberg* mit seinem mächtigen *Malteserschloß* und der zierlichen Friedhofskirche liegt anmutig im Talkessel, und der Güterweg mündet in eine besonders hübsche, kleine Kellergasse.

FÜNF- UND DREIECKSBEZIEHUNGEN * Wer der – beinahe – mörderischen Fünfecksbeziehung in der vorangegangenen Geschichte ein historisches Dreieck hinzufügen möchte, wird einen Abstecher nach Pulkau machen (lohnt sich sowieso). Im rechten Schiff der *Pfarrkirche* ist ein Grabstein eingemauert, der eine höchst bemerkenswerte Inschrift trägt. Sie endet mit den Worten: *So hat demnach die eheliche Liebe die Herzen/dieser drey so stark verbunden, daß selbe auch/der Tod nicht zu trennen vermocht,/dann die Seelen schließt der Himmel/die Gebeine aber dieses Grabmal ein*. Unter dieser Inschrift sind drei ineinander verschlungene Herzen zu sehen. Wer Böses dabei denkt, schäme sich.

MOZART UND DER PINKELSTEIN * Unterwegs auf der Bundesstraße 2 Richtung Wien gilt es in *Schöngrabern* die berühmte *steinerne Bibel* an der Apsis der Pfarrkirche zu bewundern: deftige, drastische Frömmigkeit romanischen Ursprungs. Am südlichen Ortsende von *Hollabrunn* lohnt sich ein Abstecher ins kleine Dorf *Raschala*: In der Kellergasse steht nämlich der *Pinkelstein*. Fast schon glaubhaft erinnert er daran, daß Mozart auf seiner Reise nach Prag hier »just seine Kutsche halten ließ«.

Das Syndikat schlägt zurück

H. P. Karr

Als mir mein alter Herr vor drei Jahren schrieb, daß er nun doch endlich in so einen Rentnerschuppen in New Jersey ziehen würde, wo sie einem vor dem Essen den Mund und hinterher den Hintern abwischen, da hatte ich gerade diesen Job in *Terrys Blue Bar*, bei dem ich mir dreimal am Abend von der »Tödlichen Doris« beim Schlammcatchen die Titten einsauen lassen mußte. Also dachte ich mir, daß es nur besser werden konnte, wenn ich Dads Laden übernahm. Der Alte hatte nichts dagegen, und zwei Unterschriften später war ich eine Schnüfflerin. Ich mußte noch nicht mal die Schrift auf dem Milchglas an seiner Bürotür ändern: *M. Hammer, Private Investigator*. Ach so, ja: Mein Name ist Hammer, MJ Hammer. Sie haben vielleicht was von meinem alten Herrn gelesen. Er hatte da mal mit einem ziemlich eckigen Kerl über ein paar von seinen Fällen geplaudert, und der Typ hat dann eine Menge drumrum gedichtet und den ganzen Kram als Bücher verkauft. Von dem Kram ist für die beiden jahrelang ziemlich viel Geld rübergekommen.

Als die anderen harten Kerle aus der Branche mitkriegten, daß ich da auf einmal mitmischen wollte, grinsten sie sich erst mal eins, und ich hörte sie rumtuscheln, daß das einzig harte, was ich brauchte, ein richtig harter ... Sie wissen schon, wäre. Der erste, der's mir dann ins Gesicht sagte, hatte hinterher ein paar Sitzungen bei seinem Zahnarzt, und das Gequatsche hörte schlagartig auf. Es ging also alles gut, bis zu dem Tag, als die Leute aus New Jersey mir mitteilten, daß sie den alten Herrn auf die Straße setzen müßten, weil kein Geld mehr für ihn reinkam.

Tja, und so kam es, daß ich jetzt mit meinem gemieteten Mustang auf einer heruntergekommenen Straße stand, in einem Kaff, das sie Duisburg nannten. Der erste, von dem ich's gehört hatte, war ein kleiner rothaariger Kerl aus San Francisco, der dauernd »Düffburch« sagte; aber er sagte auch dauernd »Fan Franfiffco«, weil ihm vorne ein paar Zähne fehlten, was mit irgendeiner »alten Feschichte« mit einem Vogel zusammenhing, einem Geier oder einem Falken oder so was – ich hab's vergessen.

Die Gegend hier am Hafen sah gar nicht mal so übel aus, alles sauber und proper, wie man es sich bei den Krauts halt so vorstellt. Mir steckte noch der Jetlag von New York-Düsseldorf (oder »Düffeldorf«, wie mein rothaariger Freund gesagt hätte) in den Knochen. Der Steward hinten bei uns Economy-Paxen war ein drahtiger Latino gewesen, mit Feuer in den Augen und einer Menge Haaren auf der Brust, wie ich feststellte, als wir kurz vor Irland auf dem Erster-Klasse-Klo ein bißchen Spaß hatten.

Am Ende der Straße im rausgeputzten Neuen Hafen lag der Laden, auf den ich ein Auge hatte, weil ich mich da mit dem Kerl verabredet hatte, von dem ich angeblich erfahren konnte, wie das hier alles mit den ausbleibenden Schecks für meinen alten Herrn zusammenhing. Über der Tür hieß es in rotem Neon *Schimanski's*. Inzwischen war es Abend geworden, die Sonne verdampfte in den Ölschlieren zwischen den Frachtkähnen im Hafenbecken, und ich überlegte gerade, ob ich es nicht vielleicht doch schaffen konnte, in meine Bierdose zu pissen. Ich hatte mir vorhin in so einem Schuppen, den die Leute hier »Bude« nannten, ein Sixpack geholt und war bei der dritten Dose. Und jetzt hatte ich ein Problem, das die verdammten Kerle leichter lösen können. Ich hab's bis heute nicht geschafft, denn als ich's gerade versuchen wollte, tauchte der Typ auf. Klein, grau, Strickpullover, Jeans aus dem Vierte-Hand-Laden, ausgelatschte Sandalen und Pferdeschwanz. Mit einem Wort: Mister Schlaffschwanz persönlich. Er kam von der Bushaltestelle rüber und steuerte auf den Bums zu.

Ich glitt aus dem Wagen. Man konnte richtig sehen, wie bei ihm der Groschen fiel und er begriff, daß ich nicht das doofe College-

Girl aus Minnesota war, das ich ihm am Telefon vorgespielt hatte. Er versuchte noch abzuhauen, aber ich kriegte ihn an der Schulter zu packen, riß ihn herum und rammte ihm das Knie dahin, wo Männer es gar nicht mögen. Er heulte auf. In seinem Blick spiegelten sich die letzten roten Strahlen der Sonne und seine Angst. Ich schob ihn in die Einfahrt neben dem *Schimanski's*.

»Okay, Baby«, sagte ich, während ich nach unten langte und zupackte. »Wir unterhalten uns jetzt gepflegt, oder ich drücke zu.«

»Wa...« Widerlich, wie er herumjammerte.

Ich griff fester zu. »Sag goodbye zu deinen Kindern!«

»Waaa... was denn bloß!« quietschte er wie eins von den Tele-Tubbies. Wenn ich eins nicht ausstehen kann, dann sind das Kerle, die um Gnade winseln. Ich hatte auch schon ausgeholt, um ihm ein paar aufs Maul zu geben, als ein Bursche in einer schmuddeligen Jacke durch die Einfahrt kam und »Scheiße« brüllte. Normalerweise keine große Sache, so ein Kerl - immerhin habe ich dreimal am Abend die »Tödliche Doris« Schlamm fressen lassen -, aber der hier krakeelte rum, daß er von der »Krippo Düssburch« sei. Das hier wär sein Revier, und deshalb würde es jetzt gleich rundgehen.

Wir rasten aus Düssburch oder Duisburg oder wie auch immer raus. Mister Weichei kauerte auf dem Beifahrersitz. Ich hatte ihn gerade noch in den Mustang schleifen können, ehe der brüllende Penner vollkommen ausgerastet war.

»Wer war das eigentlich?« fragte ich. »Ein Bulle?«

»Horst?« Das Weichei schniefte. »Horst ist schon lange kein Bulle mehr. Kommt damit gar nicht zurecht!«

Das alte Industriezeug neben der Autobahn sah im Mondlicht aus wie das Straflager aus *Alien 3*, und ich kam mir vor wie Ripley mit einer extrem schlabberigen Lebensform auf dem Beifahrersitz.

»Sie müssen Hammer sein«, winselte er nach wenigen Kilometern.«

»Bin ich.«

»Hätte ich mir gleich denken können. Ich hab' gehört, daß Sie kommen.«

»Von wem?«

Er winselte irgendwas.

»Sprich deutlich, solange du noch Zähne hast!«

Er brabbelte was von Freiheitsberaubung, Nötigung, Geschwindigkeitsübertretung und Fahren ohne Sicherheitsgurt und was einem hier bei den Krauts dafür blühen konnte.

»Benimm dich wie ein Kerl!« sagte ich. »Das ist ja ekelhaft!«

Aber er war halt so ein Büchertyp, hatte eine Krimibibliothek und wahrscheinlich sein Lebtag keinen echten Schnüffler gesehen. Ich kann diese Kerle nicht ausstehen: verbarrikadieren sich in staubigen Hinterzimmern voller Regale, blättern sich in ihren Büchern die Finger wund, spielen nachts unter der Decke an sich rum und phantasieren von der Erstausgabe vom *Tiefen Schlaf* mit dem Druckfehler auf Seite 66 zusammen, bis es ihnen ... na, Sie wissen schon.

»Wie haben Sie mich gefunden?« winselte er, während wir uns einem Kaff näherten, das Essen heißen sollte. Die Autobahn hieß A 40, und beides zusammen war so was von einem Witz, daß ich ein trockenes Lächeln zwischen den Zähnen zerkaute. Hier sollte also, erklärte mir das Weichei stolz, das SYNDIKAT entstanden sein. Die Masche dieser Leute war es, daß sie den Krimimarkt in »fucking Germany« mit ihren eigenen Machwerken unterwanderten. Mir ging ein Licht auf. Daher also wurden die Zahlen auf den Schecks, die mein Dad von seinem eckigen Freund und dessen Verlag bekam, auf einmal immer kleiner!

»Da geht was Komisches vor in Deutschland!« hatte mein alter Herr gesagt, als ich ihn in seinem Rollstuhl auf die Terrasse schob. »Mickey sagt, unsere Auflagen bei den Krauts sinken. Angeblich gibt's jetzt deutsche Krimis. Irgendwo in einer Gegend, die Ruhrgebiet heißen soll oder so. Kannst du da was rausfinden, MJ?«

Okay, deswegen war ich hier, und deswegen ertrug ich auch das Winseln von Mister Weichei neben mir. Seinen Namen hatte ich von einem kleinen Typen mit Bart und Brille aus Bonn, der meinem Alten mal beim »BoucherCon« über den Weg gelaufen war und der auch Bücher sammelte, aber nicht so daneben war wie der, der da neben mir hockte.

»Bochumer Krimi Archiv!« hatte der Bonner am Telefon gesagt. »Die wissen einfach alles. Aber die reden nicht mit jedem.« Also hatte ich mich für ein kurzes Telefonat in ein blödes College-Girl verwandelt, das für ihre Abschlußarbeit alles über den neuen deutschen Krimi wissen wollte. Und dieser Mister Weichei hatte es prompt geschluckt.

»Harte Schüfflerin, was?« zischte Mister Krimi-Archiv neben mir. »Sie bilden sich da wohl eine Menge darauf ein? Was wollen Sie sich damit beweisen? Welches Trauma haben Sie?«

Ich stieg in die Eisen. Er knallte gegen die Windschutzscheibe, als der Mustang auf den Standstreifen schlidderte. Ich wartete, bis wir standen. »Willst du mich anmachen? Du? Mich? Ja? Was ist das für ein Scheiß-Trauma, das du mir da einreden willst?«

»Überkompensation weiblicher Minderwertigkeitsgefühle«,

krächzte er. »Potenz …«

»Potenz? Red nicht von Sachen, von denen du nur gehört hast!«
Mister Waschlappen schrumpfte zusammen.

»Also«, sagte ich. »Dieser neue deutsche Krimi. Gib mir die Fakten. Wer? Wie? Wo? Warum? Wieviel?!«

Die ganze Stadt war ein Witz. Angeblich war sie die sechstgrößte in ganz Deutschland – mit Sicherheit aber die sechstlangweiligste. Die hielten hier tatsächlich die Handvoll Hochhäuser in der City für eine Skyline. Am Südausgang des Bahnhofs hingen ein paar Gestalten herum, die versuchten, wie Junkies auszusehen, aber was da in einem Monat an Stoff verdealt wurde, jagt man sich bei uns im Big Apple schon zum Frühstück in die Vene.

Ich hatte Mister Weichei irgendwo bei Mülheim aus dem Wagen geschmissen, nachdem er mir die Fakten gegeben hatte, aber sein Angstschweiß hing immer noch in dem Mustang. Jetzt stand die Karre quer über drei Stellplätze auf dem Parkplatz des Hotels *Handelshof*, in dem ich letzte Nacht den verpennten Nachtportier erst mal mit ein paar Klapsen auf den Hinterkopf auf Vordermann hatte bringen müssen, um ein Zimmer zu kriegen.

Nur ein paar hundert Meter von Hotel weg, die Fußgängerzone runter, gleich bei einer mickrigen Kirche, die sie das »Münster« nannten, war die *Lichtburg* – ein Kino ungefähr aus der Zeit, als man gerade draufgekommen war, daß man Zelluloid belichten kann. In den Schaukästen im Eingang hingen Fotos von Bogey und de Niro, Pacino und Hackman als Popeye Doyle. *Criminale* hieß es in Leuchtbuchstaben über dem Portal. Wenn mich das Weichei nicht angelogen hatte, trafen sich da gerade die Typen vom SYNDIKAT.

Der goldbetreßte Portier drückte mir einen blutroten Stempel auf den Handrücken und ließ mich ins Kinofoyer. Da sah ich sie dann, die Typen, die meinem Dad und seinen Büchern hier das Wasser abzugraben versuchten. Ein drahtiger Kerl mit Lederweste und einem grauen Pferdeschwanz war so was wie der Obermax – jedenfalls quatschte er endlos in die einzige Fernsehkamera, die da war. Das heißt, gerade als ich reinkam, drängelte sich hinter mir noch ein kleiner, dreckiger Kameramann mit Rangerweste und ausgelatschten Turnschuhen durch. »Wieder mal zu spät, Gonzo?« kicherte jemand, ohne daß der Typ sich irgendwie dran störte.

»Hi, Ma'am!« Ein Kerl mit einer Figur, mit der er bei uns sofort einen Job als Kaufhaus-Weihnachtsmann gekriegt hätte, grub mich von der Seite an. »Pleased to meet you! I'm Ali.« Sein Hut war von besserer Qualität als sein Englisch.

Auf den Büchertischen sah ich den Kram, wegen dem ich hergekommen war. Und ich sah die Leute, die das Zeug schrieben. Mister Ali übergab mich an eine kleine Schwarzhaarige in Lederjacke. Die Lady meinte, sie sei aus Dortmund oder Bierstadt – so genau weiß ich das nicht mehr –, und ich müsse unbedingt die »Sisters in Crime« kennenlernen. Ehe ich mich umgucken konnte, saß ich auch schon mit den Damen bei Eierlikör und Herrentorte im Kino-Café und wurde von der Bande über meine Kolleginnen Kinsey und Vic ausgequetscht. Gerade als sie mich zur Ehrenschwester machen wollten, kriegte ich mit, wie eine, die gerade reinkam, mit der kleinen Schwarzen tuschelte. Ich hörte so was wie: »Das ist die Schnepfe!«

Sie lächelten aber weiter, gossen mir noch was von dem Eierzeug ein und stießen mit mir an. »Übrigens«, sagte eine, die ganz gemütlich aussah und die sie die »Apothekerin« nannten. »Einer von den Typen hat gesungen und uns erzählt, was du hier willst. Der Kerl war total begeistert von deinem Daddy und fand, daß der deutsche Krimi wieder so harte Kerle braucht wie ihn, ...« – ich wurde aus Weichei nicht mehr schlau – »... aber heute abend werden wir euch zeigen, wozu starke Frauen in der Lage sind.«

Schlagartig war mir klar, warum mein letztes Glas mit dem Eierzeug so komisch schmeckte und warum diese Schwester die »Apothekerin« hieß. Es war auch vorerst das letzte, was mir klar wurde.

Als ich aufwachte, beugte sich Ali über mich, und ein Typ, der Frank hieß, band mich von der Heizung, an die ich gefesselt worden war, los. Dann stießen sie mich über die Treppe nach oben. »Los! Aufs Podium, zum Kreuzverhör!«

Im Vergleich zu dem Zeug, das uns auf dem Podium bei der Diskussion um die Ohren flog, waren die Schlammringkämpfe in *Terrys Blue Bar* eine blitzsaubere Sache. Die Figuren, mit denen wir vor der Kinoleinwand hockten, waren noch schlimmer als mein Freund, das Weichei. Einer war ein Professor, der allen Ernstes die Wörter in Krimis gezählt hatte; dann gab es noch ein paar Bullen von der Essener Polizei, die bloß meinten, die Krimischreiber hätten von Tuten und Blasen keine Ahnung. Und natürlich die Krimischreiber selbst: »Wir müssen uns von der Dominanz der Angelsachsen befreien!« – »Wir müssen uns behaupten!« – »Wir wollen ...« – »Wir fordern ...« – »Wir verlangen ...« Meine Fresse, die ganze Show hier war schlimmer als alle Remakes von *Scarface* und den *Untouchables* zusammen. Ich hatte natürlich die A-Karte! »Dein Vater ist doch an allem schuld!« – aber nicht ich allein, sondern auch, ratet mal – das Weichei. (»Wieso sammelst du eigentlich auch amerikanische Bücher? Unsere deutschen Krimis sind dir wohl nicht genug?!«)

»Du mußt nur sagen, daß dein Dad ein Trottel und ein übler Macho ist!« raunte der eckige Frank neben mir. Der Kerl hatte den Charme einer Kettensäge. »Dann lassen wir dich laufen. Also spuck's lieber aus!«

»Wenn hier einer was ausspuckt, dann du deine Zähne!« knurrte ich. Der eisenharte Griff, mit dem er meine Hand unter dem Tisch festhielt, verstärkte sich.

Das Weichei war noch schlimmer dran, denn den hatten gleich zwei im Griff: die schwarze Lady aus Dortmund und Ali mit dem Hut. Trotzdem hielt er sich ganz gut. Er hielt sich sogar sehr gut.

»Ihr bildet euch wohl eine Menge ein«, sagte er auf einmal. »Wollt ihr tatsächlich behaupten, daß ihr nie was von Enid Blyton gelesen habt? Oder Nancy Drew?« Die Ladys unten im Publikum hielten schlagartig die Klappe. Dabei war das Weichei war noch längst nicht fertig: »Ihr bildet euch tatsächlich ein, daß ihr den Krimi ganz alleine erfunden habt? Daß es Edgar Allan Poe und Conan Doyle nie gegeben hat?« Jetzt waren auch die Kerle geplättet. Ich auch, nebenbei gesagt. Das Weichei war auf einmal richtig hartgekocht. »Und was ist mit Chandler, Hammett, Cain und Gardner?« brüllte er und schoß in die Höhe. »Mal abgesehen davon, daß die den Krimi erst richtig nach vorn gebracht haben: Die haben auch viel mehr geschrieben als ihr. Wahrscheinlich, weil sie nicht so viel über's Schreiben gequatscht haben. Weil die auf den ganzen Theorieblödsinn gepfiffen haben. Die hatten nur eine Regel: Du sollst keine langweiligen Geschichten schreiben!«

Er starrte in den Saal. Es war so still, daß man den Kakerlaken beim Vögeln zuhören konnte. »Okay«, sagte das Weichei und sah zu mir rüber. Was soll ich sagen – da war was in seinem Blick, was mir bis unter die Zehennägel ging. »Wenn ihr's den Amerikanern zeigen wollt, dann zeigt's ihnen, indem ihr besser seid. Aber dafür müßt ihr erst mal genauso gut werden wie der alte Herr von der Lady hier. Der hat's nämlich wirklich draufgehabt, und wenn ihr mich fragt, dann ist es eine Schande, daß seine Bücher hier nicht mehr gekauft werden.«

Ich hatte gar nicht mitgekriegt, wie der eckige Frank meine Hand losgelassen hatte. Er glotzte das Weichei fassungslos an.

»Und außerdem«, sagte das Weichei leise, aber seine Stimme war auf einmal wie der Stahl, den sie hier in der Gegend früher mal gemacht hatten, »wenn ihr der Lady hier ...«, er zeigte auf mich, »was tut, dann kriegt ihr es mit mir zu tun!«

Wow!

Ich meine, nicht daß ich es nicht auch selbst geschafft hätte, aus dieser Nummer rauszukommen. Aber irgendwie war mir doch ganz schummrig, denn der letzte Kerl, der mal so was für mich getan hatte, war mein Dad gewesen. Ich war damals gerade acht und die Mädels von der Straßengang in unserem Viertel hatten's auf mich abgesehen gehabt, weil ich dauernd mit dieser Scheiß-Zahnspange rumlaufen mußte.

Das Weichei kam zu mir rüber und nahm meine Hand. Im Saal rührte sich nicht mal ein Schweißtropfen. »Komm, Baby!« Er zog mich vom Podium. »Besser, wir sind weg, ehe die schnallen, was ich gesagt habe.«

Zum ersten Mal war ich mit ihm einer Meinung. Und ehrlich, keiner wunderte sich mehr drüber als ich selbst.

In der Hotelbar flößte ich ihm erst mal einen Drink ein, damit er sich beruhigte. »Denen hab' ich's aber gegeben!« brabbelte er.

»Cool«, bestätigte ich.

»Das mußte mal gesagt werden.«

»Und du hast es ihnen gesagt!«

Er strahlte mich an. »Ich hab's für dich getan.«

»Na komm ...«

Er war auf einmal ganz nah bei mir. In seinen Augen war was, das mir den Barhocker unterm Arsch wegzog. Nicht, daß ich nicht schon vorher mal dem einen oder anderen Kerl in die Augen gesehen hätte ... aber der hier, der konnte einen angucken ...

»Was ich da gestern über die Sache mit der Potenz gesagt hab, war Scheiße«, meinte er.

Ich hatte was im Hals und mußte mich räuspern. »Na, das wollen wir doch nicht hoffen!«

»Sag mal«, raunte er mir ins Ohr. »Hast Du nicht ein Zimmer hier?«

Ich mußte kichern. »Willst du etwa meine Kriminalromansammlung sehen?«

Wenn ich beim Check-In am Flughafen Düsseldorf nicht meine Sonnenbrille aufgehabt hätte, hätten sie mich bestimmt aus der Schlange geholt, denn mit den dicken Ringen unter meinen Augen sah ich aus wie die letzte Untote aus dem vorletzten Dracula-Film. Der Bücherwurm hing an meinem Arm und redete dauernd davon, daß er ein Kind von mir haben wollte.

Ich wollte ihm gerade sagen, daß er das ganz schnell vergessen sollte, als mein Handy klingelte. Es war Dad. Im Hintergrund lief der Fernseher, und ich erkannte das Maschinengewehrgewitter, in dem sich »Little Caesar« von dieser Welt verabschiedete. »MJ, ich bin stolz auf dich!« sagte Dad. »Und ich will auch gar nicht wissen, wie du es geschafft hast ...«

»Was denn?«

»Seit ein paar Stunden laufen meine Bücher bei den Krauts wieder wie verrückt. Der Verlag schickt den Kram gerade containerweise in dieses Scheiß-Ruhrgebiet!«

Ich sah meinen Archivar an. Die deutschen Krimischreiber hatten es also geschluckt, was er ihnen gestern zu fressen gegeben hatte ...

»Bin gleich zu Hause, Dad!« sagte ich und drückte die Verbindung weg. Der Krimi-Archivar verdrückte ein Tränchen. »Wie wär's mit einem coolen Spruch zum Abschied?«

Ich grinste. »Morgen ist auch noch 'n Tag!«

»Baby, das ist unter deinem Niveau!«

»Stimmt«, sagte ich. »Wie wär's mit ›I'll be back!‹?«

... UND ABENDS IN DIE ZECHE

Die Industrielandschaft des Ruhrgebiets erstreckt sich entlang der Ruhr von Duisburg bis Dortmund, auf etwa 51° nördlicher Breite und von 7° bis 8° östlicher Länge. Um 800 werden die ersten Orte urkundlich erwähnt, seit dem 14. Jahrhundert wird Steinkohle abgebaut. Bei feuchtem, gemäßigtem Klima kann es im Sommer aber doch recht heiß werden. Informationen über die Region sind erhältlich beim Kommunalverband Ruhrgebiet, *Kronprinzenstraße 35, 45128 Essen, Telefon 0201-2069247.*

ESSEN-MARGARETHENHÖHE *
Wer die 170 Meter lange Natursteinbrücke über dem Mühlbachtal im Essener Süden überquert und den großen Torbogen an der Steilen Straße passiert, sieht sich in eine nahezu mittelalterliche Idylle versetzt. Der Marktplatz mit dem *Schatzgräberbrunnen*, die kleinen Einfamilienhäuser, Gärten, eine Schule und der Sportplatz machen aus der *Margarethenhöhe* ein städtebauliches Kleinod. 1910 errichtete die Margarethe-Krupp-Stiftung auf dem Hügelgelän-

de zwischen Sommerburg und Nachtigallental die Siedlung mit 2000 Wohnungen für rund 10000 Menschen. Als die Stifterin Margarethe Krupp, liebevoll »das Mütterchen« genannt, 1931 starb, gaben ihr weit über 100000 Essener das letzte Geleit.

VILLA HÜGEL, ESSEN * »Ein pompöses Gefängnis der Ungemütlichkeit« nannte Theodor Heuss einmal die von Alfred Krupp in Essen-Bredeney hoch über der Ruhr errichtete *Villa Hügel*. Der 1872 fertiggestellte Palast aus Stahl und Stein mit seinen 200 Räumen liegt inmitten eines Parks. Nach dem Tod seines Vaters renovierte Friedrich Krupp (1854 bis 1902) den Familiensitz: Wandteppiche, Holzvertäfelungen und Gemälde machten die Villa zu einer Mischung aus Schloß und Museum. Am 10. April 1945 fuhren amerikanische Soldaten vor, um einen der »Waffenmeister des Reiches«, Alfried Krupp von Bohlen und Halbach (1907 bis 1967) zu verhaften. Sein Butler empfing sie mit den Worten:

»Herr von Bohlen erwartet Sie! Darf ich Sie bitten, näherzutreten.« Auf Wunsch Bertha Krupps wurde aus der Villa ein *Kulturzentrum*.

ZECHE ZOLLERN 2/4, DORTMUND * Die 1903 fertiggestellte Maschinenhalle der *Zeche Zollern 2/4* ist eines der ersten Industriegebäude im Revier, in denen sich der architektonische Stilwandel vom Historismus des 19. Jahrhunderts zum Konstruktivismus und Jugendstil des 20. Jahrhunderts zeigt. Nach dem Vorbild der Eisen- und Glaskonstruktion des spektakulären Kristallpalastes der Londoner Weltausstellung von 1851 schufen der Ingenieur Reinhold Krohn und der Architekt Bruno Möhring eine fast 100 Meter lange Halle in Stahlskelettbauweise.

DUISBURGER HAFEN * Über die Schwanentorbrücke gelangt man von der Duisburger Innenstadt in den größten Binnenhafen Europas. An der Mündung von *Ruhr* und *Rhein-Herne-Kanal* in den Rhein liegt das Hafengebiet von *Duisburg-Ruhrort* mit 19 Hafenbecken und 240 Kränen. Einige der Speicherhäuser aus rotem Ziegel werden nach Plänen des britischen Architekten Sir Norman Foster ähnlich dem Vorbild der Londoner »Docklands« umgebaut.

ZECHE BOCHUM * Wer in Bochum »Zeche« sagt, denkt nicht mehr an Bergleute und Kohleförderung, sondern an den Szene-Treff mit Restaurant, Bar und Café in den Industriegebäuden der ehemaligen Schlosse-

rei der *Zeche Prinzregent*. Die 400 qm große Halle mit weiteren 100 qm auf einer Empore bietet bei Veranstaltungen rund 800 Musikfans Platz. In der Kneipe der »Zeche« gibt es bei freiem Eintritt regelmäßig Konzerte von Bands aus der Region. Oldie-Fans kommen bei den Disco-Nächten mit Musik aus den 70ern und 80ern auf ihre Kosten.

DER ÄLTESTE FILMPALAST DEUTSCHLANDS * Das legendäre *Lichtburg-Kino* in Essen ist mit seinen 1302 Plätzen einer der letzten großen alten Filmpaläste Deutschlands, ein Denkmal der Architektur- und Kinogeschichte. Als die Lichtburg 1928 eröffnet wurde, war sie das modernste Filmtheater in Deutschland. Nach teilweiser Zerstörung und Wiederaufbau war die Lichtburg vor allem in den 50er und 60er Jahren das deutsche Uraufführungstheater schlechthin. Stars wie Zarah Leander, Jean Marais, Romy Schneider, Gary Cooper, Buster Keaton, Curd Jürgens oder Götz George kamen hierher, um ihre neuen Filme vorzustellen. In den 80er Jahren, als das große Haus in den Sog des Absterbens der traditionellen Kinos geriet, verhinderten Bürgerproteste und das Engagement eines Kinobetreibers den Abriß. Nach einer Grundrenovierung gilt der Filmpalast mit seiner bis ins Detail erhaltenen Architektur der 50er Jahre und seiner filmhistorischen Bedeutung als »lebendes« Denkmal.

Anhang

ERMITTELN SIE DEN
SINGAPORE-SLING-TÄTER

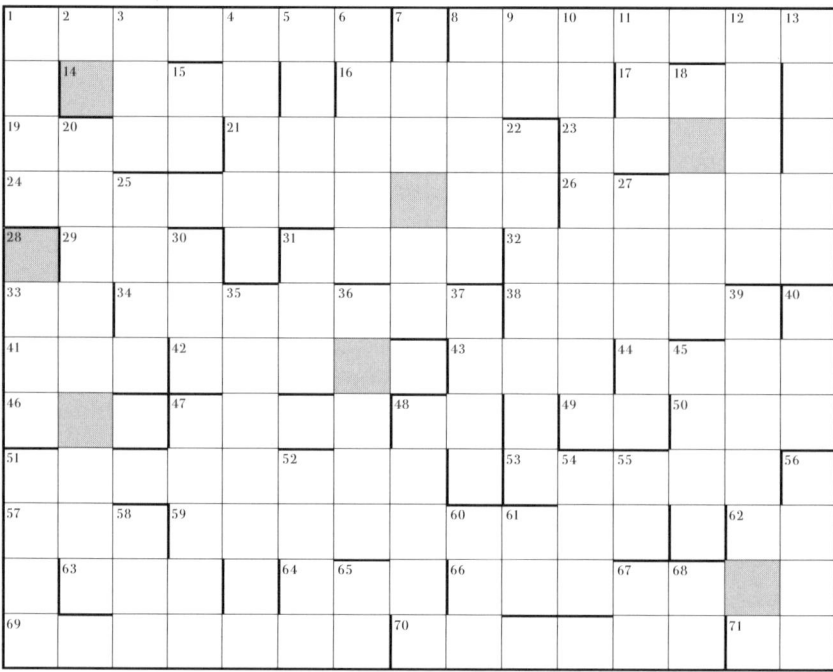

WAAGERECHT: **1** läuft einem in Singapur überall über den Weg; kein Wunder bei der Abstammung **8** Singapur für Nicht-Anglisten **14** angeblich gut kehrende Besen **16** hätte sprichwörtlich nur ein Bein **17** Mann oder Frau in dem Tagelöhner **19** ein Motiv, weniger für Fotografen **21** Rundstück, eingerahmt in rätselhaftes japanisches Brettspiel **23** angeblich ein besonderer Saft; weibliches Altrind? **24** walisischer Nachbar; geht Klempnern oft zur Hand **26** gesteckter Bereich **29** in Frankreich auch im Meer zu finden **31** Kurzsichtige können das schon mal für eine Bürste halten **32** Abheben in Singapur? Nirgends schöner als hier **33** kurze amerikanische Nachrichten; ganz kurz vor der Tür? **34** im internationalen »ranking« hat er es ganz schön weit gebracht **38** Verdacht läßt sich, Wild auch **41** kurz gesagt: Bestleistung **42** schallt aus den Aktenordnern **43** wie ein Torpedo; glatt gewieft **44** bewahrt Augengläser, aber auch Schreibgerät **46** Laufgerät, nur noch selten aus Holz **47** vorwärts in

Asien, rückwärts eher kolbig **48** eine ziemlich kurze ziemlich lange Strecke **49** ganze Zahl, unmathematisch gekürzt **50** in Großbritannien kommt einem etwas zu dem **51** kleiner Grund für Halt auf der Schnellstraße? **53** unsicheren Schreibers Begleitung **57** es kommt auf den guten an; andersherum eher schlecht **59** anglisierte Wohnstätte der Angehörigen eines zentrierten Reichs **62** Kolumbianer fahren's mit dem Auto spazieren **63** für manche sinnvolle eine Kostergänzung **64** Bilanzposten auch für Musikfreunde? **66** tierische Trompete **69** Nutznießer betagter Abmachung **70** Spielwiese in Singapur **71** auch daran können wir einen Nachbarn erkennen

SENKRECHT: **1** keine Frage für den Maskenball; kommen Sie in so was? **2** vorsätzlich etwa für Kommen oder Gehen **3** läßt Wünsche in begrenzter Zahl offen; Briten müssen das bezahlen **4** früher durchaus kriegerisch tätig, heute eher vom Glauben bewegt **5** vorwärts landessprachliche Insel; rückwärts könnte ein Eiland in dem See liegen **6** obwohl feucht, Dauerbrenner in Singapur **7** bekannter Reptilienzusatz **8** 32 waagerecht als Berliner? **9** englisches Zweidrittelei? Reduzierter Staatenbund? **10** kein echter Mord ohne dies **11** kurz hinterm Deich **12** substantiiert Starkmacher **13** Mimis Spätlese? **15** angereichert mit Laub willkommene Abwechslung **18** Tarzans ÖPNV-Mittel? **20** aufklärerischer Beruf? **22** diese Road Singapurs erinnert Frankfurter an ihre Zeit **25** zu kurz, um tierisch zu sein, trotzdem schön **27** aufwärts

Stätte für abwärts **28** Naßzellen in Hotels **30** manchmal vermessen; nur dann ist recht gerade **31** ein atomarer Einzelgänger **35** in manchem 13 senkrecht wimmelt es davon **36** ist für den Lateiner das restliche Vierfünftel **37** Keulenlieferant **39** wenn Sie nur darum abweichen, liegen Sie trotzdem richtig **40** verkürzt würden Italiener diesen britischen Titel bejahen **45** keine zwanzig **47** findet's; davon hängt man ab **48** viel ist nicht zu **51** schillernde Größe oder eher unscheinbarer Vogel? **52** Teil der Handlungsweise, auf die sich amerikanische Unternehmer einen Reim machen **54** der Mann im Bauwerk **55** endlose lebenswichtige Säure **56** Habens Opposition? **58** so erklärte eine Französin anfänglich, nichts zu bereuen **60** vorsätzliche Genmanipulation, befördert **61** in Paris oder? **65** weniger als selten; besitzt Größe **67** zeichenhaft ein Messingzusatz **68** zu guter Letzt: in Kürze Singapur

Die Buchstaben in den getönten Feldern ergeben wohlgeordnet den Namen des Singapore-Sling-Täters.

© Uwe Kletzing

MARITA UND JÜRGEN ALBERTS, beide Jahrgang 1946, haben vier Romane geschrieben, die an touristischen Schauplätzen spielen. Ihr letztes Buch *Sieben Rosen im Atlantik*, ein Roman von den Kanarischen Inseln, präsentiert das Ehepaar in einer Ton-Dia-Show mit Musik von den Kanaren. Die Lehrerin und der Schriftsteller leben und arbeiten in Bremen.

LAWRENCE BLOCK hat mehr als fünfzig Romane und Kurzgeschichten geschrieben. Viele seiner Bücher sind ausgezeichnet und einige sind auch verfilmt worden. Von den »Mystery Writers of America« wurde er für sein Gesamtwerk geehrt, zu dem auch fünf Bücher über das Handwerk des Schreibens gehören. Er reist gerne, fühlt sich aber – wie seine Bücher zeigen – New York tief verbunden, wo er mit seiner Frau wohnt.

VIRGINIE BRAC DE LA PERRIÈRE, geb. 1956 als Französin in Algerien. Studium der Psychologie in Boston und Paris. Ihr erster Krimi erschien 1980, weitere Krimis und Romane folgten. Heute ist sie überwiegend als Drehbuchautorin für das Fernsehen tätig und lebt in Paris.

ANDREA C. BUSCH, geb. 1963, ist Diplom-Übersetzerin für Englisch und Niederländisch, freiberuflich tätig, schreibt Krimis und ist Vizepräsidentin der deutschen Sektion der »Sisters in Crime«. Sie hat einen Roman und Kurzkrimis veröffentlicht und ist Herausgeberin des Buches *Mord zwischen Messer & Gabel*.

SABINE DEITMER, geb. 1947 in Jena, aufgewachsen in Düsseldorf; Studium der Anglistik, Romanistik und Literaturwissenschaft; Lehr- und Wanderjahre in Bonn, Brighton, Bristol, Berlin und am Bodensee; in Dortmund hat sie Wurzeln geschlagen. Zehn Jahre hauptberuflich in der Erwachsenenbildung tätig, seit 1990 freischwebend schaffend.

BENGT FOSSHAG, geb. 1940, hat Grafik-Design studiert und war Art Director einer Werbeagentur. Seit 1983 ist er freier Illustrator. Er ist national und international vielfach ausgezeichnet, unter anderem mit dem *Golden Award of Montreux* und dem *Silbernen Löwen von Cannes*.

ULRIKE GEROLD, geb. 1956, studierte Germanistik, Theaterwissenschaften und Kunstgeschichte. Arbeitete als Produktions-, Öffentlichkeitsdramaturgin und freie Journalistin für die Bereiche Kultur, Wissenschaft und Reise. Ulrike Gerold und Wolfram Hänel haben eine Tochter und leben heute meistens in Hannover und manchmal auch in Kilnarovanagh.

ANN GRANGER studierte in London Französisch und Deutsch, unterrichtete im Ausland und arbeitete in verschiedenen Botschaften. Heirat mit einem Diplomaten, zwei Söhne; lebte in Sambia und Deutschland, später Rückkehr nach England. Sie schrieb zunächst historische Liebesromane, dann Krimis. Ihre Bücher erscheinen auch auf Deutsch.

KATE GRILLEY lebt auf den Virgin Islands (Karibik), auf denen auch ihre Kurzkrimis angesiedelt sind. *Karibische Weihnacht* errang 1997 den *Derringer Award* for the Best Short-Short Mystery Story. Arbeitet zur Zeit an einer Serie von Kriminalromanen, die ebenfalls in der Karibik spielen.

WOLFRAM HÄNEL, geb. 1956, studierte Germanistik und Anglistik; arbeitete als Gebrauchsgrafiker, Theaterfotograf, Studienreferendar, Spieleerfinder und Dramaturg; Dramatikerpreisträger des Bundes der Theatergemeinden. Schreibt seit 1987 Theaterstücke, Kinderbücher und Reiseberichte.

ALMUTH HEUNER, geb. 1962, Diplom-Übersetzerin für Englisch, Germanistikstudium, arbeitete mehrere Jahre als Redakteurin und ist seit 1998 freiberuflich als Autorin und Übersetzerin tätig. Sie ist Präsidentin der deutschen Sektion der »Sisters in Crime« und lebt in Frankfurt am Main.

BIRGIT H. HÖLSCHER, geb. 1958 in Bamako (Mali). Sozialwissenschaftliche Studien. Sammelte Geschichten und Bilder aus dem Knast, der Drogenszene und dem Hamburger Rotlichtviertel St. Pauli. In ihren Erzählungen, Kurzgeschichten und Romanen bevorzugt sie Themen, die sich mit den dunklen Seiten des Lebens beschäftigen. Sie lebt als freie Autorin in Hamburg.

CARMEN IARRERA, Studium der Politikwissenschaft, beruflich als Journalistin und Übersetzerin tätig. Autorin von Kurzgeschichten über Verbrechen und Spionage, von Drehbüchern, Rundfunk- und Fernsehsendungen. Eine der wenigen Italienerinnen, die Kriminalromane schreiben. Als Auszeichnung für die beste Spionagegeschichte erhielt sie den *Premio Gran Giallo Cattolica*. Ihre Arbeiten sind in mehrere Sprachen, u.a. ins Deutsche, übersetzt. Sie lebt in Rom.

H. P. KARR, geb. 1955 in Saalfeld, lebt seit 1960 im Ruhrgebiet. Er schrieb gemeinsam mit Walter Wehner eine Reihe von Thrillern, darunter *Rattensommer*, für den er 1996 mit dem *Glauser*, dem Autorenpreis für deutsche Kriminalliteratur, ausgezeichnet wurde.

ALFRED KOMAREK, geb. 1945 in Bad Aussee, lebt als freier Schriftsteller in Wien. Mitarbeit beim Österreichischen, Bayerischen und Hessischen Rundfunk. Zahlreiche Bücher als literarische Reisebegleiter durch europäische Kulturlandschaften, aber auch Essays und Erzählungen. 1999 wurde er für seinen ersten Krimnalroman *Polt muß weinen* mit dem *Glauser*, dem Autorenpreis für deutsche Kriminalliteratur, ausgezeichnet.

PAULA J. MATTER lebt in den USA. Sie schreibt Kurzgeschichten und leitet das Compuserve-Krimi-Forum der »Sisters in Crime«.

HARTMUT MECHTEL, geb. 1949 in Potsdam, studierte Journalistik in Leipzig. Drei Jahre Redakteur der *Freien Erde* in Mecklenburg; seit 1978 Autor und freier Theater- und Literaturkritiker für Zeitung und Hörfunk. Mitbegründer der ersten freien Theatergruppe der DDR (*theater Zinnober*, 1980). Seit 1996 auch Schauspieler. Er schreibt Romane, Erzählungen, Dokumentationen, Fernseh- und Hörspiele, Theaterstücke und Essays. 1997 wurde er mit dem *Glauser*, dem deutschen Krimipreis der Autoren, für *Der unsichtbare Zweite* ausgezeichnet.

KRIS NERI ist Autorin zahlreicher Kurzgeschichten, eines Kriminalgeschichtenbands und eines Romans; wurde mit dem *Derringer Award* for the Best Short-Short Mystery Story ausgezeichnet und engagiert sich bei den »Sisters in Crime«. Sie lebt in Los Angeles.

NINA SCHINDLER arbeitete nach dem Studium bis Anfang der neunziger Jahre als Lehrerin; währenddessen Engagement im Bereich Kinder- und Jugendbuch als Übersetzerin, Rezensentin u.v.m., hat eigene Kinder- und Jugendbücher verfaßt. Krimifan und Herausgeberin von *Mordsbuch. Alles über Krimis.* Die Mutter von fünf Kindern lebt mit ihrem Mann in Bremen.

ELIZABETH SYME ADAMITZ kommt aus Schottland. Ausbildung als Bibliothekarin, daneben Arbeit für das Theater; Verfasserin mehrerer Bühnenstücke. Lebt seit 25 Jahren in Ottawa, Kanada. Inzwischen ist sie pensioniert, schreibt Kurzkrimis und hat auch einen Liebesroman veröffentlicht. Einige ihrer Kurzgeschichten sind auf Deutsch erschienen.

REGULA VENSKE, Dr. phil., geb. 1955, freie Schriftstellerin in Hamburg, wurde 1996 für *Rent a Russian* mit dem *Deutschen Krimipreis*, 1997 für ihr Gesamtwerk mit dem Schriftstellerstipendium des Hamburger *Lessing-Preises* ausgezeichnet.

BARBARA WENDELKEN, geb. 1955 in Schwanewede bei Bremen. Nach Höherer Handelsschule Ausbildung zur Kinderkrankenschwester; fast zwanzig Jahre in diesem Beruf tätig, anschließend kurze Mitarbeit in einem Buchladen. Schreibt seit 1990 und ist seit 1995 freie Schriftstellerin. Sie ist verheiratet und lebt mit ihren drei Kindern in Wiesmoor, Niedersachsen.

JANWILLEM VAN DE WETERING, geb. 1931 in Rotterdam. Aufgrund einiger Erlebnisse im Zweiten Weltkrieg begab er sich auf eine philosophische Suche. Er hat in zehn Ländern gelebt und in Japan Zen und Philosophie studiert. Nach einer Karriere als Geschäftsmann und sieben Jahren als Reservepolizist in Amsterdam ließ er sich 1975 an der amerikanischen Nordostküste nieder. Er schreibt Kriminalromane und andere Werke. Ist seit 1960 mit derselben Frau verheiratet. Hat seit 1984 denselben Hund. Studiert Schamanismus der amerikanischen Indianer in Maine und Mexiko.

GABRIELE WOLFF, geb. 1955, studierte Rechtswissenschaften. 1974 trat sie der Karl-May-Gesellschaft bei. Sie ist Oberstaatsanwältin in Potsdam und im Zweitberuf Autorin von Kriminalerzählungen und fünf Kriminalromanen um die Kölner Staatsanwältin Beate Fuchs; demnächst erscheint ihr neuestes Werk mit der Heldin Lisa Merker aus Neuruppin.

PETER ZEINDLER, geb. 1934 in Zürich, studierte an der Universität Zürich Germanistik und Kunstgeschichte und promovierte bei Emil Staiger. Er war Journalist bei Fernsehen, Hörfunk und Printmedien. Seit 1980 ist er freier Schriftsteller, Verfasser von elf Romanen, von denen vier mit dem Deutschen Krimi-Preis ausgezeichnet wurden. 1997 erhielt er für sein Gesamtwerk den *Ehrenglauser*. Ferner verfaßte er Fernsehdrehbücher (u.a. für »Tatort«), Hörspiele und Theaterstücke. Er wohnt in Zürich, wo er seit 15 Jahren im Bernhard-Theater monatlich eine literarische Talk-Show moderiert.

Mord zwischen Messer & Gabel

29 Krimis, 72 Rezepte
Andrea C. Busch (Hrsg.), Illustrationen
Bengt Fosshag, 320 S., geb.

»Da wird das zarteste Wesen zur Bestie ... Da wird geköchelt und gemeuchelt, gegessen und gestorben, was die Töpfe und Pfannen nur so hergeben.«
FRANKFURTER RUNDSCHAU

Das Mordsbuch. Alles über Krimis

Nina Schindler (Hrsg.),
70 Beiträge, über 100 Abbildungen,
544 S., geb.

»Bekannte Krimi-autoren wie Ingrid Noll, Gisbert Haefs und Sabine Deitmer beschreiben die Arbeit von Gangstern und Kommissaren. Ein unterhaltsamer Schmöker über Habgier, Schuld und Rache, voller Lesetips und Anregungen.«
DER SPIEGEL

Rätselhafte Morde

Lawrence Treat / Stefan Wilfert,
über 100 Illustrationen
176 S., geb.

»Höchst unter-haltsam und amüsant. Die Autoren haben Krimi-Rätsel zusammenge-bastelt, immer mit einer Zeichnung und einem Augen-zwinkern verse-hen. Da ist die kriminalistische Phantasie ge-fordert.«
HAMBURGER ABENDBLATT

Kreuzverhöre. 10 Krimiautoren sagen aus

Jürgen Alberts / Frank Göhre, Fotos Rainer
Griese, 240 S., geb., mit einer CD

»... unsere ›Krimi-philosophen‹ sind mir plötzlich sehr nah – was sie mir allesamt sympha-tisch macht.«
GÖTZ GEORGE

»Ein Muß für alle Krimifans.«
FREUNDIN

Folgende Krimis wurden von Andrea C. Busch und
Almuth Heuner aus dem Englischen übersetzt:
Elizabeth Syme, *Rache auf Kanadisch*
Ann Granger, *Ein kurzes Leben in Oxford*
Kris Neri, *L. A. Memorial*
Kate Grilley, *Ein karibischer Silvestermorgen*
Paula J. Matter, *Florida-Falle*
Lawrence Blocks Krimi *Eine lange Nacht in New York*
wurde von Nicola T. Stuart aus dem Englischen übersetzt.
Virginie Bracs Krimi *Eine verhängnisvolle Liebe in Paris* wurde
von Christiane Filius-Jehne aus dem Französischen übersetzt.
Carmen Iarreras Krimi *Rom sehen und sterben* wurde von
Reinhild Weskott aus dem Italienischen übersetzt.
Janwillem van de Weterings Krimi *Polizeiarbeit in Amsterdam*
wurde von Andrea C. Busch aus dem Niederländischen übersetzt.

Die Deutsche Bibliothek – CIP-Einheitsaufnahme
Ein Titeldatensatz für diese Publikation ist bei
Der Deutschen Bibliothek erhältlich.

Copyright © 2000 Gerstenberg Verlag, Hildesheim
Alle Rechte vorbehalten
Gestaltung und Satz: Wilhelm Schäfer, Köln
Satz aus der ITC Bodoni und der Ellington
Druck und Bindung: Spiegel, Ulm
Printed in Germany
ISBN 3-8067-2506-3